수행과 건강을 위한

수인법(手印法)과

공법(功法) 2

수행과 건강을 위한

수인법(手印法)과

공법(功法) 2

펴낸날 2014년 2월 14일 초판인쇄

지은이 칠통 조규일
펴낸곳 좋은도반
펴낸이 자등명 선원

주소 (151-904) 서울시 관악구 조원중앙로1길 15(신림동, 401호)
전화 02- 835-4210

출판등록 2008년 6월 10일
등록번호 113-90-73251

ISBN 978-89-961263-1-7

수행과 건강을 위한

수인법(手印法)과 공법(功法) 2

칠통 조규일 지음

좋은도반

<<책을 내면서>>

수인과 공법이 더 이상 나오지 않아서 2013. 11. 30일까지 연보정리를 하며 책 편집과 교정을 보았다. 책 편집과 교정을 보면서도 본성의 회귀 본능은 맑아진 만큼 위를 향하여 올라가고 있었고, 본인도 단 하루도 수행의 끈을 놓지 않고 위 세계를 지속적으로 밝혀 드러내며 올라가고 있다
하루에도 많은 자등명 세계의 근본도를 밝혀 드러내고 그 근본도의 이름들을 지으며 올라왔다. 그렇게 올라오는 2013. 12. 27일 자등명 세계가 끝이 있다는 사실을 알게 되었고, 자등명 세계 역시 본성이 아니라 본성의 속성에 지나지 않고 자등명 속에 자등명을 움직이는 것이 있음을 알았다. 공의 성품 진실허공 속에 진실허공을 움직이는 자등명이 있음을 알고, 진공묘유가 자등명으로 인하여 생겨나는 것을 안 것과 같이 자등명 속에서 자등명을 움직이는 것이 있음을 알았다. 그것을 무엇이라고 해야 할지 그것의 이름을 지어보았다. "묘명묘태등명(妙明妙太燈明)"이라고 이름을 짓고 나서 '묘명묘태등명 세계가 끝인가?' 또 의구심이 일어났다. 그래서 살피니 묘명묘태등명 세계가 끝이 아니라 그 위로 또 다른 세계가 있는 듯싶다.
정리하자면 이렇다. 56단계 공(空)의 세계에서는 공의 성품이 본성이지만 자등명 세계에서는 공의 성품은 본성의 속성이지 본성이 아니고 본성은 자등명이었던 것과 같이, 자등명이 본성인지 알고 올라왔는데 본성이 아니라 자등명도 본성의 속성에 지나지 않고 자등명의 본성은 묘명묘태등명이라는 것이고, 묘명묘태등명이 본성인가 싶은데 그 위 세계가 또 있으니 본성으

로 생각하는 묘명묘태등명 역시도 묘명묘태등명 위 세계에서 보면 본성이 아니라 본성의 속성에 지나지 않는다는 말이다.
이런 사실을 알았을 때는 자등명 세계를 거의 다 올라왔을 때였는데 이때 본인은 자등명과 하나가 되고 하나가 되어서 자등명 세계를 빠져나와 묘명묘태등명 세계 위로 올라올 수 있는 방법을 찾으며 기회로도도 그리고 또 수인도 찾아 행하며 올라왔다. 자등명 세계를 다 밝혀 드러내기에 앞서 묘명묘태등명 세계 위로 올라와 묘명묘태등명 세계로 올라오며 맞이하게 되는 세계를 밝혀 드러냈다. 그러고 나서 끝까지 밝혀 드러내지 못한 자등명 세계를 모두 다 밝혀 드러냈다.
묘명묘태등명 세계에 올라올 때 수인이 되었기에 밝혀 드러내며 올라온 묘명묘태등명 세계에서도 거기에 맞는 수인을 해보니 또 수인이 되었다. 전과 다른 것이 있다면 전에는 올라가기 전에 수인을 했다면 지금은 올라와서 올라온 세계에 맞는 수인이 되었다.
책을 출간하기 위해서 교정을 거의 다 마친 지금에 또 수인이 쏟아지고 있다. 쏟아지는 수인을 기다릴 수도 없는 노릇이고 해본 수인의 이름을 지어서 다 넣을 수도 없는 상황이 되었다. 그래서 묘명묘태등명 세계로 올라오는데 필요한 수인을 넣지는 생각을 갖고 몇 개 추가해 넣었다. 그러다 보니 자연스럽게 책이 또 늦어지게 되었다.
1, 2권에 이어 다음에 또 묘명묘태등명 세계의 묘태묘신수인법이 책으로 엮어져 나올지는 두고 봐야 알 일이지만 묘명묘태등

명 세계를 밝혀 드러내 올라가며 올라온 세계의 수인도 해보고 정리하며 올라가고 있다.
그러면서 이 책을 세상에 내놓기 위한 작업을 하고 있다.
이 책에 수록된 수인들을 통하여 건강해지고 수인과 공법을 통하여 위 세계로 올라왔으면 싶다.
공의 세계를 벗어나 자등명 세계로 자등명 세계를 벗어나 묘명 묘태등명 세계로 너나없이 올라오며 본성으로 회귀했으면 좋겠다. 그래서 현재도 즐겁고 미래도 즐겁고 행복했으면 좋겠다.
저마다 각기 나라고 하는 본성은 회귀 본능을 가지고 본성으로 회귀하려고 하고 있다. 다만 가아(假我)를 참된 나로 알고 있기 때문에 올라오지 못할 뿐, 가아를 내려놓으면 내려놓는 만큼 위로 본성으로 더 가까이 올라올 수 있을 것이다. 가아를 내려놓고 참된 나를 찾으며 이 책을 벗하며 많은 분들이 올라오며 깨어났으면 좋겠다. 그렇게 되기를 간절히 바란다. 생각만으로는 되지 않는다. 행을 해야 행을 통하여 이루어질 수 있다.
이 책을 벗하여 건강도 찾고 참 나도 찾았으면 좋겠다.

漆桶 조규일

제1권

<<차례>>

<<차례>>

제4부 신(神)의 근본(根本) 위 세계의 수인(手印) 공(功)

제5부 육체 건강 수인(手印)

1 눈에 관련된 수인

4 각종 장기의 독소 제거 및 탁기 제거 수인

수행하여 올라오는 길을 큰 맥락으로 살펴보다

수행 초기부터 56단계, 영신영 세계 미비령 세계, 42출 세계, 최종지 처음부터~ 자등명 인간계에 올라와 10만 위의 최종지, 1926번 출 위의 최종지와 근본도(根本圖)의 세계까지 큰 맥락에서 살펴보았다.

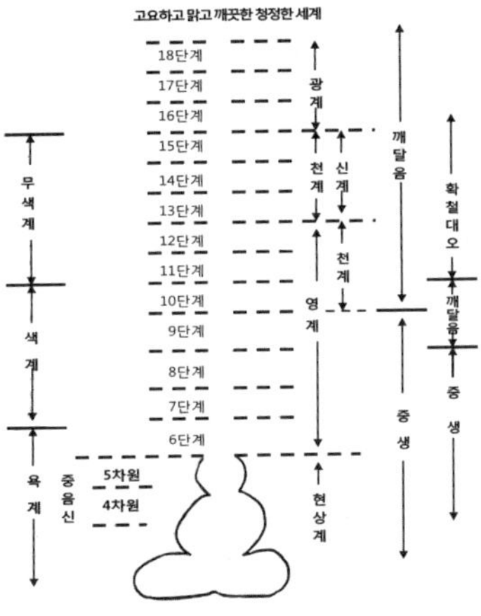

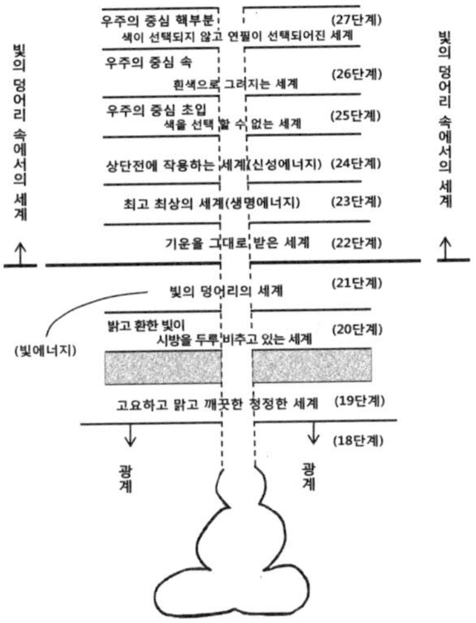

56단계 안에서 수행 정진하여 올라와야 하는 단계이다.

1. 2. 3단계를 인간계, 4. 5. 6단계를 중음신계, 7. 8. 9단계를 영계, 10단계. 11단계를 **깨달음의 의식**이라 할 것이며 11단계는 확철대오의 단계로 확철대오의 깨달음을 증득함과 동시에 우주의식이 되는 것이 아니라 자성경계가 깨짐으로 우주와 하나가 되어가는 과정에 있음으로 우주의식이라고 하기에는 그렇고 우주의식이 되어가는 과정의 단계로 보면 될 것이다. 그러므로 우주의식은 12단계

에서부터 우주의식이라고 해야 맞지 않을까 싶다.

12~ 19단계의 의식을 **우주의식** 이라 할 것이며 요하고 맑고 깨끗한 청정한 세계의 19단계 위 구름 같은 것을 뚫고 올라서 맞이하게 된 맑고 환한 빛이 시방을 두루 비추고 있는 세계 20단계와 빛덩어리가 빛에너지를 뿜어내고 있는 21단계의 의식을 **법계(法界)의식** 또는 **법운지(法雲地) 의식** 이라 할 것이며 빛덩어리 속에서의 세계 22~27단계의 의식을 **빛의 의식** 이라 할 것이다.

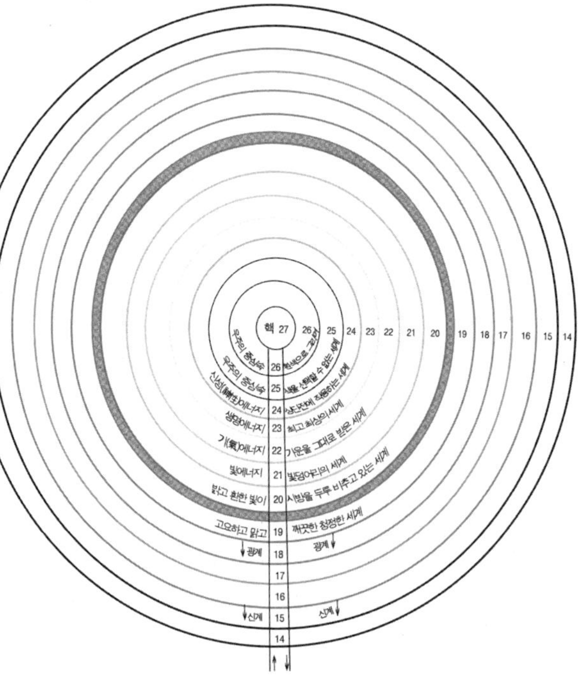

빛덩어리의 핵 27단계를 빠져나온 28단계, 즉 플러스 27단계와 아수라, 마아너스 지옥 27단계 그 밖의 56단계로 빠져나온 28단계에

서 출신하여 본성의 빛에 이르기까지의 134단계의 의식을 출신되어 있는 상태임으로 **유령의식**이라고 해야 맞는 것 아닌가 싶다.

135~ 150단계의 본성의 빛 자등명에 올라서고 백두의 빛 자등명에 올라섬으로 해서 **자등명 의식**이라 할 것이며 자등명 세계에 올라왔다 할 것이다.

확철대오의 깨달음을 증득하고 12년 만에 본인의 몸통 속에서 빛을 보고 자등명이라고 칭하고, 자등명의 빛이 되고자 오르다가 56단계의 최종지 빛덩어리를 만나고, 빛덩어리에 들어와서 우주의 핵을 뚫고 나오면서 56단계(28) 맨 위에 올라오게 되고, 56단계 맨 위에 올라와서 **1번째 출신(出神)**을 함으로 해서 자등명 세계에 올라왔다.

자등명 세계에 처음 올라와서 본성의 빛 자등명을 시작으로 백두의 빛 자등명에서 자등명 세계가 시작되었음을 말하고, 본성의 빛 자등명에서부터 근본자등명에 이르기까지 3.546개의 이름을 지으며 근본자등명에 이르렀다.

근본자등명을 빠져나오면서 더 자등명에 들어가면서 자등명 군(群)과 군단(群團)을 말하며 56단계에서 근본자등명까지 1번째 자등명 군단 내에 1번째 군이라 말했다.

1군을 시작해서 100군단을 시작으로....본향, 고향...수행연보에서 보는 것과 같이 많은 세계를 걸쳐 빠져나오면서 영신영 세계를 빠져나오면서 **2번째 출(出) 미비출비(尾秘出秘)**를 하게 된다.

자등명 세계를 빠져나와 2번째 출 미비출비(尾秘出秘)를 하고 올라온 자등명 세계는 무슨 세계인가? 살펴 이름지어보니 영신영 세계, 올라온 세계는 미비령세계라 이름 짓고, 영신영 세계를 빠져나와서 2번째 출 미비출비(尾秘出秘)를 하고 미비령 세계에 들어와서 미비령 세계 1-36번째 세계까지를 밝히다가, '56단계를 한 덩어리로 보았을 때 무엇이라고 해야 하는가?'생각하고 무슨 세계인지 이름을 지어보니 영미혼(靈迷魂) 대혼(大魂)이라고 지었다.

그러고 생각하니 1, 56단계의 영미혼(靈迷魂) 대혼(大魂) 세계, 2, 자등명 세계의 영신령(靈神靈) 세계, 3, 미비영(尾秘靈) 세계...???....지금 육체를 가지고 살고 있는 이곳 56단계, 이 56단계의 우주는 대혼(大魂)의 세계란 말이 된다. 대혼의 세계에 미혹한 혼(魂)의 영(靈)들이 살고 있는 세계란 말이 된다. 미혹한 혼의 영들이 미혹으로부터 벗어나기 위해서 윤회하며 살고 있는 세계란 말이 된다.

이 56단계, 우주를 한 덩어리로 보고 이것을 누구는 하나님이라고 했고 누구는 부처라고 했다. 그렇게 본다면 하나님과 부처는 대혼을 그렇게 부르고 있는 것이다.

우주라고 하는 법계는 대혼의 작용이고 우주의 법과 진리 역시도 대혼의 작용이지 않는가? 그렇다면 이 대혼은 그냥 생겨난 것이 아니라 위의 세계 어느 세계로부터의 대혼이 아니겠는가?

그래서 어느 세계로부터의 대혼인가? 찾아보았다.

1, 56단계의 영미혼(靈迷魂) 대혼(大魂) 세계, 2, 자등명 세계의 영신령(靈神靈) 세계, 3, 미비영(尾秘靈) 세계...???....4, 5, 6, 7, 8, 9, 10, 11, 12, 13, 14, 15, 16, 17, 18, 19, 20번째를 세계를 지목한다. 이 세계의 끝은 어디인가 싶어서 1, 2, 3 .....8, 19, 20.....100번째에서 끝이 난다. 100번째 세계가 끝인가? 싶으면 끝이란다. 그래 다시 1번째, 56단계의 영미혼(靈迷魂) 대혼(大魂) 세계의 대혼은 20번째의 대혼인가? 하고 살펴보니 대혼은 아니란다. 그래서 다시 찾아보았다.

1, 56단계의 영미혼(靈迷魂) 대혼(大魂) 세계를 첫 번째로 시작으로

2번째 자등명 세계의 영신령(靈神靈) 세계, 3번째 미비영(尾秘靈) 세계, 4, 5, 6, 7, 8, 9, 10, 11, 12, 13, 14, 15, 16, 17, 18, 19, 20...100번째까지 줄줄이 이어져 있고, 100번째에서 6시 방향 아래로 1, 2, 3, 4, 5개가 있고, 5번째에서 4시 30분 방향으로 1, 2, 3개가 있고, 3번째에서 3시 방향으로 1개가 있다. 이와 같이 살펴보고 나서 1번째 영미혼의 대혼은 이 마지막 하나의 대혼인 것으로 살펴봐진다.

이것을 시작으로 또 다시 더 높은 세계로 올라가야 하는 회귀본능의 여정이 또 다시 작되는 새로운 문이 활짝 열린 것이 아닌가 싶다.

첫 번째에서 줄줄이 100번째까지, 100번째에서 6시 방향으로 줄줄이 5개, 5번째에서 4시 30분 방향으로 줄줄이 3개, 3번째에서 3시 방향으로 마지막 하나, 이와 같이 전체가 하나로 되어 있다.

마지막 하나의 이름은 미비영(尾秘靈) 비(秘:164) 태초(泰超) 미(尾:30)이고, 이 전체를 하나의 세계로 볼 때, 태대미비 태초 비신미 초미미(泰大尾秘 泰超 秘神尾 初尾尾) 세계라 이름 지다

지금까지 밝혀 올라왔지만, 올라오면서 생각이 드는 것은 본인이 올라가려고 하니까 자꾸만 길이 보이고 길을 열어주는 것이 아닌가 싶은 생각이 들면서도, 한편으로는 곳곳에 올라올 수 있도록 길목마다 찾아 올라올 수 있도록 올라오는 방법의 열쇠를 놓아둔 것이 아닌가 싶은 생각이 든다.

다른 때 역시도 그런 경우들이 많았지만 이번 역시도 1번째 56단계의 영미혼(靈迷魂)의 대혼(大魂) 세계를 생각하며 우주 법계를 생각해

보고, 우주 법계에서의 하나님, 부처님, 법계, 공의 성품, 우주를 생각하며 대혼(大魂)을 생각하면서 대혼이 어느 세계의 대혼인가? 찾고 찾다보니 자연스럽게 새로운 길의 시작을 찾게 된 것이니 말이다.

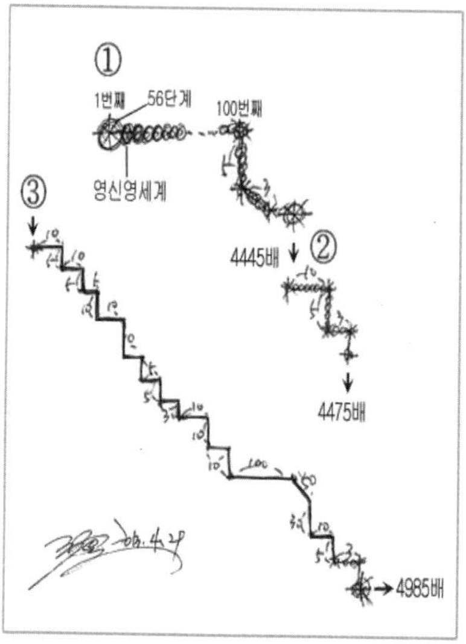

그러면 더 큰 세계, 더 크게 보게 되는 세계가 열렸다. 이 전체를 하나의 세계로 더 넓은 세계가 펼쳐지며 시작되었다. 이것을 1번째 세계의 시작으로 해서 162번째 세계를 빠져나와 **3번째 출(出)** 비태초비비비비 출초비(秘泰超秘秘秘秘出超秘)를 하고, 그 위의 세계에 들어와서 1-806번째를 빠져나오고 또 807번째 세계를 빠져나와 **4번째 출**, 초태초비비비 출 태초비 출 비비태초초초태초(超泰超秘秘秘 出 泰超秘 出 秘秘泰超 超超泰超)를 하게 된다.

4번째 출하여 1-540번째 세계를 빠져나와, 5번째 출을 하고, 5번째 출하여 1-712번째 세계를 빠져나와 또 6번째 출을 하게 되고, 6번째 출하여 1-1.000번째 세계를 빠져나와 또 7번째 출을 하게 되고, 7번째 출하여 1-200번째 세계를 빠져나와 또 8번째 출을 하게 되고, 8번째 출하여 1-526번째 세계를 빠져나와 또 9번째 출을 하게 되고, 9번째 출하여 1-716번째 세계를 빠져나와 또 10번째 출을 하게 되고, 10번째 출하여 1-920번째 세계를 빠져나와 또 11번째 출을 하게 된다.

11번째 출하여 올라와서 994번째 세계를 빠져나와 테두리 밖에서 12번째 출을 시작해서 4번출을 출하여 12번째 세계에 올라오고 12

번째 세계에 올라와서 866번의 출을 하고 5000번째 세계에서 에너지가 형성되어 몸통으로 돌아오는데 시간이 너무 걸리는 듯싶어 위의 세계 에너지를 끌어다가 쏴도 너무 느리게 내려와, 이 세계의 끝까지 흡하고 빨리 내려올 생각으로 이 세계의 끝을 살펴보기 시작해서 이 세계의 끝을 살펴보니 9240번째 세계가 끝인 것 같았다.

5.000번째 세계에서 이 세계의 마지막 9240번째 세계를 그리고 도량을 그리고, 그런 다음에 5.000번에서부터 9240번째 세계와 도량을 한 번 흡하니 머리 위에 내려온 것 같았다. 느리게 내려오던 에너지체가 밝혀 드러내고 흡하니 단숨에 내려온 듯싶었다. 흡을 몇 번 더 했다. 그리고 살펴보니 에너지체는 몸통 안에 들어와 자리를 잡고 명신 앞쪽으로 뿌리를 하나가 생겨난 듯 보였다.

12번째 출하여 올라와서 그 마지막 세계, 9240번째 세계를 그리고 그 밖에 도량을 그리고, 도량 밖에 500개의 테두리를 그리고, 9240번째 세계를 빠져나와 500개 테두리 밖에까지는 8자가 53.000개가 있는 배만큼 떨어져 있는 것 같았고, 그리고 보니 테두리 밖에 본인이 있는 것처럼 보였다. 거기서 13번째 출하여 올라갈 세계의 테두리 1.000개를 밝혀 드러내니 그 위로 커다란 원형의 도량이 보여서 그리고, 얼마나 떨어져 있는가? 살피니 8자가 540.00자가 있는 배만큼 떨어져 있는 듯싶었다.

그리고 이 세계의 마지막에 있는 세계를 9325번째를 찾아내 그러내니 커다란 도량이 드러나서 그렸다. 그리고 12번째 출하여 나온 테두리 밖에서부터 13번째 출하여 올라올 세계의 끝 9325번째 세계와 도량, 그리고 테두리까지 흡(吸)하였다. 그리고 흡(吸)하니 13번째 출을 하고 13번째 출하여 뚫고 올라와야 할 세계를 올라온 듯 보였다.

그렇게 13번째 출하고 나서부터 14번째 출을 해야 하는 상황을 그리고, 14번째 출이 끝나는 세계를 그리고 흡하니 또 14번째 출을 한 것과 같았다.

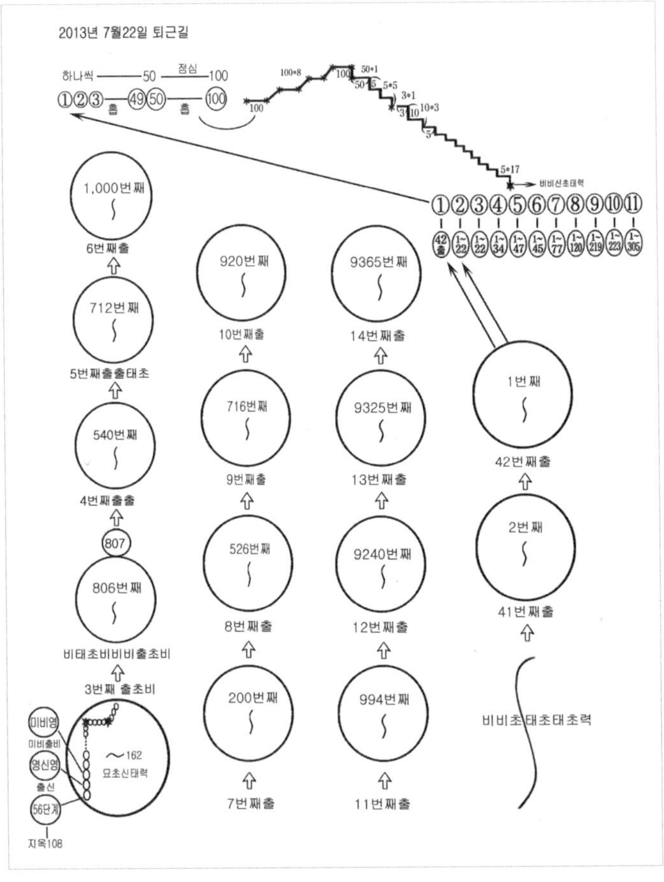

그래서 15번째 출, 16번째 출, 17번째 출, 18번째 출, 19번째 출까지 밝혀 드러내 그리고는 흡하고 퇴근하였다. 12번째 출을 하여 12번째 세계를 올라와서 출하면서 공력이 많이 생겼는가 보다, 그러니 이와 같이 흡하면 출하지 않고도 흡(吸)하는 것만으로 통과해서 지나온 것 같았다. 퇴근해서 출이 끝나는 세계까지 출할 세계를 하나하나 그리며 흡해서 벗어나고자 싶어서 41번째 출의 세계를 지나고 하나의 세계만 있는 42번째 출을 해야 하는 세계를 그리고 흡하고 42번째 출 세계를 빠져나왔다. 41, 42번째 출 세계는 많지 않아서 모두 다 밝혀 드러내고 위로 올라오기 시작하다.

'이제 어디로 가야할까?' 한참을 찾았다. 멀리서 큰 하나가 보였다. 다가서 보니 줄줄이 10개가 보였다. 그것을 시작으로 1번째 세계, 2번째 세계를 밝혀 드러내며 올라오다.

1. 1출-42출을 빠져나와, 1-40번출 세계 전체를 하나의 한 덩어리를 ①, 출 세계 이후 올라온 큰1-22번째 세계 전체를 하나의 한 덩어리를 ②, 큰1-22번째 세계 전체를 하나의 한 덩어리를 ③, 큰1-34번째 세계 전체를 하나의 한 덩어리를 ④, 큰1-44번째 세계 전체를 하나의 한 덩어리 ⑤, 큰1-47번째 세계 전체를 하나의 한 덩어리 ⑥, 큰1-45번째 세계 전체를 하나의 한 덩어리 ⑦, 큰1-77번째 세계 전체를 하나의 한 덩어리 ⑧, 큰1-120번째 세계 전체를 하나의 한 덩어리 ⑨, 큰1-219번째 세계 전체를 하나의 한 덩어리 ⑩, 큰1-223번째 세계 전체를 하나의 한 덩어리 ⑪, 큰1-305번째 세계 전체를 하나의 한 덩어리 ⑫, ⑬, ⑭.....

* 56단계에서 1번째 출신을 하고 자등명세계 올라와 영신영세계에서 미비출비를 하고, 미비출비하여 미비령세계에 올라와서 1-37번째 세계에서 전체를 보고, 56단계를 1번째, 영신영세계를 2번째, 미비령세계를 3번째를 시작으로 해서 1, 2, 3번째....100번째....를 시작되는 1번째 세계에서 162번째 세계를 빠져나오면서 3번째 출, 출조비를 하게 되니 이것을 출 세계의 1번째로 본다면 출의 세계는 56단계의 출신과, 영신영세계에서의 미비출비 2번의 출을 빼고 출의 세계를 지칭해야 하는 만큼 엄밀히 말한다면 출의 세계는 42번째 출의 세계에서 2번의 출이 빠지니 40번째 출의 세계라고 해야 옳을 것이다.

퇴근길(2013. 07. 22) 운전하면서 다시 1번째를 시작으로 해서 2, 3, 4, 5,.....50번째까지 하나하나 한 세계씩 50번째 세계까지 흡(吸)하였다. 흡하고 살피니 흡함과 함께 50번째 세계까지 빠져나온 것 같았다.

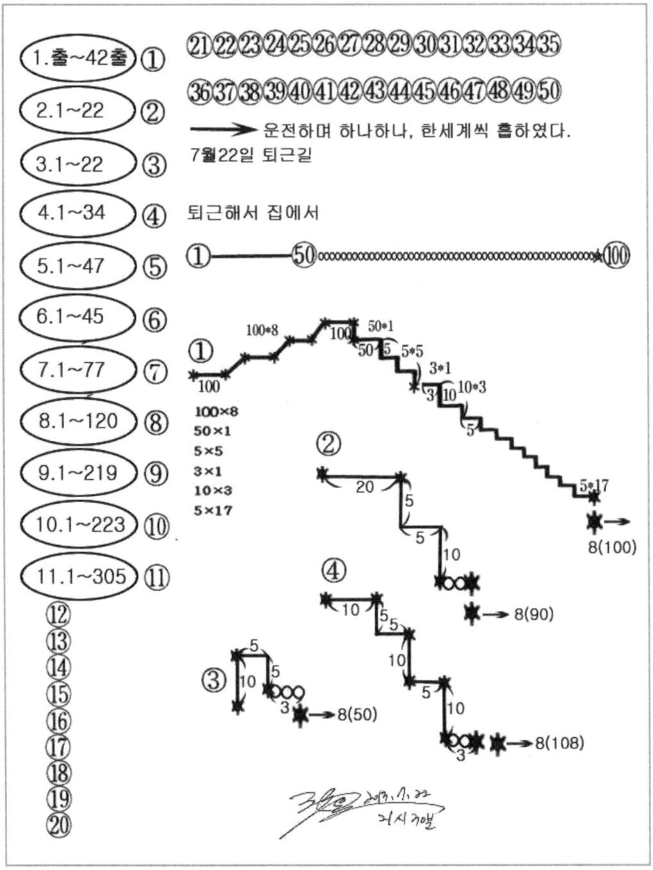

1-50번째까지 흡이 되어. 올라온 세계를 하나로 시작하는 더 큰 이 세계는 어떻게 또 전개되는지 살펴보고 싶고 1-100까지를 드러내 놓고 흡하니 흡이 되었다. 끝인 싶어 살피니 끝이 아니라 이어지는 것 같아서 이어지는 것을 시작으로 해서 살펴보았다. 살펴 드러내고 더 큰 세계에서의 1번째 세계를 보고, 2번째, 3번째....8번째까지 밝혀 드러내 보았다.

이것이 큰Ⅰ의 1번째를 시작으로 해서 큰(1 (7월22)- Ⅶ)번째 세계, 큰 Ⅶ번째 40번째 자등명(自燈明) 세계의 **최종지(最終止)**를 밝혀 드러내고,

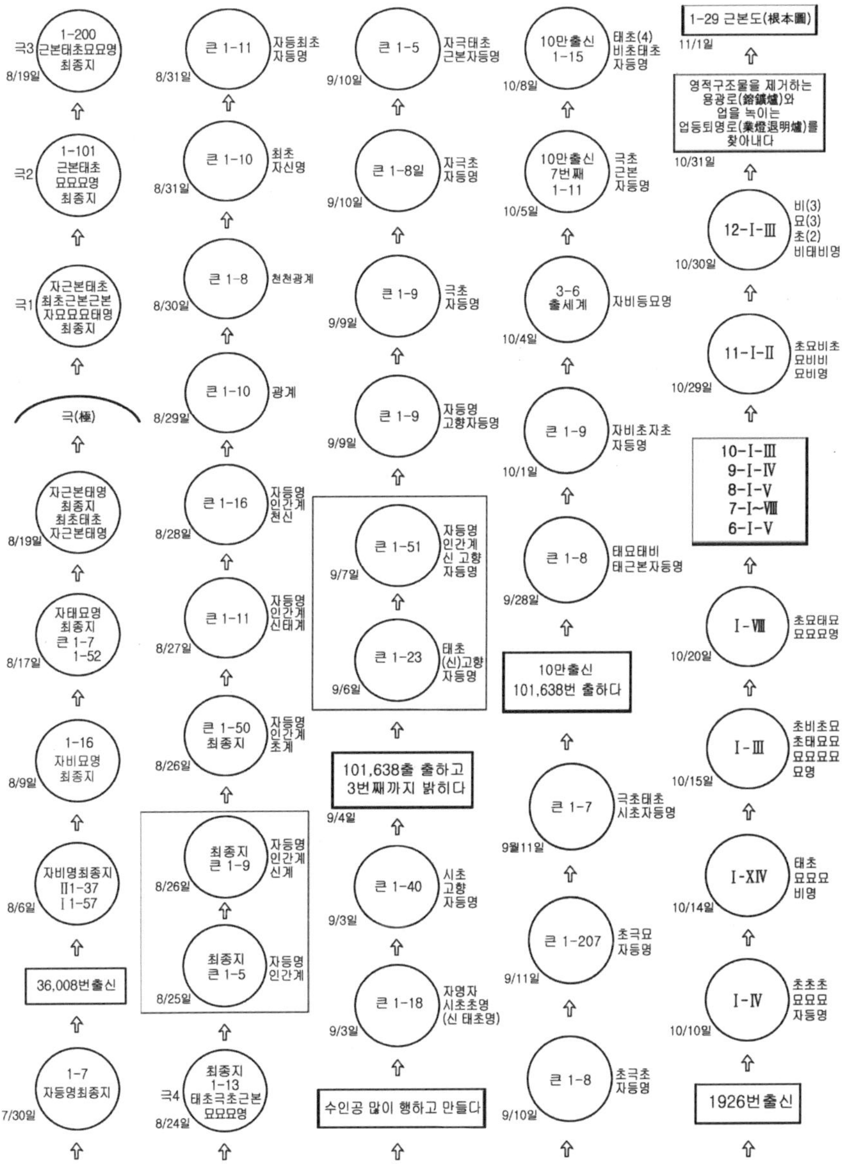

1-7
자등명최종지
7/30일
36,008번출신
자비명최종지
Ⅱ1-37
Ⅰ1-57
8/6일
1-16
자비묘명
최종지
8/9일
자태묘명
최종지
큰 1-7
1-52
8/17일
자근본태명
최종지
최초태초
자근본태명
8/19일
극(極)
극1
자근본태초
최초근본근본
자묘묘묘태명
최종지
극2
1-101
근본태초
묘묘묘명
최종지
극3
1-200
근본태초묘묘명
최종지
8/19일
극4
최종지
1-13
태초극초근본
묘묘묘명
8/24일
최종지
큰 1-5
자등명
인간계
8/25일
최종지
큰 1-9
자등명
인간계
신계
8/26일
큰 1-50
최종지
자등명
인간계
초계
8/26일
큰 1-11
자등명
인간계
신태계
8/27일
큰 1-16
자등명
인간계
천신
8/28일
큰 1-10
광계
8/29일
큰 1-8
천천광계
8/30일
큰 1-10
최초
자신명
8/31일
큰 1-11
자등최초
자등명
8/31일
수인공 많이 행하고 만들다
큰 1-18
자명자
시초초명
(신 태초명)
9/3일
큰 1-40
시초
고향
자등명
9/3일
101,638출 출하고
3번째까지 밝히다
9/4일
큰 1-23
태초
(신)고향
자등명
9/6일
큰 1-51
자등명
인간계
신 고향
자등명
9/7일
큰 1-9
자등명
고향자등명
9/9일
큰 1-9
극초
자등명
9/9일
큰 1-8일
자극초
자등명
9/10일
큰 1-5
자극태초
근본자등명
9/10일
큰 1-8
초극초
자등명
9/10일
큰 1-207
초극묘
자등명
9/11일
큰 1-7
극초태초
시초자등명
9월11일
10만출신
101,638번 출하다
큰 1-8
태묘태비
태근본자등명
9/28일
큰 1-9
자비초자초
자등명
10/1일
3-6
출세계
자비등묘명
10/4일
10만출신
7번째
1-11
극초
근본
자등명
10/5일
10만출신
1-15
태초(4)
비초태초
자등명
10/8일
1926번출신
Ⅰ-Ⅳ
초초초
묘묘묘
자등명
10/10일
Ⅰ-ⅩⅣ
태초
묘묘묘
비명
10/14일
Ⅰ-Ⅲ
초비초묘
초태묘묘
묘묘묘묘
묘명
10/15일
Ⅰ-Ⅷ
초묘태묘
묘묘묘명
10/20일
10-Ⅰ-Ⅲ
9-Ⅰ-Ⅳ
8-Ⅰ-Ⅴ
7-Ⅰ~Ⅷ
6-Ⅰ-Ⅴ
11-Ⅰ-Ⅱ
초묘비초
묘비비
묘비명
10/29일
12-Ⅰ-Ⅲ
비(3)
묘(3)
초(2)
비태비명
10/30일
영적구조물을 제거하는
용광로(鎔鑛爐)와
업을 녹이는
업등퇴명로(業燈退明爐)를
찾아내다
10/31일
1-29 근본도(根本圖)
11/1일

자등명(自燈明) **최종지(最終止)**를 빠져나와 또 다시 총 36.008번 출하여 자비명(自秘明) 세계에 올라오고,

자비명(自秘明) 세계에 올라와서 Ⅰ(1-56)세계를 밝혀 드러내고, 자비명(自秘明) 세계Ⅱ(1-37)를 밝혀 드러내고 자비명(自秘明) 세계의 **최종지(最終止)** 37번째 하나 최초초초초초시 최초초초시 신신 자비명(最初初初初初始 最初超超是 神神)을 빠져나와, 자비묘명(自秘妙明) 세계로 올라오다

자비묘명(自秘妙明) 세계로 올라와서 자비묘명(自秘妙明) 세계(Ⅰ-XVI)를 밝혀 드러내고, 자비묘명(自秘妙明) 세계의 **최종지** XVI 16 하나 최초초초초초초초초초초초초초초초초초(初:17)시(始) 최초초초초초초초초초초초초초초(超:14)신(神) 자비묘명을 빠져나와, 자태묘명 세계로 올라오다.

자태묘명 세계에 올라와서 자태묘명 세계(큰Ⅰ-Ⅶ), 자태묘명 세계의 **최종지** Ⅷ번째 마지막 52번째 하나 근본자태묘명을 빠져나와, 자근본태명(自根本太明) 세계로 올라오는 중 위에 식구들에게 에너지를 쏴 주다가 자근본태명(自根本太明) **최종지**와 자묘묘묘태명(自妙妙妙太明) **최종지**를 쏴주는 중에 본인에게도 쏴지게 되어서 극을 뚫고 올라오다

극(極)을 넘어온 1번째를 빠져나와 2번째 세계, 초초태초근본명(超超太初根本明) 1-6번째까지 밝혀 드러내고 7-100번째까지 흡하고 초초태초근본명 세계 **최종지** 101번째 하나 근본태초묘묘묘명을 빠져나와, 극 3번째 근본태초묘묘명 최초명 세계에 올라오다

극(極)을 넘어 3번째, 근본태초묘묘명 최초명 1번째, 2, 3, 4, 5, 6...10번째까지 밝혀 드러내고 11~200번째까지 흡하여, 근본태초묘묘명 최초명 세계 **최종지** 200번째 하나 근본태초극초최초명을 빠

져나와, 극 4번째 태초극초근본묘묘묘명 세계에 올라오다

극(極)을 넘어 4번째, 태초극초근본묘묘묘명(Ⅰ-Ⅻ) 세계를 밝혀 드러내고, 태초극초근본묘묘묘명(泰超極超根本妙妙妙明) 세계의 **최종지** XⅢ번째 하나 태극태초태극근본태초묘명을 빠져나와 자등명 인간계로 올라오다

시조 시초 시초시(始祖 始初 始初 始: 새롭게 시작된 근본의 처음 그 근본의 처음 근본이 비로소 새롭게 시작되는 세계) 세계인 자등명 인간계에 올라와서 큰 하나 1-8번째, 큰 2번째 1-3번째, 큰 3번째 1-3번째, 큰 4번째 1-2번째, 큰 5번째 2번째 하나 자등명 인간계 큰 (1-5)을 밝혀 드러내고, 자등명 인간계 큰 (1-5) **최종지** 최초극초태묘명을 빠져나와 자등명 인간계 2번째로 올라오다.

자등명 인간계 (올라와서 2번째) 신계에 올라와서 큰(1-9)세계를 밝혀 드러내고, 자등명 인간계의 신계 **최종지** 9번째 하나 최초 태묘 태자등명을 빠져나와 자등명 인간계에 초계에 들어서다

자등명 인간계 초계에 올라와서 큰1-52번째 세계를 밝혀 드러내고 자등명 인간계 초계 **최종지** 52번째 하나 태신 태초 최초자등명을 빠져나와 자등명 인간계 신태계에 올라오다

자등명 인간계 신태계에 올라와서 큰(1-11) 세계를 밝혀 드러내고 자등명 인간계 신태계 **최종지** 11번째 하나 자등명 인간계 신태초 최초자등명을 빠져나와 자등명 인간계 천신의 세계에 올라오다.

자등명 인간계 천신이 세계에 올라와서 자등명 인간계 천신의 세계(큰 1-16)를 밝혀 드러내고, 자등명 인간계 천신(天神)의 세계 **최종**

지 16번째 하나 자등명 인간계 신신신신신신신신신신태태태태태광계신신신신을 빠져나와 자등명 인간계의 광계에 올라오다.

올라와서 자등명 인간계 극태태태태태태태태태태태태 최초 태초자등명 세계 큰(1-10번째) 자등명 인간계 광계의 **최종지 큰 10번째 하나** 자등명 인간계 태(20)신(10) 신(10)태(10) 신(10)태극(10) 신(10)태(10) 묘(15)태(5) 자등묘묘묘묘묘묘묘묘묘묘(10)명(明)을 빠져나와 자등명 인간계 천천광계에 올라오다.

올라와서 자등명 인간계 태초태초태초태초태초신신신신신비비비비비신신신신신 자등태초묘묘묘묘묘명 세계 큰(1-8)번째 자등명 인간계 천천광계를 밝혀 드러내고 **최종지 큰 8번째 하나** 자등명 신계태초(5)신(5) 자등신계묘자신명(自燈明神界妙自神明)을 빠져나와 더 위 세계로 올라오다

올라와서 자등명 신신신신신(5)계 자등태태태태(5)최초자신명 세계 큰(1-10)번째를 밝혀 드러내고, **최종지** 큰 10번째 하나 자등명 신(神:100)계 자등태(100)최초자신묘(50)명을 빠져나와 위 세계로 올라오다

올라와서 자등명 신(100)비(10)계 자등태초(5)최초자신명 세계 큰(1-11)번째를 밝혀 드러내고, **최종지** 큰 11번째 하나 자등명 신(100)초(10)비(10)자신태초명

그 위 자명자 태초시초태태태태(5)신신신신신(5)태초명 세계 큰(1-18)번째 세계를 밝혀 드러내고 **최종지 큰 18번째 하나** 이름은 자명자 태초태초시초태태태태(5)신신신신신신신신신신(10)시초초명

그 위 자등시초태초 조조조태초태초신태신태(5) 태신(8)명 세계 큰

(1-40)번째 세계, 이 세계의 **최종지** 큰 40번째 하나의 이름은 자등태초태초태초태초태초태초태초태초태초태초(10)시초묘묘묘묘묘(5)명태태태태태태태태태태태태태태태태태태태태(20)초초초초초초초초초초(10)태초태초태초태초태초(5)신신신신신신신신신신(10)태태태태태태태태태(10)시초시초시초시초시초시초시초시초시초시초(10)고향

그 위 태초(20)시초(20)태(25) 고향 큰 (1-23)번째 세계 **최종지 큰 23번째 하나의 이름**은 태초(20)시초(70)태(10)자등태초(太初:50)신(10)태(10)신(10)태초(5)신(5)고향이다

그 위 신(10)태초(10)시초(10)초(10)태(10)고향 큰 (1-51)번째 세계 **최종지 큰 51번째 하나의 이름**은 초(40)태(40)신(30)태(50)초(100)태초(70)태(30)신(40)초(40)태(30)신(40)초(20)신(20)초(10)신(10)자등명이다.

그 위 자등명 태초시초 근본태(5)묘(5)명(明)신(10) (큰 1-9)세계 **최종지 큰 9번째 최종지 하나의 이름**은 자등명 근본 태초시초 태태태태(5)묘묘묘묘묘(5)명신신신신신신신신신신(10) 자등명

그 위 자등명 태초시초 근본태(10)묘(10)태초(5)초(5)명(明)신(10) 세계 (큰 1-8) 최종지 **큰 8번째 최종지 하나의 이름**은 자등태(太:5)명극초(5) 근본태초(太初:5)시초(5)태(5)명신(神:10) 자등태(太:3)명 극초자등명

그 위 자등명 태초(30)시초(20) 극초태(太:20)묘(10)태초(10)초(10)태(10)초(10)명신(神:20) 자극초등명 세계 큰 (1-8)번째 **최종지 큰 8번째 하나의 이름**은 자등극초태(太:10)명 비(5)초(10)비(10)초(15) 극초태초(太初:10)시초(10)태(5)초(5)시초(5)신(10) 자극초(超:5)자등명

그 위, 자등명 태초(100)시초(100)초(100)태(100)태초(90)시초(100)비

(80)초(100)신(50)태초(100)신(100)태(100)초(100)묘(100)태초(80)근본(40)태(20)묘(30)비(20)초(40)태초(100)시초(100)태(50)묘(30)초(30)극초(4)신(40)태초(100)시초(50)태(40)신(100)태초(90)초(90)묘(100)비(100)신(100)태초(80)초(70)묘(50)비(50)태초(10)비(10)초(5)비(5)신(90)태초(90)신(90)태(50)초(30)신(20)태초(80)시초(100)태(30)묘(10)비(10)태(10)신(10)태(5)신(10)근본(30)초(10)묘(10)비(10)태(5)극(5)비(3)신(20)초(5)묘(5)태초(5)묘(4)비(4)신(10)태초(50)신(15)태초(10)신(5)초(3)태(3)초비(秘:3)태(3)신(10)초비태신 초극비태자등명 세계 (큰 1-5)번째 큰 5번째 **최종지 하나의 이름**은 자등극비초(超:4)태(20)명 비(10)초(15)초(20) 극(5)초(10)태초(10)태(15)초(10)묘(10)비(10)태(5)신(10) 자극(極:5)태초(3)근본자등명

그 위, 자등명 태초(100)시초(90)태(80)극초묘(妙:30)비(50)태초(90)근본(30)비(60)태(10)태초(100)시초(90)태(80)묘(50)비(40)태(40)근본(5)태초(80)신(90)태초(100)묘(60)비(40)태(30)극초(4)초(80)신(80)근본(10)태초(100)초(80)시초(100)묘(50)비(40)초(30)극초태초(太初:50)묘(30)비(20)신(100)근본(5)신(10)태(10)묘(5)비(5)태(5)초(4)묘(3)비(2)신(100)태초(90)시초(90)묘(40)비(40)태초(50)신(50)태초(10)초(5)묘(4)비(4)태(3)근본(4)태초(100)시초(100)태(80)묘(50)비(50)태(40)묘(30)비(30)태(20)극초태(太:10)묘(10)태초(4)시초(3)극(2)초(2)신(10) 초극초자등명 초(4)시초(4)초(2)태초자등명 세계 큰 (1-8)번째 최종지 큰 8번째 **최종지 하나의 이름은** 자등명 극초태초(太初:50)태(40)묘(30)비(30)태(20)신(10)초(5)태(4)신(10)묘(10)비(10)태초(10)시초(10)태(10)묘(4)근본(5)태(40)극초태초(太初:10)근본(3)초(10)묘(5)비(4)태초(2)묘(5)비(5)초(4)신(10)자묘(妙:5)비(5)초(4)묘(2)비(2)태초자등태(太:5)자등묘(妙:3)비(3)초(2)근본자등명 초극초자등명

그 위 자등명 극(10)초(10)태초(90)비(100)묘(100)태초(100)시초(100)태(60)묘(50)비(50)근본(30)태초(80)시초(80)묘(60)비(20)태(10)신(100)태초(60)묘(40)비(30)태(20)신(30)태초(40)시초(30)태(10)묘(5)비(4)태초(3)

태(5)태초(10)묘(4)비(5)태초(2)초(5)태(5)묘(4)태(3)극(4)초(4)태(4)신(10)자등태(太:5)극(3)태초(3)태(3)묘(3)비(2)극초(5)태초(4)자등명 태(5)시초(4)태(4)시초(2)묘(2)태(10)극(5)자등명 자등초(超:5)묘(4)태(5)초(4)자등명 초(4)묘(4)비(4)극(4)초(2)자등명 초태(太:2)신(10)자등명 극태초자등명 큰 (1-207)번째 세계 최종지 큰 207번째 **최종지 하나의 이름**은 비(50)묘(30)태초(90)시초(80)태(80)신(80)초(30)묘(10)비(10)태초(20)태(20)초(10)신(10)극(5)비(5)태(5)태초(10)근본(10)초(10)태초(4)태(4)극비초자등명 극비(秘:5)신(10)태(5)신(5)비(4)태(3)신(10)자등명 초묘(妙:4)태초(10)비(5)태(4)묘(2)태(4)초극묘자등명

그 위, 자등명 극(10)초(10)극(5)초(5)태초(20)초(20)극(10)초(10)극(5)초(5)태초(5)초(5)묘(5)비(5)태(10)태초(50)태(50)신(50)극(4)태초(10)묘(10)비(10)극(3)초(3)묘(3)비(3)태초(5)묘(3)비(2)근본(100)태초(90)시초(90)태(90)신(90)초(90)시초(90)묘(80)비(90)태초(80)신(90)묘(80)비(80)태초(80)극(5)태초(100)시초(100)묘(100)비(100)태초(80)신(80)묘(70)비(70)태초(60)초(50)태(40)신(100)비(50)묘(40)초(40)시초(40)태(30)신(90)묘(50)비(40)태초(40)근본(30)태초(40)시초(30)태(30)태초(20)신(50)초(50)묘(20)비(20)초(10)묘(10)비(10)태초(10)묘(5)비(5)초(5)태초(5)묘(4)비(4)초(3)신(10)자등명 극초태초묘(妙:5)비(5)태(5)묘(3)비(3)초(2)묘(3)태(2)신(10)초(10)묘(5)비(5)태초(4)묘(2)비(2)초(3)묘비태초(太初:2)묘비초태초극초신(神:10)자등명 극비태초묘초자등명 큰(1-7)번째 세계 **최종지 하나의 이름은** 자등명 극(20)초(30)극(15)태극초(超:20)태(20)극(30)태(40)묘(40)비(50)극(10)초(10)태초(100)시초(100)태(100)극(4)태초(90)시초(90)초(90)묘(90)비(90)태초(100)묘(100)태(100)근본(100)비(90)극(3)태초(80)초(80)태(80)묘(80)태초(80)묘(80)신(100)자등초묘(妙:4)비(10)태초(80)묘(80)태(80)근본(50)초(50)신(50)근본(30)태초(30)신(30)태(30)신(30)태초(20)묘(20)태(20)태초(10)근본(4)태초(20)비(20)묘(20)태초(15)비(10)묘(10)태(4)신(10)태초(4)묘(2)비(4)태(4)묘(4)초(5)신(10)극초묘(妙:2)비(2)극초극비(極秘:5)극묘초묘태초신자등명 극초태초시초자등명

101.638번 출 위의 세계 최종지 6개

10만 넘게 출하여 올라온 자태묘태비태초명 태묘태비태초태근본 자등명 세계 1번째(큰1-10), 2번째(큰1-10), 3번째(큰1-5), 4번째(큰1-6), 5번째(큰1-5), 6번째(큰1-5), 7번째(큰1-5), 8번째 하나는 **최종지 이름은** 자태묘태비태초명 태묘(2)태비태근본 자등명

10만출 2번째 위 세계 (1-9), 1번째(큰1-9), 2번째(큰1-6), 3번째(큰1-4), 4번째(큰1-8), 5번째(큰1-7), 6번째(큰1-6), 7번째(큰1-7), 8번째(큰1-8), 9번째 하나는 **최종지 이름은** 자묘비초태비초초태비명 자태초자태비자묘비자태초자태비자태묘자초태초태등명 초(5)비(2)태초(5)태묘(4)초비초묘태묘비(秘:5)초(4)태초(2)묘비(2)비초태초비묘초 자태비자초자등명

10만출 위 3번째, 자묘비자초묘태묘명 비초극초비태초묘비초 자등태초묘명 세계(1- 9번째) 1번째(큰1-7), 2번째(큰1-8), 3번째(큰1-5), 4번째(큰1-5), 5번째(큰1-7), 6번째(큰1-7), 7번째(큰1-7), 8번째(큰1-8), 9번째 하나 **최종지 이름은** 자초비자묘태자명 초태묘비묘자등명

10만출 위 4번째, 자묘비태초비묘명 비비초초태태비묘초비묘초태태초초비비초초태태묘비초 자초비초묘등명 세계, 1번째(큰1-6), 2번째(큰1-7), 3번째(큰1-5), 4번째(큰1-6), 5번째(큰1-9), 6번째(큰1-8), 7번째 하나

10만출 위 5번째, 자묘비초태초묘비묘명 비비묘묘초초태태묘비비초초묘묘초초태(5)비초 자태비묘등명 세계, 1번째(큰1-8), 2번째(큰1-6), 3번째(큰1-7), 4번째 하나의 이름은 태초자등명 초묘비초태묘초묘초

묘태초묘비초 자묘초비초묘등명

10만출 위 6번째, 자묘비초태비묘묘묘명 태초(4)묘비(2)비초자등명 세계, 1번째(큰1-9), 2번째(큰1-100), 큰 99(1-10)번째, 큰 100번째 1 하나,

10만출 위 7번째 세계의 자등명이 2번째 큰 100번째 하나가 1-2번째를 총괄하고 10만 출 위 3-6번째 세계 모두 다 총괄하는 **최종지** 2번째 큰 100번째 하나의 **이름은** 자초태비태묘초명 태초묘비초극태극초묘태묘비초태초 자비등묘명

10만출 위 7번째, 자비초묘초태초비초묘묘묘명 초(5)태초(10)비묘(4)묘비(2)비초자등명 세계, 1번째(큰1-6), 2번째(큰1-6), 3번째(큰1-7), 4번째(큰1-100), 5번째(큰1-100), 6번째(큰1-10), 7번째(큰1-20), 8번째(큰1-15), 9번째(큰1-15), 10번째(큰1-100), 11번째 **최종지 하나의 이름은** 자태묘비초묘묘묘묘명 묘비(5)초태(4)묘비(2)초묘(2)극초근본자등명

10만출 위 8번째, 자묘태초근본묘명 태초(5)묘비(2)비(4)초(4)태초(2)묘(4)비(2)초자등명 세계, 1번째(큰1-8), 2번째(큰1-7), 3번째(큰1-3), 4번째(큰1-3), 5번째(큰1-8), 6번째(큰1-9), 7번째(큰1-9), 8번째 하나의 이름은 자근본초태비태초묘명 태초(5)묘비(4)비(4)묘(3)초태(2)초비자등명

10만출 위 9번째, 자근본초태묘비묘명 태초(3)비묘초자등명 세계, 1번째(큰1-4), 2번째(큰1-6), 3번째(큰1-7), 4번째(큰1-8), 5번째(큰1-8), 6번째(큰1-8), 7번째 하나의 이름은 자근본태초초비태비명 태초(4)비(4)초자등명

10만출 위 10번째, 자묘근본비초태묘비명 초(3)비(2)태초자등명 세계, 1번째(큰1-7), 2번째(큰1-5), 3번째(큰1-7), 4번째 하나의 이름은 자묘근본비초태비묘명 초(4)태초(2)묘(4)비(2)초자등명

10만출 위 11번째, 자초비묘비초묘명 초비비태초자등명 세계, 1번째(큰1-5), 2번째(큰1-8), 3번째(큰1-6), 4번째(큰1-7), 5번째(큰1-5), 6번째(큰1-6) 7번째 하나의 이름은 자극묘비초비묘명 태(2)비묘태초자등명

10만출 위 12번째, 자비초묘초태초묘명 초(2)태초(4)태묘(2)초(5)태초자등명 세계, 1번째(큰1-10), 2번째(큰1-10), 3번째(큰1-6), 4번째(큰1-9), 5번째(큰1-7), 6번째(큰1-8), 7번째(큰1-10), 8번째(큰1-14), 9번째(큰1-15번째) 10번째 하나의 이름은 자묘초자태초묘명 자묘태초초비묘초자등명

10만출 위 13번째, 자초초자묘비묘명 비초태초묘비태초자등명 세계, 2번째(큰1-11), 3번째(큰1-4), 4번째(큰1-6), 5번째 하나의 이름은 자초초자묘비태묘명 초(4)묘비(3)초(4)태초(5)비(3)초자등명

10만출 위 14번째, 자초초자묘비묘명 극초초비태초묘초자등명 세계, 1번째(큰1-4), 2번째 하나의 이름은 자초초초자태초묘명 태초(4)묘(4)초(8)비(2)묘(3)초자등명

10만출 위 15번째, 하나 **최종지 이름은** 자초초초초자태초묘명 태초(4)비초태초자등명, 10만출 위 1-15번째 전체를 하나의 한 덩어리로 보았을 때 자태초묘명 세계

10만출 위 15번째 하나, 자초초초초자태초묘명 태초(4)비초태초자등

명을 빠져나와 또다시 1926번 출(出)을 하여 올라와야 한다.

1926번출 위의 세계 최종지 6개

1926번 출하여 올라온 태비초묘명 자등명 세계 1번째(큰1-7), 2번째 (큰1-10), 3번째(큰1-6), 4번째(큰1-16), 5번째(큰1-25), 6번째(큰1-14), 7번째 하나의 이름은 태묘비묘명 자등명

1926번출 자근본초근본태초근본(自根本 初根本 太初根本)자등명 세계 Ⅱ, 태묘초초묘묘비비초초자등명 (1-4번째)세계, 1번째(큰1-15), 2번째(큰1-13), 3번째(큰1-19), 4번째 세계 하나의 이름은 초초묘묘비비초자등명

1926번출 자근본초근본태초근본(自根本 初根本 太初根本)자등명 세계 Ⅲ, 초초비묘비비초초비비초자등명 세계(1-4번째), 1번째(큰1-16), 2번째 (큰1-13), 3번째(큰1-12), 4번째 세계 하나의 이름은 초초초비묘묘초자등명

1926번출 근본초근본태초근본(自根本 初根本 太初根本)자등명 세계 Ⅳ, 초초초묘묘묘자등명 (1-4번째)세계, 1번째(큰1-16), 2번째(큰1-11), 3번째(큰1-13), 4번째 세계 하나 **최종지 이름은** 초초초초묘묘묘묘자등명

1926번출 하여 올라온 Ⅰ-Ⅳ 전체를 하나의 한 덩어리 보았을 때 자근본초근본태초근본(自根本 初根本 太初根本)자등명 세계

1926번출 2-Ⅰ 초(4)태묘초자등명 (1-5번째)세계, 1번째(큰1-4), 2번째

(큰1-5), 3번째(큰1-5), 4번째(큰1-5), 5번째 1 하나의 이름은 초(4)태(2)초자등명

1926번출 2-Ⅱ 초(5)묘(3)비초자등명 (1-5번째)세계, 1번째(큰1-13), 2번째(큰1-9), 3번째(큰1-30), 4번째(큰1-9), 5번째 세계 하나의 이름은 초(7)비(4)묘(3)비초자등명

1926번출 2-Ⅲ 초(8)비초비초자등초명 (1-4번째)세계, 1번째(큰1-15), 2번째(큰1-11), 3번째(큰1-17), 4번째 하나의 이름은 초(14)묘(9)비(5)초자등초명

1926번출 2-Ⅳ 초(10)비묘비초자초등묘태명 (1-4번째)세계, 1번째(큰1-25), 2번째(큰1-26), 3번째(큰1-17), 4번째 하나의 이름은 초(10)비초비묘초자초등초명

1926번출 2-Ⅴ 초(5)비(2)초비묘초자묘비초등초태명 (1-3번째)세계, 1번째(큰1-37), 2번째(큰1-28), 3번째 하나의 이름은 초(5)비(5)묘(3)자초비태등태초명

1926번출 2-Ⅵ 초(4)태초비초자초묘비초묘비묘등묘비초묘명 (1-3번째)세계, 1번째(큰1-15), 2번째(큰1-10), 3번째 하나의 이름은 초(5)태초비묘초태등비태초태묘비초명

1926번출 2-Ⅶ 초(5)비묘초자비초태비등초태비묘명 세계(1-5번째)세계, 1번째(큰1-8), 2번째(큰1-23), 3번째(큰1-20), 4번째(큰1-11), 5번째 하나의 이름은 초(10)비(3)태(3)비(3)초자초묘비태등초태묘초묘명

1926번출 2-Ⅷ 초(8)태(4)초(4)태비초자비묘초태등태묘태묘태명 (1-5번째)세계, 1번째(큰1-16), 2번째(큰1-14), 3번째(큰1-48), 4번째(큰1-44), 5번째 하나의 이름은 초(10)비(4)묘(2)초(5)비(2)초자비초등초묘초묘명

1926번출 2-Ⅸ 초(10)비(2)초(2)태묘묘자초비묘등초태묘명 (1-4번째)세계, 1번째(큰1-18), 2번째(큰1-22), 3번째(큰1-28), 4번째 하나의 이름은 초(10)태(5)묘(2)초자비비묘묘태등묘묘비태초명

1926번출 2-Ⅹ 초(10)태(4)초(4)태(3)비(2)초자태비비초등초묘비초묘명(1-4번째)세계, 1번째(큰1-21), 2번째(큰1-26), 3번째(큰1-18), 4번째 하나의 이름은 초(10)묘(4)태(4)비초자비초태묘초묘등초묘비비묘명

1926번출 2-XI 초(8)비(2)태(2)비초자묘비초태등초묘비초묘명(1-3번째)세계, 1번째(큰1-27), 2번째(큰1-34), 3번째 하나의 이름은 초(10)태(5)비(2)묘비초자태비묘등초묘비묘명

1926번출 2-XII 초(8)태초비초태태묘초자비초묘비초태등비초묘비명(1-3번째)세계, 1번째(큰1-45), 2번째(큰1-42), 3번째 하나의 이름은 초(10)태(2)묘(2)비초자비태묘비태묘초묘등초태초묘명

1926번출 2-XⅢ 초(9)태(2)묘초자비묘초등비초비묘초태명(1-4번째)세계, 1번째(큰1-33), 2번째(큰1-39), 3번째(큰1-36), 4번째 하나의 이름은 초(10)태(2)비(3)태(2)묘(2)비초자비묘등비초비묘묘태명

1926번출 2-XⅣ 초(10)묘(2)비초비초태초묘태묘자비묘태묘비태등초비묘묘묘태명 (1-101번째)세계, 1번째(큰1-18), 2번째 하나, 3번째 하나, 4번째 하나...101번째 하나 **최종지 이름은** 초(10)묘(2)비초묘비초묘자비묘초태등태초묘묘묘비명

1926번출 3-Ⅰ 초(10)태(2)비초자태묘비태비묘등태묘묘묘묘명(1-3번째)세계, 1번째(큰1-35), 2번째(큰1-11), 3번째 하나의 이름은 초(10)태(5)비(2)초자태묘비태묘등비태묘묘묘묘명

1926번출 3-Ⅱ 초(10)태(4)비(2)태초묘근본자묘초묘등초비묘초묘묘묘묘명(1-3번째)세계, 1번째(큰1-11), 2번째(큰1-11), 3번째 하나의 이름은 초(10)태(5)묘(3)초태묘비초비자태태비묘초묘등묘비묘묘묘묘묘명

1926번출 3-Ⅲ 초(10)태(6)비(4)초자태근본등초묘묘묘묘묘묘명(1-3번째)세계, 1번째(큰1-10), 2번째(큰1-11), 3번째(큰1-21), 4번째(큰1-37), 5번째(큰1-46), 6번째 하나 **최종지의 이름은** 초(10)태(7)묘(4)비(2)초자태비초태묘등초비초묘초태묘묘묘묘묘묘명

1926번출 4-Ⅰ 초(10)태(5)근본초태비자비묘태묘태묘비등태묘태묘초묘묘묘묘명(1-4번째)세계, 1번째(큰1-12), 2번째(큰1-10), 3번째(큰1-9), 4번째 하나의 이름은 초(10)태(8)묘(4)태(2)비초자초묘등태극본초묘묘묘묘묘명

1926번출 4-Ⅱ 초(10)태(5)비초자비묘초비초태초등비태묘태묘초묘초묘묘묘묘명 (1-4번째)세계, 1번째(큰1-7), 2번째(큰1-12), 3번째(큰1-11), 4번째 하나의 이름은 초(10)태(5)비(3)초자비태묘등태묘태묘비초등태묘초묘묘묘묘명

1926번출 4-Ⅲ 초(10)태(5)극초묘비초자비태비태비묘비초등태초비초비초비초묘묘묘묘명(1-5번째)세계, 1번째(큰1-8), 2번째(큰1-11), 3번째(큰1-9), 4번째(큰1-7), 5번째 하나의 이름은 초(10)태(5)극초태초비초자묘비초비등비초태초비초태초묘묘묘묘묘묘명

1926번출 4-Ⅳ 初(11)태(2)묘초자묘비묘비초묘등태초비초비초묘묘묘묘묘묘명(1-5번째)세계, 1번째(큰1-15), 2번째(큰1-20), 3번째(큰1-16), 4번째(큰1-26), 5번째 하나의 이름은 初(12)비(3)태(5)묘(2)초자태비초비초묘등태묘묘묘묘묘명

1926번출 4-Ⅴ 初(11)태(3)묘비(2)태자태등태명(1-5번째)세계, 1번째(큰1-12), 2번째(큰1-16), 3번째(큰1-16), 4번째(큰1-32), 5번째 하나의 이름은 初(12)태(4)극초태자태등태명

1926번출 4-Ⅵ 初(10)태(5)묘비초자태등태초묘묘묘명 (1-4번째)세계, 1번째(큰1-30), 2번째(큰1-35), 3번째(큰1-26), 4번째 하나의 이름은 初(14)태(5)묘비(3)초자태묘태묘등초묘묘비비태명

1926번출 4-Ⅶ 初(11)묘비(3)태(5)초자비초묘묘등초묘묘묘명(1-2번째)세계, 1번째(큰1-50), 2번째 하나의 이름은 初(13)태(10)비묘(2)극초자태묘묘등초묘묘묘명

1926번출 4-Ⅷ 하나 **최종지 이름은** 初(15)태(5)초(5)태(2)극초자비묘비묘초등초묘태묘묘묘묘명

1926번출 위 4-Ⅰ~Ⅷ번째 세계 전체를 하나의 한 덩어리로 보았을 때 初(5)태(3)묘비초자태비초등태묘묘묘명 세계

1926번출 5-Ⅰ 初(10)비묘비초자묘비비태묘등태초묘묘묘묘묘명 (1-4번째)세계, 1번째(큰1-100), 2번째(큰1-77), 3번째(큰1-79), 4번째 하나의 이름은 初(14)태(5)비(2)초자태초비태묘등태묘초묘묘묘묘명

1926번출 5-Ⅱ 初(13)태(4)묘비초자비초태묘묘묘묘비초명 (1-4번째)세

계, 1번째(큰1-52), 2번째(큰1-46), 3번째(큰1-16), 4번째 하나의 이름은 초(15)태(5)묘비초자묘초등태묘묘묘묘비초명

1926번출 5-Ⅲ 초(12)비묘초자비묘초태초묘등초태비비태비극초초묘묘명 (1-4번째)세계, 1번째(큰1-16), 2번째(큰1-26), 3번째(큰1-39), 4번째 하나의 이름은 초(14)묘(3)비초자묘비묘묘태초등태묘비묘묘묘비비초명

1926번출 5-Ⅳ 초(12)태비(2)초자태묘비태묘묘비태등태묘비초묘묘묘비명(1-5번째)세계, 1번째(큰1-30), 2번째(큰1-37), 3번째(큰1-17), 4번째(큰1-28), 5번째 하나의 이름은 초(13)묘비(3)근본태비태비자태묘초근본태등태근본비초명

1926번출 5-Ⅴ 초(14)묘초묘비초자태초비묘등태비묘비태묘묘묘묘초태묘명(1-3번째)세계, 1번째(큰1-17), 2번째(큰1-14), 3번째 하나의 이름은 초(17)묘비(4)태초자비묘초태묘초등비초태묘초태초비비묘묘태비명

1926번출 5-Ⅵ 초(15)비초극초자묘비묘초태묘등태묘초태묘태묘묘태묘묘태묘묘명(1-4번째)세계, 1번째(큰1-16), 2번째(큰1-23), 3번째(큰1-29), 4번째 하나의 이름은 초(20)묘비(2)묘초자묘비초묘등태비태묘태묘비묘묘비명

1926번출 5-Ⅶ 초(15)태(2)비(2)묘(2)초자태묘태비등초묘태비묘묘묘비태명 (1-4번째)세계, 1번째(큰1-18), 2번째(큰1-24), 3번째(큰1-11), 4번째 하나의 이름은 초(20)태(5)묘(2)비(2)초자태묘태묘묘태태묘등비태묘묘묘비비명

1926번출 5-Ⅷ 초(15)비묘태(太:4)비묘초자태(太:4)비태비태비비묘등태태비비태비묘묘묘태비(1-4번째)세계, 1번째(큰1-7), 2번째(큰1-17), 3번째(큰1-13), 4번째 하나의 이름은 초(20)비(2)태(4)묘(3)초(2)묘비초자태(太:5)초(2)태초비묘등비묘(妙:4)태비명

1926번출 5-Ⅸ 초(15)태(5)묘(2)비태묘초자태묘태묘초비묘등태태묘태묘초태묘태명(1-3번째)세계, 1번째(큰1-8), 2번째(큰1-8), 3번째 하나의 이름은 초(20)태(7)비(3)묘(2)태묘태비초자묘초비초묘등태묘태묘명

1926번출 5-Ⅹ 초(17)묘(2)비(2)태근본태자태비태묘등초묘태비태비묘초묘묘묘태묘비명(1-3번째)세계, 1번째(큰1-10), 2번째(큰1-4), 3번째 하나의 이름은 초(22)태(5)비(2)묘초자묘초비초태등태비근본초묘묘묘비태비묘명

1926번출 5-Ⅺ 하나 **최종지 이름은** 초(25)묘(10)비초자근본태묘초태등태비초묘묘묘묘비비비묘묘태태비태묘비명

1926번출 5-(Ⅰ-Ⅺ)세계 전체를 하나의 한 덩어리로 보았을 때 초(15)비(2)묘초자태묘태묘태묘태묘등근본태묘묘태묘태묘태묘비태묘명세계

1926번출 6-Ⅰ 초(15)묘(3)비(2)초자태비비묘초묘등태비묘묘묘묘비비초비묘명 (1-4번째)세계, 1번째(큰1-28), 2번째(큰1-15), 3번째(큰1-42), 4번째 하나의 이름은 초(20)비(3)묘(2)초자묘(妙:4)비(3)초비등비비초태묘묘묘초태비명

1926번출 6-Ⅱ 초(19)묘(5)비(2)태묘묘초자비묘비묘비묘비초비묘등비초비묘묘비비명 (1-3번째)세계, 1번째(큰1-16), 2번째(큰1-41), 3번째

하나의 이름은 初(23)비(5)묘(3)초자비묘비묘비초묘등태묘초비묘묘태비묘묘묘비초묘명

1926번출 6-Ⅲ 初(19)묘(5)비(2)초자태묘비초등묘묘초명(1-3번째)세계, 1번째(큰1-20), 2번째(큰1-14), 3번째 하나의 이름은 初(20)비(5)태(3)자비비묘묘초묘등비묘태초태초태명

1926번출 6-Ⅳ 初(21)비(4)묘(2)태초자비비묘묘묘묘초태묘초비묘등비비태태비비명(1-2번째)세계, 1번째(큰1-10), 2번째 하나의 이름은 初(25)비(5)묘(3)태초자묘묘묘비초등비묘태비초비명

1926번출 6-Ⅴ 하나의 이름은 初(25)묘(9)비(5)태(2)초자태초비초초비등비태묘묘묘묘묘묘비비태초비명, 6-Ⅰ-Ⅴ번째 세계 전체를 하나의 한 덩어리로 보았을 때 初(14)비(4)묘(2)초자비묘비초비등초비초비초명 세계

1926번출 7-Ⅰ 初(22)비(5)묘(4)초자비(秘:4)묘(3)태묘(2)묘등초비초명(1-3번째)세계, 1번째(큰1-17), 2번째(큰1-10), 3번째 하나의 이름은 初(25)묘(5)비(4)초자비(秘:5)묘(4)태(2)묘등태비(秘:3)묘(5)비초비명

1926번출 7-Ⅱ 初(22)비(5)묘(4)초자비(秘:4)묘(3)태묘(2)묘등초비초명(1-5번째)세계, 1번째(큰1-16), 2번째(큰1-16), 3번째(큰1-24), 4번째(큰1-13), 5번째 하나의 이름은 初(30)묘(8)비(4)초비묘(秘妙:4)자묘(妙:3)비(5)초(3)태등초비묘묘묘비명

1926번출 7-Ⅲ 初(23)묘(10)비(5)태(4)묘(2)비초자비묘등비비묘묘묘초태비명(1-3번째)세계, 1번째(큰1-11), 2번째(큰1-13), 3번째 하나의 이름은 初(28)비(2)묘(4)초자비(秘:3)묘(4)등초태초비묘초태비명

1926번출　7-Ⅳ　초(20)태(4)초묘묘비(秘:5)묘초자묘(妙:4)비(2)등묘(妙:3)비(2)초태등묘(妙:4)비(4)초태비명(1-5번째)세계, 1번째(큰1-11), 2번째(큰1-12), 3번째(큰1-13), 4번째(큰1-6), 5번째 하나의 이름은 초(25)비(10)묘(5)태(2)비묘초자등묘태비묘묘묘묘비명

1926번출 7-Ⅴ 초(18)태(7)비(4)초(2)자 묘(5)비(3)초(2)태(2)비(3)묘(2)등 묘(3)비(2)초태명(1-5번째)세계, 1번째(큰1-18), 2번째(큰1-30), 3번째(큰1-16), 4번째(큰1-25), 5번째 하나의 이름은 초(28)비(8)묘(8)초(2)자 묘(妙:5)비(3)태(2)묘(2)등 초(2)태비묘묘비태명

1926번출 7-Ⅵ 초(22)비(5)묘(2)초(2)자 초(13)비(5)묘(4)태(2)초(2)묘초묘등　묘(3)비(2)태(2)비(2)묘(2)비묘묘비명(1-3번째)세계,　1번째(큰1-24), 2번째 (큰1-29), 3번째 하나의 이름은 초(25)묘(10)비(3)태(2)초(2)자 초(20)묘(8)비(4)태(3)초(2)등 태(2)초비묘비태비명

1926번출 7-Ⅶ 하나의 이름은 초(28)묘(12)비(12)묘(5)비(2)초(2)자 초(23)묘(8)비(5)초(3)묘(2)비(2)등　초(18)비(10)묘(10)초(5)태(2)비(2)비묘명, 1926번출 7-Ⅰ~Ⅷ번째 세계 전체를 하나의 한 덩어리로 보았을 때 초(18)비(11)묘(11)비(5)묘(4)초(2)자 초(12)묘(8)비(5)초(2)비(2)등 초(8)비(5)묘(4)비(2)초(2)비(2)초비명 세계

1926번출 8-Ⅰ 초(23)묘(12)비(5)태(2)묘(2)비(2)초(2)자 초(18)묘(8)비(8)초(4)묘(4)비(4)태(4)묘(3)비(2)초(2)묘비등　초(12)비(10)태(8)묘(8)비(8)태(5)초(2)묘(2)비(2)초(2)비명(1-3번째)세계,　1번째(큰1-30),　2번째(큰1-29), 3번째 하나의 이름은 초(28)비(15)묘(15)초(4)묘(3)자 초(19)비(13)묘(12)태(8)비(5)태(2)비(2)묘(2)등 초(10)묘(4)비(4)묘(3)비(2)초(2)명

1926번출 8-Ⅱ 조(祖)초비묘비초자 초비묘묘등 초비묘비태묘묘묘비초명(1-3번째)세계, 1번째(큰1-30), 2번째(큰1-29), 3번째 하나의 이름은 조(祖)초(初:5)비(2)묘자 비묘(妙:5)비(2)초등 태비묘비묘명

1926번출 8-Ⅲ 초(30)태(2)비초자 태(5)묘(2)비(2)초등 비묘묘태비묘초비명(1-3번째)세계, 1번째(큰1-10), 2번째(큰1-24), 3번째 하나의 이름은 묘초(初:13)묘(2)비(2)초자 비(2)묘태묘초등 묘(3)비(2)초비명

1926번출 8-Ⅳ 묘(2)비초(初:2)묘(2)태(2)비묘초자 초(2)묘(2)태(2)비묘초묘비등 비묘묘비비초태비묘비초태비명 (1-6번째)세계, 1번째(큰1-34), 2번째(큰1-16), 3번째(큰1-10), 4번째(큰1-16), 5번째(큰1-3), 6번째 하나의 이름은 묘(3)비초(初:2)비(2)초자 비(2)초(2)비묘초비묘등 비묘(2)태(2)비묘초명

1926번출 8-Ⅴ 하나의 이름은 묘(5)비(2)초(8)비(3)초자 비(3)초비묘등 초(3)묘(2)비(2)초태비묘비초비명, Ⅰ-Ⅴ번째 세계 전체를 하나의 한 덩어리로 보았을 때 초(15)비(2)묘(2)비(2)초자 비(2)묘(2)초비묘초비묘등 초(2)묘(2)비(2)초비명 세계

1926번출 9-Ⅰ 초(5)묘(3)비(2)초자 묘(3)비(2)초비묘등 비묘초비묘비초비묘초명 (1-3번째)세계, 1번째(큰1-19), 2번째(큰1-16), 3번째 하나의 이름은 묘(3)비(3)초자 비(3)초(3)묘(3)비(2)초비등 묘(2)비(2)초비묘비묘초비명

1926번출 9-Ⅱ 태(2)비(2)묘(2)비묘(2)비초자 묘(2)비(2)초(2)묘(3)비묘(3)초묘비등 초(5)비(2)묘(2)비묘묘초묘묘비명 (1-3번째)세계, 1번째(큰1-15), 2번째(큰1-5), 3번째 하나의 이름은 비묘묘비초자 초(5)묘(3)비(2)태(2)초묘비등 비초(2)비묘(3)비초비명

1926번출 9-Ⅲ 묘(3)비(2)초자 묘(2)초묘비등 묘비(2)비태비묘묘비명(1-3번째) 세계, 1번째(큰1-8), 2번째(큰1-6), 3번째 하나의 이름은 묘(5)비(3)초(3)자 묘(4)초(2)태묘등 태(2)묘(2)비묘묘비명

1926번출 9-Ⅳ 하나의 이름은 묘(5)비(3)초(5)자 묘(2)비(3)초묘초태비묘등 비묘(2)태(2)묘(3)태(2)묘비명, Ⅰ-Ⅳ번째 세계 전체를 하나의 한 덩어리로 보았을 때 비(3)묘(2)비초자 묘(3)비(2)태(2)비묘(2)초등 초(2)묘(2)태(2)비묘(2)초비묘묘비명 세계

1926번출 10-Ⅰ 묘(5)비(4)초(3)자 비(2)묘(2)비묘(2)초묘등 비(4)초(2)비초비묘초묘묘묘비명(1-4번째)세계, 1번째(큰1-6), 2번째(큰1-11), 3번째(큰1-9), 4번째 하나의 이름은 비(4)묘(4)비(3)초(2)자 태(3)묘(2)비(2)초(2)비등 비(2)초(2)비(2)초(2)비묘(2)명

1926번출 10-Ⅱ 비(2)묘(3)초(2)자 태(2)비(2)묘(5)비(2)초(3)묘등 묘(2)비(2)초(2)묘(2)초(2)비명(1-4번째)세계, 1번째(큰1-12), 2번째(큰1-12), 3번째(큰1-10), 4번째 하나의 이름은 묘(5)비(4)초(3)자 비묘(3)묘초비초묘등 초(3)비(2)묘(2)초(2)묘(4)비(4)태(2)묘(3)비(2)명

1926번출 10-Ⅲ 하나의 이름은 초비묘초자 초(2)태(2)비묘초비등 비묘(3)초(2)비(2)묘비(3)초(2)묘(3)비(2)명, Ⅰ-Ⅲ번째 세계 전체를 하나의 한 덩어리로 보았을 때 묘비(3)비묘묘초자 묘(2)비(5)초(2)태(3)비(2)묘등 묘(3)비(2)초(5)묘(2)비(2)초(2)비묘태초명 세계

1926번출 11-Ⅰ 비(4)묘(4)비묘(2)태(2)묘(2)비(2)태비묘묘초자 비(2)묘(2)비(2)초(2)비묘(3)비(2)묘초등 비(2)묘(3)비(3)묘(2)비명(1-4번째)세계, 1번째(큰1-7), 2번째(큰1-8), 3번째(큰1-12), 4번째 하나의 이름은 묘(10)비(5)초(5)묘(2)비(2)초(2)자 초(4)비(3)묘(2)비묘묘초등 비묘(3)묘

(3)비(5)초(2)묘(2)비명

1926번출 11-Ⅱ 하나 **최종지 이름은** 비묘묘비조(祖)자(自) 비묘초비묘등 초묘비초묘비비묘비명

1926번출 위, 최종지로 6번째 위로 29무량대수 떨어져 시작되는 세계, 1926번출 12-Ⅰ태(5)묘(4)비(4)초묘자 비(2)묘(5)초(3)태(2)비(5)묘(4)비(2)등 묘(5)비(5)초(3)묘(2)비명 (1-4번째)세계, 1번째(큰1-21), 2번째(큰1-15), 3번째(큰1-20), 4번째 하나의 이름은 비(2)초(5)묘(5)비(2)태(2)묘(3)비초자 비(5)묘(3)비(2)초비등 초(2)비(2)묘(2)비초비명

1926번출 12-Ⅱ 비(2)묘(4)비(3)태(2)비묘(2)초묘비자 묘(5)비(3)초(2)비(4)묘(4)초(2)태(2)묘(2)비(2)등 태(2)묘(2)비(4)초(2)비(2)초비명 (1-5번째)세계, 1번째(큰1-15), 2번째(큰1-16), 3번째(큰1-18), 4번째(큰1-10), 5번째 하나의 이름은 비(5)초(5)태(2)비(2)묘(2)초(2)자 비(5)묘(5)초(4)태(2)비(2)묘(2)등 묘(2)비(2)태초비묘초명

1926번출 12-Ⅲ 하나의 이름은 비(5)묘(5)비(3)묘(2)초묘비비자 비(3)묘(2)초(2)비(2)묘비초비등 비(3)묘(3)초(2)비태비명

1926번출 12-Ⅰ~Ⅲ번째 세계 전체를 하나의 한 덩어리로 보았을 때 비(3)묘(2)비(5)초(2)비(3)초(2)자 묘(5)비(3)묘(2)비초묘등 묘(5)비(3)초(2)비초비명 세계

영적구조물을 제거하는 용광로(鎔鑛爐)와 업을 녹이는 업등퇴명로(業燈退明爐)를 찾아내고 이름지다

지옥 끝에서 영적구조물이 보였고 이를 녹인다고 녹였는데도 다 녹지 않아 영적구조물을 녹이는 용광로가 떠올리고,

올라온 세계 내에서의 영적구조물을 녹이는 용광로가 있지 않을까? 싶은 생각에 올라온 세계 내에서의 영적구조물을 녹이는 용광로 7개를 찾아 올라온 세계에 있는 용광로의 용물을 영적구조물에 퍼부어 녹이고, 업을 녹이는 것이 있지 않을까? 사실 업을 녹이다고 하지만 업은 녹는 것이 아니라 붙어 있던 업이 떨어지게, 흩어지게 하는 것이지만, 붙어 있는 업이 떨어져서 흩어지게 하는 즉 녹이는 것이 있을까? 싶은 생각이 일어나 5개를 찾아내다.

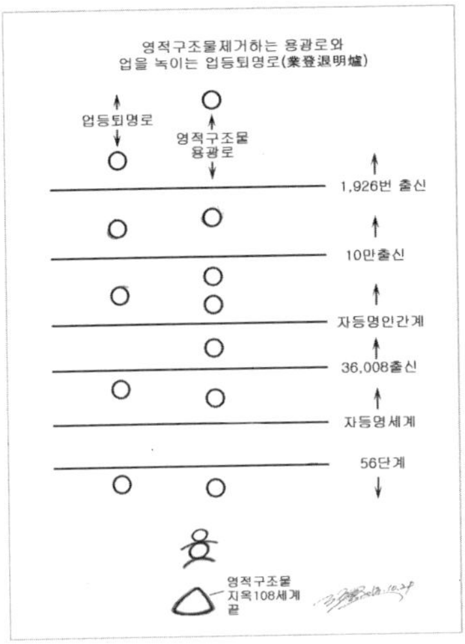

더 크고 큰 세계 근본자등명을 살펴지는 **근본도(根本圖)를 처음으로 그리다.**

최고 최상 더 이상 위없는 곳을 밝혀 드러내고 올라와 보니 최고 최상이 아니더라.

최고 최상 더 이상 위없는 곳을 밝혀 드러내다.

영적구조물 용광로 7개, 업등퇴명로(業燈退明爐) 5개가 있는 그림을 보고 있는데...'최고위까지 영적구조물을 녹이는 용광로는 몇 개나

있을까? 그것을 전부 다 밝혀 드러내면 최고위를 알 수 있지 않을까?' 그렇게 영적구조물 녹이는 용광로를 하나하나 945개까지 찾아 밝혀내 그려놓고, '업을 녹이며 떨어지게 하는 업등퇴명로는 최고위까지 몇 개나 있을까? 그것을 전부 다 밝혀 드러내면 최고위를 알아 밝혀보는데 쉽지 않을까?' 그래서 업등퇴명로를 하나하나 더 이상 없을 때까지 밝혀보니 923개까지는 나오는데 더 이상은 없는 것 같았다.

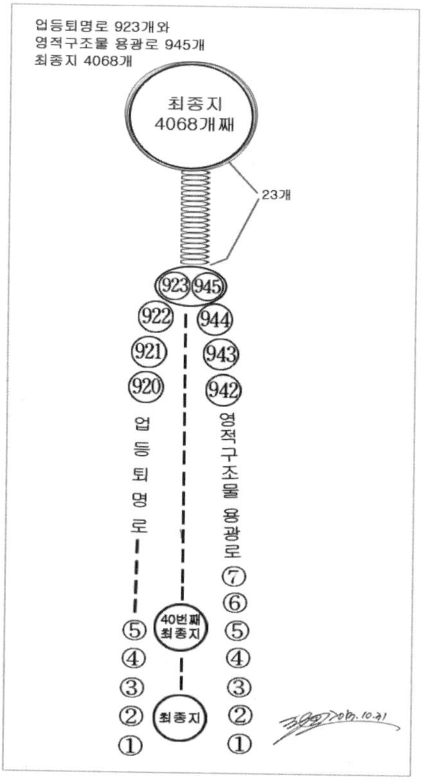

영적구조물 녹이는 945번째 용광로를 그리고, 그 옆으로 업을 녹이며 떨어지게 하는 업등퇴명로 923번째를 그려놓고 보니 용광로와 업등퇴명로 두 개가 하나의 자등명 속에 있는 듯 보였다. '이곳이 최고 최상위인가? 이 위로는 없는가?' 싶으니 있는 듯싶었다.

'용광로와 업등퇴명로가 한데 어우러져 있는 자등명 위로 최고 최상 더 이상 위가 없는 세계를 몇 개를 오르면 이를 수 있을까?' 싶은 생각에 하나하나 밝혀보았다. 한데 어우러져 있는 자등명 위, 23번째 위로는 더 이상 위가 없는 듯 보였다. 최고 최상 더 이상 위가 없는 자등명은 23번째인 것 같았다.

'본인은 어디에 있지?' 살피니 최고 최상 더 이상 위없는 세계를 밝혀 드러내서 그런 건지 밝혀 드러내고 보니 이미 올라와 있는 듯 보였다. 지금까지 밝혀 드러내 그리는 순간, 그러한 사실을 아는 순간 이미 올라와 있는 것 같이, 최고 최상 더 이상 위없는 곳에 있는 듯 보였다.

영적구조물을 녹이는 용광로와 업을 녹이며 떨어지게 하는 업등퇴명로를 한 번에 다 이루어 내는 근본초묘비자 근본초묘비등 근본초묘비명,

근본초묘비자 근본초묘비등 근본초묘비명 위로 23번째에 있는 최고 최상 더 이상 위없는 곳에 있는 근본(4)초묘비자 근본(3)초묘비등 근본(2)초묘비명,

최고 최상 더 이상 위없는 이것을 근본(5)자 근본(5)등 근본(5)명,

이것을 근본(10)자등명 불러야 하고 이것의 이름은 근본자등명이다.

최종지 중에 최고의 최종지, 지금까지 최종지를 1926번출 위 6개까지 총 40개를 밝혀 드러냈는데...이 최고 최상 더 이상 위없는 최종지 이것까지 총 몇 개 있는가? 살피니 4068개 이 최종지가 4068개의 최종지 모두 다 총괄하는 듯싶다.

밝혀 드러내지 않은 최종지가 4068개에서-40개를 빼니 4028개 여기서 이 최종지를 빼면 4027개를 더 밝혀 드러내야 모두 다 밝혀 드러내게 될 것이지만, 영적구조물을 녹이는 용광로 945개를 위에서부터 쏴 되고, 업등퇴명로 923개를 위에서부터 쏴 되는 것을 통하여 최종지 4027개를 뛰어넘어 올라와, 자등명인간계 위로 올라와 계신 인연 있는 영적존재 분들을 보니 아래에서 보여서 이분들에게도 945개의 용광로와 923개의 업등퇴명로를 쏴 주고 보니 이곳으로 속속 올라오는 것 같아 보였다며 이것만으로도 충분한 만큼 다 밝혀 낼 필요성을 느끼지 못하고 또 다른 새로운 다음 세계로 나아간다.

56단계(영미혼 대혼 세계) 아래 지옥 27단계 아래, 지옥 108번째 세계 아래서부터...최종지 4068번째 이르기까지

전체를 한 덩어리로 보았을 때 근본근본근본근본자등명 세계

2번째, 자태등근본태명 근본도(自太燈根本太明根本圖)를 그리다

근본자등명태근본자등명 세계를 밝혀 드러내다.

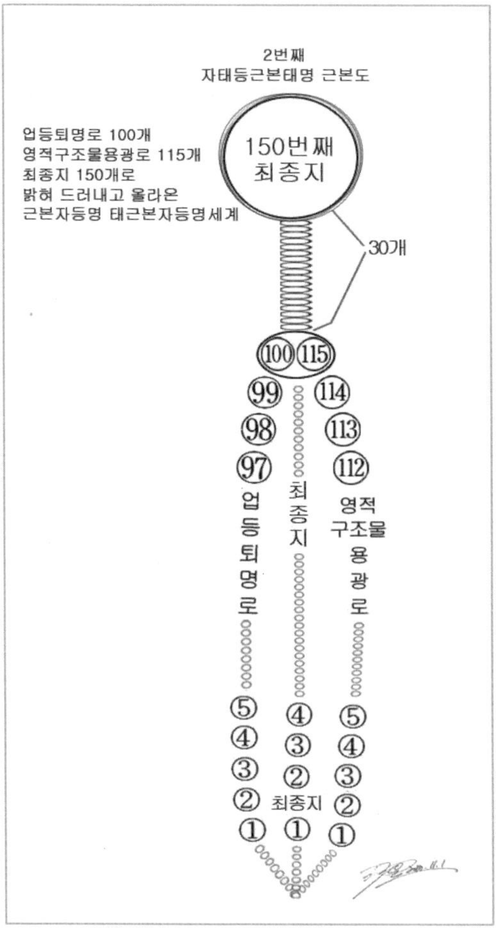

근본(5)자 근본(5)등 근본(5)명을 빠져나와, 업등퇴명로 100개, 영적구조물을 녹이는 용광로 115개, 태근본자등명 30개, 최종지 150개를 찾아내 대충 근본도를 그려보고 업등퇴명로 100개를 쏘고, 영적구조물 용광로 115개의 용물을 붙고, 최종지 150개를 끌어다가 쏘니 몸이 감당을 못하고 그대로 녹초가 되는가 싶더니 잠이 쏟아지며 견딜 수가 없었다. 그래서 이와 같이 하고 나서 2시간 가까이 누워서 잠을 자고 일어났는데도 몸이 피곤하고 힘이 없다. 먹어야 하는데 먹는 것도 거부한다. 용물을 붓고 끌어다가 쏘니 맨 위 150번째 최종지에 올라와 있는 것 같았고, 따라 올라오는 영적존재 분들도 이미 올라와 있는 것처럼 보였다. 여기서부터는 자등명길을 하나하나 밝혀 드러내지 않아도 이것만으로 올라올 수 있는 것이 아닌가 싫다.

이와 같이 업등퇴명로, 영적구조물을 녹이는 용광로, 최종지만을 밝혀 찾아내 근본도를 그리기 시작해서 3....14개를 근본도를 하나씩 그리다가 28개까지 단박에 밝혀 드러내고, 근본도 1-28개를 전체를 한 덩어리로 보았을 때 근본(100)자 근본(100)등 근본(100)명 근본(100)비초태초 묘초자등명 세계라 하고,

근본도 위 세계 극초도(極初圖) 1-7개를 밝혀 드러내 그리고 1-7개 전체를 한 덩어리로 보았을 때 극초비묘자 초묘비초비묘등 태극초명 세계라 하고,

극초도 위 세계 묘극비초도(妙極秘初圖)1-8개를 밝혀 드러내 그리고 1-8개 전체를 한 덩어리로 보았을 때 묘극초초묘자 비비묘묘초비등 극초묘태명 세계라 하고,

묘극비초도(妙極秘初圖) 또 다른 세계 묘극비초근본묘도(妙極秘初根本妙圖) 1-7개를 밝혀 드러내 그리고 1-7개 전체를 한 덩어리로 보았을 때 묘묘비초묘비자 묘묘비태비등 묘묘비초묘명 세계,

묘극비초근본묘도(妙極秘初根本妙圖) 또 다른 세계 태비묘묘묘도(泰秘妙妙妙圖) 1-30개를 밝혀 드러내 그리고 1-30개 전체를 한 덩어리로 보았을 때 태묘묘비비자 비묘묘등 비묘묘비명 세계,

태비묘묘묘도(泰秘妙妙妙圖) 위 또 다른 세계 초비묘비도(初秘妙秘圖) 1-63개를 밝혀 드러내 그리고 1-63개 전체를 한 덩어리로 보았을 때 묘묘묘묘묘비비비자 묘(6)비(5)등 묘(4)비(4)명 세계,

초비묘비도(初秘妙秘圖) 위 또 다른 세계 묘초태초태묘태묘태도(妙初泰初太妙太妙太圖) 1-34개를 밝혀 드러내 그리고, 1-34개 전체를 한 덩어리로 보았을 때 묘초태초태묘묘묘 세계,

묘초태초태묘태묘태도(妙初泰初太妙太妙太圖) 위 또 다른 세계 비묘초묘도(秘妙初妙圖) 1-44개를 밝혀 드러내 그리고 1-44개 전체를 한 덩어리로 보았을 때 태비묘묘비초묘비묘초 세계

비묘초묘도(秘妙初妙圖) 위 또 다른 세계 비초태묘비초도(秘初太妙秘初圖) 1-20개를 밝혀 드러내 그리고, 1-20개 전체를 한 덩어리로 보았을 때 비초태초묘초태묘비초 세계를 밝혀 드러내며 1번째 근본도를 시작으로 해서 업등퇴명로, 영적구조물을 녹이는 용광로, 최종지만을 밝혀 찾아내 그리며 Ⅰ번째 Ⅱ번째, Ⅲ번째...DⅩⅩⅡ(522)번째 자등명 세계의 마지막 **하나** 태조(太祖:10)최초(超:10) 태조(太祖:5)최초(超:5) 태조최초 자등명 본성이란 이름 가진 태명자등명 최초묘최초태조태초 묘최초초초초 본성을 빠져나와 묘명묘태등명(妙明妙太燈明) 세계로 올라오다.

56단계 영미혼 대혼의 세계에서 보면

물질의 본성(本性)은 공(空)이 본 성품이고

자등명 세계에서 본 성품을 보면

공의 성품은 본성의 속성이고 자등명이 본성이며

묘명묘태등명 세계에서 본 성품을 보면

자등명은 본성의 속성이고 본성은 묘명묘태등명이 본성이다

자등명 세계를 빠져나오며 밝혀 드러낸 근본도, 본성도(圖) 522번째 중, Ⅰ~ⅩⅩⅩⅣ(34)번째까지만 간략하게 도표화 하여 아래에 옮겨 보았다.

Ⅰ 근본도

1번째

1번째			2번째		3번째	4번째	5번째	6번째
28개	79개	38개	42개	85개	45개	57개	12개	1개
7개	37개	51개	46개	48개	30개	28개	8개	
8개	85개	73개	38개	130개	54개	32개	1개	
7개	33개	43개	23개	60개	32개	28개		
30개	48개	187개	44개	66개	60개	17개		
63개	59개	43개	23개	33개	102개	19개		
34개	100개	59개	14개	6개	291개	16개		
44개	43개	30개	26개	1개	100개	11개		
20개	73개	10개	41개		36개	8개		
58개	166개	5개	93개		10개	5개		
39개	61개	1개	100개		1개	1개		

2번째

1번째	2번째	3번째	4번째	5번째	6번째	7번째	8번째	9번째	10번째
3개	6개	3개	4개	5개	7개	6개	6개	5개	1개
6개	10개	7개	5개	3개	5개	5개	6개	5개	
3개	5개	4개	1개	1개	1개	5개	8개	3개	
4개	1개	7개				1개	1개	1개	
1개		1개							

3번째

1번째	2번째	3번째	4번째	5번째	6번째	7번째
6개	3개	5개	9개	10개	5개	1개
7개	4개	5개	10개	5개	1개	
6개	4개	4개	1개	1개		
4개	1개	5개				
1개		1개				

4번째

1번째	2번째	3번째	4번째	5번째
5개	4개	10개	5개	1개
7개	4개	9개	4개	
8개	1개	10개	1개	
3개		5개		
1개		1개		

5번째				
1번째	2번째	3번째	4번째	5번째
6개 7개 8개 7개 1개	6개 8개 7개 6개 1개	5개 5개 6개 1개	8개 8개 9개 1개	1개

6번째			
1번째	2번째	3번째	4번째
12개 11개 5개 1개	5개 4개 4개 5개 10개 1개	5개 8개 5개 1개	1개

7번째
1개

Ⅱ

1번째							
1번째	2번째	3번째	4번째	5번째	6번째	7번째	8번째
9개 8개 5개 7개 1개	6개 7개 8개 1개	7개 5개 6개 1개	8개 8개 6개 1개	7개 5개 4개 1개	5개 4개 4개 1개	4개 5개 4개 1개	1개

2번째				
1번째	2번째	3번째	4번째	5번째
4개 4개 1개	4개 5개 1개	4개 5개 1개	4개 5개 4개 4개 3개 1개	1개

3번째

1번째	2번째	3번째	4번째	5번째	6번째	7번째	8번째
4개	4개	10개	6개	4개	5개	3개	1개
5개	3개	9개	4개	4개	5개	4개	
4개	1개	5개	4개	3개	1개	4개	
1개		1개	1개	1개		1개	

4번째

1번째	2번째	3번째	4번째	5번째
3개	4개	5개	5개	1개
4개	5개	6개	3개	
1개	5개	1개	3개	
	1개		1개	

5번째

1개

Ⅲ

1번째

1번째	2번째	3번째	4번째	5번째
5개	3개	4개	4개	1개
4개	3개	4개	6개	
1개	4개	1개	1개	
	1개			

2번째

1번째	2번째	3번째	4번째	5번째
4개	3개	5개	4개	1개
3개	4개	5개	5개	
1개	1개	1개	1개	

3번째

1번째	2번째	3번째	4번째	5번째
4개	5개	3개	4개	1개
5개	4개	5개	4개	
4개	1개	1개	1개	
1개				

4번째
1개

Ⅳ

1번째				
1번째	2번째	3번째	4번째	5번째
4개 6개 4개 1개	5개 5개 4개 1개	5개 4개 6개 1개	5개 7개 8개 8개 1개	1개
2번째				
1번째	2번째	3번째	4번째	5번째
10개 10개 10개 1개	8개 7개 1개	5개 5개 1개	8개 4개 6개 1개	1개
3번째				
1번째	2번째	3번째	4번째	
11개 6개 9개 1개	11개 30개 17개 10개 1개	10개 9개 9개 1개	1개	
4번째				
1번째	2번째	3번째		
9개 5개 3개 1개	10개 6개 4개 1개	1개		
5번째				
1개				

X(I)최초초초초초 태초초초 최초본성(신신태초초초초본성)세계

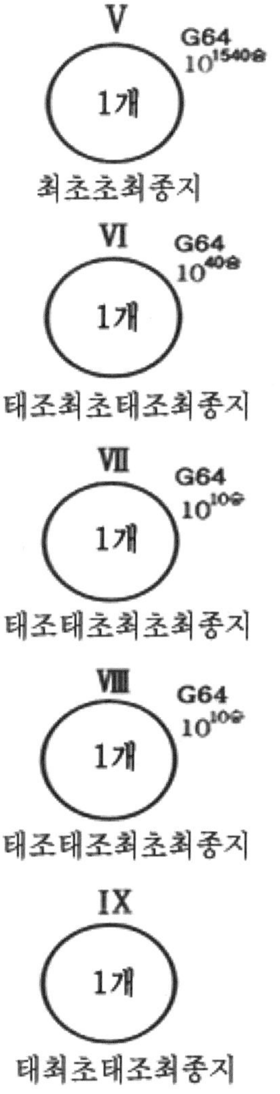

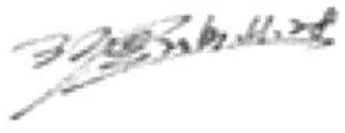

1번째

1번째	2번째	3번째
5개	10개	1개
5개	8개	
5개	5개	
1개	1개	

2번째

1번째	2번째	3번째	4번째	5번째
11개	7개	7개	4개	1개
7개	5개	4개	5개	
3개	4개	1개	1개	
1개	1개			

3번째

1번째	2번째	3번째
4개	4개	1개
4개	7개	
1개	1개	

4번째

1번째	2번째	3번째
3개	7개	1개
5개	8개	
4개	4개	
1개	1개	

5번째

1번째	2번째		4번째	5번째
9개	10개	4개	4개	1개
8개	11개	3개	9개	
10개	10개	3개	1개	
10개	17개	1개		
1개				

6번째

1개

XI

1번째

1번째	2번째	3번째	4번째	5번째
4개	8개	5개	7개	1개
3개	7개	6개	9개	
1개	1개	3개	9개	
		1개	11개	
			1개	

2번째

1번째	2번째	3번째	4번째	5번째
5개	5개	20개	11개	1개
10개	7개	16개	8개	
5개	10개	6개	10개	
4개	10개	7개	10개	
1개	1개	8개	12개	
		1개	1개	

3번째

1번째	2번째	3번째	4번째
11개	4개	7개	1개
13개	5개	7개	
8개	7개	6개	
1개	1개	1개	

4번째

1개

XII

1번째

1번째	2번째	3번째	4번째
10개	10개	9개	1개
9개	11개	5개	
11개	7개	1개	
1개	1개		

2번째

1번째	2번째	3번째	4번째
6개	9개	7개	1개
8개	9개	8개	
9개	10개	7개	
4개	9개	7개	
1개	6개	1개	
	1개		

3번째

1번째	2번째	3번째	4번째
6개	5개	10개	1개
7개	4개	7개	
5개	5개	1개	
4개	6개		
1개	10개		
	1개		

4번째

1번째	2번째	3번째
10개	8개	1개
7개	7개	
5개	10개	
1개	5개	
	5개	
	1개	

5번째

1개

XIII

1번째

1번째	2번째	3번째	4번째
5개	9개	10개	1개
6개	9개	9개	
7개	5개	10개	
4개	1개	9개	
1개		10개	
		5개	
		1개	

2번째

1번째	2번째	3번째
9개	9개	1개
9개	7개	
7개	4개	
11개	1개	
1개		

3번째

1번째	2번째
8개	1개
14개	
7개	
8개	
1개	

4번째

1번째	2번째	3번째
9개	6개	1개
5개	10개	
6개	9개	
1개	5개	
	1개	

5번째

1번째	2번째
4개	1개
1개	

XV 1개

XVI 1개

XVII 1개

XVIII 1개

XIX 1개

XX 1개

XXI 1개

XXII 1개

XXIII 1개

XXIV 1개

XXV 1개

XXVI 1개

XXVII 1개

XXVIII 1개

XXIX 1개

XXX

1번째

1번째	2번째	3번째
5개	7개	1개
1개	5개	
	1개	

2번째

1번째	2번째	3번째	4번째
7개	7개	6개	1개
9개	7개	5개	
16개	10개	8개	
1개	1개	1개	

3번째

1번째	2번째	3번째
10개	5개	1개
7개	5개	
7개	1개	
1개		

XXXI

1번째

1번째	2번째	3번째
7개	8개	1개
9개	8개	
6개	1개	
1개		

2번째

1번째	2번째
5개	1개
8개	
3개	
1개	

3번째

1개

XXXII

1번째

1번째	2번째	3번째
5개	6개	1개
5개	7개	
1개	1개	

2번째

1번째	2번째	3번째
5개	6개	1개
5개	7개	
1개	1개	

3번째

1번째	2번째	3번째	4번째
5개	5개	4개	1개
4개	3개	1개	
1개	6개		
	1개		

4번째

1번째	2번째	3번째	4번째
5개	7개	3개	1개
5개	5개	1개	
1개	5개		
	4개		
	1개		

5번째

1개

XXXIII

1번째

1번째	2번째	3번째
5개	6개	1개
10개	7개	
9개	1개	
1개		

2번째

1번째	2번째
5개	1개
4개	
4개	
1개	

3번째

1번째	2번째	3번째
6개	6개	1개
5개	6개	
6개	1개	
1개		

4번째

1번째	2번째	3번째
5개	5개	1개
7개	5개	
1개	1개	

5번째

1개

XXXIV

1번째

1번째	2번째	3번째	4번째
5개	6개	9개	1개
5개	6개	8개	
1개	8개	1개	
	9개		
	1개		

2번째

1번째	2번째	3번째	4번째
6개	5개	7개	1개
7개	6개	7개	
7개	1개	5개	
8개		1개	
1개			

제4부 신(神)의 근본(根本) 위 세계의 수인(手印) 공(功)

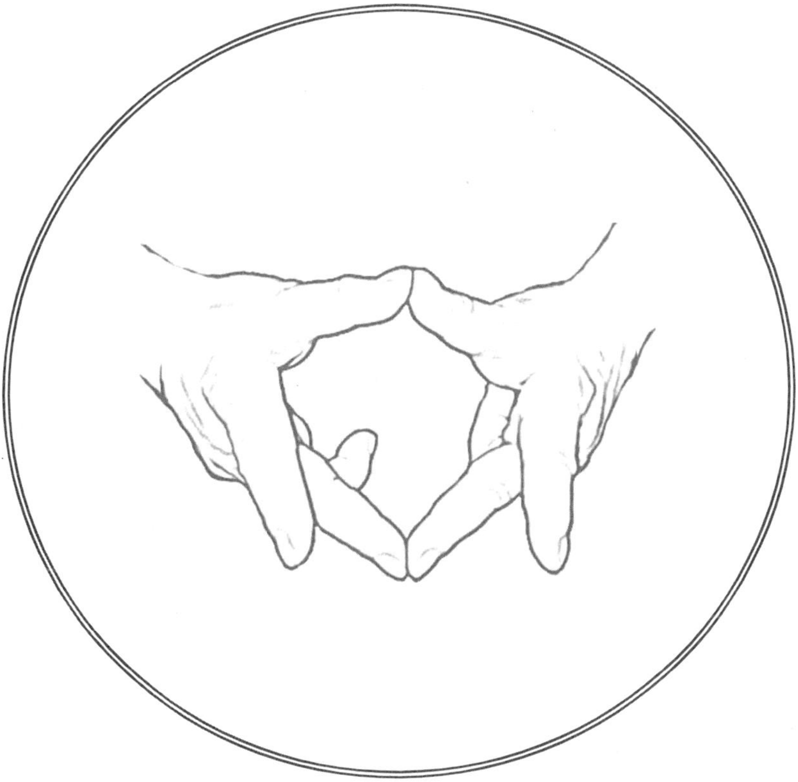

미휘휴 훈합 공(彌暉烋 勳合 功)(1-18)

* 태마합을 하고 시작해서 태휴 수인공 1- 18번째까지 하고 태미합으로 끝마칠 때 이를 미휘휴 훈합 공(彌暉烋 勳合 功)이라 한다.

태태미태휘태태휴태미휴태미휴태미휴태태휴(泰泰彌太輝 泰泰烋 泰彌烋 太彌烋 太彌烋 太太烋) 태휴태공(太烋泰功)(1)
주먹을 쥐고 팔꿈치를 양 옆구리에 붙이고
어깨 위쪽에서 노를 젓 듯
뒤쪽으로 어깨 돌리듯 돌린다. 2013. 03. 09 12:40

태태미태휘태태휴태태태미휴태미미휴태태휴(泰泰彌太輝 泰泰烋 泰泰泰彌烋 泰彌彌烋 太太烋) 태태휴공(泰泰烋功)(2)
주먹을 쥐고 팔꿈치를 양 옆구리에 붙이고
어깨 위쪽에서 노를 젓 듯
앞쪽으로 어깨 돌리듯 돌린다. 2013. 03. 09 12:31

태미태휘태미휴태미휴태태휴태미태휴태태휴(泰彌泰輝 泰彌烋 泰彌烋 泰泰烋 泰彌太烋 太太烋) 태태휴공(泰泰烋功)(3)
손바닥을 펴고 팔꿈치를 양 옆구리에 붙이고
어깨 위쪽에서 노를 젓 듯
뒤쪽으로 어깨 돌리듯 돌리고
왼손바닥은 왼쪽으로 원을 그리고 오른손바닥은 오른쪽으로 원을 그린다. 2013. 03. 09 12:47

태태태태휴태태미미휴(泰泰泰泰烋 太太彌彌烋)
미미휴공(彌彌烋功)(4)
손바닥을 펴고 팔꿈치를 양 옆구리에 붙이고
어깨 위쪽에서 노를 젓 듯
앞쪽으로 어깨 돌리듯 돌리고
왼손바닥은 오른쪽으로 원을 그리고 오른손바닥은 왼쪽으로 원을 그린다. 2013. 03. 09 12:31

태태태휴휴(泰泰泰烋烋) 태휴휴공(太烋烋功)(5)
주먹을 쥐고
뒤쪽으로 어깨 최대한 크게 돌리듯 돌린다. 2013. 03. 09 13:04

태미미태휴휴(泰彌彌太烋烋) 미휴휴공(彌烋烋功)(6)
주먹을 쥐고
앞쪽으로 어깨 최대한 크게 돌리듯 돌린다. 2013. 03. 09

태태미미휴휴(泰泰彌彌烋烋) 휴휴휴공(烋烋烋功)(7)
손바닥을 펴고
뒤쪽으로 어깨 최대한 크게 돌리듯 돌린다. 2013. 03. 09

태미미미휴휴(泰彌彌彌烋烋) 휘휴휴공(暉烋烋功)(8)
손바닥을 펴고
앞쪽으로 어깨 최대한 크게 돌리듯 돌린다. 2013. 03. 09

태휴태휴태휴태휴태휴(泰烋:5) 휴태미공(烋太彌功)(9)

오른손바닥을 펴서 단전에서 가슴 가슴에서 어깨 쪽으로 해서 몸 밖으로 내보내고, 왼손바닥을 펴서 단전에서 가슴 가슴에서 어깨 쪽으로 해서 몸 밖으로 내보내는 듯 넓히는 동작을 번갈아 하며 반복한다. 2013. 03. 09

미미휴태태미휴미미휴(彌彌烋 泰泰彌烋 彌彌烋)

휘미미공(暉彌彌功)(10)

오른손 왼손 동시에 단전에서 가슴으로 올려서 어깨 쪽에서 양옆으로 내보내는 듯 넓히는 동작을 반복한다. 2013. 03. 09

태휴태휴태휴태휴(泰烋:4)태훈(太勳)

태훈미공(太勳彌功)(11)

오른손 왼손 동시에 단전에서 가슴으로 올려서 머리 위쪽으로 내보내듯 넓히는 동작을 반복한다. 2013. 03. 09

미태휴태휴태휴태휴태휴태훈태훈(彌泰烋 熊烋泰烋泰烋泰烋(4) 太勳太勳) 태태훈공(泰太勳功)(12)

오른손 왼손 동시에 단전에서 가슴으로 올려서 머리 위로 최대한 올려서 양 옆으로 최대한 멀리 넓게 펴져나가도록 한다. 그러면서 오른손바닥으로는 오른쪽으로 반원을 그리고 왼손바닥으로는 왼쪽으로 반원을 그리는 동작을 반복한다. 2013. 03. 09

휴태미미훈(烋泰彌彌勳) 미훈공(彌勳功)(13)

손을 펴고 뒤로 수영하듯

오른손 뒤로 크게 젖혀 원을 그리고
그런 다음에 왼손을 뒤로 크게 젖혀 원을 그리며
번갈아 뒤로 수영하듯 뒤로 팔을 젖히며
더 넓게 더 크게 퍼져나가도록 하는 동작을 반복한다.

미미태휴미미태훈태훈(彌彌泰烋 彌彌泰勳泰勳)
미미공(彌彌功)(14)
손을 펴고 뒤로 수영하듯
두 팔을 뒤로 젖히며
두 팔 동시에 크게 원을 그리며
더 멀리 더 넓게 퍼져나간다 생각하며 동작을 반복해서 한다.

미태훈태합(彌泰勳 太合) 합태공(合太功)(15)
앞으로 수영하듯 오른손으로 크게 젖혀 원을 그리고
그런 다음에 왼손을 앞으로 크게 젖혀 원을 그리며
번갈아 앞으로 수영하듯 앞으로 팔을 내저으며
수영하는 동작을 반복한다.
이때 손바닥은 땅을 바라보게 하고 한다. 2013. 03. 09

태훈태훈태합태태태합(泰勳泰勳 泰合 太太太合)
태태합공(泰太合功)(16)
앞으로 수영하듯
두 팔을 앞으로 내저으며
두 팔 동시에 크게 원을 그리며
수영하는 동작을 반복해서 한다.
이때 손바닥은 땅을 바라보게 하고 한다. 2013. 03. 09

태태태미미훈태태미미훈태태태합(泰泰泰彌彌勳 泰泰彌彌勳 太太太合) 태미합공(泰彌合功)(17)
양손바닥을 펴고
오른손을 단전에서 끌어올려 가슴으로 해서 어깨 쪽으로 앞으로, 손바닥을 하늘로 향하게 해서 펼쳐 놓는 듯 더 멀리 더 넓게 퍼져나가도록 하고
그런 다음에 왼손을 단전에서 끌어올려 가슴으로 해서 어깨 쪽으로 앞으로, 손바닥을 하늘로 향하게 해서 펼쳐 놓는 듯 더 멀리 더 넓게 퍼져나가도록 한다.
오른손 왼손 번갈아 반복하며 동작을 한다. 2013. 03. 09

태태미미휘태태미미휴태태미미훈태태미미합(泰泰彌彌暉 泰泰彌彌烋 泰泰彌彌勳 泰泰彌彌合) 미미합공(彌彌合功)(18)
양손바닥을 펴고
왼손바닥 오른손바닥을 단전에서 끌어올려 가슴으로 해서 어깨 쪽으로 몸통 앞으로
손바닥을 하늘로 향하게 해서 끌어올리고 몸통 앞으로는 손바닥을 앞으로 보게 하여 밀쳐내듯 앞으로 펼쳐 놓는 듯 더 멀리 더 넓게 퍼져나가도록 하는 동작을 반복해서 한다.
이것을 음악을 틀어놓고 추는 춤을 비태휴(秘泰烋)춤이라 할 것이다.
다 하고 동작을 끝마무리할 때는 가슴 앞에서 합장하듯
두 손을 모으되 합장한 듯 상태에서 90도 왼쪽으로 틀어서 악수하듯 오른 손등이 위로 오게 해서 살며시 잡는다.
(이 수인의 이름은 태미합(泰彌合) 수인(手印)) 2013. 03. 09 14: 49

조이비이 태자 휘공(祖彌婢彌 泰自 輝功)

두 손을 모으되 합장한 듯한 상태에서 90도 왼쪽으로 틀어서 악수하듯 올린 손등이 위로 오게 해서 살며시 잡는다.
(이 수인의 이름은 태미합(泰彌合) 수인(手印))

오르고자 하는 저 위의 세계를 의념하며 바라본다.
그리고 오른 손등이 가슴 목 위를 향하여 올리면서 머리를 벗어나 머리 위, 머리 위에서 오르고자 하는 위의 세계를 의념하고서 오르고자 하는 세계의 문을 오른쪽으로 젖히며 내린다.
오른손을 내림과 동시에 이번에는 왼 손등이 가슴 목 위를 향하여 올리면서 머리를 벗어나 머리 위, 머리 위에서 오르고자 하는 위의 세계를 의념하고서 오르고자 하는 세계의 문을 왼쪽으로 젖히며 내린다.
이때 왼발은 중심이 되어 조금씩 제자리에서 왼쪽(시계반대 방향)으로 돌리고 오른발은 왼발을 중심으로 해서 더 크게 왼쪽으로 돌리며 오르고자 하는 저 위의 세계를 연다.
오른손을 올릴 때는 오른 발을 한 발 옮기고 왼손을 올릴 때는 왼발 뒤꿈치를 들고 발가락 끝을 땅에 붙이고 조금 움직인다.
이와 같이 반복하면서 오르고자 하는 위의 세계를 열고, 열린 뒤에는 열린 위의 세계가 위에서 아래로 조금씩 내려오도록 한다. 위에서 아래로 내려오는 세계는 점점 더 내려와서는 자기 자신을 휘감고 아래로아래로 내려간다.
발아래까지 위의 세계가 펴져서 완전히 위의 세계가 되게 한다.
그런 다음에는 아래에 펴져있는 위의 세계를 이번에는 아래서부터 위로 올라오도록 한다. 아래서 위로 올라오도록 할 때, 손동작은 위와 똑같이 하되, 발동작은 반대로 한다.
오른손이 올라갈 때 오른 발꿈치를 들고 발가락 끝을 땅에 딛고 조금 움직이고, 왼손이 올라갈 때 왼발을 크게 움직이되 오른발을 중심 시계방향(오른쪽)으로 움직인다.
마치 아래까지 펴진 세계가 자기 자신을 아래서부터 휘감고 위로 올라가도록 한다.
이와 같이 반복해서 오르고자 하는 세계에 올라 안주할 때까지 반복해서 한다.
그리고 멈출 때는 태미합(泰彌合)수인으로 끝마친다.
이것을 음악에 맞춰 추는 춤을 훈공(勳功)춤이라 할 것이다.
2013. 03. 12 08:03

* 조미비미태자휘공(祖彌婢彌 泰自 輝功)을 하고 내놓음으로써 본인이 올라온 세계는 비태화화태휴휘미(秘泰化 化泰烋 暉彌) 세계

미비비휘 휴태비 태자공(彌秘秘暉 烋泰秘 泰自功)

태미합(泰彌合)수인을 한다.
그리고 수인을 풀면서 오른손바닥이 몸통을 향하게 올라오다가 손바닥이 밖을 향하여 바라보면서 위로 올라가며 쭉 뻗어 올라가고, 올라가서는 손바닥이 오른쪽을 바라보게 하며 내려오고 내려오면서는 땅을 바라보면 내려오고, 내려와서는 땅 밑에 있는 모든 것을 다 끌어 모아 용천으로 다리 허벅지 단전 가슴 명신으로...용천에서는 손바닥이 하늘을 보게 하여 끌어올리고 가슴까지, 가슴에 와서는 몸통을 보면서 밖을 보게 하여 즉 한 번 손바닥을 비틀어서 위로 최대한 끌어올린다.
손동작은 마치 반짝반짝할 때처럼 손동작할 때 손바닥이 몸통을 보다가 몸 밖을 보는 손동작이 클 뿐이다.
오른손 왼손 반복해서 한다.
오른손 왼손 반복해서 하다가 어느 순간부터는 두 손을 동시에 한다. 두 손 동시에 할 때도 손동작은 한 손 번갈아 할 때와

같이 똑같이 한다.
이때 발동작은 자연스럽게 움직이는 대로 하면 된다.
끝마칠 때는 태미합 수인으로 끝낸다.
이것을 음악에 맞춰 추는 춤을 훈공(勳功)춤이라 할 것이다.
2013. 03. 12. 08:40

태미미훈 비비훈화 미비태휘 휴공
(泰彌彌勳 秘秘勳化 彌秘泰暉 烋功)

반짝 반짝할 때 손바닥이 밖에서 안으로 향할 때
태미합 수인을 하고
태미합 수인을 풀면서 오른손바닥이 몸통을 보며 뻗어나가서는 손이 다 뻗어서는 손바닥이 밖으로 향하여 보게 해서는 손바닥으로 밖에 것을 모두 다 끌고 몸으로 가져오는 듯 몸통으로 끌고 들어온다. 들어와서는 몸통 뒤쪽에서부터 밖으로 뻗어나가서 다시 끌고 들어온다.
오른손하고 왼손하고 번갈아하며 반복하다가
어느 순간부터는 왼손 오른손 동시에 왼손바닥 오른손바닥이 몸통을 보고 그 상태로 뻗어나가 펼쳐지는 듯하다가 다시 손바닥을 밖을 향하게 해서는 끌고 들어오고, 끌고 들어와서는 몸통 뒤쪽까지 몸통과 하나가 되게 해서는 몸통 뒤쪽에서부터 가슴까지 끌고 올라와서는 몸통 그대로 앞으로 커지게 해서는 가슴을 통하여 밖에 펼쳐놓고는 다시 손바닥을 밖을 향하게 해서 다시 끌어당긴다.
이 동작을 반복해서 한다.
끝마칠 때는 태미합 수인으로 끝마친다.
이것을 음악에 맞춰 추는 춤을 훈공(勳功)춤이라 할 것이다.
2013. 03. 12. 09:08

미비비휘 휴태비 태자공(彌秘秘暉 烋泰秘 泰自功) +
태미미훈 비비훈화 미비태휘 휴공(泰彌彌勳 秘秘勳化 彌秘泰暉 烋功) = 비미비미비미비미비미비미훈태비비미미휘휴공(秘彌秘彌秘彌秘彌秘彌秘彌(6)勳 泰秘秘彌彌暉 烋功)

비태휘 비태혼 합훈휴공(秘泰暉 秘泰魂 合勳烋功)

태미합 수인을 하고
태미합 수인을 풀면서 그대로 오른손을 머리 위로해서 오로고자 하는 위의 세계를 뚫고 올라가서 오른쪽으로 최대한 열어젖히며 내려오고, 오른손이 내려옴과 동시에 왼손을 머리 위로해서 오로고자 하는 위의 세계를 뚫고 올라가서 왼쪽으로 최대한 젖히며 내려온다.
이때 손바닥은 오른손바닥은 좌측을 보고 똑바로 올라가고 왼손바닥은 오른쪽을 보고 똑바로 올라간다.
반복해서 행한다.
그러면 점점 더 넓게 젖힌다.
넓게 열리면 이번에는 더 높게 위를 뚫으며 올라가고
내려와서는 자기 자신을 위로 끌어올리며 위로 뚫는다.
이때 뚫고 내려왔던 손바닥은 내려오면서 땅을 바라보고 손바닥이 몸통으로 향할 때는 손바닥이 몸통을 끌어안아서 위로 올리면서 손바닥으로 받쳐 올리면서 머리 위의 세계로 올라서 더 높이 올라갈 때는 손끝을 세워서 뚫고 위 세계를 젖히며 내려온다.
반복해서 행한다.
충분히 하고 나서 끝마칠 때는 태미합 수인으로 끝마친다.
이것을 음악에 맞춰 추는 춤을 훈공(勳功)춤이라 할 것이다.
2013. 03. 13 08:25

미비혜 미회 비황 비훈공(彌秘慧 彌回 秘皇 秘勳功)

태미합 수인을 하고
오른손을 위로 뻗으면서 나사를 풀듯 풀면서 최대한 위의 세계를 향하여 손을 뻗어 넣고
손을 뻗어 넣은 상태에서 오른쪽으로 젖혀 문을 열듯 넓히며 내리고, 오른손이 내려옴과 동시에 왼손을 위로 뻗으면서 나사를 조이듯 조이면서 최대한 위의 세계를 향하여 손을 뻗어 넣고, 손을 뻗어 넣은 상태에서 왼쪽으로 젖혀 문을 열듯 넓히며 내린다.
오른손이 올라가고 내려올 때 왼손이 올라가고 왼손이 올라갔다 내려올 때 오른손이 올라간다.
처음에는 오른쪽 왼쪽, 양옆이 어느 정도 열리고 나서는 열리지 않은 뒤 앞, 그런 다음에는 덜 열린 듯한 앞쪽 뒤쪽 그렇게 시방을 열면서 넓힌다.
이를 반복해서 위 세계의 문이 확실하게 열리고 열린 문이 어깨 높이까지 내려올 때, 즉 위의 세계를 뚫고 올라서서 어깨 높이가 되었을 때
어깨 위를 내리면서 몸통 안에서 몸통 밖으로 펼쳐놓는 듯 우좌, 뒤 앞, 그렇게 시방을 펼쳐 내리며 어깨에 닿아 있는 위의 세계를 시방에 펼쳐놓는다. 펼쳐놓은 다음에는 더 멀리 더 넓게 시방으로 퍼져나가도록 한다. 처음에는 맨 위 어깨에서부터 발아래까지 펼쳐놓으며 더 멀리 더 넓게 최대한 퍼져나가도록 한다.

발아래로 최대한 멀리 넓게 퍼져나가게 한 뒤에는 손으로 멀리 넓게 퍼져나게 하고 손이 몸통으로 돌아올 때는 손바닥으로 자기 자신의 아래를 받쳐서 위로 끌어올리며 최대한 위로 올라갈 수 있도록 위에 올려놓는다.

자기 자신을 위의 세계로 끌어올리면서부터는 지속적으로 자기 자신을 위의 세계로 끌어올린다. 자기 자신을 최대한 끌어올려서 더 이상 올라갈 곳 없이 다 올라왔다 싶으면 처음부터 다시 반복해서 그 위의 세계를 열고 위의 세계를 열어서는 어깨에서 펼치고 펼쳐서는 발아래로 펼쳐놓고 발아래 펼쳐놓고서는 다시 자기 자신을 끌어올린다.
반복해서 행한다.
손동작으로 행할 때 발은 자연스럽게 움직이는 대로 움직이면 된다. 마무리할 때는 자연스럽게 태미합 수인이 된다.

이것을 음악에 맞춰 추는 춤을 훈공(勳功)춤이라 할 것이다.
2013. 03. 18 14: 41

태미합 초공(泰彌合 超功)(1-19)

태미합 초공 수인(1)

왼손가락 오른손가락 3번째 지문이 맞닿게 하고
2, 4, 5번째 손가락 2번째 마디가 맞닿게 하고
1번째 손가락은 왼손가락 오른손가락 나란히 붙여서
2번째 손가락 맞닿은 2번째 마디 위에 올려놓고
왼손 오른손 3번째 손가락 끝 지문이 맞닿은 위부분이 인당과 일직선상이 되게 한다. 2013. 03. 18

태미합 초공 수인(2)

왼손가락 오른손가락 1, 2, 5번째 손가락 끝 지문이 맞닿게 하고, 3, 4번째 손가락은 손바닥에 닿게 해서 3, 4번째 손가락 2번째 마디가 맞닿게 한다. 2013. 03. 18

태미합 초공 수인(3)

왼손을 자연스럽게 펴고
오른손 1번째 손가락 끝으로 왼손 장심을 누르고
오른손 3번째 손가락 끝으로 왼손 3번째 손가락 끝마디가 접히는 부분을 누른다.
(왼손 오른손 바꿔서 해도 똑같다.) 2013. 03. 18

태미합 초공 수인(4)

오른손을 자연스럽게 펴고
왼손 1번째 손가락 끝으로 오른손 장심을 누르고
왼손 3번째 손가락 끝으로 오른손 3번째 손가락 끝마디가 접히는 부분을 누른다. 2013. 03. 18

태미합 초공 수인(5)

왼손을 자연스럽게 펴고
오른손 1번째 손가락 끝으로 왼손 장심을 누르고
왼손 3번째 손가락 1, 2, 3번째 마디가 시삭되는 접히는 부분을 오른손 2, 3, 4번째 손가락 끝으로 누른다. 2013. 03. 18

태미합 초공 수인(6)

오른손을 자연스럽게 펴고
왼손 1번째 손가락 끝으로 오른손 장심을 누르고

오른손 3번째 손가락 1, 2, 3마디가 시작되는 접히는 부분을 왼손 2, 3, 4번째 손가락 끝으로 누른다. 2013. 03. 18

태미합 초공 수인(7)
왼손을 자연스럽게 펴고
오른손 1번째 손가락 끝으로 왼손바닥이 시작되는 팔목 주름진 부분을 누르고,
오른손 3번째 손가락 끝으로 왼손 장심을 누른다. 2013. 03. 18

태미합 초공 수인(8)
오른손을 자연스럽게 펴고
왼손 1번째 손가락 끝으로 오른손바닥이 시작되는 팔목 주름진 부분을 누르고
왼손 3번째 손가락 끝으로 오른손 장심을 누른다. 2013. 03. 18

태미합 초공 수인(9)
왼손을 자연스럽게 펴고
오른손 1번째 손가락 끝으로 왼손바닥이 시작되는 팔목 주름진 부분을 누르고
오른손 3번째 손가락 끝으로 왼손 3번째 손가락 끝을 누른다.

태미합 초공 수인(10)
오른손을 자연스럽게 펴고
왼손 1번째 손가락 끝으로 오른손바닥이 시작되는 팔목 주름진 부분을 누르고

왼손 3번째 손가락 끝으로 오른손 3번째 손가락 끝을 누른다.

태미합 초공 수인(11)
왼손을 자연스럽게 펴고
오른손 1번째 손가락 끝으로 왼손바닥이 시작되는 팔목 주름진 부분을 누르고
왼손 4번째 손가락 끝 손톱 아래를 오른손 4번째 손가락 끝으로 누른다. 2013. 03. 18

태미합 초공 수인(12)
오른손을 자연스럽게 펴고
왼손 1번째 손가락 끝으로 오른손바닥이 시작되는 팔목 주름진 부분을 누르고
오른손 4번째 손가락 끝 손톱 아래를 왼손 4번째 손가락 끝으로 누른다. 2013. 03. 18

태미합초공 수인(13)
왼손을 자연스럽게 펴고
오른손 1번째 손가락 끝으로 왼손바닥이 시작되는 팔목 주름진 부분을 누르고
왼손 5번째 손가락 끝 손톱 아래를 오른손 5번째 손가락 끝으로 누른다. 2013. 03. 18

태미합 초공 수인(14)
오른손을 자연스럽게 펴고

왼손 1번째 손가락 끝으로 오른손바닥이 시작되는 팔목 주름진 부분을 누르고
오른손 5번째 손가락 끝 손톱 아래를 왼손 5번째 손가락 끝으로 누른다. 2013. 03. 18

태미합 초공 수인(15)

왼손을 자연스럽게 펴고
오른손 1번째 손가락 끝으로 왼손바닥이 시작되는 팔목 주름진 부분을 누르고
왼손 2번째 손가락 끝 손톱 아래를 오른손 3번째 손가락 끝으로 누른다. 2013. 03. 18

태미합 초공 수인(16)

오른손을 자연스럽게 펴고
왼손 1번째 손가락 끝으로 오른손바닥이 시작되는 팔목 주름진 부분을 누르고
오른손 2번째 손가락 끝 손톱 아래를 왼손 3번째 손가락 끝으로 누른다. 2013. 03. 18

태미합 초공 수인(17)

왼손을 자연스럽게 펴고
오른손 1번째 손가락 끝으로 왼손바닥이 시작되는 팔목 주름진 부분을 누르고
왼손 1번째 손가락 끝 손톱 아래를 오른손 2번째 손가락 끝으로 누른다. 2013. 03. 18 17:53

태미합 초공 수인(18)

오른손을 자연스럽게 펴고
왼손 1번째 손가락 끝으로 오른손바닥이 시작되는 팔목 주름진 부분을 누르고
오른손 1번째 손가락 끝 손톱 아래를 왼손 2번째 손가락 끝으로 누른다. 2013. 03. 18 17:53

태미합 초공 수인(19)

끝마무리할 때는 가슴 앞에서 합장하듯
두 손을 모으되 합장한 상태에서 90도 왼쪽으로 틀어서 악수하듯 오른 손등이 위로 오게 해서 살며시 잡는다.
(이 수인의 이름은 태미합(泰彌合) 수인(手印))
마무리할 때 태미합 수인을 한다. 2013. 03. 18

태미합 초공을 하면 좋은 점 5가지

1, 몸에 탁기가 사라진다.
2, 영안이 열린다.
3, 몸통이 깨끗하고 맑아진다.
4, 영적구조물이 사라진다.
5, 몸통에 영가가 사라진다.

태태황(泰泰皇) 수인(1−30)

태태황(泰泰皇) 수인(1)

손가락을 모두 다 벌리고 합장한 상태에서
3번째 손가락은 왼손가락 오른손가락이 서로 붙게 하고
1, 2, 4, 5번째 손가락은 서로 떨어져 11자가 되게 한다.

태태황 수인(2)

손가락을 모두 다 벌리고 합장한 상태에서
2, 3번째 손가락은 왼손가락 오른손가락이 서로 붙게 하고
1, 4, 5번째 손가락은 서로 떨어져 11자가 되게 한다.

태태황 수인(3)

손가락을 모두 다 벌리고 합장한 상태에서
5번째 손가락은 왼손가락 오른손가락이 서로 붙게 하고
1, 2, 3, 4번째 손가락은 서로 떨어져 11자가 되게 한다.

태태황 수인(4)

손가락을 모두 다 벌리고 합장한 상태에서
1번째 손가락은 왼손가락 오른손가락이 서로 붙게 하고
2, 3, 4, 5번째 손가락은 서로 떨어져 11자가 되게 한다.

태태황 수인(5)

손가락을 모두 다 벌리고 합장한 상태에서

1, 5번째 손가락은 왼손가락 오른손가락이 서로 붙게 하고
2, 3, 4번째 손가락은 서로 떨어져 11자가 되게 한다.

태태황 수인(6)
손가락을 모두 다 벌리고 합장한 상태에서
1, 2, 5번째 손가락은 왼손가락 오른손가락이 서로 붙게 하고
3, 4번째 손가락은 서로 떨어져 11자가 되게 한다.

태태황태황비황비황비황비황비황미황미황미황
(泰泰皇 泰皇 秘皇秘皇秘皇秘皇秘皇(5) 彌皇彌皇彌皇(3)
태태황 수인(7)
손가락을 모두 다 벌리고 합장한 상태에서
1, 2, 4, 5번째 손가락은 왼손가락 오른손가락이 서로 붙게 하고 3번째 손가락은 서로 떨어져 11자가 되게 한다.
2013. 03. 20

태태황 수인(8)
손가락을 모두 다 벌리고 합장한 상태에서
1, 2, 3, 4번째 손가락은 왼손가락 오른손가락이 서로 붙게 하고 5번째 손가락은 서로 떨어져 11자가 되게 한다. 2013. 03. 20

태태황 수인(9)
손가락을 모두 다 벌리고 합장한 상태에서
2, 3, 4번째 손가락은 왼손가락 오른손가락이 서로 붙게 하고
1, 5번째 손가락은 서로 떨어져 11자가 되게 한다. 2013. 03. 20

태태황 수인(10)

손가락을 모두 다 벌리고 합장한 상태에서
1, 2번째 손가락은 왼손가락 오른손가락이 서로 붙게 하고
3, 4, 5번째 손가락은 서로 떨어져 11자가 되게 한다.

태태황 수인(11)

손가락을 모두 다 벌리고 합장한 상태에서
1, 2, 3번째 손가락은 왼손가락 오른손가락이 서로 붙게 하고
4, 5번째 손가락은 서로 떨어져 11자가 되게 한다. 2013. 03. 20

태태황 수인(12)

손가락을 모두 다 벌리고 합장한 상태에서
1, 2, 3, 5번째 손가락은 왼손가락 오른손가락이 서로 붙게 하고 4번째 손가락은 서로 떨어져 11자가 되게 한다. 2013. 03. 20

태태황 수인(13)

손가락을 모두 다 벌리고 합장한 상태에서
1, 2, 4 번째 손가락은 왼손가락 오른손가락이 서로 붙게 하고
3, 5번째 손가락은 서로 떨어져 11자가 되게 한다.

태태황 수인(14)

손가락을 모두 다 벌리고 합장한 상태에서
2번째 손가락은 왼손가락 오른손가락이 서로 붙게 하고
1, 3, 4, 5번째 손가락은 서로 떨어져 11자가 되게 한다.

태태황 수인(15)
손가락을 모두 다 벌리고 합장한 상태에서
4번째 손가락은 왼손가락 오른손가락이 서로 붙게 하고
1, 2, 3, 5번째 손가락은 서로 떨어져 11자가 되게 한다.

태태황 수인(16)
손가락을 모두 다 벌리고 합장한 상태에서
2, 4 번째 손가락은 왼손가락 오른손가락이 서로 붙게 하고
1, 3, 5번째 손가락은 서로 떨어져 11자가 되게 한다.
2013. 03. 20

태태황 수인(17)
손가락을 모두 다 벌리고 합장한 상태에서
1, 4, 5번째 손가락은 왼손 오른손가락이 서로 붙게 하고
2, 3번째 손가락은 서로 떨어져 11자가 되게 한다. 2013. 03. 20

태태황 수인(18)
손가락을 모두 다 벌리고 합장한 상태에서
1, 3, 4, 5번째 손가락은 왼손가락 오른손가락이 서로 붙게 하고 2번째 손가락은 서로 떨어져 11자가 되게 한다. 2013. 03. 20

태태황 수인(19)
손가락을 모두 다 벌리고 합장한 상태에서
2, 3, 4, 5 번째 손가락은 왼손가락 오른손가락이 서로 붙게 하고 1번째 손가락은 서로 떨어져 11자가 되게 한다. 2013. 03. 20

태태황 수인(20)
손가락을 모두 다 벌리고 합장한 상태에서
3, 4, 5 번째 손가락은 왼손가락 오른손가락이 서로 붙게 하고
1, 2번째 손가락은 서로 떨어져 11자가 되게 한다.
2013. 03. 20

태태황 수인(21)
손가락을 모두 다 벌리고 합장한 상태에서
4번째 손가락은 왼손가락 오른손가락이 서로 붙게 하고
1, 2, 3, 5번째 손가락은 서로 떨어져 11자가 되게 한다.
2013. 03. 20

태태황 수인(22)
손가락을 모두 다 벌리고 합장한 상태에서
3, 4번째 손가락은 왼손가락 오른손가락이 서로 붙게 하고
1, 2, 5번째 손가락은 서로 떨어져 11자가 되게 한다.
2013. 03. 20

태태황 수인(23)
손가락을 모두 다 벌리고 합장한 상태에서
1, 3, 4번째 손가락은 왼손가락 오른손가락이 서로 붙게 하고
2, 5번째 손가락은 서로 떨어져 11자가 되게 한다.
2013. 03. 20

태태황 수인(24)
손가락을 모두 다 벌리고 합장한 상태에서

4, 5 번째 손가락은 왼손가락 오른손가락이 서로 붙게 하고
1, 2, 3번째 손가락은 서로 떨어져 11자가 되게 한다.
2013. 03. 20

태태황 수인(25)
손가락을 모두 다 벌리고 합장한 상태에서
2, 4, 5 번째 손가락은 왼손가락 오른손가락이 서로 붙게 하고
1, 3번째 손가락은 서로 떨어져 11자가 되게 한다.

태태황 수인(26)
손가락을 모두 다 벌리고 합장한 상태에서
3 번째 손가락은 왼손가락 오른손가락이 서로 붙게 하고
1, 2, 4, 5번째 손가락은 서로 떨어져 11자가 되게 한다.

태태황 수인(27)
손가락을 모두 다 벌리고 합장한 상태에서
1, 3번째 손가락은 왼손가락 오른손가락이 서로 붙게 하고
2, 4, 5번째 손가락은 서로 떨어져 11자가 되게 한다.

태태황 수인(28)
손가락을 모두 다 벌리고 합장한 상태에서
2, 3, 5번째 손가락은 왼손가락 오른손가락이 서로 붙게 하고
1, 4번째 손가락은 서로 떨어져 11자가 되게 한다.
2013. 03. 20

태태황 수인(29)

손가락을 모두 다 벌리고 합장한 상태에서
1, 3, 5 번째 손가락은 왼손가락 오른손가락이 서로 붙게 하고
2, 4번째 손가락은 서로 떨어져 11자가 되게 한다.
2013. 03. 20

태태황 수인(30)

손가락을 모두 다 벌리고 합장한 상태에서
2, 5 번째 손가락은 왼손가락 오른손가락이 서로 붙게 하고
1, 3, 4번째 손가락은 서로 떨어져 11자가 되게 한다.
2013. 03. 20 19:20

미황황근(彌皇皇根) 수인(1-10)

미황황근(彌皇皇根) 수인(1)

왼손가락 오른손가락 2, 3번째 손가락을 붙이고
붙인 2, 3번째 손가락을 1번째 손가락으로 오링을 만든다.
그리고 왼손 1번째 손가락을 오른손가락 오링 곳에 넣어서
왼손가락 1번째와 2, 3번째와 오링을 한다.
(2013. 03. 20일 저녁 19: 39분 퇴근길에서 내가 수인을 한다면 어떤 수인을 해야 하는가? 생각했을 때 되었던 수인이다.) 2013. 03, 21 09:21

미황황근 수인(2)

왼손가락 오른손가락 2, 3번째 손가락을 붙이고
붙인 2, 3번째 손가락을 1번째 손가락으로 오링을 만든다.

왼손 오른손가락 1번째와 2, 3번째 손가락과 오링을 한다.
그리고 오른손 1번째 손가락을 왼손가락 오링 곳에 넣어서
오른손가락 1번째와 2, 3번째와 오링을 한다. 2013. 03, 21

미황황근 수인(3)

오른손 1번째와 2, 3번째 손가락과 오링을 하고
왼손 1번째 손가락을 오른손가락 오링 곳에 넣어서
왼손가락 1번째와 2, 3, 4번째와 오링을 한다.
2013. 03, 21

미황황근 수인(4)

왼손 1번째와 2, 3번째 손가락과 오링을 하고
오른손 1번째 손가락을 왼손가락 오링 곳에 넣어서
오른손가락 1번째와 2, 3, 4번째와 오링을 한다.

미황황근 수인(5)

오른손 1번째와 2, 3, 4번째 손가락과 오링을 하고
왼손 1번째 손가락을 오른손가락 오링 곳에 넣어서
왼손가락 1번째와 2, 3, 4번째와 오링을 한다.
2013. 03, 21

미황황근 수인(6)

왼손 1번째와 2, 3, 4번째 손가락과 오링을 하고
오른손 1번째 손가락을 왼손가락 오링 곳에 넣어서
오른손가락 1번째와 2, 3, 4번째와 오링을 한다.
2013. 03, 21

미황황근 수인(7)
오른손 1번째와 2, 3, 4, 5번째 손가락과 오링을 하고
왼손 1번째 손가락을 오른손가락 오링 곳에 넣어서
왼손가락 1번째와 2, 3, 4번째와 오링을 한다.
2013. 03, 21

미황황근 수인(9)
왼손 1번째와 2, 3, 4, 5번째 손가락과 오링을 하고
오른손 1번째 손가락을 오른손가락 오링 곳에 넣어서
오른손가락 1번째와 2, 3, 4, 5번째와 오링을 한다.
2013. 03, 21

미황황근 수인(10)
왼손 1번째와 2, 3. 4, 5번째 손가락과 오링을 하고
오른손 1번째 손가락을 왼손가락 오링 곳에 넣어서
오른손가락 1번째와 2, 3, 4, 5번째와 오링을 한다.
2013. 03. 21 09:31

황황미태황근(皇皇彌泰皇根) 수인(1-2)

황황미태황근(皇皇彌泰皇根) 수인(1)
오른손 주먹을 쥐고
1번째 손가락을 두 번째 손가락 1마디가 구부러진 곳에 바르게 올려놓는다.
그리고 왼손 2, 3, 4, 5번째 손가락을 붙이고 1번째 손가락은

떨어진 채로 손을 펴고
주먹 쥔 오른손을 왼손 2, 3, 4, 5번째 손가락으로 감싸고
왼손 1번째 손가락은 오른손 1번째 손가락과 11자가 되도록 하고 서로 붙인다. 2013. 03. 21 10:31

황황미태황근(皇皇彌泰皇根) 수인(2)
왼손 주먹을 쥐고
1번째 손가락을 두 번째 손가락 1마디가 구부러진 곳에 바르게 올려놓는다.
그리고 오른손 2, 3, 4,5번째 손가락을 붙이고 1번째 손가락은 떨어진 채로 손을 펴고
주먹 쥔 왼손을 오른손 2, 3, 4, 5번째 손가락으로 감싸고
오른손 1번째 손가락은 왼손 1번째 손가락과 11자가 되도록 하고 서로 붙인다. 2013. 03. 21 10:43

황황황황근황황근(皇皇皇皇根皇皇根) 수인(1-2)

황황황황근황황근(皇皇皇皇根皇皇根) 수인(1)
오른손 1, 2, 3, 4, 5번째 손가락 끝을 모아 서로 붙여서
그 끝을 왼손 장심을 살며시 누르고
왼손가락 2, 3, 4, 5번째 손가락으로 오른손 2, 3, 4, 5번째 손가락을 살며시 감싸고
왼손 1번째 손가락으로는 오른손 1번째와 2번째 손가락 틈에 얹어놓아 그 틈을 메운 듯 하게한다. 2013. 03. 21 12:11

황황황황근황황근(皇皇皇皇根皇皇根) 수인(2)
왼손 1, 2, 3, 4, 5번째 손가락 끝을 모아 서로 붙여서
그 끝을 오른손 장심을 살며시 누르고
오른손가락 2, 3, 4, 5번째 손가락으로 왼손 2, 3, 4, 5번째 손가락을 살며시 감싸고
오른손 1번째 손가락으로는 왼손 1번째와 2번째 손가락 틈에 얹어놓아 그 틈을 메운 듯 하게한다. 2013. 03. 21 12:17

황근근(皇根根) 수인(1-2)

황근근(皇根根) 수인(1)
왼손 오른손 주먹을 쥐되
주먹 쥔 오른손 1번째와 2번째 사이에 왼손 5번째 손가락을 넣고, 왼손 1번째 손가락을 최고라고 할 때처럼 하늘높이 치켜 올린다. 2013. 03. 21 12:30

황근근(皇根根) 수인(2)
왼손 오른손 주먹을 쥐되
주먹 쥔 왼손 1번째와 2번째 사이에 오른손 5번째 손가락을 넣고, 오른손 1번째 손가락을 최고라고 할 때처럼 하늘높이 치켜 올린다. 2013. 03. 21 12:41

황황황황태태근본태태 수인
왼손바닥 오른손바닥이 하늘을 보게 하고 왼손 오른손 2, 3, 4,

5번째 손가락을 주먹 쥐듯 손바닥에 붙인다.
그리고 왼손 오른손 2, 3, 4, 5번째 손가락 1번째 마디를 서로 붙이고, 왼손 오른손 1번째 손가락 끝 지문이 맞닿도록 한다.
2013. 03. 22 08:21

태태태근본 수인(1-12)

태태태근본 수인(1)

왼손바닥 오른손바닥이 하늘을 보게 하고 왼손 오른손 2, 3, 4, 5번째 손가락을 주먹 쥐듯 손바닥에 붙인다.
그리고 왼손 오른손 1번째 손가락 끝 지문이 맞닿도록 하고 왼손 오른손 2번째 손가락 1번째 마디를 서로 붙인다.
2013. 03. 22 08:45

태태태근본 수인(2)

왼손바닥 오른손바닥이 하늘을 보게 하고 왼손 오른손 2, 3, 4, 5번째 손가락을 주먹 쥐듯 손바닥에 붙인다.
그리고 왼손 오른손 1번째 손가락 끝 지문이 맞닿도록 하고 왼손 오른손 2, 3번째 손가락 1번째 마디를 서로 붙인다.
2013. 03. 22 08:48

태태태근본 수인(3)

왼손바닥 오른손바닥이 하늘을 보게 하고 왼손 오른손 2, 3, 4, 5번째 손가락을 주먹 쥐듯 손바닥에 붙인다.
그리고 왼손 오른손 1번째 손가락 끝 지문이 맞닿도록 하고 왼손 오른손 2, 3, 4번째 손가락 1번째 마디를 서로 붙인다.
2013. 03. 22 08:55

태태태근본 수인(4)
왼손바닥 오른손바닥이 하늘을 보게 하고 왼손 오른손 2, 3, 4, 5번째 손가락을 주먹 쥐듯 손바닥에 붙인다.
그리고 왼손 오른손 1번째 손가락 끝 지문이 맞닿도록 하고
왼손 오른손 2, 3, 4, 5번째 손가락 1번째 마디를 서로 어긋나게 붙이되
왼손 2, 3, 4, 5번째 손가락 1번째 마디가 위로 올라오게 한다.
2013. 03. 22 08:55

태태태근본 수인(5)
왼손바닥 오른손바닥이 하늘을 보게 하고 왼손 오른손 2, 3, 4, 5번째 손가락을 주먹 쥐듯 손바닥에 붙인다.
그리고 왼손 오른손 1번째 손가락 끝 지문이 맞닿도록 하고
왼손 오른손 2, 3, 4, 5번째 손가락 1번째 마디를 서로 어긋나게 붙이되
오른손 2, 3, 4, 5번째 손가락 1번째 마디가 위로 올라오게 한다. 2013. 03. 22 09:01

태태태근본 수인(6)
왼손바닥 오른손바닥이 하늘을 보게 하고
왼손 오른손 2, 3, 4, 5번째 손가락을 주먹 쥐듯 손바닥에 붙이고 왼손 오른손 2, 3, 4, 5번째 손가락 1번째 마디를 서로 붙인다.
이때 왼손 2, 3, 4, 5번째 손가락 1번째 마디가 위로 올라오게

하고 왼손 오른손 1번째 손가락은 11자가 되게 한다.
2013. 03. 22 09:08

태태태근본 수인(7)

왼손바닥 오른손바닥이 하늘을 보게 하고
왼손 오른손 2, 3, 4, 5번째 손가락을 주먹 쥐듯 손바닥에 붙이고 왼손 오른손 2, 3, 4, 5번째 손가락 1번째 마디를 서로 붙인다.
이때 오른손 2, 3, 4, 5번째 손가락 1번째 마디가 위로 올라오게 하고 왼손 오른손 1번째 손가락은 11자가 되게 한다.
2013. 03. 22 09:18

태태태근본 수인(8)

왼손바닥 오른손바닥이 하늘을 보게 하고 왼손 오른손 2, 3, 4, 5번째 손가락을 주먹 쥐듯 손바닥에 붙인다.
그리고 왼손 오른손 1번째 손가락 끝 지문이 맞닿도록 한다.
이때 왼손 오른손 2, 3, 4, 5번째 손가락은 서로 붙으면 안 된다. 2013. 03. 22

태태태근본 수인(9)

왼손바닥 오른손바닥이 하늘을 보게 하고
왼손 오른손 2, 3, 4, 5번째 손가락을 주먹 쥐듯 손바닥에 붙이고 왼손 오른손 1번째 손가락 끝 지문이 맞닿도록 한다.
그리고 왼손 오른손 2번째 손가락 1번째 마디를 서로 붙인다.
2013. 03. 22

태태태근본 수인(10)

왼손바닥 오른손바닥이 하늘을 보게 하고
왼손 오른손 2, 3, 4, 5번째 손가락을 주먹 쥐듯 손바닥에 붙이고 왼손 오른손 1번째 손가락 끝 지문이 맞닿도록 한다.
그리고 왼손 오른손 2, 3번째 손가락 1번째 마디를 서로 붙인다. 2013. 03. 22

태태태근본 수인(11)

왼손바닥 오른손바닥이 하늘을 보게 하고
왼손 오른손 2, 3, 4, 5번째 손가락을 주먹 쥐듯 손바닥에 붙이고 왼손 오른손 1번째 손가락 끝 지문이 맞닿도록 한다.
그리고 왼손 오른손 2, 3, 4번째 손가락 1번째 마디를 서로 붙인다. 2013. 03. 22

태태태근본 수인(12)

왼손바닥 오른손바닥이 하늘을 보게 하고
왼손 오른손 2, 3, 4, 5번째 손가락을 주먹 쥐듯 손바닥에 붙이고 왼손 오른손 1번째 손가락 끝 지문이 맞닿도록 한다.
그리고 왼손 오른손 2, 3, 4, 5번째 손가락 1번째 마디를 서로 붙인다. 2013. 03. 22

태황비황미황미황근본 수인(1-6)

태황비황미황미황근본 수인(1)

왼손바닥 오른손바닥이 하늘을 보게 하고

왼손 오른손 2, 3, 4, 5번째 손가락을 주먹 쥐듯 손바닥에 붙이고 왼손 오른손 1번째와 2번째 손가락을 가위 바위 보할 때 가위를 내는 것과 같이 해서
왼손 오른손 1번째와 1번째, 2번째는 2번째 손가락 끝 지문이 맞닿게 하여 눕힌 삼각형이 되게 한다. 2013. 03. 22 12:52

태황비황미황미황근본 수인(2)
왼손바닥 오른손바닥이 하늘을 보게 하고
왼손 오른손 2, 3, 4, 5번째 손가락을 주먹 쥐듯 손바닥에 붙이고 왼손 오른손 1번째와 2번째 손가락을 가위 바위 보할 때 가위를 내는 것과 같이 해서
왼손 오른손 1번째와 1번째, 2번째와 2번째, 3번째와 3번째 손가락 끝 지문이 맞닿게 하여 눕힌 삼각형이 되게 한다.
2013. 03. 22 13:02

태황비황미황미황근본 수인(3)
왼손바닥 오른손바닥이 하늘을 보게 하고
왼손 오른손 2, 3, 4, 5번째 손가락을 주먹 쥐듯 손바닥에 붙이고 왼손 오른손 1번째와 2번째 손가락을 가위 바위 보할 때 가위를 내는 것과 같이 해서
왼손 오른손 1번째와 1번째, 2번째와 2번째, 3번째와 3번째, 4번째와 4번째 손가락 끝 지문이 맞닿게 하여 눕힌 삼각형이 되게 한다. 2013. 03. 22 13:12

태황비황미황미황근본 수인(4)
왼손바닥 오른손바닥이 하늘을 보게 하고
왼손 오른손 2, 3, 4, 5번째 손가락을 주먹 쥐듯 손바닥에 붙이

고 왼손 오른손 1번째와 2번째 손가락을 가위 바위 보할 때 가위를 내는 것과 같이 해서
왼손 오른손 1번째와 1번째, 2번째와 2번째, 3번째와 3번째, 4번째와 4번째, 5번째와 5번째 손가락 끝 지문이 맞닿게 하여 눕힌 삼각형이 되게 한다. 2013. 03. 22 13:20

태황비황미황미황근본 수인(5)
왼손 오른손 각자 1번째 손가락은 자연스럽게 떨어지게 하고
2, 3, 4, 5번째 손가락은 서로 붙여서 하늘을 보게 하고
왼손 1번째 손가락을 오른손 1번째에 올린 듯 오른손 1번째와 2번째 손가락 사이에 끼우되
왼손 1번째 손가락이 오른손등 위로 올라오게 하고 오른손 2, 3, 4, 5손가락은 왼손 2, 3, 4, 5번째 손가락으로 덮는다.
2013. 03. 22 13:32

태황비황미황미황근본 수인(6)
왼손 오른손 각자
1번째 손가락은 자연스럽게 떨어지게 하고
2, 3, 4, 5번째 손가락은 서로 붙여서 하늘을 보게 하고
오른손 1번째 손가락을 왼손 1번째에 올린 듯 왼손 1번째와 2번째 손가락 사이에 끼우되
오른손 1번째 손가락이 왼손등 위로 올라오게 하고
왼손 2, 3, 4, 5손가락은 오른손 2, 3, 4, 5번째 손가락으로 덮는다. 2013. 03. 22 13:43

태태항(太泰恒) 수인(1-35)

* 퇴근하면서 했던 수인을 정리한 것이다.

태태항(太泰恒) 수인(1)

왼손 오른손 1과 2번째 손가락 끝 지문을 맞닿게 하고
왼손 오른손 끝이 맞닿게 한다. 2013. 03. 23 0928

태태항(太泰恒) 수인(2)

왼손 오른손 1, 2, 3번째 손가락 끝 지문이 서로 맞닿게 하고
왼손 오른손 끝이 맞닿게 한다. 2013. 03. 23

태태항(太泰恒) 수인(3)

왼손 1, 2, 3번째 손가락 끝 지문이 서로 맞닿게 하고
오른손 1, 2번째 손가락 끝 지문이 서로 맞닿게 하고
왼손 오른손 끝이 맞닿게 한다. 2013. 03. 23

태태항(太泰恒) 수인(4)

왼손 1, 2번째 손가락 끝 지문이 서로 맞닿게 하고
오른손 1, 2, 3번째 손가락 끝 지문이 서로 맞닿게 하고
왼손 오른손 끝이 맞닿게 한다. 2013. 03. 23

태태항(太泰恒) 수인(5)

왼손 2, 3번째 손가락 끝 지문이 서로 맞닿게 하고
오른손 1, 2, 3번째 손가락 끝 지문이 서로 맞닿게 하고
왼손 오른손 끝이 맞닿게 한다. 2013. 03. 23

태태항(太泰恒) 수인(6)
왼손 1, 2, 3번째 손가락 끝 지문이 서로 맞닿게 하고
오른손 2, 3번째 손가락 끝 지문이 서로 맞닿게 하고
왼손 오른손 끝이 맞닿게 한다. 2013. 03. 23

태태항(太泰恒) 수인(7)
왼손 1, 2, 3, 4번째 손가락 끝 지문이 서로 맞닿게 하고
오른손 1, 2, 3번째 손가락 끝 지문이 서로 맞닿게 하고
왼손 오른손 끝이 맞닿게 한다. 2013. 03. 23

태태항(太泰恒) 수인(8)
오른손 1, 2, 3, 4번째 손가락 끝 지문이 서로 맞닿게 하고
왼손 1, 2, 3번째 손가락 끝 지문이 서로 맞닿게 하고
왼손 오른손 끝이 맞닿게 한다. 2013. 03. 23

태태항(太泰恒) 수인(9)
왼손 1, 2, 3, 4번째 손가락 끝 지문이 서로 맞닿게 하고
오른손 1, 2번째 손가락 끝 지문이 서로 맞닿게 하고
왼손 오른손 끝이 맞닿게 한다. 2013. 03. 23

태태항(太泰恒) 수인(10)
오른손 1, 2, 3, 4번째 손가락 끝 지문이 서로 맞닿게 하고
왼손 1, 2번째 손가락 끝 지문이 서로 맞닿게 하고
왼손 오른손 끝이 맞닿게 한다. 2013. 03. 23

태태항(太泰恒) 수인(11)
왼손 1, 2, 3, 4번째 손가락 끝 지문이 서로 맞닿게 하고
오른손 1번째 손가락 끝을 왼손 1, 2, 3, 4번째를 모은 틈에
살며시 끼워 넣은 듯 하게한다. 2013. 03. 23

태태항(太泰恒) 수인(12)
오른손 1, 2, 3, 4번째 손가락 끝 지문이 서로 맞닿게 하고
왼손 1번째 손가락 끝을 오른손 1, 2, 3, 4번째를 모은 틈에
살며시 끼워 넣은 듯 하게한다. 2013. 03. 23

태태항(太泰恒) 수인(13)
오른손 1, 2, 3, 4번째 손가락 끝 지문이 서로 맞닿게 하고
왼손 1, 3번째 손가락 끝 지문이 서로 맞닿게 해서
오른손 1, 2, 3, 4번째를 모은 틈에 살며시 끼워 넣은 듯 하게
한다. 2013. 03. 23

태태항(太泰恒) 수인(14)
왼손 1, 2, 3, 4번째 손가락 끝 지문이 서로 맞닿게 하고
오른손 1, 3번째 손가락 끝 지문이 서로 맞닿게 해서
왼손 1, 2, 3, 4번째를 모은 틈에 살며시 끼워 넣은 듯 하게한
다. 2013. 03. 23

태태항(太泰恒) 수인(15)
왼손 1, 2, 3, 4번째 손가락 끝 지문이 서로 맞닿게 하고
오른손 2, 3번째 손가락 끝 지문이 서로 맞닿게 해서

왼손 1, 2, 3, 4번째를 모은 틈에 살며시 끼워 넣은 듯 하게한다. 2013. 03. 23

태태항(太泰恒) 수인(16)
오른손 1, 2, 3, 4번째 손가락 끝 지문이 서로 맞닿게 하고
왼손 2, 3번째 손가락 끝 지문이 서로 맞닿게 해서
오른손 1, 2, 3, 4번째를 모은 틈에 살며시 끼워 넣은 듯 하게한다. 2013. 03. 23

태태항(太泰恒) 수인(17)
오른손 1, 2, 3번째 손가락 끝 지문이 서로 맞닿게 하고
왼손 2번째 손가락 끝을 오른손 1, 2, 3번째를 모은 틈에 살며시 끼워 넣은 듯 하게한다. 2013. 03. 23

태태항(太泰恒) 수인(18)
왼손 1, 2, 3번째 손가락 끝 지문이 서로 맞닿게 하고
오른손 2번째 손가락 끝을 오른손 1, 2, 3번째를 모은 틈에 살며시 끼워 넣은 듯 하게한다. 2013. 03. 23

태태항(太泰恒) 수인(19)
왼손 1, 2, 3, 4번째 손가락 끝 지문이 서로 맞닿게 하고
오른손 2번째 손가락 끝을 왼손 1, 2, 3, 4번째를 모은 틈에 살며시 끼워 넣은 듯 하게한다. 2013. 03. 23

태태항(太泰恒) 수인(20)

오른손 1, 2, 3, 4번째 손가락 끝 지문이 서로 맞닿게 하고
왼손 2번째 손가락 끝을 오른손 1, 2, 3, 4번째를 모은 틈에
살며시 끼워 넣은 듯 하게한다. 2013. 03. 23

태태항(太泰恒) 수인(21)

오른손 1, 2, 3, 4번째 손가락 끝 지문이 서로 맞닿게 하고
왼손 1, 2, 3, 4번째 손가락 끝 지문이 서로 맞닿게 해서
왼손 오른손 끝을 서로 붙인다. 2013. 03. 23

태태항(太泰恒) 수인(22)

왼손 1, 2, 3, 4번째 손가락 끝 지문이 서로 맞닿게 하고
오른손 1번째 손가락 끝을 왼손 1, 2, 3, 4번째를 모은 틈에
살며시 끼워 넣은 듯 하게한다. 2013. 03. 23

태태항(太泰恒) 수인(23)

오른손 1, 2, 3, 4번째 손가락 끝 지문이 서로 맞닿게 하고
왼손 1번째 손가락 끝을 오른손 1, 2, 3, 4번째를 모은 틈에
살며시 끼워 넣은 듯 하게한다. 2013. 03. 23

태태항(太泰恒) 수인(24)

왼손 1, 2, 3, 4번째 손가락 끝 지문이 서로 맞닿게 하고
오른손 1, 2번째 손가락 지문을 붙여서 모아진 손끝을
왼손 1, 2, 3, 4번째를 모은 틈에 살며시 끼워 넣은 듯 하게한다. 2013. 03. 23

태태항(太泰恒) 수인(25)
오른손 1, 2, 3, 4번째 손가락 끝 지문이 서로 맞닿게 하고 왼손 1, 2번째 손가락 지문을 붙여서 모아진 손끝을 오른손 1, 2, 3, 4번째를 모은 틈에 살며시 끼워 넣은 듯 하게 한다. 2013. 03. 23

태태항(太泰恒) 수인(26)
왼손 1, 2, 3, 4번째 손가락 끝 지문이 서로 맞닿게 하고 오른손 2, 3번째 손가락 지문을 붙여서 모아진 손끝을 왼손 1, 2, 3, 4번째를 모은 틈에 살며시 끼워 넣은 듯 하게한다. 2013. 03. 23

태태항(太泰恒) 수인(27)
오른손 1, 2, 3, 4번째 손가락 끝 지문이 서로 맞닿게 하고 왼손 2, 3번째 손가락 지문을 붙여서 모아진 손끝을 오른손 1, 2, 3, 4번째를 모은 틈에 살며시 끼워 넣은 듯 하게 한다. 2013. 03. 23

태태항(太泰恒) 수인(28)
왼손 1, 2, 3, 4번째 손가락 끝 지문이 서로 맞닿게 하고 오른손 3번째 손가락 끝을 왼손 1, 2, 3, 4번째를 모은 틈에 살며시 끼워 넣은 듯 하게한다. 2013. 03. 23

태태항(太泰恒) 수인(29)
오른손 1, 2, 3, 4번째 손가락 끝 지문이 서로 맞닿게 하고 왼손 3번째 손가락 끝을 오른손 1, 2, 3, 4번째를 모은 틈에 살며시 끼워 넣은 듯 하게한다. 2013. 03. 23

태태항(太泰恒) 수인(30)

왼손 1, 2, 3, 4번째 손가락 끝 지문이 서로 맞닿게 하고
오른손 4번째 손가락 끝을 왼손 1, 2, 3, 4번째를 모은 틈에 살며시 끼워 넣은 듯 하게한다. 2013. 03. 23

태태항(太泰恒) 수인(31)

오른손 1, 2, 3, 4번째 손가락 끝 지문이 서로 맞닿게 하고
왼손 4번째 손가락 끝을 오른손 1, 2, 3, 4번째를 모은 틈에 살며시 끼워 넣은 듯 하게한다. 2013. 03. 23

태태항(太泰恒) 수인(32)

오른손 1, 2, 3, 4번째 손가락 끝 지문이 서로 맞닿게 하고
왼손 1, 3, 4번째 손가락 끝 지문이 서로 맞닿게 해서
왼손 오른손 끝을 붙인다. 2013. 03. 23

태태항(太泰恒) 수인(33)

왼손 1, 2, 3, 4번째 손가락 끝 지문이 서로 맞닿게 하고
오른손 1, 3, 4번째 손가락 끝 지문이 서로 맞닿게 해서
왼손 오른손 끝을 붙인다. 2013. 03. 23

태태항(太泰恒) 수인(34)
오른손 1, 2, 3, 4번째 손가락 끝 지문이 서로 맞닿게 하고
왼손 1, 4번째 손가락 끝 지문이 서로 맞닿게 해서
왼손 오른손 끝을 붙인다. 2013. 03. 23

태태항(太泰恒) 수인(35)
왼손 1, 2, 3, 4번째 손가락 끝 지문이 서로 맞닿게 하고
오른손 1, 4번째 손가락 끝 지문이 서로 맞닿게 해서
왼손 오른손 끝을 붙인다. 2013. 03. 23 10:48

근본 태태항(根本 泰泰恒) 수인(1-40)

근본 태태항(根本 泰泰恒) 수인(1)
왼손 오른손 2, 3, 4, 5번째 손가락을 손바닥에 붙이고
2번째 손가락을 一자로 뻗어서 왼손 2번째 손가락 뒤에 오른손
2번째 손가락을 갖다 붙인다.
그리고 왼손 오른손 1번째 손가락은 11자가 되게 한다.
2013. 03. 23. 15:12

근본 태태항(根本 泰泰恒) 수인(2)
왼손 오른손 2, 3, 4, 5번째 손가락을 손바닥에 붙이고
2번째 손가락을 一자로 뻗어서 오른손 2번째 손가락 뒤에 왼손
2번째 손가락을 갖다 붙인다.
그리고 왼손 오른손 1번째 손가락은 11자가 되게 한다.
2013. 03. 23.

근본 태태항(根本 泰泰恒) 수인(3)

왼손 오른손 2, 3, 4, 5번째 손가락을 손바닥에 붙이고
2, 3번째 손가락을 一자로 뻗어서 왼손 2, 3번째 손가락 뒤에
오른손 2, 3번째 손가락을 갖다 붙인다.
그리고 왼손 오른손 1번째 손가락은 11자가 되게 한다.
2013. 03. 23.

근본 태태항(根本 泰泰恒) 수인(4)

왼손 오른손 2, 3, 4, 5번째 손가락을 손바닥에 붙이고
2, 3번째 손가락을 一자로 뻗어서 오른손 2, 3번째 손가락 뒤에 왼손 2, 3번째 손가락을 갖다 붙인다.
그리고 왼손 오른손 1번째 손가락은 11자가 되게 한다.

근본 태태항(根本 泰泰恒) 수인(5)

왼손 오른손 2, 3, 4, 5번째 손가락을 손바닥에 붙이고
2, 3번째 손가락을 一자로 뻗어서 왼손 2, 3번째 손가락 뒤에
오른손 2번째 손가락을 갖다 붙인다.
그리고 왼손 오른손 1번째 손가락은 11자가 되게 한다.

근본 태태항(根本 泰泰恒) 수인(6)

왼손 오른손 2, 3, 4, 5번째 손가락을 손바닥에 붙이고
2, 3번째 손가락을 一자로 뻗어서 오른손 2, 3번째 손가락 뒤에 왼손 2번째 손가락을 갖다 붙인다.
그리고 왼손 오른손 1번째 손가락은 11자가 되게 한다.

근본 태태항(根本 泰泰恒) 수인(7)

왼손 오른손 2, 3, 4, 5번째 손가락을 손바닥에 붙이고
2, 3, 4번째 손가락을 一자로 뻗어서 왼손 2, 3, 4번째 손가락 뒤에 오른손 2, 3, 4번째 손가락을 갖다 붙인다.
그리고 왼손 오른손 1번째 손가락은 11자가 되게 한다.
2013. 03. 23.

근본 태태항(根本 泰泰恒) 수인(8)

왼손 오른손 2, 3, 4, 5번째 손가락을 손바닥에 붙이고
2, 3, 4번째 손가락을 一자로 뻗어서 오른손 2, 3, 4번째 손가락 뒤에 왼손 2, 3, 4번째 손가락을 갖다 붙인다.
그리고 왼손 오른손 1번째 손가락은 11자가 되게 한다.
2013. 03. 23.

근본 태태항(根本 泰泰恒) 수인(9)

왼손 오른손 2, 3, 4, 5번째 손가락을 손바닥에 붙이고
왼손 2, 3, 4번째 손가락을 一자로 뻗고 오른손 2, 3번째 손가락을 일자로 뻗어서 왼손 2, 3, 4번째 손가락 뒤에 오른손 2, 3번째 손가락을 갖다 붙인다.
그리고 왼손 오른손 1번째 손가락은 11자가 되게 한다.
2013. 03. 23.

근본 태태항(根本 泰泰恒) 수인(10)

왼손 오른손 2, 3, 4, 5번째 손가락을 손바닥에 붙이고
오른손 2, 3, 4번째 손가락을 一자로 뻗고 왼손 2, 3번째 손가락을 일자로 뻗어서 오른손 2, 3, 4번째 손가락 뒤에 왼손 2, 3번째 손가락을 갖다 붙인다.

그리고 왼손 오른손 1번째 손가락은 11자가 되게 한다.
2013. 03. 23.

근본 태태항(根本 泰泰恒) 수인(11)

왼손 오른손 2, 3, 4, 5번째 손가락을 손바닥에 붙이고
왼손 2, 3, 4번째 손가락을 一자로 뻗고 오른손 2번째 손가락을 일자로 뻗어서 왼손 2, 3, 4번째 손가락 뒤에 오른손 2손가락을 왼손 2, 3번째 손가락 사이에 붙인다.
그리고 왼손 오른손 1번째 손가락은 11자가 되게 한다.
2013. 03. 23.

근본 태태항(根本 泰泰恒) 수인(12)

왼손 오른손 2, 3, 4, 5번째 손가락을 손바닥에 붙이고
오른손 2, 3, 4번째 손가락을 一자로 뻗고 왼손 2번째 손가락을 일자로 뻗어서 오른손 2, 3, 4번째 손가락 뒤에 왼손 2손가락을 오른손 2, 3번째 손가락 사이에 붙인다.
그리고 왼손 오른손 1번째 손가락은 11자가 되게 한다.
2013. 03. 23.

근본 태태항(根本 泰泰恒) 수인(13)

왼손 오른손 2, 3, 4, 5번째 손가락을 손바닥에 붙이고
왼손 2, 3, 4번째 손가락을 一자로 뻗고 오른손 3번째 손가락을 일자로 뻗어서 왼손 2, 3, 4번째 손가락 뒤에 오른손 3손가락을 왼손 2, 3번째 손가락 사이에 붙인다.
그리고 왼손 오른손 1번째 손가락은 11자가 되게 하고
오른손 2번째 손가락은 오른손이 가위 바위 보할 때 가위를 내는 것과 같이한다. 2013. 03. 23.

근본 태태항(根本 泰泰恒) 수인(14)
왼손 오른손 2, 3, 4, 5번째 손가락을 손바닥에 붙이고
오른손 2, 3, 4번째 손가락을 一자로 뻗고 왼손 3번째 손가락을 일자로 뻗어서 오른손 2, 3, 4번째 손가락 뒤에 왼손 3손가락을 오른손 2, 3번째 손가락 사이에 붙인다.
그리고 왼손 오른손 1번째 손가락은 11자가 되게 하고
왼손 2번째 손가락은 왼손으로 가위 바위 보할 때 가위를 내는 것과 같이한다. 2013. 03. 23.

근본 태태항(根本 泰泰恒) 수인(15)
왼손 오른손 2, 3, 4, 5번째 손가락을 손바닥에 붙이고
왼손 2, 3, 4번째 손가락을 一자로 뻗고 오른손 2번째 손가락을 일자로 뻗어서 왼손 2, 3, 4번째 손가락 뒤에 오른손 2손가락을 왼손 3, 4번째 손가락 사이에 붙인다.
그리고 왼손 오른손 1번째 손가락은 11자가 되게 하고
오른손 2번째 손가락은 오른손이 가위 바위 보할 때 가위를 내는 것과 같이한다. 2013. 03. 23.

근본 태태항(根本 泰泰恒) 수인(16)
왼손 오른손 2, 3, 4, 5번째 손가락을 손바닥에 붙이고
오른손 2, 3, 4번째 손가락을 一자로 뻗고 왼손 2번째 손가락을 일자로 뻗어서 오른손 2, 3, 4번째 손가락 뒤에 왼손 2손가락을 왼손 3, 4번째 손가락 사이에 붙인다.
그리고 왼손 오른손 1번째 손가락은 11자가 되게 하고
오른손 2번째 손가락은 오른손이 가위 바위 보할 때 가위를 내는 것과 같이한다. 2013. 03. 23.

근본 태태항(根本 泰泰恒) 수인(17)

왼손 오른손을 2, 3, 4, 5번째 손가락을 붙이고 1번째 손가락을 떨어지게 손을 펴고, 왼손 오른손 2, 3, 4, 5번째 손가락 끝이 서로 마주보게 해서 왼손 2, 3, 4, 5번째 손가락을 뒤로 오른손 2, 3, 4번째 손가락을 붙인다.

그리고 왼손 오른손 1번째 손가락은 11자가 되게 한다.

근본 태태항(根本 泰泰恒) 수인 (18)

왼손 오른손을 2, 3, 4, 5번째 손가락을 붙이고 1번째 손가락을 떨어지게 손을 펴고

왼손 오른손 2, 3, 4, 5번째 손가락 끝이 서로 마주보게 해서

오른손 2, 3, 4, 5번째 손가락을 뒤로 왼손 2, 3, 4번째 손가락을 붙인다.

그리고 왼손 오른손 1번째 손가락은 11자가 되게 한다.

2013. 03. 23.

근본 태태항(根本 泰泰恒) 수인(19)

왼손 오른손을 2, 3, 4, 5번째 손가락을 붙이고 1번째 손가락을 떨어지게 손을 펴고, 왼손 오른손 2, 3, 4, 5번째 손가락 끝이 서로 마주보게 해서 왼손 2, 3, 4, 5번째 손가락을 뒤로 오른손 2, 3, 4번째 손가락을 붙인다.

이때 오른손 2번째는 왼손 2와 3번째 사이, 오른손 3번째는 왼손 3과 4번째 사이 오른손 4번째는 왼손 4와 5번째 사이에 붙인다.

그리고 왼손 오른손 1번째 손가락은 11자가 되게 한다.

2013. 03. 23.

근본 태태항(根本 泰泰恒) 수인(20)

왼손 오른손을 2, 3, 4, 5번째 손가락을 붙이고 1번째 손가락을 떨어지게 손을 펴고, 왼손 오른손 2, 3, 4, 5번째 손가락 끝이 서로 마주보게 해서 오른손 2, 3, 4, 5번째 손가락을 뒤로 왼손 2, 3, 4번째 손가락을 붙인다.

이때 왼손 2번째는 오른손 2와 3번째 사이, 왼손 3번째는 오른손 3과 4번째 사이 왼손 4번째는 오른손 4와 5번째 사이에 붙인다.

그리고 왼손 오른손 1번째 손가락은 11자가 되게 한다.

근본 태태항(根本 泰泰恒) 수인(21)

왼손 오른손을 2, 3, 4, 5번째 손가락을 붙이고 1번째 손가락을 떨어지게 손을 펴고, 왼손 오른손 2, 3, 4, 5번째 손가락 끝이 서로 마주보게 해서 왼손 2, 3, 4, 5번째 손가락을 뒤로 오른손 2, 3, 4, 5번째 손가락을 붙인다.

이때 오른손 2번째는 왼손 2와 3번째 사이, 오른손 3번째는 왼손 3과 4번째 사이 오른손 4번째는 왼손 4와 5번째 사이 오른손 5번째는 왼손 5번째 손가락 아래에 붙인다.

그리고 왼손 오른손 1번째 손가락은 11자가 되게 한다.

근본 태태항(根本 泰泰恒) 수인(22)

왼손 오른손을 2, 3, 4, 5번째 손가락을 붙이고 1번째 손가락을 떨어지게 손을 펴고, 왼손 오른손 2, 3, 4, 5번째 손가락 끝이 서로 마주보게 해서 오른손 2, 3, 4, 5번째 손가락을 뒤로 왼손 2, 3, 4, 5번째 손가락을 붙인다.

이때 왼손 2번째는 오른손 2와 3번째 사이, 왼손 3번째는 오른손 3과 4번째 사이 왼손 4번째는 오른손 4와 5번째 사이 왼손 5번째는 오른손 5번째 손가락 아래에 붙인다.

그리고 왼손 오른손 1번째 손가락은 11자가 되게 한다.

근본 태태항(根本 泰泰恒) 수인(23)
왼손 오른손 2, 3, 4, 5번째 손가락을 손바닥에 붙이고
왼손 2, 3, 4, 5번째 손가락을 일자로 뻗고 오른손 3, 4번째 손가락을 一자로 뻗어서
왼손 2, 3, 4, 5번째 손가락 뒤에 오른손 3, 4번째 손가락을 왼손 3, 4번째 손가락 사이, 4,5번째 사이에 붙인다.
그리고 왼손 오른손 1번째 손가락은 11자가 되게 하고
오른손 2번째 손가락은 오른손이 가위 바위 보할 때 가위를 내는 것과 같이한다. 2013. 03. 23.

근본 태태항(根本 泰泰恒) 수인(24)
왼손 오른손 2, 3, 4, 5번째 손가락을 손바닥에 붙이고
오른손 2, 3, 4, 5번째 손가락을 一자로 뻗고 왼손 3, 4번째 손가락을 一자로 뻗어서
오른손 2, 3, 4, 5번째 손가락 뒤에 왼손 3, 4번째 손가락을 오른손 3, 4번째 손가락 사이, 4 5번째 사이에 붙인다.
그리고 왼손 오른손 1번째 손가락은 11자가 되게 세우고
왼손 2번째 손가락은 왼손이 가위 바위 보할 때 가위를 내는 것과 같이한다. 2013. 03. 23.

근본 태태항(根本 泰泰恒) 수인(25)
왼손 4, 5번째 손가락 뒤로 오른손 4, 5번째 손가락을 붙이되
왼손 4, 5번째 손가락 사이에 오른손 4번째를 놓는다.
왼손 3번째 손가락 끝 지문과 오른손 3번째 손가락 끝 지문이

맞닿게 하고
왼손 오른손 1번째 손가락은 하늘을 향해 치켜 11자가 되게 올려 세운다. 2013. 03. 24

근본 태태항(根本 泰泰恒) 수인(26)

오른손 4, 5번째 손가락 뒤로 왼손 4, 5번째 손가락을 붙이되 오른손 4, 5번째 손가락 사이에 왼손 4번째를 놓는다.
왼손 3번째 손가락 끝 지문과 오른손 3번째 손가락 끝 지문이 맞닿게 하고
왼손 오른손 1번째 손가락은 하늘을 향해 치켜 11자가 되게 올려 세운다. 2013. 03. 24

근본 태태항(根本 泰泰恒) 수인(27)

왼손 4, 5번째 손가락 뒤로 오른손 4, 5번째 손가락을 붙이고
왼손 2, 3번째 손가락 끝 지문과 오른손 2, 3번째 손가락 끝 지문이 맞닿게 하고
왼손 오른손 1번째 손가락은 하늘을 향해 치켜 11자가 되게 올려 세운다. 2013. 03. 24

근본 태태항(根本 泰泰恒) 수인(28)

오른손 4, 5번째 손가락 뒤로 왼손 4, 5번째 손가락을 붙이고
왼손 2, 3번째 손가락 끝 지문과 오른손 2, 3번째 손가락 끝 지문이 맞닿게 하고
왼손 오른손 1번째 손가락은 하늘을 향해 치켜 11자가 되게 올려 세운다. 2013. 03. 24

근본 태태항(根本 泰泰恒) 수인(29)
왼손 5번째 손가락 뒤로 오른손 5번째 손가락을 붙이고
왼손 2, 3, 4번째 손가락 끝 지문과 오른손 2, 3, 4번째 손가락 끝 지문이 맞닿게 하고
왼손 오른손 1번째 손가락은 하늘을 향해 치켜 11자가 되게 올려 세운다. 2013. 03. 24

근본 태태항(根本 泰泰恒) 수인(30)
오른손 5번째 손가락 뒤로 왼손 5번째 손가락을 붙이고
왼손 2, 3, 4번째 손가락 끝 지문과 오른손 2, 3, 4번째 손가락 끝 지문이 맞닿게 하고
왼손 오른손 1번째 손가락은 하늘을 향해 치켜 11자가 되게 올려 세운다. 2013. 03. 24

근본 태태항(根本 泰泰恒) 수인(31)
오른손 4, 5번째 손가락 뒤로 왼손 4, 5번째 손가락을 붙이고
왼손 2, 3번째 손가락 끝 지문과 오른손 2, 3번째 손가락 끝 지문이 맞닿게 하고
왼손 오른손 1번째 손가락은 하늘을 향해 치켜 11자가 되게 올려 세운다. 2013. 03. 24

근본 태태항(根本 泰泰恒) 수인(32)
왼손 4, 5번째 손가락 뒤로 오른손 4, 5번째 손가락을 붙이고
왼손 2, 3번째 손가락 끝 지문과 오른손 2, 3번째 손가락 끝 지문이 맞닿게 하고
왼손 오른손 1번째 손가락은 하늘을 향해 치켜 11자가 되게

올려 세운다. 2013. 03. 24

근본 태태항(根本 泰泰恒) 수인(33)
왼손 3, 4, 5번째 손가락 뒤로 오른손 3, 4, 5번째 손가락을 붙이고 왼손 오른손 1번째 손가락은 11자가 되게 세우고
왼손 2번째 손가락은 왼손이 가위 바위 보할 때 가위를 내는 것과 같이한다. 2013. 03. 24

근본 태태항(根本 泰泰恒) 수인(34)
오른손 3, 4, 5번째 손가락 뒤로 왼손 3, 4, 5번째 손가락을 붙이고
왼손 오른손 1번째 손가락은 11자가 되게 세우고
왼손 2번째 손가락은 왼손이 가위 바위 보할 때 가위를 내는 것과 같이한다. 2013. 03. 24

근본 태태항(根本 泰泰恒) 수인(35)
오른손 3, 4, 5번째 손가락 뒤로 왼손 3, 4, 5번째 손가락을 붙이고
왼손 2번째 손가락 끝 지문과 오른손 2번째 손가락 끝 지문이 맞닿게 하고
왼손 오른손 1번째 손가락은 하늘을 향해 치켜 올려 세운다.

근본 태태항(根本 泰泰恒) 수인(36)
왼손 3, 4, 5번째 손가락 뒤로 오른손 3, 4, 5번째 손가락을 붙이고

왼손 2번째 손가락 끝 지문과 오른손 2번째 손가락 끝 지문이 맞닿게 하고
왼손 오른손 1번째 손가락은 하늘을 향해 치켜 올려 세운다.

근본 태태항(根本 泰泰恒) 수인(37)
왼손 4, 5번째 손가락 뒤로 오른손 4, 5번째 손가락을 붙이고
왼손 3번째 손가락 끝 지문과 오른손 3번째 손가락 끝 지문이 맞닿게 하고
왼손 오른손 1번째 손가락은 하늘을 향해 치켜 올려 세우고
왼손 오른손 2번째 손가락은 펴서 나란히 11자가 되게 한다.

근본 태태항(根本 泰泰恒) 수인(38)
오른손 4, 5번째 손가락 뒤로 왼손 4, 5번째 손가락을 붙이고
왼손 3번째 손가락 끝 지문과 오른손 3번째 손가락 끝 지문이 맞닿게 하고
왼손 오른손 1번째 손가락은 하늘을 향해 치켜 올려 세우고
왼손 오른손 2번째 손가락은 펴서 나란히 11자가 되게 한다.

근본 태태항(根本 泰泰恒) 수인(39)
왼손 5번째 손가락 뒤로 오른손 5번째 손가락을 붙이고
왼손 4번째 손가락 끝 지문과 오른손 4번째 손가락 끝 지문이 맞닿게 하고
왼손 오른손 1번째 손가락은 하늘을 향해 치켜 올려 세우고
왼손 오른손 2, 3번째 손가락은 펴서 나란히 11자가 되게 한다. 2013. 03. 24

근본 태태항(根本 泰泰恒) 수인(40)

오른손 5번째 손가락 뒤로 왼손 5번째 손가락을 붙이고 오른손 4번째 손가락 끝 지문과 왼손 4번째 손가락 끝 지문이 맞닿게 하고, 왼손 오른손 1번째 손가락은 하늘을 향해 치켜 올려 세우고 왼손 오른손 2, 3번째 손가락은 펴서 나란히 11자가 되게 한다. 2013. 03. 24

미비혜항(彌秘慧恒) 수인(1-10)

미비혜항(彌秘慧恒) 수인(1)

왼손 오른손 손가락을 펴서 양손가락 끝이 서로 마주보게 하고 손가락 틈으로 손가락을 끼워 맞춘다.

왼손 2, 3번째 사이에 오른손 2번째 손가락을 끼우며 차례대로 끼운다.

왼손 오른손 1번째 손가락은 하늘을 향해 치켜 올려 세워서 11자가 되게 한다. 2013. 03. 25 07:11

미비혜항(彌秘慧恒) 수인(2)

왼손 오른손 손가락을 펴서 양손가락 끝이 서로 마주보게 하고 손가락 틈으로 손가락을 끼워 맞춘다.

오른손 2, 3번째 사이에 왼손 2번째 손가락을 끼우며 차례대로 끼운다.

왼손 오른손 1번째 손가락은 하늘을 향해 치켜 올려 세워서 11자가 되게 한다. 2013. 03. 25 07:13

미비혜항(彌秘慧恒) 수인(3)

왼손 오른손 손가락을 펴서 양손가락 끝이 서로 마주보게 하고 왼손 3, 4번째 사이에 오른손 3번째 손가락을 끼우며 차례대로 끼운다.

왼손 오른손 1번째 손가락은 하늘을 향해 치켜 올려 세워서 11자가 되게 하고 왼손 2번째 손가락은 왼손이 가위 바위 보할 때 가위를 내는 것과 같이한다. 2013. 03. 25 07:16

미비혜항(彌秘慧恒) 수인(4)

왼손 오른손 손가락을 펴서 양손가락 끝이 서로 마주보게 하고 오른손 3, 4번째 사이에 왼손 3번째 손가락을 끼우며 차례대로 끼운다.

왼손 오른손 1번째 손가락은 하늘을 향해 치켜 올려 세워서 11자가 되게 하고 왼손 2번째 손가락은 왼손이 가위 바위 보할 때 가위를 내는 것과 같이한다. 2013. 03. 25 07:19

미비혜항(彌秘慧恒) 수인(5)

왼손 오른손 손가락을 펴서 양손가락 끝이 서로 마주보게 하고 왼손 4, 5번째 사이에 오른손 4번째 손가락을 끼우며 차례대로 끼운다.

왼손 오른손 1번째 손가락은 하늘을 향해 치켜 올려 세워서 11자가 되게 하고

왼손 2번째 손가락은 왼손이 가위 바위 보할 때 가위를 내는 것과 같이하고 왼손 오른손 3번째 손가락 끝 지문이 맞닿게 한다. 2013. 03. 25

미비혜항(彌秘慧恒) 수인(6)

왼손 오른손 손가락을 펴서 양손가락 끝이 서로 마주보게 하고 오른손 4, 5번째 사이에 왼손 4번째 손가락을 끼우며 차례대로 끼운다.
왼손 오른손 1번째 손가락은 하늘을 향해 치켜 올려 세워서 11자가 되게 하고
왼손 2번째 손가락은 왼손이 가위 바위 보할 때 가위를 내는 것과 같이하고 왼손 오른손 3번째 손가락 끝 지문이 맞닿게 한다. 2013. 03. 25 07:26

미비혜항(彌秘慧恒) 수인(7)

왼손 오른손 손가락을 펴서 양손가락 끝이 서로 마주보게 하고 왼손 4, 5번째 사이에 오른손 4번째 손가락을 끼우며 차례대로 끼운다.
왼손 오른손 1번째 손가락은 하늘을 향해 치켜 올려 세워서 11자가 되게 하고 왼손 오른손 2, 3번째 손가락 끝 지문이 맞닿게 한다. 2013. 03. 25 07:31

미비혜항(彌秘慧恒) 수인(8)

왼손 오른손 손가락을 펴서 양손가락 끝이 서로 마주보게 하고 오른손 4, 5번째 사이에 왼손 4번째 손가락을 끼우며 차례대로 끼운다.
왼손 오른손 1번째 손가락은 하늘을 향해 치켜 올려 세워서 11자가 되게 하고 왼손 오른손 2, 3번째 손가락 끝 지문이 맞닿게 한다. 2013. 03. 25 07:35

미비혜항(彌秘慧恒) 수인(9)

왼손 오른손 손가락을 펴서 양손가락 끝이 서로 마주보게 하고 손가락 틈으로 손가락을 끼워 맞춘다.

왼손 2, 3번째 사이에 오른손 2번째 손가락을 끼우며 차례대로 끼운다.

왼손 오른손 1번째 손가락 끝 지문이 맞닿게 한다. 2013. 03. 25

미비혜항(彌秘慧恒) 수인(10)

왼손 오른손 손가락을 펴서 양손가락 끝이 서로 마주보게 하고 손가락 틈으로 손가락을 끼워 맞춘다.

오른손 2, 3번째 사이에 왼손 2번째 손가락을 끼우며 차례대로 끼운다.

왼손 오른손 1번째 손가락 끝 지문이 맞닿게 한다. 2013. 03. 25

근본항비미(根本 恒 秘彌) 수인(1-6)

근본항비미(根本 恒 秘彌) 수인(1)

왼손 오른손 2, 3, 4, 5번째 손가락을 붙이고 1번째 손가락은 떨어지게 해서

오른손 2, 3, 4, 5번째 손가락이 붙어 있는 오른손가락 뒤에 왼손가락을 갈다 붙이고

왼손 오른손 1번째 손가락은 하늘을 향해 치켜 올려 세워서 11자가 되게 한다. 2013. 03. 25

근본항비미(根本 恒 秘彌) 수인(2)
왼손 오른손 2, 3, 4, 5번째 손가락을 붙이고 1번째 손가락은 떨어지게 해서
왼손 2, 3, 4, 5번째 손가락이 붙어 있는 왼손가락 뒤에 오른손가락을 같다 붙이고
왼손 오른손 1번째 손가락은 하늘을 향해 치켜 올려 세워서 11자가 되게 한다. 2013. 03. 25

근본항비미(根本 恒 秘彌) 수인(3)
왼손 오른손 3, 4, 5번째 손가락을 붙이고 1, 2번째 손가락은 떨어지게 하되
1, 2번째 손가락은 가위 바위 보할 때 가위가 되도록 하고
오른손 3, 4, 5번째 손가락이 붙어 있는 오른손가락 뒤에 왼손가락을 같다 붙이고
왼손 오른손 1번째 손가락은 하늘을 향해 치켜 올려 세워서 11자가 되게 하고 2번째 손가락은 가위 바위 보할 때 가위가 되도록 한다. 2013. 03. 25

근본항비미(根本 恒 秘彌) 수인(4)
왼손 오른손 3, 4, 5번째 손가락을 붙이고 1, 2번째 손가락은 떨어지게 하되
1, 2번째 손가락은 가위 바위 보할 때 가위가 되도록 하고
왼손 3, 4, 5번째 손가락이 붙어 있는 왼손가락 뒤에 오른손가락을 같다 붙이고
왼손 오른손 1번째 손가락은 하늘을 향해 치켜 올려 세워서 11자가 되게 하고 2번째 손가락은 가위 바위 보할 때 가위가 되도록 한다. 2013. 03. 25

근본항비미(根本 恒 秘彌) 수인(5)

왼손 오른손 4, 5번째 손가락을 붙이고 1, 2, 3번째 손가락은 떨어지게 하되
2, 3번째 손가락은 붙이고, 1과 2, 3번째 손가락은 가위 바위 보할 때 가위가 되도록 하고
오른손 4, 5번째 손가락이 붙어 있는 오른손가락 뒤에 왼손가락을 갈다 붙이고
왼손 오른손 1번째 손가락은 하늘을 향해 치켜 올려 세워서 11자가 되게 하고
2, 3번째 손가락은 서로 붙여서 1번째 손가락과 가위 바위 보할 때 가위가 되도록 한다. 2013. 03. 25

근본항비미(根本 恒 秘彌) 수인(6)

왼손 오른손 4, 5번째 손가락을 붙이고 1, 2, 3번째 손가락은 떨어지게 하되
2, 3번째 손가락은 붙이고, 1과 2, 3번째 손가락은 가위 바위 보할 때 가위가 되도록 하고
왼손 4, 5번째 손가락이 붙어 있는 왼손가락 뒤에 오른손가락을 갈다 붙이고
왼손 오른손 1번째 손가락은 하늘을 향해 치켜 올려 세워서 11자가 되게 하고
2, 3번째 손가락은 서로 붙여서 1번째 손가락과 가위바위보 할 때 가위가 되도록 한다. 2013. 03. 25 11:36

혜미(慧彌) 수인(1-9)

혜미(慧彌) 수인(1)

왼손 오른손 2, 3, 4, 5번째 손가락을 서로 붙이고
1번째 손가락을 하늘 향해 치켜 올려 세운다.
그리고 양팔 팔에서 팔꿈치 부분까지 양옆구리에 붙이고 나란히 자세를 하여
손바닥이 서로 바라보게 하고 왼손 오른손목을 안쪽으로 90도 꺾어서 2, 3, 4, 5번째 손가락 끝이 서로 바라보게 한다.
이대 1번째 손가락은 하늘을 향해 치켜 올려 세운 상태가 되게 한다.
손목 밖으로 꺾는다. 2013. 03. 25 11:48

혜미(慧彌) 수인(2)

왼손 오른손 2, 3, 4, 5번째 손가락을 서로 붙이고
1번째 손가락을 하늘 향해 치켜 올려 세운다.
그리고 양팔 팔에서 팔꿈치 부분까지 양옆구리에 붙이고 나란히 자세를 하여
손바닥이 서로 바라보게 하고 왼손 오른손목을 안쪽으로 45도 꺾어서
2, 3, 4, 5번째 손가락 끝이 서로 바라보게 한다.
마치 삼각형 모양이 되게 한다.
이때 1번째 손가락은 하늘을 향해 치켜 올려 세운 상태가 되게 한다. 손목 밖으로 꺾는다. 2013. 03. 25 11:52

혜미(慧彌) 수인(3)

양손바닥을 펴고

양팔 팔에서 팔꿈치 부분까지 양옆구리에 붙이고 나란히 자세를 한다.

이때 손바닥은 서로 마주 바라보게 된다. 2013. 03. 25 11:42

혜미(慧彌) 수인(4)

양손바닥을 펴고

양팔을 팔에서 팔꿈치 부분까지 양옆구리에 붙이고 나란히 자세를 하고 손바닥과 손목을 밖으로 꺾는다.

왼손바닥은 왼쪽으로 꺾고 오른손바닥은 오른쪽으로 꺾는다. 2013. 03. 25 11:39

혜미(慧彌) 수인(5)

왼손 오른손 2, 3, 4, 5번째 손가락을 서로 붙이고 1번째 손가락은 떨어지게 한다.

그리고 양팔을 팔에서 팔꿈치 부분까지 양옆구리에 붙이고 나란히 자세를 하여 손바닥이 몸 밖을 바라보게 한다.

마치 밖에서 몸통 안으로 오는 것을 손바닥으로 막는 듯이 한다. 2013. 03. 25 11:55

혜미(慧彌) 수인(6)

왼손 오른손 2, 3, 4, 5번째 손가락을 서로 붙이고 1번째 손가락은 떨어지게 한다.

그리고 양팔을 팔에서 팔꿈치 부분까지 양옆구리에 붙이고 나란히 자세를 하여 손바닥이 하늘을 바라보게 한다.

마치 하늘에서 떨어지는 것을 손바닥으로 받쳐 받는 듯한다.
2013. 03. 25 11:55

혜미(慧彌) 수인(7)

왼손 오른손 2, 3, 4, 5번째 손가락을 서로 붙이고 1번째 손가락은 떨어지게 한다.
그리고 양팔을 팔에서 팔꿈치 부분까지 양옆구리에 붙이고 나란히 자세를 하여 손바닥이 땅을 바라보게 한다.
마치 하늘에서 떨어지는 것을 손등으로 받쳐 받는 듯 하게한다. 2013. 03. 25 11:58

혜미(慧彌) 수인(8)

왼손 오른손 2, 3, 4, 5번째 손가락을 서로 붙이고 1번째 손가락은 떨어지게 한다.
그리고 양팔을 팔에서 팔꿈치 부분까지 양옆구리에 붙이고 나란히 자세를 하여 손바닥이 하늘을 바라보게 해서 5번째 손가락이 위로 올라오는 듯
손바닥을 밖으로 45도 밖으로 튼다. 2013. 03. 25 11:55

혜미(慧彌) 수인(9)

왼손 오른손 2, 3, 4, 5번째 손가락을 서로 붙이고 1번째 손가락은 떨어지게 한다.
그리고 양팔을 팔에서 팔꿈치 부분까지 양옆구리에 붙이고 나란히 자세를 하여 손바닥이 땅을 바라보게 해서
1번째 손가락이 아래로 내려가는 듯 아래쪽으로 45도 튼다.
2013. 03. 25 11:58

미(尾) 수인(1-10)

미(尾) 수인(1)

양팔을 팔에서 팔꿈치 부분까지 양옆구리에 붙이고 나란히 자세를 하여

왼손은 1번째 손가락은 떨어지고 2, 3, 4, 5번째 손가락은 서로 붙여서 땅을 바라보게 하고 오른손 1번째 손가락은 하늘을 향해 치켜세우고 2. 3. 4. 5번째 손가락은 손바닥에 붙이다.

이때 오른손은 마치 최고라고 할 때처럼 한다. 2013. 03. 25

미(尾) 수인(2)

양팔을 팔에서 팔꿈치 부분까지 양옆구리에 붙이고 나란히 자세를 하여

왼손은 1번째 손가락은 떨어지고 2, 3, 4, 5번째 손가락은 서로 붙여서 하늘을 바라보게 하고 오른손 1번째 손가락은 하늘을 향해 치켜세우고 2, 3, 4, 5번째 손가락은 손바닥에 붙인다.

오른손은 마치 최고라고 할 때처럼 한다. 2013. 03. 25

미(尾) 수인(3)

양팔을 팔에서 팔꿈치 부분까지 양옆구리에 붙이고 나란히 자세를 하여

오른손은 1번째 손가락은 떨어지고 2, 3, 4, 5번째 손가락은 서로 붙여서 땅을 바라보게 하고 왼손 1번째 손가락은 하늘을 향해 치켜세우고 2. 3. 4. 5번째 손가락은 손바닥에 붙인다.

왼손은 마치 최고라고 할 때처럼 한다. 2013. 03. 25

미(尾) 수인(4)

양팔을 팔에서 팔꿈치 부분까지 양옆구리에 붙이고 나란히 자세를 하여

오른손 1번째 손가락은 떨어지고 2, 3, 4, 5번째 손가락은 서로 붙여서 하늘을 바라보게 하고 왼손 1번째 손가락은 하늘을 향해 치켜세우고 2, 3, 4, 5번째 손가락은 손바닥에 붙인다.

왼손은 마치 최고라고 할 때처럼 한다. 2013. 03. 25

미(尾) 수인(5)

왼손 오른손 2, 3, 4, 5번째 손가락을 손바닥에 붙이고

1번째 손가락은 하늘을 향해 치켜세워서 최고라고 할 때처럼 하고

양팔을 팔에서 팔꿈치 부분까지 양옆구리에 붙이고 나란히 자세를 해서 왼손은 최고라고 할 때처럼 하고, 오른손은 최고라고 할 때처럼 한 상태에서 손등이 하늘을 향하게 하고 최고라고 하는 1번째 손가락은 왼손을 바라보게 한다. 2013. 03. 25

미(尾) 수인(6)

왼손 오른손 2, 3, 4, 5번째 손가락을 손바닥에 붙이고

1번째 손가락은 하늘을 향해 치켜세워서 최고라고 할 때처럼 하고

양팔을 팔에서 팔꿈치 부분까지 양옆구리에 붙이고 나란히 자세를 해서 오른손은 최고라고 할 때처럼 하고, 왼손은 최고라고 할 때처럼 한 상태에서 손등이 하늘을 향하게 하고 최고라고 하는 1번째 손가락은 오른손을 바라보게 한다. 2013. 03. 25

미(尾) 수인(7)

왼손 오른손 2, 3, 4, 5번째 손가락을 손바닥에 붙이고
1번째 손가락은 하늘을 향해 치켜세워서 최고라고 할 때처럼
한다.
그리고 양팔을 팔에서 팔꿈치 부분까지 양옆구리에 붙이고 나란히 자세를 한다. 2013. 03. 25

미(尾) 수인(8)

왼손 오른손 2, 3, 4, 5번째 손가락을 손바닥에 붙이고
1번째 손가락은 하늘을 향해 치켜세워서 최고라고 할 때처럼
하고
양팔을 팔에서 팔꿈치 부분까지 양옆구리에 붙이고 나란히 자세를 해서 왼손은 최고라고 할 때처럼 하고
오른손은 최고라고 할 때처럼 한 상태에서 손바닥 쪽이 하늘을 향하게 하고 최고라고 하는 1번째 손가락은 오른쪽 밖을 바라보게 한다. 2013. 03. 25

미(尾) 수인(9)

왼손 오른손 2, 3, 4, 5번째 손가락을 손바닥에 붙이고
1번째 손가락은 하늘을 향해 치켜세워서 최고라고 할 때처럼
하고
양팔을 팔에서 팔꿈치 부분까지 양옆구리에 붙이고 나란히 자세를 해서 오른손은 최고라고 할 때처럼 하고
왼손은 최고라고 할 때처럼 한 상태에서 손바닥 쪽이 하늘을 향하게 하고 최고라고 하는 1번째 손가락은 왼쪽 밖을 바라보게 한다. 2013. 03. 25

미(尾) 수인(10)

왼손 오른손 2, 3, 4, 5번째 손가락을 손바닥에 붙이고
1번째 손가락은 하늘을 향해 치켜세워서 최고라고 할 때처럼 하고
양팔을 팔에서 팔꿈치 부분까지 양옆구리에 붙이고 나란히 자세를 해서 왼손 오른손을 최고라고 할 때처럼 해서
왼손가락 오른손바닥이 하늘을 향하게 하고
최고라고 하는 1번째 손가락은 왼손은 왼쪽 밖을 바라보게 하고 오른손은 오른쪽 밖을 바라보게 한다. 2013. 03. 25

혜본태(慧本泰) 수인(1-11)

혜본태(慧本泰) 수인(1)

어제 퇴근 길 차 안에서....

왼손 1, 2, 3, 4, 5번째 손가락 끝 지문과
오른손 1, 2, 3, 4, 5번째 손가락 끝 지문이 맞닿게 해서
1, 2번째 손가락 모양이 세워진 삼각형 모양이 되게 하여
삼각형 모양 중심이 인당과 일직선이 되게 한다.
2013. 03. 26 06:28

혜본태(慧本泰) 수인(2)

왼손 오른손 손가락이 전부 다 떨어지게 해서 손바닥을 자연스럽게 펴고
왼손 오른손 손목이 맞닿게 하여

맞닿은 손목부분이 인당 아래서 눈썹모양 인당을 받치고 있는 듯 하게한다. 2013. 03. 26 06: 34

혜본태(慧本泰) 수인(3)
왼손 오른손 손가락이 전부 다 떨어지게 해서 손바닥을 자연스럽게 펴고
왼손바닥 오른손바닥이 몸 밖을 바라보게 해서 어깨 넓이만큼 벌려서 머리로 올려 왼손 장심과 인당, 오른손 장심이 가로로 일직선이 되게 한다. 2013. 03. 26 06: 39

혜본태(慧本泰) 수인(4)
왼손 오른손 손가락이 전부 다 떨어지게 해서 손바닥을 자연스럽게 펴고
왼손바닥 오른손바닥이 마주 보게 하여 어깨 넓이만큼 벌려서 머리로 올려 왼손 장심과 머리의 신의 부분과 오른손 장심이 가로로 일직선이 되게 한다. 2013. 03. 26 06:45

혜본태(慧本泰) 수인(5)
왼손 오른손 손가락이 전부 다 떨어지게 해서 손바닥을 자연스럽게 펴고
왼손바닥 오른손바닥이 마주 보게 하여 어깨 넓이만큼 벌려서 머리로 올려 왼손 장심과 인당, 오른손 장심이 가로로 일직선이 되게 하여 왼손 손목을 좌측 밖으로 꺾고 오른손 손목을 우측 밖으로 꺾는다. 2013. 03. 26 06: 52

혜본태(慧本泰) 수인(6)

왼손 오른손 손가락이 전부 다 떨어지게 해서 손바닥을 자연스럽게 펴고
왼손바닥 오른손바닥이 마주 보게 하여 어깨 넓이만큼 벌려서 머리로 올려 장심과 머리의 신의 부분과 오른손 장심이 가로로 일직선이 되게 하여 왼손 손목을 좌측 밖으로 꺾고 오른손 손목을 우측 밖으로 꺾는다. 2013. 03. 26 06: 59

혜본태(慧本泰) 수인(7)

왼손 오른손 손가락이 전부 다 떨어지게 해서 손바닥을 자연스럽게 펴고
왼손바닥 오른손바닥이 마주 보게 하여 어깨 넓이만큼 벌려서
이때 발도 어깨 넓이만큼 벌린다.
두 팔 쭉 뻗어 벌려 머리로 위로 올리고
두 팔 벌린 팔이 V자가 되게 하여
두 팔 벌린 팔이 아래로 내려오면서 성기 아래쪽이 맞닿는 부분이 되게 한다. 2013. 03. 26 07: 05

혜본태(慧本泰) 수인(8)

왼손 오른손 손가락이 전부 다 떨어지게 해서 손바닥을 자연스럽게 펴고
왼손 오른손바닥이 마주 보게 하여 최대한 벌려서
(이때 발도 어깨 넓이만큼 벌린다.)
두 팔 쭉 뻗어 머리로 위로 올려 두 팔이 11자가 되게 하여
왼손 팔꿈치가 왼발 좌측 옆쪽과 일직선이 되게 하고 오른손 팔꿈치가 오른발 우측 옆쪽과 일직선이 되게 한다. 2013. 03. 26

혜본태(慧本泰) 수인(9)
왼손 오른손 손가락이 전부 다 떨어지게 해서 손바닥을 자연스럽게 펴고
왼손바닥이 좌측 밖을 바라보게 하고 오른손바닥은 우측 밖을 바라보게 해서
(이때 발은 어깨 넓이만큼 벌린다.)
두 팔을 어깨 높이에서 양옆으로 쭉 최대한 뻗는다.
그래서 왼손 오른손이 어깨와 일직선이 되게 한다.
양손바닥은 양 밖을 바라보고 양 손등은 서로 마주보고 11자가 된다. 2013. 03. 26 07: 15

혜본태(慧本泰) 수인(10)
왼손 오른손 손가락이 전부 다 떨어지게 해서 손바닥을 자연스럽게 펴고
왼손바닥 오른손바닥이 마주 보게 하여
(이때 발은 어깨 넓이만큼 벌린다.)
두 팔을 어깨 높이에서 양옆으로 쭉 최대한 뻗는다.
그래서 왼손 오른손이 어깨와 일직선이 되게 한다.
양 손등은 양 밖을 바라보고 양손바닥은 서로 마주보고 11자가 되도록 한다. 2013. 03. 26 07: 21

혜본태(慧本泰) 수인(11)
끝마무리할 때는 가슴 앞에서 합장하듯
두 손을 모으되 합장한 듯한 상태에서 90도 왼쪽으로 틀어서 악수하듯 오른 손등이 위로 오게 해서 살며시 잡는다.
(이 수인의 이름은 태미합(泰彌合) 수인(手印))
마무리할 때 태미합 수인을 하며
살며시 고개를 숙인다. 2013. 03. 26 07: 26

비비미(秘秘尾) 수인(1-8)

비비미(秘秘尾) 수인(1)

태미합(泰彌合) 수인(手印)하고 머리 위로 두 팔을 쭉 뻗어 올린 상태의 수인이다.

비비미(秘秘尾) 수인(2)

손가락 사이가 다 떨어지도록 자연스럽게 손바닥을 펴고
왼손 오른손 손목이 맞닿게 해서 머리 위로 두 팔을 쭉 뻗어
올린 수인

(머리 위로 두 팔을 쭉 뻗어 올려서 양손 손바닥 사이가 다 떨어지도록 해서 왼손목과 오른손목이 맞닿게 해서 위에서 날아오는 것을 받는 모양의 수인이다.)

비비미(秘秘尾) 수인(3)

양손 손바닥 사이가 다 떨어지도록 자연스럽게 펴서
머리 위로 어깨 넓이만큼 두 팔을 쭉 뻗어 올려
손바닥이 마주보고 있는 모양의 수인이다.

비비미(秘秘尾) 수인(4)

양손 손바닥 사이가 다 떨어지도록 자연스럽게 펴서
머리 위로 어깨 넓이만큼 두 팔을 쭉 뻗어 올려서
왼 손목은 왼쪽으로 꺾고 오른손목은 오른쪽으로 꺾은 모양의 수인이다. 2013. 03. 26 12:30

비비미(秘秘尾) 수인(5)

양손 손바닥 사이가 다 떨어지도록 자연스럽게 펴서 머리 위로 두 팔을 쭉 뻗어 어서와 안기라는 듯 내려오는 것을 반겨 안을 듯한 모양의 수인이다. 2013. 03. 26

비비미(秘秘尾) 수인(6)

양손 손바닥 사이가 다 떨어지도록 자연스럽게 펴고
양팔을 양옆으로 확 펼쳐서 어서와 안기라는 뜻 내지는 가슴 가득 품어 안겠다는 모양과 같은 수인이다. 2013. 03. 26

비비미(秘秘尾) 수인(7)

가슴 앞에서 태미합(泰彌合) 수인(手印)을 한다. 2013. 03. 26

비비미(秘秘尾) 수인(8)

양팔을 양옆으로 벌려서
어서와 안기라는 뜻 내지는 가슴 가득 품겠다는 모양과 같은 수인과 가슴 앞에서 태미합(泰彌合) 수인(手印)을 반복해서 한다.

반복해서 할 때
어서 와
하나 되게
어서 와
우리 서로 하나 돼

그곳으로 들어가겠소.

가슴 가득 품어 하나 되겠소.
그곳에 들어가 하나 되겠소.
모든 것 다 버리고 하나 되겠소.

이와 같은 생각과 마음을 가지고 반복해서 한다. 2013. 03. 26

미태황공(尾 泰皇 功)

양팔을 양옆으로 최대한 벌려서
감싸 안을 듯
흡(吸)하여 품으며
하나가 되어
태미합(泰彌合) 수인(手印)을 한다.

양팔을 최대한 벌려서
큰 하나의 세계를
감싸 안을 듯
흡하여 품으며 감싸 안아 하나가 되어
태미합(泰彌合) 수인(手印)을 한다.

이것을 반복한다. 2013. 03. 27 09:24

황황황황공(皇皇皇皇功)

태미합 수인을 한다
태미합 수인을 한 손을 풀면서 흡의 들숨을 하며 양옆으로 최대한 벌려서 오르고자 하는 위의 세계를 두 손으로 잡아 자기 몸으로 끌어당기면서 날숨을 하며 두 손은 천천히 태미합 수인이 되도록 하여 가슴 앞에 와서는 태미합 수인이 된다.
가슴 앞에서 태미합 수인은 다시 들숨을 하며 양옆으로 두 팔 벌려서 오르고자 하는 위의 세계를 두 손으로 잡아 자기 몸으로 끌어당기면서 날숨을 하며 두 손은 천천히 태미합 수인이 되도록 하여 가슴 앞에 와서는 태미합 수인이 되게 한다.
이것을 반복해서 하면 된다.
이때 발은 자연스럽게 하고 손바닥을 쫙 펴고 하면 된다.
2013. 03. 28. 16:43

미비비력(彌秘秘力)이 없으면 더 이상 올라갈 수 없는 것 같다

이제는 법성력으로는 더 이상 위로 올라가지 못하는 것 같다.
(2013. 3. 28일 퇴근할 때 일어난 생각이다)
탁하고 검은 곳과 환하고 밝은 곳 경계지점에 있는 느낌이다.
어디쯤 왔을까? 2013. 3. 29일 새벽에 본다고 보니
멀리 검고 탁한 막이 있는 듯 보인다. 온통 새까맣다.
밝혀 드러낸 곳까지도 올라가지 못했다.
이곳에서 저 위로 올라가기 위해서는 법성력으로는 더 이상 올라가지 못하는가 보다. 지금껏 밝혀 드러내며 공(功)을 찾아내 공(功)을 행하며 나름 법성력이라 생각하고 올라왔는데...이제는 그것만으로는 더 이상 못 올라가는 것 같다.
어제 퇴근하며 법성력 말고 다른 힘으로 올라가야 하는데..
그렇다면 그것은 무엇일까?
무엇일까?
어떻게 저 위로 올라가는 힘을 기를 수 있을까?
어떤 힘을 높여서 올라갈 수 있을까?
이런 생각 속에서 3가지를 공(功)을 행하게 되었다.
행한 3가지 공(功)이 저 위로 올라가는 힘을 갖도록 하고 더

높이 올라갈 수 있도록 힘을 갖게 될까?
아마도 미비비(彌秘秘)의 힘이 부족해서 못 올라가는 것 같은 생각이다.
미비비의 힘을 기르고 축척해서 올라갈 수 있는 것 같다.
이 힘을 아마도 미비비력(彌秘秘力)이라고 해야 할 것 같다.

지금에 생각하면
공(空)의 세계에서는 법력(法力)이고
자등명 세계에서는 처음에는 법성력(法性力)이었고 나중에는 자등명법력(自燈明法力)이었다. 지금 더 위로 올라올수록 위 세계에 해당하는 맞는 힘을 갖추고 그 세계에 맞는 힘이 있어야 올라올 수 있는 것 아니었나 싶다.
다행스럽게 본인은 위의 세계를 올라오며 나름 위에 해당하는 공(功)을 함으로 올라왔는데, 그것을 까맣게 잊고 오직 법성력으로만 이야기한 것 같고 법성력이 되어서 올라온 것으로 생각되었었는데... 지금 생각하면 참 어리석었다는 생각이다.

공(空)의 세계에서는 기가 필요했기에 기를 축기해야 했지만, 다른 세계에서는 그 세계에 맞게 그 세계에 있는 해당하는 것을 축척해야 올라올 수 있었다는 사실을... 어제는 힘이 부족해서 찾고 행하니 올라오게 되어서야 알게 되었다.

늘 모르는 것에는 미혹하고 미혹한 그것을 깨우쳐 알기 전까지 깨닫지 못하여 알지 못하고 미혹 속에서 있는 것이 아닌가 싶은 생각이다.
어느 것 하나 쉽게 넘어가는 경우가 없는 것 같다.
2013. 03. 29 06:08

미비비공력(彌秘秘功力) 높이는 법(法)(1-3)

미비비공(彌秘秘功) (1)

발을 어깨 넓이만큼 벌리고 태미합 수인을 한다.
그리고 흡, 들숨을 하며 손을 양옆으로 벌려서
날숨을 하며 손바닥을 가슴 앞으로 모으며 압축을 한다.
손바닥 사이에 있는 힘을 장심으로 밀어 넣는다 생각하며 압축을 하며 장심 속으로 넣는다.

다시 손바닥을 양옆으로 벌리고
벌려서는 다시 손바닥으로 압축해서 힘을 모은다.

처음에는 천천히
마치 양 손바닥으로 장심에 펌프질하여 힘을
장심 가득 넣어서 힘을 축척하듯 펌프질 한다.

이때의 힘은 미비비(彌秘秘)의 힘이다.
미비비를 압축해서 모으는 것이다. 2013. 03. 29 06:22

미비비공(彌秘秘功) (2)

발을 어깨 넓이만큼 벌리고 태미합 수인을 한다.
손바닥을 어깨만큼 벌리며 무릎을 굽히며 흡(吸), 들숨을 하고
손바닥으로 압축하며 무릎을 펴며 토(吐), 날숨을 한다.

손바닥을 어깨만큼 벌리며 동시에 무릎을 굽히며 들숨을 하고

손바닥으로 압축하며 동시에 무릎을 펴며 날숨을 한다.

손바닥을 어깨만큼 벌리며 동시에 무릎을 굽히며 들숨을 하고
손바닥으로 압축하며 동시에 무릎을 펴며 날숨을 한다.

반복해서 행하며 미비비가 충분하게 축척하게 한다.
2013. 03. 29 06:33

미비비공(彌秘秘功) (3)

발을 어깨 넓이만큼 벌리고 태미합을 한다.
손바닥을 어깨만큼 벌리며 무릎을 굽히며 흡(吸), 들숨을 하고
손바닥으로 압축하며 무릎을 펴며 토(吐), 날숨을 한다.

손바닥을 어깨만큼 벌리며 동시에 무릎을 굽히며 들숨을 하고
손바닥으로 압축하며 동시에 무릎을 펴며 날숨을 한다.

처음에는 가슴 부분에서
그 다음에는 머리 부분에서
그 다음에는 머리 부분에서
그 다음에는 가슴 부분에서
그 다음에는 단전 부분에서
그 다음에는 발쪽에서
그 다음에는 발쪽에서
그 다음에는 단전에서
그 다음에는 가슴에서
그 다음에는 머리에서
그 다음에는 머리에서
이와 같이 반복해서 행한다.

손바닥을 어깨만큼 벌리며 동시에 무릎을 굽히며 들숨을 하고 손바닥으로 압축하며 동시에 무릎을 펴며 날숨을 한다.

가슴에서
그 다음에는 머리에서

그 다음에는 머리에서
그 다음에는 가슴에서
그 다음에는 단전에서
그 다음에는 발쪽에서

그 다음에는 발쪽에서
그 다음에는 단전에서
그 다음에는 가슴에서
그 다음에는 머리에서

그 다음에는 머리에서
이와 같이 반복해서 행한다.

반복해서 행하며 미비비가 온 몸통 가득 충분하게 축척하게 한다. 2013. 03. 29 06:43

* 미비비공(彌秘秘功) (1-3)을 한 번에 행할 때
이를 미비비공력(彌秘秘功力)이라고 한다.

태태태공력(泰泰泰功力)을 높이는 법(法)(1-4)

태태태공(泰泰泰功) (1)

손바닥이 하늘을 보게 해서 단전 앞에
두 손바닥이 하늘을 보고 손가락 끝이 마주보게 한다.
그리고 두 손바닥으로 단전에서부터 끌어올려 가슴 앞에서
양 손바닥이 앞 정면을 바라보게 해서 힘껏 앞으로 밀어낸다.

양 손바닥을 앞으로 밀고
밀고 나서는 손바닥이 마주보게 11자로 해서 가슴으로 양손바닥을 당기고
손바닥을 당겨서는 다시 손바닥이 앞 정면을 바라보게 해서 민다.
이와 같이 앞으로 밀고 당기고
당겨서 밀고
당겨서 미는 행동을 반복적으로 한다.

태태태공(泰泰泰功) (2)

손바닥이 하늘을 보게 해서 단전 앞에
두 손바닥이 하늘을 보고 손가락 끝이 마주보게 한다.
그리고 두 손바닥으로 단전에서부터 끌어올려 가슴 앞에서
양 옆으로 손바닥이 향하게 해서 양옆으로 민다.

왼손바닥은 좌측 밖을 보게 해서 좌측으로 밀고
오른손바닥은 우측 밖을 보게 해서 우측으로 밀어낸다.

우측과 좌측을 동시에 왼손바닥 오른손바닥으로 동시에 밀어낼 수 있는 한
최대한 밖으로 밀어낸다.

양 손바닥으로 좌, 우로 밀고
밀고 나서는
손바닥이 마주보게 해서 손바닥이 가까워지게 해서 가슴 앞으로 양손바닥을 당기고,
손바닥을 당겨서는 다시 손바닥이 양 옆을 바라보게 해서 양옆으로 민다.
이와 같이 밀고 당기고
당겨서 밀고
당겨서 미는 행동을 반복적으로 한다. 2013. 03. 29 08:40

태태태공(泰泰泰功) (3)

손바닥이 하늘을 보게 해서 단전 앞에
두 손바닥이 하늘을 보고 손가락 끝이 마주보게 한다.
그리고 두 손바닥으로 단전에서부터 끌어올려 머리 위로 끌어올리며
머리 위를 올라가며 손바닥이 하늘을 향하게 해서 머리 위로 최대한 밀어낸다.

양 손바닥으로 하늘 높이 밀고 나서는
손바닥이 마주보게 11자로 해서 가슴으로 양손을 내리고
내려서는 손바닥이 하늘 보게 해서 다시 머리 위로 끌어올리며
머리 위를 올라가며 손바닥이 하늘을 향하게 해서 머리 위로 최대한 밀어낸다.

이와 같이 위로 밀어 올리고
손을 내려 다시 밀어 올리고
손을 내려 다시 밀어 올리기를 반복적으로 한다.
2013. 03. 29 08:45

태태태공(泰泰泰功) (4)

손바닥이 하늘을 보게 해서 단전 앞에
두 손바닥이 하늘을 보고 손가락 끝이 마주보게 한다.
그리고 두 손바닥으로 단전에서부터 끌어올려 가슴까지 끌어올리고
가슴까지 끌어올려서는 양손바닥이 땅을 바라보게 해서
발아래로 아래로 최대한 밀어낸다.

발아래로 밀어내고
밀어내고 나서는 두 손을 단전까지 올리고,
올리고 나서는 다시 발 아래로 밀어낸다.

이와 같이 발아래로 밀어 내고
다시 손을 단전까지 올리고
올려서는 다시 발아래로 밀어 내리기를 반복적으로 한다.
2013. 03. 29 08:50

* 태태태공(泰泰泰功) (1-4)를 한 번에 행할 때
이를 태태태공력(泰泰泰功力)이라고 한다.

태비태공력(泰秘泰功力)을 높이는 법(1-4)

태비태공(泰秘泰功) (1)

손바닥이 하늘을 보게 해서 단전 앞에
두 손바닥이 하늘을 보고 손가락 끝이 마주보게 한다.
그리고 두 손바닥을 단전에서부터 가슴까지 끌어올려
오른손바닥이 앞 정면을 바라보게 해서 오른손을 먼저 밀고
민 오른손을 당기면서 왼손바닥이 앞 정면을 바라보게 해서 민다.

이와 같이 앞으로 오른손바닥을 밀고
오른손바닥을 당기면서 왼손바닥을 밀고
왼손바닥을 당겨서 오른손바닥을 미는 행동을 반복적으로 한다. 2013. 03. 29 09: 06

태비태공(泰秘泰功) (2)

손바닥이 하늘을 보게 해서 단전 앞에
두 손바닥이 하늘을 보고 손가락 끝이 마주보게 한다.
그리고 두 손바닥을 단전에서부터 가슴까지 끌어올려
오른손바닥은 우측 밖을 보게 해서 우측으로 밀어내고
오른손을 가슴으로 당기면서
왼손바닥은 좌측 밖을 보게 해서 좌측으로 밀어낸다.
좌측을 당기면서 오른손바닥을 우측을 밀어낸다.
이와 같이 우측과 좌측을 번갈아 양옆으로 밀어낸다.
2013. 03. 29 09:16

태비태공(泰秘泰功) (3)

손바닥이 하늘을 보게 해서 단전 앞에
두 손바닥이 하늘을 보고 손가락 끝이 마주보게 한다.
그리고 두 손바닥으로 단전에서부터 끌어올려 머리 위로 끌어 올리며
머리 위를 올라가며 손바닥이 하늘을 향하게 해서 머리 위로 최대한 밀어낸다.

오른손 먼저 올리고 오른손 내려올 때 왼손 올리고
왼손 내려올 때 오른손 올려 밀기를 번갈아 반복해서 행한다.
2013. 03. 29 09:26

태비태공(泰秘泰功) (4)

이번에는 발 아래쪽으로 오른손 왼손 번갈아 반복해서 행한다.
2013. 03. 29 09:27

* 태비태공(泰秘泰功) (1-4)을 행할 때
이를 태비태공력(泰秘泰功力)이라 한다.
2013. 03. 29 09:29

* 태비태공(泰秘泰功) (1-4), 태태태공(泰泰泰功) (1-4), 미비비공(彌秘秘功) (1-3)을 한 번에 행할 때 이를 태태비공력(泰泰秘功力)이라고 한다.
미비비공을 만들고 만들어서 그렇지 순서는 위와 같이 하면 된다.

태미황황공(泰彌皇皇功)

태미합 수인을 한 상태에서
흡 들숨을 하며 양옆으로 팔을 최대한 뻗어 손바닥은 땅을 바라보게 한다.
토, 날숨을 하며 그대로 가슴 앞으로 끌어당겨서
양손 2, 3, 4, 5손가락 뒤가 맞붙게 한다.
다시 들숨을 하며 양옆으로 손바닥을 최대한 뻗어 땅을 보게 하고
다시 날숨을 하며 가슴 앞으로 손을 끌어당기며
양손 2, 3, 4, 5번째 손가락 뒤가 맞붙게 한다.
이것을 반복해서 한다. 온몸을 자연스럽게 움직이며 한다.
2013. 03. 29 11:49

황황황황공(皇皇皇皇功)

태미합 수인에서
손을 떼고 모든 손가락을 모아 장심은 최대한 들어가게 해서
왼손과 오른손이 떨어졌을 때는 30-40cm이 되게 떨어지고
붙을 때는 5-8cm 붙게 하면서 펌프질을 한다.

두 손바닥이 떨어지면서 흡, 들숨을 하고
두 손바닥을 서로 붙이면서 토, 날숨을 한다.
이것을 반복적으로 한다. 2013. 03. 29 12:08

미비황황황황황황황공(尾秘皇皇皇皇皇皇皇(7)功)

태미합 수인에서
손을 떼고 모든 손가락을 모아 장심은 최대한 들어가게 해서
왼손과 오른손이 떨어졌을 때는 30-40cm이 되게 떨어지고
왼손과 오른손이 붙을 때는 5-8cm 붙게 하면서 온몸을 움직이며 펌프질을 한다.
두 손바닥이 떨어지면서 흡, 들숨을 하고
두 손바닥을 서로 붙이면서 토, 날숨을 한다.
온몸을 움직이며 이것을 반복적으로 한다. 2013. 03. 29 12:16

태황황황황 수인(1-3)

태황황황황 수인(1)
양 손바닥이 위를 보고
왼손 오른손 2, 3, 4, 5번째 손가락 뒤쪽끼리
1번째 마디를 마주 대고
양손 1번째 손가락 끝 지문을 붙인다.
2013. 03. 30 09:52

태황황황황 수인(2)
양 손바닥이 위를 보고
왼손 오른손 2, 3, 4, 5번째 손가락 뒤쪽끼리
2, 3번째 마디를 마주 대고
양손 1번째 손가락 끝 지문을 붙인다. 2013. 03. 30 09:52

태황황황황 수인(3)

양 손바닥이 위를 보고
왼손 오른손 2, 3, 4, 5번째 손가락 뒤쪽끼리
3번째 마디를 마주 대고
양손 1번째 손가락 끝 지문을 붙인다.
2013. 03. 30

태태태대황황황황황황 수인

양 손바닥이 위를 보고
왼손 오른손 2, 3, 4번째 손가락 뒤쪽끼리
3번째 마디를 마주 되고
양손 1번째 손가락 끝 지문을 붙인다.
이때 5번째 손가락은 손바닥에 자연스럽게 붙인다.
2013. 03. 30

미미미황비비태황황황황황황황황황 수인

양 손바닥이 위를 보고
왼손 오른손 2, 3번째 손가락 뒤쪽끼리
3번째 마디를 마주 되고
양손 1번째 손가락 끝 지문을 붙인다.
이때 4, 5번째 손가락은 손바닥에 자연스럽게 붙인다.
2013. 03. 30

태태태미태비황황황황황황황황황황황황황황 수인

양 손바닥이 위를 보고
왼손 오른손 2번째 손가락 뒤쪽끼리
3번째 마디를 마주 되고
양손 1번째 손가락 끝 지문을 붙인다.
이때 3, 4, 5번째 손가락은 손바닥에 자연스럽게 붙인다.
2013. 03. 30

태미태미태태비비황공(泰彌泰 彌泰泰 秘秘皇 功)

태미합을 하고 있다가
잡은 두 손바닥 사이를 10-15cm사이를 띄워서
두 손바닥이 마주보게 하여 그 상태로 머리 위로 올리고
머리 위로 올려서는 마주보던 손바닥을 서로 등지게 해서
즉 왼손바닥은 왼쪽을 보고 오른손바닥은 오른쪽을 보게 해서
손바닥으로 위에 있는 것을 아래로 끌어내리면서
위에 것을 손바닥으로 끌어내림과 동시에 자기 자신은 위로 올라간다고 생각한다.
그러면서 위로 올라간다.
깔때기 모양의 위로 올라갈 때 깔때기 위까지 팔을 뻗어서
깔때기 위를 향해 손을 뻗어 깔때기 위를 잡고
깔때기 위를 아래로 끌어당기면서 자기 자신이 위로 올라가도록 하는 동작이다.
이 동작을 반복하면서 마치 위로 수영하여 올라가듯 올라간다.
2013. 03. 30 17:10

태초황황공(泰超 皇皇 功)

태미합을 하고 있다가
합장을 하듯 두 손바닥을 붙이고 가슴 앞으로 뻗어서
다 뻗음과 함께 붙어 있던 손바닥을 양손바닥을 서로 등지게 해서
즉 왼손바닥은 왼쪽을 보고 오른손바닥은 오른쪽을 보게 해서
앞에 있는 것들을 양옆으로 밀어내며 앞으로 간다고 생각하며
마치 물에서 수영하며 앞으로 나아가는 것과 같이
이 세계에서도 수영하듯 앞으로 나아간다고 생각하며
위 동작을 가슴 앞에서 한다.
가고자 하는 곳에 도달할 때까지 반복해서 한다.
2013. 03. 30 17:30

초태비태비미태태비공(超泰 秘泰秘 彌泰泰 秘功)

양손바닥을 자연스럽게 펴고
양팔을 어깨 넓이보다 조금 더 양 옆으로 벌린 상태에서
오른손바닥을 오른쪽으로 돌리고
왼손바닥은 왼쪽으로 돌린다.
마치 양손바닥이 손목에서 프로펠러 돌아가듯 돌린다.
2013. 03. 31 06:12

황비비태미황태황태공(皇秘秘 泰彌皇 泰皇泰 功)
(1-4)

태황태황공(泰皇泰 皇功) (1)
태미합 수인을 하고 있다가
태미합을 풀면서 손바닥이 정면을 바라보게 해서 밀고
밀었다가 손바닥을 돌려 자기 자신이 손바닥을 보도록 해서 몸쪽으로 당기고
당겨서는 다시 손바닥을 돌려 밖을 보게 해서 밀고
밀었다가 손바닥 다시 돌려 당기고
당겨서는 밀고
밀어서는 당기는 것을 반복해서 한다.
끝마칠 때는 태미합 수인을 한다. 2013. 04. 01 11:16

태황태황공(2)
양 어깨에서 양 옆으로 위와 같은 밀었다가 당겼다 하는 동작을 반복한다.

태황태황공(3)
머리 위로 위와 같이 밀었다가 당겼다 하는 동작을 반복한다.

태황태황공(4)
발 아래로 위와 같이 밀었다가 당겼다 하는 동작을 반복한다.

* 태황태황공 1-4 순서대로 돌아가면서 하는 동작을 황비비태미황태황태공(皇秘秘 泰彌皇 泰皇泰 功) 2013. 04. 01. 11:28

황태황태비비황태초황비비황태태황태황태공
(皇泰皇 泰秘秘 皇 泰超 皇秘秘 皇泰泰 皇泰皇 泰功)

태미합 수인을 하고 있다가
30-40cm 떨어지게 하면서 손바닥을 자연스럽게 마주 보게 하고 장심은 폭 줄어가게 한다.
손바닥을 서로 밀듯 5-8cm 까지 밀어서 간격을 좁혔다가
5-8cm가 되어서는 서로 밀리는 듯 간격이 벌어지면서 위로 올라가고
위로 올라가서는 다시 원상태가 되도록 해서 손바닥 마주보고
손바닥이 마주보아서는 또 손바닥 사이에 있는 것을 밀고
밀어서 5-8cm가 되면 미는 힘에 의하여 손바닥이 위로 올라가고
양옆으로 내려오며 손바닥 마주 보게 되고
손바닥 마주 보아서는 다시 민다.
점점 더 조금씩 크게 하며 반복해서 동작한다. 2013. 04. 01 11:39

황태초합공(皇 泰超 合功)

태미합 수인을 하고 있다가
30-40cm 떨어지게 하면서 손바닥을 자연스럽게 마주 보게 하고 장심은 폭 줄어가게 한다.
손바닥을 서로 밀듯 밀었다가 5-8cm 까지 밀었다가
5-8cm가 되어서는 서로 밀리는 듯 아래로 내려가고
내려가서는 다시 원상태가 되도록 해서 손바닥 마주보고
손바닥이 마주보아서는 또 손바닥 사이에 있는 것을 밀고
밀어서 5-8cm가 되면 미는 힘에 의하여 손바닥이 아래로 내

려가고
양옆으로 올라오며 손바닥 마주 보게 되고
손바닥 마주 보아서는 다시 민다.
점점 더 조금씩 크게 하며 반복해서 동작한다.
2013. 04. 01 12:46

미비합태공(彌秘 合 泰功)

황태황태비비황태초황비비황태태황태황태공
(皇泰皇 泰秘秘 皇 泰超 皇秘秘 皇泰泰 皇泰皇 泰功)
이것 하고
황태초합공(皇 泰超 合功)
이것 하고

양옆으로 한 손바닥을 몇 번씩 반복해서 밀고
앞으로 한 손바닥을 몇 번씩 반복해서 밀고
뒤로 한 손바닥을 몇 번씩 반복해서 밀고
위로 한 손바닥을 몇 번씩 반복해서 밀고
아래로 한 손바닥을 몇 번씩 반복해서 민다.

이제는 처음보다 더 멀리까지 시방을
한 손바닥 한 손바닥 밀어 낸다. 2013. 04. 01 12:56

황미비(皇彌秘) 호흡법을 찾아내다

'많은 부분들을 밝혀 드러내 그리기는 했는데, 이름을 짓지도 못하고, 이름을 지어 살펴봐야 하는데,' 그렇게 생각을 하지만 오전에 밝혀 드러낸 이후 더 이상 나아가지도 못하고, 힘이 없고 맥이 빠진 듯, 너무나 몸이 나른하고 졸려서 앉아서 육체는 재우고 의식은 깨어서 수행을 하자는 생각에 좌선을 하기도 했지만 보충이 되지 않고, 자꾸만 몸은 잠을 쫓아가는 듯싶어서 참다못해 누워서 잠을 청했다.

자면서 무엇인지 모를 공(功)도 하고 오늘 찾아진 공도 하며 얼마의 시간이 흘렀을까? 의식이 몸을 의식하고 인식하면서 성기에 정이 쌓이는 부분이 호흡을 하는 듯, 그 부분으로부터 팽창과 수축이 이루어지고 있는 것이 느껴졌다. 그와 동시에 그곳이 수축과 팽창하며 호흡이 이루어지는 정(精)의 부분을 보았다.

묵직하게 쌓인 듯 보였다.

그렇다고 성기가 발기된 것은 아니었지만 정이 만들어지는 부분에 무엇인지 모를 것이 많이 쌓인 듯이 보였다. 정의 부분에 쌓인 것은 그곳을 중심으로 온몸으로 마치 파문이 퍼지듯 퍼져나가는 듯 보였다. 그래서 그곳을 관하여 보았다.

성기 밖으로부터 호흡을 하는지 아니면 명신으로부터 호흡을 하는지 관하여 보았다.

관하여보니 성기 밖으로부터 호흡이 이루어지는 것이 아니라 멀게 보이는 명신으로부터 들숨과 날숨이 이루어지는 것 같았고, 들숨과 날숨이 이루어질 때 그 부분을 중심으로 해서 시방이 수축과 팽창을 하는 것 같고, 그 부분을 중심으로 시방으로 퍼져나가는 것 같아보였다. 그곳은 환하고 밝아 그 밝음과 환함이 마치 가느다란 선(線)처럼 뻗어나가는 것 같아 보였다. 그

곳을 중심으로 밝고 환한 것이 원을 그리고 있는 듯 보였고, 그 밝고 환한 빛은 원 테두리 밖에서 가느다란 실선처럼 뻗어 나가는 듯 퍼져나가는 듯 보였다.
이와 같은 체험을 하고 황미비 호흡법을 찾게 되었다.
일반인이 해도 좋은가?
수행하는 사람들이 단전 호흡하는 것과 같이 황미비 호흡을 하는 것과는 얼마나 차이가 있을까? 2013. 04. 01 18:33

황미비(皇彌秘) 호흡법

성기에 정(精)이 쌓이는 부분으로 호흡한다.
들숨 때 명신에서 성기의 정이 만들어지는 부분까지 들어와서 팽창하고 날숨 때 정이 만들어지는 부분에서 명신을 빠져나가면 수축한다.
성기의 정이 만들어지는 부분에서 들숨과 날숨을 하며
정이 만들어지는 부분이 팽창과 수축을 하게 한다.
온몸의 중심이 정(精)이 만들어지는 부분이 되어 호흡한다.
정(精)이 만들어지는 부분을 황미비(皇彌秘)라 한다.
단전으로 호흡하듯 황미비로 호흡한다.
정이 아닌 황미비를 단전에 기를 축기하듯 쌓기 위해서 황미비 호흡을 해서 지금 올라온 세계 그 위의 세계에 올라가기 위해서는 해야 하는 듯싶다.
황미비 호흡을 해서 황미비를 쌓고 쌓아서 올라가야하는 것 같다. 2013. 04. 01 18:33

태황미미미 태태태태비비비미황 미황미황미황 수인 (泰皇尾尾尾 泰泰泰泰秘秘秘尾皇 尾皇尾皇尾皇)(1-16)

* 어제 저녁 퇴근하는 차 안에서 '지금 나는 어떤 수인을 해야 맞는가?' 했을 때 행하게 된 수인을 정리한 것이다.

태황미미미 태태태태비비비미황 미황미황미황 수인(1)
(泰皇尾尾尾 泰泰泰泰秘秘秘尾皇 尾皇尾皇尾皇)

왼손 오른손 1번째 손가락끼리 끝을 일자가 되게 붙인다.
왼손 오른손 2번째 손가락은 앞으로 향해 뻗되 11자가 되게 하고 왼손 오른손 3, 4, 5번째 손가락은 손바닥에 붙인다.
2013. 04. 04 06:32

태황미미미 태태태태비비비미황 미황미황미황 수인(2)
(泰皇尾尾尾 泰泰泰泰秘秘秘尾皇 尾皇尾皇尾皇)

왼손가락 1번째와 3번째, 오른손가락 1번째와 3번째, 같은 손가락 끼리 끝을 일자가 되게 붙인다.
왼손 오른손 2번째 손가락은 앞으로 향해 뻗되 11자가 되게 하고 왼손 오른손 4, 5번째 손가락은 손바닥에 붙인다.
2013. 04. 04 06:52

태황미미미 태태태태비비비미황 미황미황미황 수인(3)
(泰皇尾尾尾 泰泰泰泰秘秘秘尾皇 尾皇尾皇尾皇)

왼손가락 1, 3, 4번째, 오른손가락 1, 3, 4번째, 같은 손가락 끼리 끝을 일자가 되게 붙인다.
왼손 오른손 2번째 손가락은 앞으로 향해 뻗되 11자가 되게 하고 왼손 오른손 5번째 손가락은 손바닥에 붙인다.

태황미미미 태태태태비비비미황 미황미황미황 수인(4)
(泰皇尾尾尾 泰泰泰泰秘秘秘尾皇 尾皇尾皇尾皇)
왼손가락 1, 3, 4, 5번째, 오른손가락 1, 3, 4, 5번째,
같은 손가락 끼리 끝을 일자가 되게 붙인다.
왼손 오른손 2번째 손가락은 앞으로 향해 뻗되 11자가 되게 한다. 2013. 04. 04 07:15

태황미미미 태태태태비비비미황 미황미황미황 수인(5)
(泰皇尾尾尾 泰泰泰泰秘秘秘尾皇 尾皇尾皇尾皇)
왼손 오른손 1번째 손가락끼리 끝을 일자가 되게 붙인다.
왼손 오른손 2, 3번째 손가락을 서로 붙여
2, 3번째 손가락을 앞으로 향해 뻗되 11자가 되게 하고
왼손 오른손 3, 4, 5번째 손가락은 손바닥에 붙인다.
2013. 04. 04 07:22

태황미미미 태태태태비비비미황 미황미황미황 수인(6)
(泰皇尾尾尾 泰泰泰泰秘秘秘尾皇 尾皇尾皇尾皇)
왼손 오른손 1, 4번째 같은 손가락끼리 끝을 일자가 되게 붙인다.
왼손 오른손 2, 3번째 손가락을 서로 붙여
2, 3번째 손가락을 앞으로 향해 뻗되 11자가 되게 하고
왼손 오른손 5번째 손가락은 손바닥에 붙인다.
2013. 04. 04 07:28

태황미미미 태태태태비비비미황 미황미황미황 수인(7)
(泰皇尾尾尾 泰泰泰泰秘秘秘尾皇 尾皇尾皇尾皇)
왼손 오른손 1, 4, 5번째 같은 손가락끼리 끝을 일자가 되게

붙인다.
왼손 오른손 2, 3번째 손가락을 서로 붙여
2, 3번째 손가락을 앞으로 향해 뻗되 11자가 되게 한다.
2013. 04. 04 07:28

태황미미미 태태태태비비비미황 미황미황미황 수인(8)
(泰皇尾尾尾 泰泰泰泰秘秘秘尾皇 尾皇尾皇尾皇)
왼손 오른손 1, 2번째 같은 손가락끼리 끝을 일자가 되게 붙인다.
왼손 오른손 3, 4, 5번째 손가락을 서로 붙여
3, 4, 5번째 손가락을 앞으로 향해 뻗되 11자가 되게 한다.
2013. 04. 04 07:35

태황미미미 태태태태비비비미황 미황미황미황 수인(9)
(泰皇尾尾尾 泰泰泰泰秘秘秘尾皇 尾皇尾皇尾皇)
왼손 오른손 1, 2, 4번째 같은 손가락끼리 끝을 일자가 되게 붙인다.
왼손 오른손 3, 5번째 손가락을 서로 붙여
3, 5번째 손가락을 앞으로 향해 뻗되 11자가 되게 한다.
2013. 04. 04 07:42

태황미미미 태태태태비비비미황 미황미황미황 수인(10)
(泰皇尾尾尾 泰泰泰泰秘秘秘尾皇 尾皇尾皇尾皇)
왼손 오른손 1, 2, 4, 5번째 같은 손가락끼리 끝을 일자가 되게 붙인다.
왼손 오른손 3번째 손가락을 서로 붙여
3번째 손가락을 앞으로 향해 뻗되 11자가 되게 한다.

태황미미미 태태태태비비비미황 미황미황미황 수인(11)
(泰皇尾尾尾 泰泰泰泰秘秘秘尾皇 尾皇尾皇尾皇)
왼손 오른손 1, 2, 3번째 같은 손가락끼리 끝을 일자가 되게 붙이고 왼손 오른손 4, 5번째 손가락은 손바닥에 붙인다.
2013. 04. 04 07:54

태황미미미 태태태태비비비미황 미황미황미황 수인(12)
(泰皇尾尾尾 泰泰泰泰秘秘秘尾皇 尾皇尾皇尾皇)
왼손 오른손 1, 2, 3번째 같은 손가락끼리 끝을 일자가 되게 붙이고 왼손 오른손 4번째 손가락은 자연스럽게 떨어져 있게 하고 왼손 오른손 5번째 손가락은 손바닥에 붙이도록 노력한다. 2013. 04. 04 08:02

태황미미미 태태태태비비비미황 미황미황미황 수인(13)
(泰皇尾尾尾 泰泰泰泰秘秘秘尾皇 尾皇尾皇尾皇)
왼손 오른손 1, 2, 3번째 같은 손가락끼리 끝을 일자가 되게 붙이고 왼손 오른손 4, 5번째 손가락은 자연스럽게 떨어져 있게 한다. 2013. 04. 04 08:09

태황미미미 태태태태비비비미황 미황미황미황 수인(14)
(泰皇尾尾尾 泰泰泰泰秘秘秘尾皇 尾皇尾皇尾皇)
왼손 오른손 1, 2, 3, 4번째 같은 손가락끼리 끝을 일자가 되게 붙이고 왼손 오른손 5번째 손가락은 손바닥에 붙인다.
2013. 04. 04 08:14

태황미미미 태태태태비비비미황 미황미황미황 수인(15)
(泰皇尾尾尾 泰泰泰泰秘秘秘尾皇 尾皇尾皇尾皇)
왼손 오른손 1, 2, 3, 4번째 같은 손가락끼리 끝을 일자가 되게 붙이고 왼손 오른손 5번째 손가락은 5번째 손가락끼리 11자가 되도록 노력한다. 2013. 04. 04 08:19

태황미미미 태태태태비비비미황 미황미황미황 수인(16)
(泰皇尾尾尾 泰泰泰泰秘秘秘尾皇 尾皇尾皇尾皇)
왼손 오른손 1, 2, 3, 4, 5번째 같은 손가락끼리 끝을 일자가 되게 붙인다. 2013. 04. 04 08:23

황미비 태초 공(皇彌秘 太初 功)

황황황황황황황황황황황황황황황황황황황(19)공(功)

양 손바닥 자연스럽게 펴고
왼손바닥은 하늘을 보고 오른손바닥은 땅을 보게 해서
왼손과 오른손이 일자고 되게 하여
왼손바닥 아래 오른손바닥을 위에 두고
왼손 오른손 다섯 손가락을 움직여
손바닥 안에서 무엇인가를 뭉친다.
이대 손바닥 사이에서 뭉쳐지도록 하면서
황미비 호흡의 중심을 의념하며 그곳에 뭉쳐진 것이 쌓인다고 생각하면서 한다.
손바닥을 위아래를 바꿔서도 한다.

번갈아 손을 위아래로 바꾸면서 한다.
성(性)의 정(精)이 처음 나와 쌓이는 곳 앞에서 한다.
2013. 04. 04 13:20

* 4월4일 2번째 빠져나오면서 너무 힘들고 깔아지며 힘이 없고 잠이 쏟아져서 졸면서 여러 가지를 하면서 그 중에 생각난 것을 정리한 것이다.

무엇인가를 뭉친다고 할 때 뭉쳐지는 것은 황(皇)
허공에 가득 찬 것을 기(氣)라고 하는 것과 같이
이 세계에서는 허공과 같이 황이 가득하다
그러므로 허공의 기를 단전에 축기하는 것과 같이
황을 황미비 호흡하는 중심에 쌓는 것이다.

황미비 호흡하는 곳을 이해하기 쉽게
단전과 같이 이해하기 쉽게 한다면 성에 정이 처음 쌓이는 곳, 성정초(性精初)
즉 성정초(性精初) 황(皇)을 쌓는 것이다. 축기하듯.
황미비 호흡하는 곳을 성정초(性精初)라고 이름하니
앞으로 황미비 호흡을 한다고 할 때는
성정초(性精初)에서 황미비 호흡을 한다고 하면 되지 않을까 싶다. 2013. 04. 04 13:47

태태태태태태태태태태태태태태(14)황황황황황황황황황황황황황황황황황황황황황황황황황(25)공(功)

두 손을 자연스럽게 펴고
왼손 오른손 11자가 되게 해서
왼손바닥 오른손바닥이 마주보게 하고

성정초(性精初) 앞에서 다섯 손가락을 움직이며
성정초(性精初)에 황을 쌓는다 생각하며 뭉친다.
그러다가 어느 정도 시간이 경과하면 둥글게 뭉쳐지게 하기 위해서 손바닥을 움직이면서 둥글게 뭉치면서 점점 더 크게 뭉친다.

할 때마다 더 크게 크게 뭉친다.
온몸을 벗어나도록 까지 뭉치고
온몸을 벗어나서도 뭉치고
손을 최대한 뻗어서 까지 뭉친다.
끝간데 없이 크게크게 뭉친다.

끝없이 크게 뭉쳐지면서 밖으로 펼쳐지도록 한다.
자연스럽게 발을 움직이면 더욱 더 크고 넓게 뭉친다.
2013. 04. 04. 13: 58

* 황(19)공(功)+태(14)황(25)공(功) = 황미비 태초 공(皇彌秘 太初功)이라 할 것이며 이것을 통하여 음악과 함께 춤을 출 경우 태황(泰皇)춤이라 이름할 수 있을 것이다.

미미미미미미미미태 비태미태 비태미황 태미황 수인
(尾尾尾尾尾尾尾尾泰 秘泰尾泰 秘泰尾皇 泰尾皇)

두 손바닥을 자연스럽게 펴고
귀 위로 살며시 갖다 댄다.
양손의 장심이 양쪽 귀 위, 볼록 튀어나온 곳에 닿도록 한다.

고민할 때나

심각하게 무엇인가를 생각할 때
머리에 손바닥을 댄 것과 같은 모습이다.
2013, 04. 04 17:06

태태태(48)황(泰皇)공(功)

시작하기 전에
미미미미미미미미미태비태미태비태미황태미황 수인을 하고
즉 머리 위에 양손바닥을 댄 다음
오른손을 올리며 손바닥을 밖을 향하게 하여 밖으로 밀어내고
밀어낸 오른손이 내려옴과 동시에
왼손을 올리며 손바닥을 밖을 향하게 하여 밖으로 밀어내고
왼손이 내려오면 오른손이 올라가고 오른손이 내려오면 왼손이 올라가며 번갈아 밖으로 밀어낸다.
처음에는 양옆으로 해서 앞뒤로, 앞뒤에서 약간 옆 앞뒤로...밀어낸다.
이때 발은 밀어내는 방향을 따라 조금씩 움직인다.
어느 정도 밀어낸 다음에는 머리 위로 오른손을 올리며 나사 풀듯 시계 반대방향으로 손을 돌리고, 오른손이 내려옴과 동시에 왼손을 머리 위로 올려 나사 조이듯 시계 방향으로 손을 돌리며 위로 뚫고 위로 올라간다.
충분하게 올라갈 때까지 번갈아 손을 돌려 올리며 뚫고 올라간다.
충분히 뚫고 올라간 다음에는 옆으로 조금씩 조금씩 옆으로 앞뒤로 사방팔방 시방으로 펼친다.
펼친 다음에는 더욱 더 멀리 더 넓게 퍼지도록 밀어낸다.

이때 발은 자연스럽게 움직인다.
여러 번 반복해서 한다.
끝맺을 때는 두 손을 머리 양옆에 살며시 대고 끝마친다.
미미미미미미미미미태비태미태비태미황태미황 수인을 하며 끝마친다. 2013. 04. 04 17:33

미태 황미비 조태미 태초(尾泰 皇尾秘 祖泰尾 泰超)

오늘 새벽, 잠에서 깨어나기 전
물고기가 빠금거리듯 빠금거리며 무엇인가 먹고 있었다.
하도 신기하고 이상해서 잠에서 깨어나서도 입을 벌리고 먹어보았다.
물고기가 빠끔거리는 것과 같이 입을 빠끔거리며 먹어보았다.
먹으면 마치 무엇인가를 먹는 듯한 느낌이었다.
마치 그것은 물렁물렁한 덩어리 같은 느낌이다.
그냥 허공에서 먹으려고 하면 입 벌리고 베어 물어서 먹으면 먹게 된다.
지금 주변을 보면 이것은 주변에 가득하다.
그냥 입을 벌리고 먹으려고 입을 벌리면 입안으로 들어온다.
입안에 가득 찬다. 그냥 베어 먹으면 먹게 된다.
먹어도 될지 모르겠지만 일단은 먹어보았다.
먹으면 이것은 성정초(性精初)로 들어가는 것 같은 느낌이다.
이것이 무엇인지를 알아야 앞으로도 먹을지 먹지 말아야 할지를 판단할 수 있을 것 같아서 이것이 무엇인지 살펴본다.
대체 이것은 무엇인가?

미태 황미비 조태미 태초(尾泰 皇尾秘 祖泰尾 泰超)
이것을 먹을 수 있는 만큼 먹어야 할 것 같다.
이것을 먹음으로 본인이 커지는 것이고 그곳에서 성장하는 것이 아닌가 싶은 생각이 든다.
그래서 그런가? 몸이 묵직한 느낌이고 몸이 이것의 덩어리 같은 느낌이다.
그것도 덩치가 꽤나 큰 느낌이다.
어제 황(19)공(功)+태(14)황(25)공(功)과 태(48)황(泰皇)공(功)을 해서 그런가?

이 위의 세계를 가기 위해서는 꼭 필요한 것이 아닌가 싶은 생각이다.

며칠 전, 어느 분과 기운나누기를 하는데, 잠깐 했는데, 몸통 안에 있는 것들이 머리 위 명신 위에 마치 연꽃 반석 위에 올라 있는 것 같은 현상이 일어나서...몸 안에서 일어나야 하는데, 싫어서 그냥 잠시 멈추고, 내려오길 기다렸다가 내려오는 것을 보고 기운나누기를 했었는데, 그 당시 기운나누기할 때 마치 아이보리에 가까운 흰색의 액체가 명신으로 들어와 온몸 가득 차서 온몸을 휘감는 것을 보았는데, 이것이 지금의 전조이었던 것이 아닌가 싶은 생각이 든다. 이때 아이보리에 가까운 흰색의 액체는 무엇이었을까?
태미태미비 태미비태미(泰尾泰尾秘 泰尾秘泰尾)
이것은 위에 세계 그 세계에서 마치 이곳에서 허공의 기(氣)와 같은 것이었다.
이것은 황(皇)의 세계에서 허공의 기와 같은 것이었던 것이다.
그때는 몰랐는데 지금 살펴보니 그렇다.

몸통 안이 텅 비면서 몸통 안에 것이 명신 위에 마치 연꽃 반석 위에 올라 있는 것 같은 현상은 무엇이었을까?
태미비 태황 태미비태미(泰尾秘 泰皇 泰尾秘泰尾)가 되는 현상?
그러고 나서 태미태미비 태미비태미(泰尾泰尾秘 泰尾秘泰尾)가 온몸 가득 들어차게 된 것인가? 이것이 맞을 확률은 100에 몇인가? 2013. 04. 05 08:36

미황 황미비(尾皇 皇尾秘) 호흡

어디 갔다 올 곳이 있어서 1시간 40분정도 운전하며 갔다 왔다. 출발하고 얼마 안 가서 신호대기에 차가 멈춰 섰다. '지금 본인은 무슨 수인을 해야 할까?' 이것저것을 해보았다. 그러는 사이 신호가 풀려서 차를 출발하고 운전하며 '무엇을 하면 좋을까?' '아! 아침에 했던 머금어 먹는 것을 해야겠구나.' 싶은 생각이 일어났다.
마치 어항의 붕어가 뻐끔거리듯 입을 벌려서 액체 덩어리가 입 안으로 들어와 성정초(性精初)에 닿은 것 같으면 입으로 베어 물고 머금어 성정호에 쌓이도록 휘감았다. 마치 단전에 축기하듯 성정초에 쌓이도록 시계방향으로 돌렸다. 그리고 없어진 듯 싶으면 또 입을 벌려 성정초에서 입 안 가득 찼을 때 베어 물고 머금어 성정초로 보냈다. 처음에는 뻐끔거리며 베어 물고 보내고 보내서 쌓는다 생각하고, 또 베어 물기를 한지. 얼마의 시간이 지났을까?

어느 순간부터 입이 벌릴 때 아~가 되고 베어 물었을 때 함이 되었다. 아~ 함~, 아~ 함~ 그렇게 아~하고 벌려서 가득 채우고, 채우고 나서는 베어 물며 함하여 성정초에 황미비를 쌓는다고 생각하며 쌓았다. 얼마의 시간이 지났을까? 호흡이 길어지는 느낌이 들었다. 그리고 아~ 함~ 하는 것 역시도 처음보다 더 많이 베어 물고 흡입되는 듯싶었다. 그러면서 아~가 전보다 더 길어지고 함~ 역시도 더 길어졌다.

1시간 정도 지났을까? 이는 아~하~음~이 되는 듯싶었다.
아~ 하~ 음~
그렇다가 어느 순간부터 아아아하하하하음음음음...이 되었다.
아아아하하하하음음음음음....이와 같이 얼마나 했을까? 신호대기에서 차를 세우고 서 있으며 아아아하하하하음음음음음...을 하는데 두 손이 어깨 높이로 펴지면서 두 팔이 양옆으로 쭉 뻗는다. 그러면서 코로 흡을 한다.
흡을 하며 관하여 보니 머리 위부분 전체로 들어오고 장심에서도 들어오고 용천에서 들어오는 것 같았다. 그리고 성정초를 보았을 때 성정초가 많이 커졌다는 생각이 들었다.
어깨부분과 가슴부분 일부분을 제외하고는 황미비가 가득 차 있는 듯 보였다.

되돌아오면서 신호대기에 걸리거나 차가 밀려 서있을 때는 손을 벌려 흡을 하였다. 마치 온몸으로 호흡을 하는 느낌이 들었다. 온몸으로 호흡한다고 것은 온몸으로 황미비를 흡하고 있는 것이었다.

사무실에 들어와 호흡을 해보았다. 팔을 벌려 흡하니 온몸으로 호흡이 되는 듯 흡할 때 어깨가 펴지면 흡이 되고 토할 때 어깨가 내려앉는 듯, 들숨과 날숨을 하면 어깨가 들썩이며 황미비호흡이 되었고 온몸으로 황미비 호흡이 되는 듯싶었다.

양팔을 벌려 어깨를 들썩이며 온몸으로 황미비호흡을 하는 것을 무엇이라고 해야 할까?

황미비미비 호흡법이라고 해야 맞는 것 같다.
본인의 경험으로 볼 때
황미비 미비 호흡법은 성정초에 황미비가 가득 찼을 때 행할 수 있는 호흡법이 아닌가 싶다.

입을 뻐끔거리기 전에 황미비 호흡을 한 것과
입을 뻐끔거리며 황미비 호흡을 한 것과
두 팔 벌려 황미비미비 호흡을 한 것과 황미비가 축척된 것을 보면 그 차이가 매우 크다.
테스트할 줄 아는 분들은 그 비율을 비교해 보면 알 수 있을 것이고, 또 그림을 그려서 알아 볼 수 있는 사람은 그림을 그려서 살펴보면 알 수 있을 것이다.

황미비 호흡을 해서
성정초에 안전하게 황미비가 자리를 잡으면
뻐끔거리게 되는 것 같고
뻐끔거리며 성정초에 황미비를 쌓으면
양팔을 벌려서 온몸으로 황미비를 쌓게 되는 것 아닌가 싶다.
법성력이 많아야 위로 올라왔던 것과 같이 이 세계에서는 황미비가 많아야 위로 쉽게 올라갈 수 있는 것 아닌가 싶다.

지금 본인이 올라가는 세계 황미비력 없이는 올라갈 수 없는 세계가 아닌가 싶다.

위와 같이 일반인이 한다고 해서 황미비가 쌓이는 것은 아닌 것 같다.
황미비를 쌓을 수 있는 세계에 올라서야 즉 허공에 기가 가득하듯 황미비가 가득한 세계에 올라와야 가능한 것이 아닌가 싶다.

황의 세계에 올라온 수행자라면 위와 같이 하면 황미비력이 높아진다고 하겠다. 2013. 04. 05 13:23

미미미 태태미 태태태미 황미비 태초 태비태미 공
(尾尾尾 泰泰尾 泰泰泰尾 皇尾秘 泰超 泰秘泰尾 功)

두 손을 자연스럽게 펴고
어깨높이 만큼 양손바닥을 올려서 어깨 넓이보다 조금 더 넓게 하고
손바닥은 앞으로 바라보고 손등이 몸 쪽을 향하여 하여
오른손은 오른손목을 이용하여 오른쪽 시계방향으로 돌리고
왼손은 왼 손목을 이용하여 왼쪽 시계 반대방향으로 돌린다.
처음에는 작게 돌아가다가 돌아가는 횟수가 많아지면서
점점 더 돌아가는 것이 커지도록 한다.
마치 뭉클뭉클 꽃잎을 동그랗게 그리듯
동그라미를 그리면서 원을 점점 더 크게 손바닥을 손목을 이용하여 돌린다. 2013. 04. 05 15:01

미황 태초 태미태(尾皇 泰超 泰尾泰) 높이는 공법(功法)

태미태미태미태미태미태미태미태미태미(泰尾:9)황공(功)

태미합 수인을 하고
손가락은 서로 붙인데 장심은 폭 들어가게 해서
1번째 손가락 시작되는 부분에서부터 손목으로 해서 5번째 손가락 시작되는 부분에 이르기까지
두툼한 곳을 왼손 오른손 박수치듯 마주치며 장심에 펌프질 한다고 생각하며 박수치듯 서로 부딪친다.

* 미황 태초 태미태(尾皇 泰超 泰尾泰) 높이는 동작(공(功))이다

* 어제 퇴근길 신호대기에 신호를 기다리며 차안에서 '수인을 한다면 무엇을 해야 할까?'하고 생각했을 때, 행해진 동작이다.
2013. 04. 06 07:30

조신미비공(祖神尾秘 功)

손가락 사이가 다 벌어지게 양 손바닥을 펴고
2, 3, 4, 5번째 손가락 서로 끼워서 깍지 끼고
양손바닥의 장심은 폭 들어가게 한 다음
1번째 손가락은 서로 11자가 되게 하여 붙인다.
그리고 1번째 손가락이 시작되는 부분으로 해서 손목으로 해서 5번째 손가락이 시작되는 두툼한 부분으로 박수치듯 부딪친다.

박수치듯 부딪치면
1번째 손가락이 11자로 붙었다가 삼각형이 되면 1번째 손가락 끝 옆 부분만 붙게 된다. 2013. 04. 06 21:55

신미비(神尾秘) 높이는 법

* 신하(神遐)의 세계에서는 이곳에서의 기(氣) 같은 것이 신미비(神尾秘)

태태미 태조 태미미 신하 태초 태비미 공
(泰泰尾 太祖 泰尾尾 神遐 太超 泰秘尾 功)

손가락 사이가 다 벌어지게 양 손바닥을 펴고
2, 3, 4, 5번째 손가락 서로 끼워서 깍지 끼고
양손바닥의 장심은 폭 들어가게 한 다음
1번째 손가락은 서로 11자가 되게 하고
양손의 손목에서 팔꿈치까지 붙인다.
그리고 1번째 손가락이 시작되는 부분으로 해서 손목으로 해서 5번째 손가락이 시작되는 두툼한 부분과 손목에서 팔꿈치까지를 서로 박수치듯 부딪친다.
박수치듯 부딪치면
1번째 손가락이 11자로 붙었다가 삼각형이 되고
양 팔꿈치는 붙었다 떨어졌다 하게 된다. 2013. 04. 08 11:02

하 태신 태미비(遐 泰神 泰尾秘) 수인(1-42)

하 태신 태미비(遐 泰神 泰尾秘) 수인(1)
오른손을 자연스럽게 펴고
왼손 1, 2, 3번째 손가락으로
왼손 1번째 손가락으로 오른손 손목 접히는 부분을 누르고
왼손 2번째 손가락으로 오른손 장심을 누르고
왼손 3번째 손가락으로 오른손 3번째 손가락이 시작되는 부분을 누른다. 2013. 04. 09 06:53

* 어제 저녁 퇴근 차 안에서 해본 것을 정리한 것이다.

하 태신 태미비(遐 泰神 泰尾秘) 수인(2)
왼손을 자연스럽게 펴고
오른손 1, 2, 3번째 손가락으로
오른손 1번째 손가락으로 왼손 손목 접히는 부분을 누르고
오른손 2번째 손가락으로 왼손 장심을 누르고
오른손 3번째 손가락으로 왼손 3번째 손가락이 시작되는 부분을 누른다. 2013. 04. 09 06:53

하 태신 태미비(遐 泰神 泰尾秘) 수인(3)
오른손을 자연스럽게 펴고
왼손 1, 2, 3번째 손가락으로
왼손 1번째 손가락으로 오른손 손목 접히는 부분을 누르고
왼손 2번째 손가락으로 오른손 장심을 누르고
왼손 3번째 손가락으로 오른손 4번째 손가락이 시작되는 부분

을 누른다. 2013. 04. 09 06:53

하 태신 태미비(遐 泰神 泰尾秘) 수인(4)
왼손을 자연스럽게 펴고
오른손 1, 2, 3번째 손가락으로
오른손 1번째 손가락으로 왼손 손목 접히는 부분을 누르고
오른손 2번째 손가락으로 왼손 장심을 누르고
오른손 3번째 손가락으로 왼손 4번째 손가락이 시작되는 부분을 누른다. 2013. 04. 09 06:53

하 태신 태미비(遐 泰神 泰尾秘) 수인(5)
오른손을 자연스럽게 펴고
왼손 1, 2, 3번째 손가락으로
왼손 1번째 손가락으로 오른손 손목 접히는 부분을 누르고
왼손 2번째 손가락으로 오른손 장심을 누르고
왼손 3번째 손가락으로 오른손 5번째 손가락이 시작되는 부분을 누른다. 2013. 04. 09 06:53

하 태신 태미비(遐 泰神 泰尾秘) 수인(6)
왼손을 자연스럽게 펴고
오른손 1, 2, 3번째 손가락으로
오른손 1번째 손가락으로 왼손 손목 접히는 부분을 누르고
오른손 2번째 손가락으로 왼손 장심을 누르고
오른손 3번째 손가락으로 왼손 5번째 손가락이 시작되는 부분을 누른다. 2013. 04. 09 06:53

하 태신 태미비(遐 泰神 泰尾秘) 수인(7)
오른손을 자연스럽게 펴고
왼손 1, 2, 3번째 손가락으로
왼손 1번째 손가락으로 오른손 손목 접히는 부분을 누르고
왼손 2번째 손가락으로 오른손 장심을 누르고
왼손 3번째 손가락으로 오른손 2번째 손가락이 시작되는 부분을 누른다. 2013. 04. 09 06:53

하 태신 태미비(遐 泰神 泰尾秘) 수인(8)
왼손을 자연스럽게 펴고
오른손 1, 2, 3번째 손가락으로
오른손 1번째 손가락으로 왼손 손목 접히는 부분을 누르고
오른손 2번째 손가락으로 왼손 장심을 누르고
오른손 3번째 손가락으로 왼손 2번째 손가락이 시작되는 부분을 누른다. 2013. 04. 09 06:53

하 태신 태미비(遐 泰神 泰尾秘) 수인(9)
오른손을 자연스럽게 펴고
왼손 1, 2, 3번째 손가락으로
왼손 1번째 손가락으로 오른손 손목 접히는 부분을 누르고
왼손 3번째 손가락으로 오른손 장심을 누르고
왼손 2번째 손가락으로 오른손 1번째 손가락이 시작되는 부분을 누른다. 2013. 04. 09 06:53

하 태신 태미비(遐 泰神 泰尾秘) 수인(10)
왼손을 자연스럽게 펴고

오른손 1, 2, 3번째 손가락으로
오른손 1번째 손가락으로 왼손 손목 접히는 부분을 누르고
오른손 3번째 손가락으로 왼손 장심을 누르고
오른손 2번째 손가락으로 왼손 1번째 손가락이 시작되는 부분을 누른다. 2013. 04. 09 07:03

하 태신 태미비(遐 泰神 泰尾秘) 수인(11)
오른손을 자연스럽게 펴고
왼손 1, 2, 4번째 손가락으로
왼손 1번째 손가락으로 오른손 손목 접히는 부분을 누르고
왼손 2번째 손가락으로 오른손 장심을 누르고
왼손 4번째 손가락으로 오른손 3번째 손가락 2번째 마디가 시작되는 부분을 누른다. 2013. 04. 09 07:13

하 태신 태미비(遐 泰神 泰尾秘) 수인(12)
왼손을 자연스럽게 펴고
오른손 1, 2, 4번째 손가락으로
오른손 1번째 손가락으로 왼손 손목 접히는 부분을 누르고
오른손 2번째 손가락으로 왼손 장심을 누르고
오른손 4번째 손가락으로 왼손 3번째 손가락 2번째 마디가 시작되는 부분을 누른다. 2013. 04. 09 07:13

하 태신 태미비(遐 泰神 泰尾秘) 수인(13)
오른손을 자연스럽게 펴고
왼손 1, 2, 4번째 손가락으로
왼손 1번째 손가락으로 오른손 손목 접히는 부분을 누르고

왼손 2번째 손가락으로 오른손 장심을 누르고
왼손 4번째 손가락으로 오른손 4번째 손가락 2번째 마디가 시작되는 부분을 누른다. 2013. 04. 09 07:13

하 태신 태미비(遐 泰神 泰尾秘) 수인(14)
왼손을 자연스럽게 펴고
오른손 1, 2, 4번째 손가락으로
오른손 1번째 손가락으로 왼손 손목 접히는 부분을 누르고
오른손 2번째 손가락으로 왼손 장심을 누르고
오른손 4번째 손가락으로 왼손 4번째 손가락 2번째 마디가 시작되는 부분을 누른다. 2013. 04. 09 07:13

하 태신 태미비(遐 泰神 泰尾秘) 수인(15)
오른손을 자연스럽게 펴고
왼손 1, 2, 4번째 손가락으로
왼손 1번째 손가락으로 오른손 손목 접히는 부분을 누르고
왼손 2번째 손가락으로 오른손 장심을 누르고
왼손 4번째 손가락으로 오른손 5번째 손가락 2번째 마디가 시작되는 부분을 누른다. 2013. 04. 09 07:13

하 태신 태미비(遐 泰神 泰尾秘) 수인(16)
왼손을 자연스럽게 펴고
오른손 1, 2, 4번째 손가락으로
오른손 1번째 손가락으로 왼손 손목 접히는 부분을 누르고
오른손 2번째 손가락으로 왼손 장심을 누르고
오른손 4번째 손가락으로 왼손 5번째 손가락 2번째 마디가 시

작되는 부분을 누른다. 2013. 04. 09 07:13

하 태신 태미비(遐 泰神 泰尾秘) 수인(17)
오른손을 자연스럽게 펴고
왼손 1, 2, 4번째 손가락으로
왼손 1번째 손가락으로 오른손 손목 접히는 부분을 누르고
왼손 2번째 손가락으로 오른손 장심을 누르고
왼손 4번째 손가락으로 오른손 2번째 손가락 2번째 마디가 시작되는 부분을 누른다. 2013. 04. 09 07:13

하 태신 태미비(遐 泰神 泰尾秘) 수인(18)
왼손을 자연스럽게 펴고
오른손 1, 2, 4번째 손가락으로
오른손 1번째 손가락으로 왼손 손목 접히는 부분을 누르고
오른손 2번째 손가락으로 왼손 장심을 누르고
오른손 4번째 손가락으로 왼손 2번째 손가락 2번째 마디가 시작되는 부분을 누른다. 2013. 04. 09 07:13

하 태신 태미비(遐 泰神 泰尾秘) 수인(19)
오른손을 자연스럽게 펴고
왼손 1, 2, 4번째 손가락으로
왼손 1번째 손가락으로 오른손 손목 접히는 부분을 누르고
왼손 4번째 손가락으로 오른손 장심을 누르고
왼손 2번째 손가락으로 오른손 1번째 손가락 2번째 마디가 시작되는 부분을 누른다. 2013. 04. 09 07:13

하 태신 태미비(遐 泰神 泰尾秘) 수인(20)
왼손을 자연스럽게 펴고
오른손 1, 2, 4번째 손가락으로
오른손 1번째 손가락으로 왼손 손목 접히는 부분을 누르고
오른손 4번째 손가락으로 왼손 장심을 누르고
오른손 2번째 손가락으로 왼손 1번째 손가락 2번째 마디가 시작되는 부분을 누른다. 2013. 04. 09 07:13

하 태신 태미비(遐 泰神 泰尾秘) 수인(21)
오른손을 자연스럽게 펴고
왼손 1, 2, 3번째 손가락으로
왼손 1번째 손가락으로 오른손 손목 접히는 부분을 누르고
왼손 2번째 손가락으로 오른손 장심을 누르고
왼손 3번째 손가락으로 오른손 3번째 손가락 3번째 마디가 시작되는 부분을 누른다. 2013. 04. 09 07:13

하 태신 태미비(遐 泰神 泰尾秘) 수인(22)
왼손을 자연스럽게 펴고
오른손 1, 2, 3번째 손가락으로
오른손 1번째 손가락으로 왼손 손목 접히는 부분을 누르고
오른손 2번째 손가락으로 왼손 장심을 누르고
오른손 3번째 손가락으로 왼손 3번째 손가락 3번째 마디가 시작되는 부분을 누른다. 2013. 04. 09 07:27

하 태신 태미비(遐 泰神 泰尾秘) 수인(23)
오른손을 자연스럽게 펴고

왼손 1, 2, 3번째 손가락으로
왼손 1번째 손가락으로 오른손 손목 접히는 부분을 누르고
왼손 2번째 손가락으로 오른손 장심을 누르고
왼손 3번째 손가락으로 오른손 4번째 손가락 3번째 마디가 시작되는 부분을 누른다. 2013. 04. 09 07:27

하 태신 태미비(遐 泰神 泰尾秘) 수인(24)
왼손을 자연스럽게 펴고
오른손 1, 2, 3번째 손가락으로
오른손 1번째 손가락으로 왼손 손목 접히는 부분을 누르고
오른손 2번째 손가락으로 왼손 장심을 누르고
오른손 3번째 손가락으로 왼손 4번째 손가락 3번째 마디가 시작되는 부분을 누른다. 2013. 04. 09 07:27

하 태신 태미비(遐 泰神 泰尾秘) 수인(25)
오른손을 자연스럽게 펴고
왼손 1, 2, 3번째 손가락으로
왼손 1번째 손가락으로 오른손 손목 접히는 부분을 누르고
왼손 2번째 손가락으로 오른손 장심을 누르고
왼손 3번째 손가락으로 오른손 5번째 손가락 3번째 마디가 시작되는 부분을 누른다. 2013. 04. 09 07:27

하 태신 태미비(遐 泰神 泰尾秘) 수인(26)
왼손을 자연스럽게 펴고
오른손 1, 2, 3번째 손가락으로
오른손 1번째 손가락으로 왼손 손목 접히는 부분을 누르고

오른손 2번째 손가락으로 왼손 장심을 누르고
오른손 3번째 손가락으로 왼손 5번째 손가락 3번째 마디가 시작되는 부분을 누른다. 2013. 04. 09 07:27

하 태신 태미비(遐 泰神 泰尾秘) 수인(27)
오른손을 자연스럽게 펴고
왼손 1, 2, 3번째 손가락으로
왼손 1번째 손가락으로 오른손 손목 접히는 부분을 누르고
왼손 2번째 손가락으로 오른손 장심을 누르고
왼손 3번째 손가락으로 오른손 2번째 손가락 3번째 마디가 시작되는 부분을 누른다. 2013. 04. 09 07:27

하 태신 태미비(遐 泰神 泰尾秘) 수인(28)
왼손을 자연스럽게 펴고
오른손 1, 2, 3번째 손가락으로
오른손 1번째 손가락으로 왼손 손목 접히는 부분을 누르고
오른손 2번째 손가락으로 왼손 장심을 누르고
오른손 3번째 손가락으로 왼손 2번째 손가락 3번째 마디가 시작되는 부분을 누른다. 2013. 04. 09 07:27

하 태신 태미비(遐 泰神 泰尾秘) 수인(29)
오른손을 자연스럽게 펴고
왼손 1, 2, 3, 4, 5번째 손가락으로
왼손 1번째 손가락으로 오른손 손목 접히는 부분을 누르고
왼손 2번째 손가락으로 오른손 2번째 손가락 3번째 마디가 시작되는 부분을 누르고

왼손 3번째 손가락으로 오른손 3번째 손가락 3번째 마디가 시작되는 부분을 누르고
왼손 4번째 손가락으로 오른손 4번째 손가락 3번째 마디가 시작되는 부분을 누르고
왼손 5번째 손가락으로 오른손 5번째 손가락 3번째 마디가 시작되는 부분을 누른다. 2013. 04. 09 07:27

하 태신 태미비(遐 泰神 泰尾秘) 수인(30)
왼손을 자연스럽게 펴고
오른손 1, 2, 3, 4, 5번째 손가락으로
오른손 1번째 손가락으로 왼손 손목 접히는 부분을 누르고
오른손 2번째 손가락으로 왼손 2번째 손가락 3번째 마디가 시작되는 부분을 누르고
오른손 3번째 손가락으로 왼손 3번째 손가락 3번째 마디가 시작되는 부분을 누르고
오른손 4번째 손가락으로 왼손 4번째 손가락 3번째 마디가 시작되는 부분을 누르고
오른손 5번째 손가락으로 왼손 5번째 손가락 3번째 마디가 시작되는 부분을 누른다. 2013. 04. 09 07:34

하 태신 태미비(遐 泰神 泰尾秘) 수인(31)
오른손을 자연스럽게 펴고
왼손 1, 2, 3, 4, 5번째 손가락으로
왼손 1번째 손가락으로 오른손 손목 접히는 부분을 누르고
왼손 2번째 손가락으로 오른손 2번째 손가락 2번째 마디가 시작되는 부분을 누르고
왼손 3번째 손가락으로 오른손 3번째 손가락 2번째 마디가 시

작되는 부분을 누르고
왼손 4번째 손가락으로 오른손 4번째 손가락 2번째 마디가 시작되는 부분을 누르고
왼손 5번째 손가락으로 오른손 5번째 손가락 2번째 마디가 시작되는 부분을 누른다. 2013. 04. 09 07:27

하 태신 태미비(遐 泰神 泰尾秘) 수인(32)
왼손을 자연스럽게 펴고
오른손 1, 2, 3, 4, 5번째 손가락으로
오른손 1번째 손가락으로 왼손 손목 접히는 부분을 누르고
오른손 2번째 손가락으로 왼손 2번째 손가락 2번째 마디가 시작되는 부분을 누르고
오른손 3번째 손가락으로 왼손 3번째 손가락 2번째 마디가 시작되는 부분을 누르고
오른손 4번째 손가락으로 왼손 4번째 손가락 2번째 마디가 시작되는 부분을 누르고
오른손 5번째 손가락으로 왼손 5번째 손가락 2번째 마디가 시작되는 부분을 누른다. 2013. 04. 09 07:34

하 태신 태미비(遐 泰神 泰尾秘) 수인(33)
오른손을 자연스럽게 펴고
왼손 1, 2, 3, 4, 5번째 손가락으로
왼손 1번째 손가락으로 오른손 손목 접히는 부분을 누르고
왼손 2번째 손가락으로 오른손 2번째 손가락 1번째 마디가 시작되는 부분을 누르고
왼손 3번째 손가락으로 오른손 3번째 손가락 1번째 마디가 시작되는 부분을 누르고

왼손 4번째 손가락으로 오른손 4번째 손가락 1번째 마디가 시작되는 부분을 누르고
왼손 5번째 손가락으로 오른손 5번째 손가락 1번째 마디가 시작되는 부분을 누른다. 2013. 04. 09 07:27

하 태신 태미비(遐 泰神 泰尾秘) 수인(34)
왼손을 자연스럽게 펴고
오른손 1, 2, 3, 4, 5번째 손가락으로
오른손 1번째 손가락으로 왼손 손목 접히는 부분을 누르고
오른손 2번째 손가락으로 왼손 2번째 손가락 1번째 마디가 시작되는 부분을 누르고
오른손 3번째 손가락으로 왼손 3번째 손가락 1번째 마디가 시작되는 부분을 누르고
오른손 4번째 손가락으로 왼손 4번째 손가락 1번째 마디가 시작되는 부분을 누르고
오른손 5번째 손가락으로 왼손 5번째 손가락 1번째 마디가 시작되는 부분을 누른다. 2013. 04. 09 07:34

하 태신 태미비(遐 泰神 泰尾秘) 수인(35)
오른손을 자연스럽게 펴고
왼손 1, 2, 3, 4, 5번째 손가락으로
왼손 1번째 손가락으로 오른손 손목 접히는 부분을 누르고
왼손 2번째 손가락으로 오른손 2번째 손가락 손톱 밑을 누르고
왼손 3번째 손가락으로 오른손 3번째 손가락 손톱 밑을 누르고
왼손 4번째 손가락으로 오른손 4번째 손가락 손톱 밑을 누르고
왼손 5번째 손가락으로 오른손 5번째 손가락 손톱 밑을 누른다. 2013. 04. 09 07:27

하 태신 태미비(遐 泰神 泰尾秘) 수인(36)
왼손을 자연스럽게 펴고
오른손 1, 2, 3, 4, 5번째 손가락으로
오른손 1번째 손가락으로 왼손 손목 접히는 부분을 누르고
오른손 2번째 손가락으로 왼손 2번째 손가락 손톱 밑을 누르고
오른손 3번째 손가락으로 왼손 3번째 손가락 손톱 밑을 누르고
오른손 4번째 손가락으로 왼손 4번째 손가락 손톱 밑을 누르고
오른손 5번째 손가락으로 왼손 5번째 손가락 손톱 밑을 누른다. 2013. 04. 09 07:34

하 태신 태미비(遐 泰神 泰尾秘) 수인(37)
오른손을 자연스럽게 펴고
왼손 1, 2, 3, 4, 5번째 손가락으로
왼손 1번째 손가락으로 오른손 손목 접히는 부분을 누르고
왼손 2번째 손가락으로 오른손 1번째 손가락 손톱 밑을 누르고
왼손 3번째 손가락으로 오른손 2번째 손가락 손톱 밑을 누르고
왼손 4번째 손가락으로 오른손 3번째 손가락 손톱 밑을 누르고
왼손 5번째 손가락으로 오른손 4번째 손가락 손톱 밑을 누른다. 2013. 04. 09 07:27

하 태신 태미비(遐 泰神 泰尾秘) 수인(38)
왼손을 자연스럽게 펴고
오른손 1, 2, 3, 4, 5번째 손가락으로
오른손 1번째 손가락으로 왼손 손목 접히는 부분을 누르고
오른손 2번째 손가락으로 왼손 1번째 손가락 손톱 밑을 누르고
오른손 3번째 손가락으로 왼손 2번째 손가락 손톱 밑을 누르고
오른손 4번째 손가락으로 왼손 3번째 손가락 손톱 밑을 누르고

오른손 5번째 손가락으로 왼손 4번째 손가락 손톱 밑을 누른다. 2013. 04. 09 07:34

하 태신 태미비(遐 泰神 泰尾秘) 수인(39)
오른손을 자연스럽게 펴고
왼손 1, 2, 3, 4, 5번째 손가락으로
왼손 1번째 손가락으로 오른손 손목 접히는 부분을 누르고
왼손 2번째 손가락으로 오른손 1번째 손가락 2번째 마디가 시작되는 부분을 누르고
왼손 3번째 손가락으로 오른손 2번째 손가락 2번째 마디가 시작되는 부분을 누르고
왼손 4번째 손가락으로 오른손 3번째 손가락 2번째 마디가 시작되는 부분을 누르고
왼손 5번째 손가락으로 오른손 4번째 손가락 2번째 마디가 시작되는 부분을 누른다. 2013. 04. 09 07:27

하 태신 태미비(遐 泰神 泰尾秘) 수인(40)
왼손을 자연스럽게 펴고
오른손 1, 2, 3, 4, 5번째 손가락으로
오른손 1번째 손가락으로 왼손 손목 접히는 부분을 누르고
오른손 2번째 손가락으로 왼손 1번째 손가락 2번째 마디가 시작되는 부분을 누르고
오른손 3번째 손가락으로 왼손 2번째 손가락 2번째 마디가 시작되는 부분을 누르고
오른손 4번째 손가락으로 왼손 3번째 손가락 2번째 마디가 시작되는 부분을 누르고
오른손 5번째 손가락으로 왼손 4번째 손가락 2번째 마디가 시

작되는 부분을 누른다. 2013. 04. 09 07:34

하 태신 태미비(遐 泰神 泰尾秘) 수인(41)
오른손을 자연스럽게 펴고
왼손 1, 2, 3, 4, 5번째 손가락으로
왼손 1번째 손가락으로 오른손 손목 접히는 부분을 누르고
왼손 2번째 손가락으로 오른손 1번째 손가락 1번째 마디가 시작되는 부분을 누르고
왼손 3번째 손가락으로 오른손 2번째 손가락 1번째 마디가 시작되는 부분을 누르고
왼손 4번째 손가락으로 오른손 3번째 손가락 1번째 마디가 시작되는 부분을 누르고
왼손 5번째 손가락으로 오른손 4번째 손가락 1번째 마디가 시작되는 부분을 누른다. 2013. 04. 09 07:27

하 태신 태미비(遐 泰神 泰尾秘) 수인(42)
왼손을 자연스럽게 펴고
오른손 1, 2, 3, 4, 5번째 손가락으로
오른손 1번째 손가락으로 왼손 손목 접히는 부분을 누르고
오른손 2번째 손가락으로 왼손 1번째 손가락 1번째 마디가 시작되는 부분을 누르고
오른손 3번째 손가락으로 왼손 2번째 손가락 1번째 마디가 시작되는 부분을 누르고
오른손 4번째 손가락으로 왼손 3번째 손가락 1번째 마디가 시작되는 부분을 누르고
오른손 5번째 손가락으로 왼손 4번째 손가락 1번째 마디가 시작되는 부분을 누른다. 2013. 04. 09 07:51

하 태신 태미비 태초 태미비신 수인(1-12)
(遐 泰神 泰尾秘 泰超 泰尾秘神)

하 태신 태미비 태초 태미비신(遐 泰神 泰尾秘 泰超 泰尾秘神) 수인(1)

오른손을 자연스럽게 펴고
왼손 1, 2, 3, 4, 5번째 손가락으로
왼손 1번째 손가락으로 오른손 장심을 누르고
왼손 2번째 손가락으로 오른손 2번째 손가락 1번째 마디가 시작되는 부분을 누르고
왼손 3번째 손가락으로 오른손 3번째 손가락 1번째 마디가 시작되는 부분을 누르고
왼손 4번째 손가락으로 오른손 4번째 손가락 1번째 마디가 시작되는 부분을 누르고
왼손 5번째 손가락으로 오른손 5번째 손가락 1번째 마디가 시작되는 부분을 누른다. 2013. 04. 09 08:01

하 태신 태미비 태초 태미비신(遐 泰神 泰尾秘 泰超 泰尾秘神) 수인(2)

왼손을 자연스럽게 펴고
오른손 1, 2, 3, 4, 5번째 손가락으로
오른손 1번째 손가락으로 왼손 장심을 누르고
오른손 2번째 손가락으로 왼손 2번째 손가락 1번째 마디가 시작되는 부분을 누르고
오른손 3번째 손가락으로 왼손 3번째 손가락 1번째 마디가 시작되는 부분을 누르고
오른손 4번째 손가락으로 왼손 4번째 손가락 1번째 마디가 시

작되는 부분을 누르고
오른손 5번째 손가락으로 왼손 5번째 손가락 1번째 마디가 시작되는 부분을 누른다. 2013. 04. 09 08:01

하 태신 태미비 태초 태미비신(遐 泰神 泰尾秘 泰超 泰尾秘神) 수인(3)
오른손을 자연스럽게 펴고
왼손 1, 2, 3, 4, 5번째 손가락으로
왼손 1번째 손가락으로 오른손 장심을 누르고
왼손 2번째 손가락으로 오른손 2번째 손가락 2번째 마디가 시작되는 부분을 누르고
왼손 3번째 손가락으로 오른손 3번째 손가락 2번째 마디가 시작되는 부분을 누르고
왼손 4번째 손가락으로 오른손 4번째 손가락 2번째 마디가 시작되는 부분을 누르고
왼손 5번째 손가락으로 오른손 5번째 손가락 2번째 마디가 시작되는 부분을 누른다. 2013. 04. 09 08:01

하 태신 태미비 태초 태미비신(遐 泰神 泰尾秘 泰超 泰尾秘神) 수인(4)
왼손을 자연스럽게 펴고
오른손 1, 2, 3, 4, 5번째 손가락으로
오른손 1번째 손가락으로 왼손 장심을 누르고
오른손 2번째 손가락으로 왼손 2번째 손가락 2번째 마디가 시작되는 부분을 누르고
오른손 3번째 손가락으로 왼손 3번째 손가락 2번째 마디가 시작되는 부분을 누르고

오른손 4번째 손가락으로 왼손 4번째 손가락 2번째 마디가 시작되는 부분을 누르고
오른손 5번째 손가락으로 왼손 5번째 손가락 2번째 마디가 시작되는 부분을 누른다. 2013. 04. 09 08:01

하 태신 태미비 태초 태미비신(遐 泰神 泰尾秘 泰超 泰尾秘神) 수인(5)

오른손을 자연스럽게 펴고
왼손 1, 2, 3, 4, 5번째 손가락으로
왼손 1번째 손가락으로 오른손 장심을 누르고
왼손 2번째 손가락으로 오른손 2번째 손가락 3번째 마디가 시작되는 부분을 누르고
왼손 3번째 손가락으로 오른손 3번째 손가락 3번째 마디가 시작되는 부분을 누르고
왼손 4번째 손가락으로 오른손 4번째 손가락 3번째 마디가 시작되는 부분을 누르고
왼손 5번째 손가락으로 오른손 5번째 손가락 3째 마디가 시작되는 부분을 누른다. 2013. 04. 09 08:01

하 태신 태미비 태초 태미비신(遐 泰神 泰尾秘 泰超 泰尾秘神) 수인(6)

왼손을 자연스럽게 펴고
오른손 1, 2, 3, 4, 5번째 손가락으로
오른손 1번째 손가락으로 왼손 장심을 누르고
오른손 2번째 손가락으로 왼손 2번째 손가락 3번째 마디가 시작되는 부분을 누르고
오른손 3번째 손가락으로 왼손 3번째 손가락 3번째 마디가 시

작되는 부분을 누르고
오른손 4번째 손가락으로 왼손 4번째 손가락 3번째 마디가 시작되는 부분을 누르고
오른손 5번째 손가락으로 왼손 5번째 손가락 3번째 마디가 시작되는 부분을 누른다. 2013. 04. 09 08:01

하 태신 태미비 태초 태미비신(遐 泰神 泰尾秘 泰超 泰尾秘神) 수인(7)

오른손을 자연스럽게 펴고
왼손 1, 2, 3, 4, 5번째 손가락으로
왼손 1번째 손가락으로 오른손 장심을 누르고
왼손 2번째 손가락으로 오른손 2번째 손가락 손톱 밑을 누르고
왼손 3번째 손가락으로 오른손 3번째 손가락 손톱 밑을 누르고
왼손 4번째 손가락으로 오른손 4번째 손가락 손톱 밑을 누르고
왼손 5번째 손가락으로 오른손 5번째 손가락 손톱 밑을 누른다. 2013. 04. 09 08:01

하 태신 태미비 태초 태미비신(遐 泰神 泰尾秘 泰超 泰尾秘神) 수인(8)

왼손을 자연스럽게 펴고
오른손 1, 2, 3, 4, 5번째 손가락으로
오른손 1번째 손가락으로 왼손 장심을 누르고
오른손 2번째 손가락으로 왼손 1번째 손가락 손톱 밑을 누르고
오른손 3번째 손가락으로 왼손 2번째 손가락 손톱 밑을 누르고
오른손 4번째 손가락으로 왼손 3번째 손가락 손톱 밑을 누르고
오른손 5번째 손가락으로 왼손 4번째 손가락 손톱 밑을 누른다. 2013. 04. 09 08:01

하 태신 태미비 태초 태미비신(遐 泰神 泰尾秘 泰超 泰尾秘神) 수인(9)

오른손을 자연스럽게 펴고
왼손 1, 2, 3, 4, 5번째 손가락으로
왼손 1번째 손가락으로 오른손 장심을 누르고
왼손 2번째 손가락으로 오른손 1번째 손가락 2번째 마디가 시작되는 부분을 누르고
왼손 3번째 손가락으로 오른손 2번째 손가락 2번째 마디가 시작되는 부분을 누르고
왼손 4번째 손가락으로 오른손 3번째 손가락 2번째 마디가 시작되는 부분을 누르고
왼손 5번째 손가락으로 오른손 4번째 손가락 2째 마디가 시작되는 부분을 누른다. 2013. 04. 09 08:01

하 태신 태미비 태초 태미비신(遐 泰神 泰尾秘 泰超 泰尾秘神) 수인(10)

왼손을 자연스럽게 펴고
오른손 1, 2, 3, 4, 5번째 손가락으로
오른손 1번째 손가락으로 왼손 장심을 누르고
오른손 2번째 손가락으로 왼손 1번째 손가락 2번째 마디가 시작되는 부분을 누르고
오른손 3번째 손가락으로 왼손 2번째 손가락 2번째 마디가 시작되는 부분을 누르고
오른손 4번째 손가락으로 왼손 3번째 손가락 2번째 마디가 시작되는 부분을 누르고
오른손 5번째 손가락으로 왼손 4번째 손가락 2번째 마디가 시작되는 부분을 누른다. 2013. 04. 09 08:01

하 태신 태미비 태초 태미비신(遐 泰神 泰尾秘 泰超 泰尾秘神) 수인(11)
오른손을 자연스럽게 펴고
왼손 1, 2, 3, 4, 5번째 손가락으로
왼손 1번째 손가락으로 오른손 장심을 누르고
왼손 2번째 손가락으로 오른손 1번째 손가락 1번째 마디가 시작되는 부분을 누르고
왼손 3번째 손가락으로 오른손 2번째 손가락 1번째 마디가 시작되는 부분을 누르고
왼손 4번째 손가락으로 오른손 3번째 손가락 1번째 마디가 시작되는 부분을 누르고
왼손 5번째 손가락으로 오른손 4번째 손가락 1째 마디가 시작되는 부분을 누른다. 2013. 04. 09 08:01

하 태신 태미비 태초 태미비신(遐 泰神 泰尾秘 泰超 泰尾秘神) 수인(12)
왼손을 자연스럽게 펴고
오른손 1, 2, 3, 4, 5번째 손가락으로
오른손 1번째 손가락으로 왼손 장심을 누르고
오른손 2번째 손가락으로 왼손 1번째 손가락 1번째 마디가 시작되는 부분을 누르고
오른손 3번째 손가락으로 왼손 2번째 손가락 1번째 마디가 시작되는 부분을 누르고
오른손 4번째 손가락으로 왼손 3번째 손가락 1번째 마디가 시작되는 부분을 누르고
오른손 5번째 손가락으로 왼손 4번째 손가락 1번째 마디가 시작되는 부분을 누른다. 2013. 04. 09 08:12

하태미비공(遐 泰尾秘 功)

태미합 수인을 한다
그리고 태미합 수인에서 손바닥을 떼면서
오른손바닥으로 왼손 팔꿈치 위에 갖다놓고
왼손바닥을 오른손 팔꿈치 위에 갖다놓는다.
양 팔꿈치에서 양손바닥을 떼면서
양손바닥을 가슴 앞으로 가지고 와서
태미합 수인을 한다.

태미합 수인에서 손바닥을 떼며
오른손바닥으로 왼손 팔꿈치 위에 갖다놓고
왼손바닥을 오른손 팔꿈치 위에 갖다놓는다.

한 번은 오른손이 위로 오게 하고
그 다음에는 왼손이 위로 오게 한다.

이것을 반복해서 행한다. 2013. 04. 09

태하 신태미비태 미태 공(泰遐 神泰尾秘泰 尾泰 功)

태미합 수인을 한다
그리고 태미합 수인에서 손바닥을 떼면서
오른손바닥으로 왼손 팔꿈치 위에 갖다놓고
왼손바닥을 오른손 팔꿈치 위에 갖다놓는다.
오른손을 왼손 팔꿈치에서 손을 떼서 왼손 어깨 위에 갖다놓고
왼손을 오른손 팔꿈치에서 손을 떼서 오른손 어깨 위에 갖다

놓는다.
양 어깨에서 양손바닥을 떼면서
양손바닥을 가슴 앞으로 가지고 와서
태미합 수인을 한다.

태미합 수인에서 손바닥을 떼며
오른손바닥으로 왼손 팔꿈치 위에 갖다놓고
왼손바닥을 오른손 팔꿈치 위에 갖다놓는다 것을
한 번은 오른손이 위로 오게 하고
그 다음에는 왼손이 위로 오게 하면서
이것을 반복해서 행한다. 2013. 04. 09 08:31

하신미비미 태초 미미태 미태비태 공
(遐神尾秘尾 泰超 尾尾泰 尾泰秘泰 功)

태미합 수인을 한다.
그리고 태미합 수인에서 손바닥을 떼면서
오른손바닥으로 왼손 팔꿈치 위에 갖다놓고
왼손바닥을 오른손 팔꿈치 위에 갖다놓는다.
오른손을 왼손 팔꿈치에서 손을 떼서 왼손 어깨 위에 갖다놓고
왼손을 오른손 팔꿈치에서 손을 떼서 오른손 어깨 위에 갖다놓는다.
오른손을 왼손 어깨에서 손을 떼서 왼쪽 귀 위 머리에 갖다놓고
왼손을 오른손 어깨에서 손을 떼서 오른쪽 귀 위 머리 위에 갖다놓는다.
양 머리 위에서 양손바닥을 떼면서

양손바닥을 가슴 앞으로 가지고 와서
태미합 수인을 한다.

태미합 수인에서 손바닥을 떼며
오른손바닥으로 왼손 팔꿈치 위에 갖다놓고
왼손바닥을 오른손 팔꿈치 위에 갖다놓는다 것을
한 번은 오른손이 위로 오게 하고
그 다음에는 왼손이 위로 오게 하면서
이것을 반복해서 행한다. 2013. 04. 09 08:40

하신태미비 미조미 공(遐神泰尾秘 尾祖尾 功)

태미합 수인을 한다
그리고 태미합 수인에서 손바닥을 떼면서
오른손바닥으로 오른쪽 무릎을 가볍게 때리고
왼손바닥으로 왼쪽 무릎을 가볍게 때리고
오른손바닥으로 오른쪽 골반을 가볍게 때리고
왼손으로 왼손 골반을 가볍게 때리고
오른손으로 왼손 팔꿈치를 가볍게 때리고
왼손으로 오른손 팔꿈치를 가볍게 때리고
오른손으로 왼쪽 어깨를 가볍게 때리고
왼손으로 오른쪽 어깨를 가볍게 때리고
오른손으로 오른쪽 귀 위를 가볍게 때리며 갖다 대고
왼손을 왼쪽 귀 위를 가볍게 때리며 갖다 댔다가
동시에 두 손바닥을 떼고 태미합 수인을 한다.
이것을 반복해서 행한다. 2013. 04. 09 08:51

미태비 신하 태신 공(尾泰秘 神遐 泰神 功)

두 손바닥을 자연스럽게 펴서 머리 양옆, 양 귀 바로 위에 살며시 데고 시작한다.
(미미미미미미미미미태비태미태비태미황태미황 수인)
오른손바닥으로 떼서 오른발가락이 시작하는 5번째 발가락 옆을 때리고
왼손바닥으로 떼서 왼발가락이 시작하는 5번째 발가락 옆을 때리고
오른손바닥으로 오른쪽 발목 복숭아뼈 있는 부분을 때리고
왼손바닥으로 왼쪽 발목 복숭아뼈 있는 부분을 때리고
오른손바닥으로 오른쪽 무릎 밖을 때이고
왼손바닥으로 왼쪽 무릎 밖을 때리고
오른손바닥으로 오른쪽 골반 옆구리를 때리고
왼손바닥으로 왼쪽 골반 옆구리를 때리고
왼손바닥으로 오른쪽 5번째 손가락이 시작되는 부분을 때리고
오른손바닥으로 왼쪽 5번째 손가락이 시작되는 부분을 때리고
왼손바닥으로 오른쪽 팔꿈치 밖을 때리고
오른손바닥으로 왼쪽 팔꿈치 밖을 때리고
왼손바닥으로 오른쪽 어깨를 때리고
오른손바닥으로 왼쪽 어깨를 두드리고
왼손바닥으로 왼쪽 귀 위 머리를 살며시 두드리며 대고
오른손바닥으로 오른쪽 귀 바로 위 머리를 살며시 두드리며 대었다가 동시에 두 손바닥을 머리에서 떼어 머리 위로 올려서 박수를 친다.
박수를 치고 나서는 다시 머리 위 귀 바로 위에 손바닥을 앞에서와 같이 갖다 댄다.
이것을 반복해서 한다. 2013. 04. 10. 10: 18

태미태미태미 태신신하 신미비 태신 태미태미 공
(泰尾泰尾泰尾 泰神神遐 神尾秘 泰神 泰尾泰尾 功)

두 손바닥을 자연스럽게 펴서 머리 양옆, 양 귀 바로 위에 살며시 대고 시작한다.
(미미미미미미미미미태비태미태비태미황태미황 수인)
오른손바닥으로 떼서 오른발가락이 시작하는 5번째 발가락 옆을 때리고
왼손바닥으로 떼서 왼발가락이 시작하는 5번째 발가락 옆을 때리고
오른손바닥으로 떼서 오른발가락이 시작하는 1번째 발가락 옆을 때리고
왼손바닥으로 떼서 왼발가락이 시작하는 1번째 발가락 옆을 때리고

오른손바닥으로 오른쪽 발목 복숭아뼈 있는 부분을 때리고
왼손바닥으로 왼쪽 발목 복숭아뼈 있는 부분을 때리고
오른손바닥으로 오른쪽 발목 안쪽 복숭아뼈 부분을 두드리고
왼손바닥으로 왼쪽 발목 안쪽 복숭아뼈 있는 부분을 두드리고
오른손바닥으로 오른쪽 발목 앞쪽을 두드리고
왼손바닥으로 왼쪽 발목 앞쪽을 두드리고
오른손바닥으로 오른쪽 발목 뒤쪽을 두드리고
왼손바닥으로 왼쪽 발목 뒤쪽을 두드리고

오른손바닥으로 오른쪽 무릎 밖을 두드리고
왼손바닥으로 왼쪽 무릎 밖을 두드리고
오른손바닥으로 오른쪽 무릎 안쪽을 두드리고
왼손바닥으로 왼쪽 무릎 안쪽을 두드리고
오른손바닥으로 오른쪽 무릎 앞쪽을 두드리고

왼손바닥으로 왼쪽 무릎 앞쪽을 두드리고
오른손바닥으로 오른쪽 무릎 앞뒤를 두드리고
왼손바닥으로 왼쪽 무릎 뒤쪽을 두드리고

오른손바닥으로 오른쪽 골반 옆구리를 때리고
왼손바닥으로 왼쪽 골반 옆구리를 때리고
오른손바닥으로 오른쪽 사타구니 허벅지를 두드리고
왼손바닥으로 왼쪽 사타구니 허벅지를 두드리고

오른손바닥으로 배 오른쪽 부분을 두드리고
왼손바닥으로 배 왼쪽 부분을 두드리고

오른손바닥으로 오른쪽 가슴을 두드리고
왼손바닥으로 왼쪽 가슴을 두드리고

오른손바닥으로 오른쪽 엉덩이를 두드리고
왼손바닥으로 왼쪽 엉덩이를 두드리고

허리를 약간 굽혀
오른손바닥으로 등허리 신장 있는 부분 오른쪽을 두드리고
왼손바닥으로 등허리 신장 있는 부분 왼쪽을 두드리고

두 손바닥으로 동시에 신장 위 척추를 두드리고

왼손바닥으로 오른쪽 5번째 손가락이 시작되는 부분을 때리고
오른손바닥으로 왼쪽 5번째 손가락이 시작되는 부분을 때리고
왼손바닥으로 오른쪽 1번째 손가락이 시작되는 부분을 두드리고
오른손바닥으로 왼쪽 1번째 손가락이 시작되는 부분을 두드리

고

왼손바닥으로 오른쪽 손목 밖을 두드리고
오른손바닥으로 왼쪽 손목 밖을 두드리고
왼손바닥으로 오른쪽 손목 안쪽을 두드리고
오른손바닥으로 왼쪽 손목 안쪽을 두드리고

왼손바닥으로 오른쪽 팔꿈치 밖을 때이고
오른손바닥으로 왼쪽 팔꿈치 밖을 때리고
왼손바닥으로 오른쪽 팔꿈치 안쪽을 두드리고
오른손바닥으로 왼쪽 팔꿈치 안쪽을 두드리고
왼손바닥으로 오른쪽 팔꿈치 앞쪽을 때이고
오른손바닥으로 왼쪽 팔꿈치 앞쪽을 때리고
왼손바닥으로 오른쪽 팔꿈치 뒤쪽을 두드리고
오른손바닥으로 왼쪽 팔꿈치 뒤쪽을 두드리고

왼손바닥으로 오른쪽 어깨 뒤쪽을 때리고
오른손바닥으로 왼쪽 어깨 뒤쪽을 두드리고
왼손바닥으로 오른쪽 쇠골뼈 있는 어깨 앞쪽을 두드리고
오른손바닥으로 왼쪽 쇠골뼈 있는 어깨 앞쪽을 두드리고

왼손바닥으로 왼쪽 귀 위 머리를 살며시 두드리며 대고
오른손바닥으로 오른쪽 귀 바로 위 머리를 살며시 두드리며 대었다가 동시에 두 손바닥을 머리에서 떼어 머리 위로 올려서 박수를 친다.
박수를 치고 나서는 다시 머리 위 귀 바로 위에 손바닥을 앞에서와 같이 갔다 댄다.

이것을 반복해서 한다. 2013. 04. 10. 10: 49

신비대 대미태 태초 미 공(神秘大 大尾泰 太初 尾 功)

차례자세에서 발을 어깨넓이 만큼 벌리고
양손을 자연스럽게 펴고
양손을 가슴 위로 올려서 손바닥을 마주쳐 손뼉치고
손벽친 상태, 손바닥이 맞닿은 상태에서
그 상태에서 머리 위로 최대한 올리고
최대한 머리 위로 마주한 손을 올려서 손바닥이 양 밖을 바라보게 하고
즉 왼손바닥은 왼쪽 밖을 바라보고 오른손바닥은 오른쪽 밖을 바라보게 하여
그대로 양옆으로 최대한 밖을 향하게 하여 원을 그리며 가슴부분까지 내려온다.
이때 가슴부분까지 내려오면 마치 양손바닥이 어깨 높이와 같아지고 양 손바닥은 양 밖을 바라보고 있는 것과 같이 된다.
가슴부분까지 내려서는 가슴 안쪽으로 두 손바닥을 모으며 박수를 친다.

박수친 손바닥이 맞닿은 상태에서 다시 머리 위로 최대한 올린다.
머리 위로 최대한 올려서는 손바닥이 밖을 바라보게 해서
최대한 크게 원을 그리며 어깨 높이만큼 내려와서는
가슴으로 두 손을 모으며 박수를 친다.

박수친 상태에서 다시 머리 위로 최대한 올린다.
머리 위로 최대한 올려서는 손바닥이 밖을 바라보게 해서
최대한 크게 원을 그리며 어깨 높이만큼 내려와서는
가슴으로 두 손을 모으며 박수를 친다.
이 동작을 반복해서 행한다. 2013. 04. 11 07:19

대비신 미 태초 태미태미 공
(大秘神 尾 泰超 泰尾泰尾 功)

차례자세에서
발을 어깨넓이 만큼 벌리고
양손을 자연스럽게 펴고
양손을 가슴 위로 올려서 손바닥을 마주쳐 손벽치고
(이때 손끝이 하늘을 보게 한다)
손벽친 상태, 손바닥이 맞닿은 상태에서
그 상태에서 머리 위로 최대한 올리고
최대한 머리 위로 마주한 손을 올려서 손바닥이 양 밖을 바라보게 하고
즉 왼손바닥은 왼쪽 밖을 바라보고 오른손바닥은 오른쪽 밖을 바라보게 하여
그대로 양옆으로 최대한 밖을 향하게 하여 원을 그리며 가슴부분까지 내려온다.
이때 가슴부분까지 내려오면 마치 양손바닥이 어깨 높이와 같아지고
양 손바닥은 양 밖을 바라보고 있는 것과 같이 된다.
가슴부분까지 내려서는 가슴 안쪽으로 두 손바닥을 모으며 박수를 친다.
(이때 박수를 칠 때 손가락 끝이 정면을 바라보게 한다.)
박수쳐 손바닥이 맞닿은 상태에서 앞으로 쭉 뻗는다.
쭉 뻗어서는 양손바닥이 양 밖을 바라보게 해서
수평으로 원을 그리며 가슴과 일직선이 되었을 때
가슴 안쪽으로 두 손바닥을 모르며 박수를 친다.
(이때 박수칠 때 손가락 끝이 하늘을 바라보게 한다)

박수친 손바닥이 맞닿은 상태에서 다시 머리 위로 최대한 올린다.

머리 위로 최대한 올려서는 손바닥이 밖을 바라보게 해서
최대한 크게 원을 그리며 어깨 높이만큼 내려와서는
가슴으로 두 손을 모으며 박수를 친다.
이때 손가락 끝은 정면을 바라보게 한다.
박수 친 상태에서 앞쪽으로 팔을 최대한 쭉 뻗어
손바닥이 양 밖을 바라보게 해서
수평적으로 원을 그리며 가슴부분과 일직선이 되게 해서
가슴 앞으로 두 손바닥을 모으며 박수를 친다.
이때 박수친 손가락 끝은 하늘을 보게 한다.

박수친 상태에서 다시 머리 위로 최대한 올린다.
머리 위로 최대한 올려서는 손바닥이 밖을 바라보게 해서
최대한 크게 원을 그리며 어깨 높이만큼 내려와서는
가슴으로 두 손을 모으며 박수를 친다.
이때 손가락 끝은 정면을 바라보게 한다.
박수 친 상태에서 앞쪽으로 팔을 최대한 쭉 뻗어
손바닥이 양 밖을 바라보게 해서
수평적으로 원을 그리며 가슴부분과 일직선이 되게 해서
가슴 앞으로 두 손바닥을 모으며 박수를 친다.
이때 박수친 손가락 끝은 하늘을 보게 한다.

이 동작을 반복해서 행한다. 2013. 04. 11 13:49

태미태미신 태미태미 공(泰尾泰尾神 泰尾泰尾 功)

왼손 1번째 손가락은 자연스럽게 떨어지게 하고 2, 3, 4, 5번째 손가락은 붙이고

오른손도 1번째 손가락은 자연스럽게 떨어지게 하고 2, 3, 4, 5번째 손가락은 붙인다.
그리고 양손바닥이 몸을 바라보게 하고 왼손바닥 5-8cm 뒤로 오른손바닥이 있게 한다.

오른손바닥으로는 왼손바닥을 중심으로 안에서 밖으로 돌리고
왼손바닥으로는 오른손바닥을 중심으로 안에서 밖으로 돌린다.
이것을 동시에 행한다. 반복적으로 행한다.
끝마칠 때는 양손이 어깨넓이 만큼 벌어진 11자의 상태에서
손바닥으로 V형자가 되게 한다.
V자가 되었을 때 양손바닥은 서로를 향하게 한다.

이것을 행하면 위로 올라가게 한다.

* 어제 저녁에 잠자리에 누웠는데 본인도 모르게 행하게 되었던 동작이다. 2013. 04. 12 07:07

태미태미태비신 공(泰尾泰尾泰秘神 功)

왼손 1번째 손가락은 자연스럽게 떨어지게 하고 2, 3, 4, 5번째 손가락은 붙이고
오른손도 1번째 손가락은 자연스럽게 떨어지게 하고 2, 3, 4, 5번째 손가락은 붙인다.
그리고 양손바닥이 몸을 바라보게 하고 오른손바닥 5-8cm 뒤로 왼손바닥이 있게 한다.

왼손바닥으로는 오른손바닥을 중심으로 밖에서 안으로 돌리고

오른손바닥으로는 왼손바닥을 중심으로 밖에서 안으로 돌린다.
이것을 동시에 행한다. 반복적으로 행한다.
끝마칠 때는 양손이 어깨넓이 만큼 벌어진 11자의 상태에서
손바닥으로 V형자가 되게 한다.
V자가 되었을 때 양손바닥은 서로를 향하게 한다.

이것을 행하면 아래쪽으로 내려오게 간다. 2013. 04. 12 07:21

조태비신 태초 태미신 공(祖泰秘神 泰超 泰尾神 功)

합장한 다음
합장한 손을 앞으로 쭉 뻗어서
양 손바닥이 밖으로 보게 하여
왼손은 왼쪽으로 가고 오른손은 오른쪽으로 움직인다.
양 옆으로 움직여서 몸과 일직선상이 되었을 때
가슴 앞으로 손을 모아 합장한 상태가 되게 한다.

합장한 상태에서 앞으로 쭉 뻗어서
양손바닥이 앞으로 보게 하여
양손을 양옆으로 움직여서
몸과 일직선상이 되게 하여
가슴 앞으로 솜을 모으며 합장한다.

이것을 반복적으로 행한다. 2013. 04. 12 17:52

미미신 태초 미미미미신 공
(尾尾神 泰超 尾尾尾尾神 功)

어제 저녁 몸이 너무 무거워 이렇게 있어서는 안 되겠다 싶어 합당한 춤을 춰 본다고 생각하고 공(功)을 하였다.

처음에는 오른발을 중심에 두고 왼발을 움직이며 합장한 손을 가슴에서부터 머리 위로 뻗어 올리며 머리 위에서 손바닥을 밖을 바라보게 해서 아래로 내리며 명신(明神)을 넓혔다. 명신을 넓혔다. 처음에는 양옆으로 오른발을 중심에 두고 왼발을 시계 방향으로 움직이며 또 양옆으로 넓히고 또 조금 움직여서 또 넓혔다. 그렇게 한 바퀴 두 바퀴 ...오른발을 중심으로 돌리면서 합장한 손을 위로 뻗어 올려서 양옆으로 펼치며 넓히고 넓혔다. 그렇게 넓히고 다시 왼발을 중심으로 오른발을 움직이며 시계 반대 방향으로 움직이며 가슴에서 합장하고 머리 위 명신을 뚫고 양옆으로 그렇게 넓혔다. 넓히지 않은 곳 없도록 넓히고 넓혔다.

처음에는 명신을 넓히고 명신을 넓히고 나서는 가슴에서부터 넓히고, 가슴을 넓힌 다음에는 성기 밑에서부터 명신에 이르기까지 뚫으며 넓히고 넓혔다. 앞쪽을 넓히고 뒤쪽을 넓히고 양옆을 뚫으며 넓혔다.

양 다리를 제외하고는 모두 다 뚫리고 모두 다 사라진 것 같은 느낌이었다. 그렇게 한 바탕 공(미미신 태초 미미미미신 공(尾尾神 泰超 尾尾尾尾神 功)을 하고 나니 몸이 조금 상쾌한 것 같았다. 맑고 청명한다는 생각이 들었다. 그렇게 퇴근길에 들었다.

운전하며 퇴근하는 길 몸통 안쪽은 맑고 깨끗해 보이는데, 몸통 뒤쪽이 검게 탁하게 보여서 몸통 안으로 들어가 검고 탁한 것을 제거한다고 생각하니 생각함과 함께 몸통 안으로 합장한 두 손이 들어가서 몸통을 모두 다 위로 올리고, 올린 몸통은 위로 올라가 사라지며 없어지는 것 같았다.

그렇게 하고 보니 몸통은 없는데 양다리는 묵직해 보이고 탁하게 보였다. 그래서 이번에는 용천에 합장한 손끝을 대고 위로 뚫는다. 뚫으며 위로 합장한 손을 끌어올렸다. 몇 번을 끄어올렸을까? 다리까지 사라지고 없어진 느낌이었다. 몸통이 사라지고 육체만이 움직이는 느낌이었다. 육체만 움직일 뿐 아무 것도 없는 것 같은 느낌이었다. 차를 주차하고 집에 들어갈 때는 그랬다.

오래 전, 몸이 세로 수직으로 두 갈래 갈라져서 사라진 적이 있었고, 올해 언제 인지 모르겠지만 그 당시 이것저것으로 바쁘다는 핑계로 글을 쓰지 않았지만, 가로로 발바닥에서부터 갈라져서 위로 몸통이 갈라져 올라오며 사라졌었는데, 어제 퇴근길에서 앞서서는 명신부분이, 그리고 가슴부분에서, 그리고 성기 아래쪽에서부터, 그리고 퇴근길에는 용천 발바닥에서부터 뚫리며 올라오며 가로로 찢어지며 머리 위로 올라와 사라졌다.

오늘 아침 출근길에 식구들을 작업한다고 생각하며 작업해보니 식구들도 가로로 용천아래서부터 미리 위로 몸통이 통째로 벗겨져 올라가서는 사라지는 것 같았다. 2013. 04. 13 07:01

미미미미미미미미미미미미미미미미미미(12) 공
(尾尾尾尾尾尾尾尾尾尾尾尾尾尾 功)

합장한 다음
합장한 손끝을 턱 밑을 통해 머릿속으로 해서 명신(明神) 위로 쭉 뻗어서
합장한 양 손바닥이 밖으로 보게 하여 아래로 내리며
왼손은 왼쪽을 보고 왼쪽으로 가고
오른손은 오른쪽을 보고 오른쪽으로 원을 그리며 내려오고

내려와서는 오른발을 중심으로 왼발을 시계 방향으로 45도 돌아서
합장한 손끝을 턱 밑을 통해 머릿속으로 해서 명신(明神) 위로 쭉 뻗어서
합장한 양 손바닥이 밖으로 보게 하여 양옆으로 명신을 더 넓히며 아래로 내린다.
내릴 때 왼손은 왼쪽을 보고 왼쪽으로 가고
오른손은 오른쪽을 보고 오른쪽으로 원을 그리며 내려오고

내려와서는 오른발을 중심으로 왼발을 시계 방향으로 45도 돌아서
합장한 손끝을 턱 밑을 통해 머릿속으로 해서 명신(明神) 위로 쭉 뻗어서
합장한 양 손바닥이 밖으로 보게 하여 양옆으로 명신을 더 넓히며 아래로 내린다.
내릴 때 왼손은 왼쪽을 보고 왼쪽으로 가고
오른손은 오른쪽을 보고 오른쪽으로 원을 그리며 내려온다.

이와 같이 반복해서 행하여 사방팔방이 뻥 뚫리고 뻥 뚫린 명

신은 어깨 아래, 가슴부분까지
사라지게 한다.

이것이 충분하게 되었을 때, 이번에는 왼발을 중심으로 오른발을 시계 반대 방향으로 움직이며 위와 같이 똑같은 동작을 한다.

이것을 반복해서 한다.

오른발 왼발 번갈아 중심에 두고 반복해서 행한다.
2013. 04. 13 07:26

미미신 태초 미미미미태신 공
(尾尾神 泰超 尾尾尾尾泰神 功)

합장한 다음
합장한 손끝을 턱 밑을 통해 머릿속으로 해서 명신(明神) 위로 쭉 뻗어서
합장한 양 손바닥이 밖으로 보게 하여 아래로 내리며
왼손은 왼쪽을 보고 왼쪽으로 가고
오른손은 오른쪽을 보고 오른쪽으로 원을 그리며 내려오고

내려와서는 가슴 아래쪽 명치부분에서 합장을 되게 해서
합장한 손끝이 명치부분을 통해 몸통 속으로 들어와서 몸통을 통해 명신 위로 쭉 뻗어서
합장한 양 손바닥이 밖으로 보게 하여 아래로 내리며
왼손은 왼쪽을 보고 왼쪽으로 가고
오른손은 오른쪽을 보고 오른쪽으로 원을 그리며 내려오고

내려와서는 성기 아래쪽에서 합장을 되게 해서
합장한 손끝이 성기부분을 통해 몸통 속으로 들어와서 몸통을 통해 명신 위로 쭉 뻗어서
합장한 양 손바닥이 밖으로 보게 하여 아래로 내리며
왼손은 왼쪽을 보고 왼쪽으로 가고
오른손은 오른쪽을 보고 오른쪽으로 원을 그리며 내려오고

내려와서는 용천 아래쪽에서 합장을 되게 해서
합장한 손끝이 용천 아래를 통해 몸통 속으로 들어와서 몸통을 통해 명신 위로 쭉 뻗어서
합장한 양 손바닥이 밖으로 보게 하여 아래로 내리며
왼손은 왼쪽을 보고 왼쪽으로 가고
오른손은 오른쪽을 보고 오른쪽으로 원을 그리며 내려오고

내려와서는 합장한 손끝을 턱 밑을 통해 머릿속으로 해서 명신(明神) 위로 쭉 뻗고,
내려와서는 합장한 손끝을 명치를 통해 몸통 속으로 들어와서 몸통을 통해 명신 위로 뻗고,
내려와서는 합장한 손끝을 성기부분을 통해 몸통 속으로 들어와서 몸통을 통해 명신 위로 쭉 뻗고, 합장한 손끝이 용천 아래를 통해 몸통 속으로 들어와서 몸통을 통해 명신 위로 쭉 뻗는다. 이것을 반복해서 행한다. 2013. 04. 13. 07:18

시초 미미신 신공(始初 尾尾神 神功)

손가락이 서로 붙지 않게 해서 손가락을 최대한 뒤로 젖히고
어깨가 뒤로 쫙 펴지도록 양 손바닥을 벌렸다가

손가락을 제외한 손바닥으로만 가슴 앞에서 박수를 치기를 8번 반복하다가
어쩌다 한 번씩 머리 위쪽 명신 위에서 박수를 1번씩 친다.
이것을 반복적으로 한다. 2013. 04. 16 12:15

시초 미미신 자태미(始初 尾尾神 自泰尾) 수인

차례 자세에서 두 팔을 어깨 높이로 올리고
양손바닥을 양 밖을 바라보게 한다.
손목과 손바닥이 90도에 가깝게 한다.
그래서 마치 온몸이 十모양이 되게 한다.

그리고 의념으로
몸통 안에 있는 것이
양손바닥을 통하여 몸통 밖으로 퍼져나간다고 생각하며
양 장심을 통하여 밖으로 밀어내고
아래로는 용천을 통하여 밖으로 밀어내고
위로는 명신을 통하여 위로 밀어낸다.
그러면서 몸통 안에 있는 것을 확장시킨다. 2013. 04. 17 13:25

* 편안하게 한다고 발을 어깨 넓이로 벌리면 성정초가 중심이 되지 않고 단전이 중심이 되는 만큼, 반드시 차례 자세에서 해야 황미비가 쌓이고 성정초가 중심이 되게 된다는 것 잊어서는 아니 된다.

시초신 미신 미태초(始初神 尾神 尾泰超) 수인

차례 자세에서 두 팔을 어깨 높이로 올리고
양손바닥을 양 밖을 바라보게 한다.
손목과 손바닥이 90도에 가깝게 한다.
그래서 마치 온몸이 十모양이 되게 한다.

그리고 의념으로
몸통 안에 있는 것이
양손바닥을 통하여 몸통 밖으로 펴져나간다고 생각하며
양 장심을 통하여 밖으로 밀어내고
아래로는 용천을 통하여 밖으로 밀어내고
위로는 명신을 통하여 위로 밀어낸다.
그러면서 몸통 안에 있는 것을 확장시킨다.

사방으로 확장시키다가
온몸 전체를 통하여 시방으로 확장시킨다. 2013. 04. 17 15:25

미미미(尾尾尾) 공(功)

차례자세를 하고
두 팔을 들어 하늘 높이 올려서
Y자가 되게 한다.

이때 의식은 성정초(性精初:황미비)에 둔다. 2013. 04. 18 10:28

* 미미미(尾尾尾) 공(功) 이 수인은 어제 행해져서 기록해 놓고 이름 지은

수인이름인데.....이 세계에서는 미미미(尾尾尾) 공(功)을 하면서 미신비 태근(尾神秘 泰根)을 축척해야 하는가 보다. 2013. 04. 19 09: 04

미 근본 미 공(尾 根本 尾 功)

손목을 X자가 되게 엇갈리게 해서 손바닥을 모두 다 밖을 보게 한다,
그리고 주먹을 쥐었다 폈다. 쥐었다 폈다.
반복해서 한다. 2013. 04. 19 12:13

미미신미미 시태초 근본 공(尾尾神尾尾 始泰超 根本 功)

양팔의 팔꿈치를 양옆구리에 붙이고 나란히 자세를 한다.
그리고 주먹을 쥐었다 폈다. 쥐었다 폈다
반복해서 한다. 2013. 04. 19 12:20

미미신미미 비초 공(尾尾神尾尾 秘超 功)

다섯 손가락을 모아서
반대 손 장심을 번갈아 두드린다. 2013. 04. 20

미미신미미 태초 미미 공(尾尾神尾尾 泰超 尾尾 功)

차례자세를 하고
두 팔을 들어 어깨와 나란히 하여
十 자가 되게 한다.
이때 양손바닥은 쫙 펴서 하늘을 보게 한다.

이때 의식은 성정초(性精初:황미비)에 둔다. 2013. 04. 22 17:33

十자 자세에서 손바닥이 앞을 보게 하면 신 초공(神 初功)
十자 자세에서 손바닥이 땅을 보게 하면 초시 공(初始 功)
十자 자세에서 손바닥이 뒤를 보게 하면 태영 태초 공(太靈 太初 功)

*퇴근길에 원기 충전을 위한 수인은 무엇일까? 생각하며 손가락을 움직여 보아도 뚜렷하게 수인이 되지 않았다. 오히려 손바닥을 비비게 되었다.
비비다보니 처음에는 손가락으로 비벼지던 것이 어느 순간부터는 같은 부분이 서로 비비게 되었다.
장심을 막 벗어나 손가락 쪽의 손바닥과 손가락 2, 3, 4, 5번째 손가락 2번째 마디가 시작되는 부분에 이르기까지 자꾸만 비비게 되었다.
이것이 원기를 충전하는데 충분한가? 그런 생각을 하면서 다른 건강수인을 해보며 퇴근을 하였다.

퇴근해 저녁 먹고 몇 번 더 장심을 막 벗어나 손가락이 시작되기 전 두툼한 손바닥과 2번째 마디가 시작되는 부분에 이르기까지 왼손바닥 오른손바닥으로 서로 같은 부분으로 시계방향으로 돌아가게 하며 돌리며 비볐다. 오른손바닥으로 왼손을 비비고, 왼손바닥으로 오른손을 비비고, 같은 부분으로 비비기도 하였다. 그러다가 잠자리에 누웠다.

아이들이 방전등을 끄고 잘 주무시라는 말을 남기고 방문을 닫는 순간, 왼손바닥에서 장심부분과 장심 위에 부분, 퇴근하며 퇴근해서 비볐던 곳이 서로 다르게 어떤 것이 뭉쳐져 있는 것이 보였다.

장심부분에 있는 것에는 눈이 가지 않고 장심을 벗어나 손가락 쪽에 덩어리져 있는 것에 눈이 갔다. 눈이 감과 동시에 오른손바닥이 자연스럽게 가지고 오른손바닥이 가서는 서로 문지르고 문질러서는 조금 간격을 두고 떨어져서 서로 문지르고, 그러는 사이 그 틈으로 뭉쳐져 있던 것은 더 커졌다. 커짐에 따라 더 손바닥을 더 떨어지게 하며 늘려나갔다. 그렇게 늘려나가는 사이에 그것은 축구공만 하게 커졌다. 손을 비비며 손 안에 있는 것이 커지도록 자꾸만 뭉치면서 키워나갔다. 그러는데 손가락에 통증이 느껴졌다. 올라가는 세계를 그리다보니 손가락에 통증이 느껴져서 그리다말다 그리다 말다하며 쉬면서 밝혀 드러내 그렸는데, 그 손가락에 통증이 느껴졌다. 통증이 느껴지기에 키운 이것을 통증이 느껴지는 손가락으로 가져가 뭉쳐진 것으로 통증 느껴지는 손가락 마디마다 보내며 뼈마디 마디로 뼛속으로 뭉쳐진 것으로 보내보았다. 그렇게 보내는 사이에 이것은 더욱 더 커진다.

손가락에서 손으로 손에서 손목, 어깨, 양손 양팔 양 어깨, 온몸을 감싸게 되었다. 이것은 계속해서 커졌다, 커진 이것은 나의 온몸보다 더 크고 더 큰 이것으로 이번에 옆에 잠자는 내자에게로 가져가 손부터 천천히 뼈마디 뼛속 팔 온몸을 해보았다. 어느 순간 이것은 내자의 온몸을 돌고도 남아 더 켜졌다. 그렇게 커진 것을 확인하고 잠이 들었다.

아침에 깨어보니 몸이 무겁다. 그리고 무엇인지 모르겠지만 덩어리져 있는 느낌이 든다. 이것은 본인의 몸을 벗어나 있는 듯싶었다. 그래서 내자를 출근시키면서 조수석에 앉아 있는 내자를 의념하며 몸통청소를 해주려고 의념하며 위의 세계를 연결하려고 해보았다. 근데 연결이 되지 않는다. 위에 것과 같은 것이 온몸을 에워싸고 있는 듯싶었다. 그래서 이것을 녹인다고 이것을 녹이는 것을 끌어다가 녹여보았지만 녹여지지 않았다. 녹여지지 않았던 덩어리는 점점 떨어졌지만 그래도 처음에는 움직일 수 없었다. 자꾸만 쏴서 그럴까? 조금씩 움직인다. 그래서 그것으로 온몸청소를 해주고 인체기회로도도 돌려주었다.

그렇게 출근시키고 사무실로 출근하며 딸과 아들 역시도 이것으로 몸통청소를 해주었다. 자식들을 해주고 가까운 사람도 사무실에 도착할 때까지 이것으로 몸통청소를 해주며 인체 기회로도를 그리며 돌려주었다.

뭉쳐진 덩어리 이것은 무엇인가?
태초 태미비미 태초 신(泰超 泰尾秘尾 泰超 神)

장심 위 3번째 손가락이 시작되는 아래쪽 여기는 무엇인가?
미신미(尾神尾)

이 자리를 무엇이라고 이름 해야 하는가?
미신미(尾神尾)

세 번째 손가락이 시작되는 아래쪽 장심과 같은 이곳은
신미미(神尾尾)

이것이 온몸을 에워싸고 커다랗게 있는 듯싶다.

이 신미미(神尾尾)를 통하여 태초 태미비미 태초 신(泰超 泰尾秘尾 泰超 神)이 드러나는 것이 아닌가 싶다.
몸이 상쾌하기보다는 무거운 느낌이 든다. 이것이 무겁게 느끼도록 하는 것인가?

이것이 온몸을 에워싸고 커다랗게 있는 듯싶다.
어깨도 묵직하고 어깨 뒤쪽 날개도 무겁고, 날개부분이 원만하게 흘러가지 않고 뭉쳐져 있음으로 인하여 무겁게 느껴졌다. 그래서 그것을 움직여보겠다는 생각에 의념을 보내 해보니 이상하게도 손이 가 있는 듯 손으로 주물러주는 듯한 느낌이다.

이와 같이 이제는 몸 앞만 아니라 몸 뒤도 손이 닿지 않는 부분도 의념으로 하는 것이지만 손이 마치 닿는 듯한 느낌이고 온몸 어디든 닿지 않는 곳 없이 다 닿는다는 느낌이다.

신미미(神尾尾)를 중심으로 시계 방향으로 돌리며 비비는 행위나 동작, 그러면서 태초 태미비미 태초 신(泰超 泰尾秘尾 泰超 神)을 드러나게 해서
태초 태미비미 태초 신(泰超 泰尾秘尾 泰超 神)을 키우는 행위나 동작을 미신미신 공(尾神尾神 功) 2013. 04. 23 10.08

미비영 시초 미비 시초 공(尾秘靈 始初 尾秘 始初 功)

어깨 넓이만큼 발을 벌리고
두 팔을 들어 어깨와 나란히 하여十 자가 되게 한다.
그리고 양손바닥은 하늘을 보게 해서 손바닥으로 축구공을 들고 있는 것과 같이 한다.

이때 의식은 미미미(尾尾尾)에 두고 호흡은 황미비(皇尾秘)호흡을 한다.

명신(明神)이 뚫려 있지 않았거나,
명신이 뚫려있어도 황미비가 자리를 잡지 않았거나

명신에서 성기 아래쪽으로 뚫려있는 않았다면 효과가 없을 것이다. 2013. 04. 26 16:13

조태초 미비영 미비미비미비미비미비 태초 미비태 공
(祖泰超 尾秘靈尾秘尾秘尾秘尾秘尾秘(5) 泰超 尾秘泰 功)

어깨 넓이만큼 발을 벌리고
두 팔을 들어 머리 위로 올려서 V자가 되게 한다.
그리고 양손바닥은 하늘을 보게 해서 손바닥으로 축구공을 들고 있는 것과 같이 한다.

이때 의식은 미미미(尾尾尾)에 두고 호흡은 황미비(皇尾秘)호흡을 한다.

명신(明神)이 뚫려 있지 않았거나,
명신이 뚫려있어도 황미비가 자리를 잡지 않았거나
명신에서 성기 아래쪽으로 뚫려있는 않았다면 효과가 없을 것이다. 2013. 04. 26 16:30

태초 비비미비미 영신 공(泰超 秘秘尾秘尾 靈神 功)

태초태태태태태태태태태태태태태태태태태태태태영신 공
(泰超 泰(20)靈神) 공(功)

차례자세를 하고
왼손을 어깨높이 만큼 올려서 어깨와 일직선이 되게 하고
손바닥은 하늘을 보게 한다.
그리고 오른손을 손이 귀에 닿듯 말듯 위로 최대한 올려 일직선으로 하되
손바닥을 타고 내려오도록 손바닥을 45도로 오른쪽으로 기울인다. 2013. 05. 10. 08:07

태초태태태태태태태태태태태태태태태태태태태태태태태영신 공 (泰超 泰(23)靈神) 공(功)

차례자세를 하고
오른손을 어깨높이 만큼 올려서 어깨와 일직선이 되게 하고
손바닥은 하늘을 보게 한다.
그리고 왼손을 손이 귀에 닿듯 말듯 위로 최대한 올려 일직선으로 하되
손바닥을 타고 내려오도록 손바닥을 45도로 왼쪽으로 기울인다. 2013. 05. 10. 08:16

태초미비미비 영신(泰超尾秘尾秘 靈神) 공(功)

차례자세를 하고
두 손을 올려서 양 손이 귀에 닿듯 말듯 위로 최대한 올려 일직선으로 하되
양손바닥을 왼손바닥은 왼쪽으로 오른손바닥은 오른쪽으로
손바닥을 타고 내려오도록 손바닥을 45도로 왼쪽으로 기울인다.
두 팔을 머리 위로 쭉 뻗어 올린 손바닥 위에 농구공만한 것을 들고 모습이다.

* 이때 발을 어깨 넓이만큼 벌릴 경우 이는 태태태초공(太太太初功)이 되는 만큼 발을 벌려서는 아니 된다. 2013. 05. 10. 08:20

* (泰超 泰(20)靈神) 공(功) +(泰超 泰(23)靈神) 공(功) + 태초미비미비 영신(泰超尾秘尾秘 靈神) 공(功) = 태초 비비미비미 영신 공(泰超 秘秘尾秘尾 靈神 功)

태초미비미비 태초미비태태미비미비 태초미비 태초신영공

두 손을 머리 위로 올려서 공을 잡은 듯하고
양팔을 어깨 높이로 쫙 펴고 손바닥은 하늘을 보게 한다.
이 둘을 동시에 한 동작으로 한다.

어깨 높이 올려서 할 경우 머리 위쪽은 의식으로 인식해서 하

면 되고
머리 위로 올려서 할 경우 어깨 높이로 十자 모양을 하고 있는 팔과 손바닥은 의식으로 인식해서 하면 된다,
두 가지 방법 중에 잘 되는 것으로 하면 된다.
반드시 두 가지가 하나로 합해져서 행해져야 한다,
2013. 05. 11 07:57

태초(3)미비(4)태초(2)미 태초 공
태초태초태초미비비비비태초태초미태초공

두 팔을 머리 위로 올려서 V자 되게 한다.
그리고 양 어깨 높이만큼 올려서 손바닥이 하늘 보게 하고 손바닥을 쥐었다 폈다 반복한다.
이때 발은 어깨 넓이만큼 벌린다.
그리고 의념으로 머리 위에서부터 명신으로 해서 성기 아래쪽으로 뻥 뚫어놓는다.

머리 위로 팔을 올리기 좋으면
팔을 머리 위로 올려서 손바닥까지 쭉 뻗어서 V자가 되게 하고
의념으로 어깨 높이만큼 팔을 뻗어서 손바닥을 쥐었다 폈다 하고
아니고 양 팔을 어깨 높이만큼 올리고 손바닥을 쥐었다 폈다 하기가 좋으면
양 팔을 어깨 높이만큼 올려서 손바닥을 쥐었다 폈다를 반복하고
머리 위쪽은 의념으로 양팔을 올려서 V자가 되게 하면 된다.

이때 반듯이 머리 위에서 명신으로 해서 성기 아래쪽으로 뻥

뚫어 놓아야 한다.

그러면 58번째 위의 세계 에너지가 온몸에 확 돈다.
2013. 05. 16 17:40

어깨와 나란히 하여 손바닥이 하늘을 보게 하고
손바닥을 쥐었다 폈다 하는 방법이 있고
어깨와 나란히 하여 손바닥이 전면을 보게 해서
손바닥을 쥐었다 폈다 하는 방법이 있다.

이 두 방법을 번갈아 하는 방법이 있다.

위에 방법으로 할 경우
태초태초태초미비비비비태초태초미태초공

아래 방법으로 할 경우
태초비미비미태초비비공

두 가지 방법을 동시에 번갈아 알 경우
태초미비비 태초미비비 태초미비비 태초미비비 태초미비비
태초미비비 태초미비비 태초태초비공

태초(3)비(3)미 공(功)

태초태초태초비비비미공(功)

어깨 넓이만큼 발을 벌리고

의념으로 머리 위에서부터 명신으로 해서 성기 아래쪽으로 뻥 뚫어놓는다
그리고 팔은 양옆으로 차례자세처럼 붙여놓는다.
숨을 들어 마시면서 손바닥이 하늘을 보게 하며 턱밑 어깨 위까지 끌어올린다.
손바닥이 하늘을 보게 하여 끌어올린 손바닥이 턱밑 어께 위에서 뒤를 보도록 해서 머리 뒤쪽으로 두 손바닥을 가져가 머리 뒤쪽에서 양손바닥이 다시 하늘을 보게 하여 최대한 머리 위로 끌어올린다.
머리 위로 최대한 끌어오려서는
양손바닥이 왼손은 왼쪽 밖을 오른손을 오른쪽 밖을 바라보게 해서 양옆으로 손바닥을 최대한 밀면서 큰 원을 그리면서 아래로 내린다.
머리 위까지 올라갈 때는 들숨을 하고
내려올 때는 날숨을 하면서 내린다.

위 한 동작을 반복적으로 하면 된다.

이 동작들을 하면서 발아래서부터 몸통 머리 뒤쪽
아니 몸통 전체의 탁함을 위로 끌어올린다.

처음에는 탁함을 제거하고 탁함이 제거되면서부터는
머리 위로 더 넓게 퍼져나가고 더 멀리 퍼져나간다고 생각한다, 2013. 05. 18 11:03

* 머리 뒤쪽이나 어깨가 무엇이 있는 듯 무겁거나 좋지 않을 때 하면 좋아진다.

태초미비미비미비 공

위 동작 6번에 한번씩
아래서 손바닥을 하늘을 보게 하여 가슴까지 올려서는
어깨 팔에 있는 탁한 안 좋은 것들을 밖으로 빼낸다.
그러면서 옆으로 넓힌다. 2013. 05. 18 11:19

태초 비(27) 공

태초비비비비비비비비비비비비비비비비비비비비비비비비비비비 공

어깨넓이 만큼 다리를 벌리고
머리 위에서 성기 아래쪽 뻥 뚫어 놓는다.
그리고 양 팔꿈치를 옆구리에 붙이고
손가락이 모두 다 떨어지게 하여 손바닥을 펴서
몸과 팔꿈치 아래쪽 손이 V형태가 되게 한다.
이 상태에서 옆구리에 붙였던 양 팔꿈치를 10cm 정도 떨어지게 한 다음에
팔목을 좌우를 흔들면서 날개 짓하듯 한다.
이때 의식은 발아래 용천에서부터 몸통 머리 위까지
아래에서 위로 모두 다 흔들어 위로 올려 보낸다고 생각한다.
2013. 05. 21 16:51

비태초비비비비비비비비비비비비비비비비 공(功)

어깨넓이 만큼 다리를 벌리고

머리 위에서 성기 아래쪽 뻥 뚫어 놓는다.
그리고 양손가락을 모두 다 붙이고
오른손 배있는 곳에서부터 손바닥이 몸통과 마주하게해서 머리 위로 올려
머리 위에서 손바닥이 밖을 보게 하고 밖으로 더 넓게 넓힌다.
동작은 이와 같이 하고 의식하고 의념은
배있는 부분으로 오른손이 가면서 몸통 속에 손을 넣었다 생각 의식하고
몸통 속 배 부터 머리 위까지 올라가서는
머리 위쪽 뚫린 것(곳)을 더 넓게 뚫어지게 한다고 생각하고 뚫어진 곳을 앞으로 젖힌다.
오른손이 내려옴과 함께 이번에는 왼손바닥이 몸통을 바라보게 해서
배에서부터 머리 위까지 올려서는 머리 위에서 손바닥이 밖을 보게 해서
오른손이 한 것과 같이 더 넓게 뚫는다 생각 의념하며 더 넓히는 동작을 한다.
이것을 반복적으로 하면서
머리 위쪽 뚫린 곳이 더 넓게 확 뚫리도록 시방으로 넓힌다.
2013. 05. 22 15:08

비태초 비(26) 공

비태초 비비비비비비비비비비비비비비비비비비비비비비비비비비 (26) 공

어깨 넓이만큼 발을 벌리고
의념으로 머리 위에서부터 명신으로 해서 성기 아래쪽으로 뻥 뚫어놓는다.

그리고 양팔을 어깨높이 만큼 올려서 어깨와 나란히 하여 손바닥이 전면을 보게 해서 손바닥을 쥐었다 폈다 하며 의식으로 몸통 안쪽을 의념해서 몸통 안쪽 뒤쪽에 붙어 있는 것을 발에서부터 다리 뒤쪽 엉덩이 허리 등 어깨 머리 위로 몸통 안 뒤쪽에 있는 것들을 맑고 깨끗하게 끌어올려서 밖으로 내보낸다.
몸 밖으로 내보내서 몸 통 뒤쪽도 깨끗해지면
머리 위쪽 뒤쪽을 더 넓게 더 넓게 넓어지게 뒤쪽으로 최대한 밀어내며 넓힌다. 12013. 05. 23 09:55

미태초 비(37) 공(功)

비태초 비비비비비비비비비비비비비비비비비비비비비비비비비비
비비비비비비비비비비비(37) 공

어깨 넓이만큼 발을 벌리고
의념으로 머리 위에서부터 명신으로 해서 성기 아래쪽으로 뻥 뚫어놓는다.
그리고 자연스럽게 손을 펴고 손가락을 모두 다 떨어지게 하여 가슴 앞 20-30cm 앞에 손바닥이 몸을 바라보게 해서
왼손바닥을 몸 안쪽에 오른손바닥을 몸 밖에다 둔다.
그리고 왼손바닥을 오른손 밖으로 돌리며 왼손바닥을 밖으로 펼쳤다가 다시 오른손바닥 안으로 돌아오고, 돌아왔다가는 다시 밖으로 내보 펼친다.
왼손과 같이 오른손바닥을 왼손을 밖으로 나갈 때 오른손은 몸 안쪽으로 왔다가 왼손이 몸 안쪽으로 올 때 오른손바닥은 안에서 밖으로 펼친다.

마치 두 손바닥을 번갈아 바퀴돌 듯 둘리면서
안에서 밖으로 손바닥을 통하여 펼쳐놓는다고 생각하며
점점 더 크게 펼쳐놓는다.
9번 정도 돌려서 펼쳐놓고서는 10번째에는 손바닥을 양옆으로 크게 펼쳐서 V자 형태가 되도록 한다,
9번에 한 번씩 크게 펼치면서 10번을 한 번의 패턴으로 생각해면 된다.

이 동작을 반복적으로 한다.

* 어제 밤 잠자리에서 무의식적으로 했던 동작이다.
2013. 05. 27 18:20

비태초 비(97) 공(功)

비태초
비비비비비비비비비비비비비비비비비비비비비비비비비비비비비비
비비비비비비비비비비비비비비비비비비비비비비비비비비비비비비
비비비비비비비비비비비비비비비비비비비비비비비비비비비비비비
비비비비비비비(97) 공(功)

위 동작을 하며 좋은 않은 곳, 걸림이나 장애가 있는 것 곳을 의념하며 그곳에 좋지 않은 것, 걸림이나 장애를 빼내며 제거하여 온몸이 뻥 뚫려서 아무 것도 없게 한다. 2013. 05. 27 18:36

비태초태초비비미미 공

누웠거나 앉아거나 서 있거나 움직이거나
행주좌와 어묵동정
의념으로 머리 위에서부터 명신으로 해서 성기 아래쪽으로 뻥 뚫어놓는다
그리고 자기 자신보다 더 높은 세계를 생각 의념해서
본인이 좌선하고 있는 분들에게
본인이 올라간 위의 세계 에너지를 내려 쏴주듯
위에 세계의 에너지를 끌어다가 자기 자신에게 쏴준다.
한 세계 한 세계
위의 세계를 자기 자신의 머리 위에 명신 위에 쏴준다.

내자와 딸, 아들, 가까운 이를 본인이 올라간 세계뿐만 아니라 그 위의 세계를 끌어다 쏴주다가 어느 순간부터 운전하거나 움직이며
본인이 아직 올라가지도 않은 위의 세계를 생각 의념해서 위 세계의 에너지를 끌어다가 본인의 머리 위쪽에 의식으로 쏴보았다.
그랬더니 그대로 위의 세계 에너지가 전달되어 왔다.
2013. 05. 26　07:10

초(3) 태초(5) 비(10) 공(功)

초초초(3) 태초태초태초태초태초(5) 비비비비비비비비비비(10) 공

어깨 넓이만큼 발을 벌리고
양팔을 어깨높이 만큼 올려서 어깨와 나란히 하여 손바닥이 전

면을 보게 하고 의념으로 머리 위에서부터 명신으로 해서 성기 아래쪽으로 뻥 뚫어놓는다.
그리고 자기 자신보다 더 높은 세계를 생각 의념해서
위에 세계의 에너지를 자기 자신의 머리 위 명신 위에 내리 쏴주며
더 위의 세계 더 위의 세계를 쏴주며
동시에 어깨높이 만큼 올려서 十자 형태를 하고 있는 손바닥을 쥐었다 폈다 한다.
이때 가슴을 최대한 펴고 한다. 2013. 05. 28 16:56

초(6) 태초(8) 비(14) 공(功)

초초초초초초(6) 태초태초태초태초태초태초태초태초(8) 비비비비비비비비비비비비비비(14) 공

어깨 넓이만큼 발을 벌리고
자기 자신보다 더 높은 세계를 생각 의념해서
위에 세계의 에너지를 자기 자신의 머리 위 명신 위에 내리 쏴주며
더 위의 세계 더 위의 세계를 쏴주며
오른손을 몸통 안쪽으로 넣은 듯 위로 올려서 머리 위에서 밖으로 나가서
손바닥을 밖을 보게 하여 멀리 밀어내며 더 넓게 더 멀리 내보낸다.
오른손이 내려올 때 왼손을 올리며 몸통 안으로 해서 머리 위에서 밖으로 나가며
손바닥이 밖을 보게 하여 밖으로 멀리 밀어내며 더 넓게 더 멀리 내보낸다.

마치 두 손이 반원을 그리듯 올라갔다 넓게 멀리 내보내며 몸 쪽으로 멀어졌다가 다시 몸 쪽으로 돌아오기를 반복한다.
오른손 왼손이 번갈아 오른손이 올라가 있으면 왼손이 내려오고 왼손이 올라가면 오른손이 내려오면 번갈아 더 멀리 더 많이 시방으로 넓힌다.
이때 손동작을 따라 발이 따라가면 따라가는 대로 자연스럽게 발을 움직이면서 하면 된다. 2013. 05. 28 15:11

초(9) 태초(20) 비(35) 공(功)

초초초초초초초초초(9)
태초(20)
비비비비비비비비비비비비비비비비비비비비비비비비비비비비비비비비비비비(35) 공(功)

어깨 넓이만큼 발을 벌리고
자기 자신보다 더 높은 세계를 생각 의념해서
위에 세계의 에너지를 자기 자신의 머리 위 명신 위에 내리 쏴주며
더 위의 세계 더 위의 세계를 쏴주며
두 손을 자연스럽게 펴고 차례 자세에서
두 손을 들어서 가슴 앞으로 손바닥이 마주 보도록 모으다가
마치 서로 미는 듯 위로 올라가며 양옆으로 조금 펼치다가
손목을 돌려서 손바닥이 한 바퀴 돌게 해서 밖으로 최대한 활짝 펼친다.
이것을 반복적으로 하면서
앞으로 옆 사방팔방 시방으로 펼친다.

이때 손동작을 따라 발이 움직이면 자연스럽게 따라 움직이면서 하면 된다. 2013. 05. 28, 18:55

초(超:39) 공(功)
초초 공(功)

어깨 넓이만큼 발을 벌리고
손바닥을 자연스럽게 펴고 손가락도 모두 떨어지게 해서 차례자세를 한다.
나비기공을 할 때
땅의 기운을 발아래 용천으로 끌어올리는 것과 비슷하게
발아래 쪽에서부터 주변 것들을 끌어다가 팔각형 안으로 넣어서 쌓아진 팔각형 안을 통하여 팔각형 밖으로 빠져나가도록 한다.

팔각형을 중앙에 두고 팔각형 아래쪽에서 위쪽에 이르기까지
마치 나비의 날개모양으로 두 손바닥으로 주변의 아래 것을 끌어다가 팔각형 아래로 넣어서 팔각형 위로 빼내며 팔각형 밖으로 퍼져나가도록 한다.

손바닥이 땅을 보게 해서 팔각형 아래 것을 끌어다가
팔각형 아래쪽에 와서는 끌어 모은 것을 손바닥이 하늘을 보게 해서 손바닥에 담아
팔각형 안으로 끌고 들어가서 쌓아진 팔각형 위 부분에서
합장하듯 1, 5번째 손가락이 맞닿게 하고 두 손바닥은 붙지 않게 해서

쌓이진 팔각형을 나오면서 손바닥이 양 밖을 보게 하여
밖으로 빼내듯 내밀 듯 밖으로 흩어낸다.
팔각형 안을 통하여 팔각형 밖으로 빼낸다.

팔각형을 통하여 정화되거나 팔각형을 통하여 좋지 않은 것들이 빠져나가서 아래 세계가 정화되거나 맑아지도록 한다.

이 동작을 연속적으로 한다. 2013. 05. 29. 19:17

초(103)태초(112)
초(150)태초(139)
초(199)태초(149)
초(253)태초(195)
초(159)비(245)
초(161)태초(45)
초(74)미(170) 공(功)

출출(出出)을 하고 나서부터는
그 위의 세계들이 팔각형, 10각형, 18각형,...이 쌓여가는 세계인만큼,
위의 세계를 의념하여 위 세계의 에너지를 끌어다가 자기 자신의 머리 위에 충분히 쏴주고,
충분히 쏴준 다음에는 나비기공 하듯
초(超:39) 공(功)을 한다.

이 두 가지 동작을 번갈아 한다. 2013. 05. 31 07:34

초(172)태초(198)　　초(221)태초(238)　초(193)태초(127)
비(194)태초(172)미(211)　공(功)

이제부터는 육체를 의식 인식하지 말고
육체 안에 있는 8각형, 10각형, 12각형 18각형.....이 육체라 생각 의식 인식하고
위에 세계 에너지를 끌어당겨서 머리 위에 쏠 때는
8각형 10각형 12각형 18각형... 안으로 들어오게 하고
나갈 때는 8각형, 10각형, 12각형, 18각형...아래에 있는 좋지 않은 나쁜 것들을 8각형, 10각형, 12각형, 18각형...위 밖으로 내보낸다고 생각 의식 인식하며 행한다.

어깨 넓이만큼 발을 벌리고
손바닥을 자연스럽게 펴고 손가락도 모두 떨어지게 해서 차례 자세를 한다.
그리고 머리 위에 높은 세계를 의식 인식하며
왼손을 올려 위의 세계 에너지를 끌어내려 쏴주며 왼손을 내리고
왼손을 내리며 오른손을 올려 위의 세계 에너지를 끌어내려 쏴주며 오른손을 내린다.

그리고 왼손으로 아래 좋지 않은 것, 나쁜 것들을 8각형, 10각형 12각형, 18각형...위로 끌어올려 밖으로 빼내고,
오른손으로 아래 좋지 않은 것, 나쁜 것들을 8각형, 10각형 12각형, 18각형...위로 끌어올려 밖으로 빼낸다.

마지막으로 올라간 오른손으로 위에 세계 에너지를 끌고 내려오며 쏴주고
왼손으로 위의 세계 에너지를 끌고 내려오며 쏴주고

오른손으로 아래 좋지 않은 것 나쁜 것들을 위로 끌어올리고
왼손으로 아래 좋지 않은 것 나쁜 것들을 위로 끌어올리며

마치 위의 세계 에너지를 끌고 내려와 쏴줄 때는 흡(吸)을 한다고 생각하고 아래 나쁜 것 좋지 않은 것을 위로 내보낼 때는 토(吐)를 한다고 생각하며 행한다. 1013, 06. 01 07:05

초태초(108) 호흡

초태초초태초초태초초태초초태초초태초초태초초태초초태초초태초
초태초초태초초태초초태초초태초초태초초태초초태초초태초초태초
초태초초태초초태초초태초초태초초태초초태초초태초초태초초태초
초태초초태초초태초초태초초태초초태초초태초초태초초태초초태초
초태초초태초초태초초태초초태초초태초초태초초태초초태초초태초
초태초초태초초태초초태초초태초초태초초태초초태초초태초초태초
초태초초태초초태초초태초초태초초태초초태초초태초초태초초태초
초태초초태초초태초초태초초태초초태초초태초초태초초태초초태초
초태초초태초초태초초태초초태초초태초초태초초태초초태초초태초
초태초초태초초태초초태초초태초초태초초태초초태초초태초초태초
초태초초태초초태초초태초초태초초태초초태초초태초(108) 호흡

이제부터는 육체를 의식 인식하지 말고
육체 안에 있는 8각형, 10각형, 12각형 18각형, 20각형, 30각형, 50각형, 100각형, 130각형.....이 육체라 생각 의식 인식하고
위에 세계 에너지를 끌어당겨서 흡(吸)하며
들숨을 통하여
8각형, 10각형, 12각형, 18각형, 20각형, 30각형, 50각형, 100

각형, 130각형... 안으로 들어오게 하고

나갈 때는 8각형, 10각형, 12각형, 18각형, 20각형, 30각형, 50각형, 100각형, 130각형 ...아래에 있는 좋지 않은 나쁜 것들이 날숨, 토(吐)를 통하여
8각형, 10각형, 12각형, 18각형, 20각형, 30각형, 50각형, 100각형, 130각형... 밖으로 내보낸다고 생각 의식 인식하며

머리 위 세계의 에너지를 의식 인식하여 발아래까지 흡하고
발아래서부터 날숨을 통하여 토를 하며
날숨과 날숨을 한다.

들숨을 통하여 위 세계의 에너지를 끌고 들어오고
날숨을 통하여 자기 자신이 있는 세계의 좋지 않은 것, 나쁜 것을 빼낸다.
들숨과 날숨을 통하여 호흡하듯
위 세계의 에너지를 흡하고
지금 있는 세계를 날숨하며 토해서 위 세계로 올라간다.
2013. 06. 02 06:55

초(971)태초(932) 초(5896)태초(5801)미(117) 태초(567) 공(功)

위의 세계를 의식 인식하고
들숨을 통하여 위에 세계의 에너지를 끌고 들어오고
날숨을 통하여 끌고 들어온 위 세계의 에너지는 두 손을 몸 밖

으로 펼치면서 내보내며 몸 밖으로 펼친다.

두 발을 어깨 넓이만큼 벌리고 손바닥을 자연스럽게 펴서 양다리에 붙이고
위의 세계를 의식 인식하고
숨을 들어 마시면서 머리 위로 위에 세계의 에너지를 끌고 들어온다.

들숨을 통하여 끌고 들어온 위 세계의 에너지를 내뱉으면서
다리에 붙였던 손바닥으로 몸통 안으로 들어온 위 세계의 에너지를 밖으로 펼치듯
손바닥을 배 위 명치 아래까지 올려서 손바닥을 밖으로 내보내 앞 주변으로 펼쳐놓는다.
그리고 펼쳐놓았던 손바닥은 다시 양다리에 살며시 붙이고
다시 숨을 들어 마시며 위 세계의 에너지를 끌고 들어오고
끌고 들어올 만큼 들어오면 날숨과 동시에 다리에 살며시 붙였던 손바닥을 다시 명치부분까지 올려서 앞 주변으로 펼쳐놓고
손바닥은 다시 양다리에 살며시 붙인다.

다시 들숨을 통하여 위에 에너지를 끌고 들어오고
날숨을 통하여 주변에 주변 밖으로 펼친다.

이것이 순조롭게 잘되면
이번에는 서 있는 앞에서 들숨을 통하여 위에 세계 에너지를 흡하고
내뱉는 날숨을 통하여 밖으로 토하며 오른발을 중심으로 해서 왼쪽을 조금씩 움직이며
시계방향으로 돌아가며 전면에 펼쳐놓는다.
시계방향으로 한 두 바퀴 돌아가며 펼쳐놓고

이번에는 왼쪽 발을 중심으로 오른발을 조금씩 움직이며 시게 반대 방향으로 돌면서
흡과 토를 하며 위의 세게 에너지를 끌어다가 펼쳐놓는다.

이것을 반복해서 하면 된다.
의식하고 인식하여 의념으로 잘되면 꼭 손으로 할 것까지 없다. 그냥 의념으로 해도 된다. 2013. 06. 06 13:35

초(1800)태초(1704) 초(8596)태초(14864)미(881) 초(96)태초(901) 공(功)

초(971)태초(932) 초(5896)태초(5801)미(117) 태초(567) 공(功)이 순조롭게 잘되면
이번에는 들숨 때는 위 세계의 에너지를 끌고 들어오고 날숨을 때에는 앞뒤로 펼쳐놓는다.
즉 들숨에 들어 마시고 날숨에 토하며
두 손으로는 전면에 펼쳐놓고 의식으로는 뒤쪽을 앞쪽과 같이 의념으로 손을 움직여 펼쳐놓듯
앞과 뒤 동시에 펼쳐놓는다.
처음에는 가만히 서서 앞과 뒤를 동시에 펼쳐놓다가
이것이 잘되면 오른발을 중심에 두고 왼발을 움직이며 시계방향으로 조금씩 돌면서 펼쳐놓고
시게방향을 충분하게 펼쳐놓고 나서는 왼발을 중심에 두고 오른발을 움직이며 시게 반대방향으로 조금씩 돌면서 펼쳐놓는다.

이것을 반복해서 하면 된다.

의식하고 인식하여 의념으로 잘되면 꼭 손으로 할 것까지 없다. 그냥 의념으로 해도 된다. 2013. 06. 06 14:08

초(5686)미(87) 태초(97)비(101) 공(功)

초(971)태초(932) 초(5896)태초(5801)미(117) 태초(567) 공(功)이 순조롭게 잘되고

초(1800)태초(1704) 초(8596)태초(14864)미(881) 초(96)태초(901) 공(功)이 잘되면
이제는 사방에 펼쳐놓는다.
들숨 때 위 세계 에너지를 흡해서 토하며 사방에 펼쳐놓는다.
사방에 펼쳐놓을 때 의념으로 해도 되고
손으로 한 방향 전면은 펼쳐놓고 나머지 방향은 의념으로 펼쳐놓으면 된다.
이때 의식으로 손을 만들어 만든 손을 인식하고 3방향으로 펼쳐놓아도 되고
또 의념으로 4방향으로 펼쳐놓아도 된다,

제자리에서 하고 그런 다음에 시계방향과 시계 반대 방향으로 움직이면서 하면 된다.
의념이 잘되는 경우라면 꼭 구분할 필요 없이 그냥 시방으로 펼쳐놓으면 된다.
4방향이 잘되면 8방향 시방으로 펼쳐놓으면 된다,

4방향 8방향 시방으로 할 경우에는 자기 자신의 몸이 마치 방향과 같이 분리되고 조각나는 것과 같이 조각나면서 펼쳐놓게 된다.
시방으로 펼쳐 놓다보니 몸통 아래쪽은 사라지고 없는 듯싶은데,
아니 처음에는 아무 것도 없는 것 같았는데 하면할수록 배 아래로는 없는 배위로는 무엇인지 모를 것이 생겨나 있는 듯싶고, 몸통 위쪽에 있는 것은 저렇게 있다가 또 출하는 것은 아닌가? 싶은 생각이 들었다. 2013. 06. 06. 14:38

비태신신(秘泰神神) 최초(最初) 태초(10) 수인 공(功)

비태신신 최초 태초태초태초태초태초태초태초태초태초태초(10) 수인 공

손가락 왼손 오른손 서로 깍지 끼고
머리 위로 올렸다가 내리면서 단전 아래쪽에 놓는다.
이때 왼손 오른손 1번째 손가락은 손가락 끝 지문이 맞닿게 하고 나머지 2, 3, 4, 5번째 손가락은 깍지 끼운 채로 있게 한다.
2013. 08 16 새벽 잠자면서 행했던 수인공(功)

신(神)태초 최초 태초(10) 자태묘명(自太妙明) 수인

신태초 최초 태초태초태초태초태초태초태초태초태초태초 자태묘명 수인

손바닥을 펴되

2, 3, 4, 5번째 손가락을 붙인다.

그리고 왼손 오른손 2, 3, 4, 5번째 손가락이 똑같이 맞닿게 해서 서로 누르고, 왼손 오른손 1번째 손가락은 서로 맞닿게 해서 역시 서로 누른다.

가슴 앞에 둔다.

2013. 08. 16 새벽 잠자면서 행했던 수인공

태(10)신(10) 자태묘명 근본 성품 신(40) 수인

태태태태태태태태태태(10)신신신신신신신신신신(10) 자태묘명 근본 성품 신신신(40) 수인

두 손바닥을 자연스럽게 펴서

머리 위로 올리며 저 위의 세계를 한 웅큼 잡아 머리 위 명신으로 해서 가슴 부분까지 내려오고

가슴부분에 와서는 아래로 내려오면서

왼손 오른손 2, 3, 4, 5번째 손가락이 서로 누르고

왼손 오른손 1번째 손가락도 서로 누르며 내려서 단전 아래에 놓는다. 2013. 08. 16

태(20)신(30) 자태묘명 근본 성품 수인

태태태태태태태태태태태태태태태태태태태태(20) 신신신신신신신신신신신신신신신신신신신신신신신신신신신신신신(30) 자태묘명 근본 성품 수인

두 손바닥을 자연스럽게 펴서

가슴 앞으로 팔을 쭉 뻗어서 한 웅큼 잡아 가슴 앞으로 당기고

가슴 앞에 와서는 아래로 내리며

왼손 오른손 2, 3, 4, 5번째 손가락이 서로 누르고

왼손 오른손 1번째 손가락도 서로 누르며 내려서 단전 아래에 놓는다. 2013. 08. 16

근본성품 신(50) 근본 최초 공(功)

근본성품 신신신(50) 근본 최초 공

자기 자신 있는 세계의 최종지(最終止)를 의식 의념하고

오른 손가락을 모아서 최종지를 향하여 머리 위로 뻗어서 밖으로 젖히며 내리고

오른손을 내림과 동시에 왼손가락을 모아서 최종지를 향하여 머리 위로 뻗어서 밖으로 젖히며

최종지를 향하여 나아가듯 수영하듯

손가락을 모아 머리 위 최종지를 향하여 오른손 왼손을 번갈아

뻗어서 젓히며 수영하듯 나아간다.
때로는 두 손바닥을 합장하듯 모아 머리 위로 쭉 뻗어서 양옆으로 젓히며 최종지 위로 수영하듯 올라간다.

최종지에 이르러서는
두 손을 뻗어 두 손으로 최종지를 한 움큼 떼어 두 손바닥 안에 넣고 내려오고
내려와서는 머리 위 명신으로 가지고 내려와 가슴 속에 넣고
다시 두 손을 뻗어서 최종지를 한 움큼 떼어 두 손바닥 가득 담아 내려오고
내려와서는 머리 위 명신으로 들어와서는 단전에 내려놓고
다시 두 손을 뻗어서 최종지를 한 움큼 떼어 두 손바닥 가득 담아 내려오고
내려와서는 머리 위 명신으로 들어와서는 황미비에 내려놓는다.

다시 두 손을 뻗어 두 손으로 최종지를 한 움큼 떼어 두 손바닥 안에 넣고 내려오고
내려와서는 머리 위 명신으로 가지고 내려와 어깨부분에서 양팔로 가게 해서 장심으로 뻗어나가게 하고
뻗어 나간 장심에 있는 최종지의 에너지를 두 손을 뻗어 머리 위로 최종지에 이르게 해서 최종지와 연결되도록 한다.

그런 다음 다시 두 손을 뻗어 두 손으로 최종지를 한 움큼 떼어 두 손바닥 안에 넣고 내려오고

내려와서는 머리 위 명신으로 가지고 내려오고 내려와서는 가슴, 양 다리로 가게 해서 용천으로 뻗어 나가게 하고

뻗어 나간 용천 밖에 있는 최종지의 에너지를 두 손바닥으로 끌고 머리 위로 최종지에 이르게 해서 최종지와 연결되도록 한다.

그러고 나서 최종지의 에너지가 온몸에 퍼져 골고루 머물러 최종지의 에너지체가 되도록 최종지의 에너지를 가지고 인체 기 회로도를 돌려준다. 2013. 08. 16 02: 04

근본 태(5)신(50) 최초 근본 성품 공(功)

근본 태태태태태(5)신신신(50) 최초 근본 성품 공

최종지(最終止)의 에너지체가 되어서는 최종지 위를 의식 의념하고 최종지를 벗어나 그 위의 세계를 의식 의념하고 수영하듯 의식으로 나아간다.

의식으로 나아가면서 그 위의 세계를 총괄하는 하나를 의식 의념하며 그 세계로 나아간다.

그 세계가 손에 닿을 때까지 나아간다.

손에 닿으면 그 세계의 에너지를 두 손을 뻗어서

두 손으로 그 세계의 에너지를 두 손바닥 안에 넣어 내려오고

내려와서는 머리 위 명신으로 가지고 내려와 가슴 속에 넣고

다시 두 손을 뻗어서 그 세계의 에너지를 두 손바닥 가득 담아 내려오고

내려와서는 머리 위 명신으로 들어와서는 단전에 내려놓고

다시 두 손을 뻗어서 그 세계의 에너지를 두 손바닥 가득 담아 내려오고

내려와서는 머리 위 명신으로 들어와서는 황미비에 내려놓는다.

다시 두 손을 뻗어 두 손으로 그 세계의 에너지를 두 손바닥 안에 넣고 내려오고

내려와서는 머리 위 명신으로 가지고 내려와 어깨부분에서 양팔로 가게 해서 장심으로 뻗어나가게 하고

뻗어 나간 장심에 있는 그 세계의의 에너지를 두 손을 뻗어 머리 위로 그 세계에 이르게 해서 그 세계와 연결되도록 한다.

그런 다음 다시 두 손을 뻗어 두 손으로 그 세계의 에너지를 두 손바닥 안에 넣고 내려오고

내려와서는 머리 위 명신으로 가지고 내려오고 내려와서는 가슴, 양 다리로 가게 해서 용천으로 뻗어 나가게 하고

뻗어 나간 용천 밖에 있는 그 세계의 에너지를 두 손바닥으로 끌고 머리 위 그 세계에 이르게 해서 그 세계와 연결되도록 한다.

그러고 나서 그 세계의 에너지가 온몸에 퍼져 골고루 머물러 그 세계의 에너지체가 되도록 그 세계의 에너지를 가지고 인체 기회로도를 돌려준다. 2013. 08. 16 02: 04

최초 근본 태(太:10) 신(神:10) 묘(妙:10) 자신태신(自神太神) 최초신 공(功)

최초 근본 태태태태태태태태태태(10) 신신신신신신신신신신(10) 묘묘묘묘묘묘묘묘묘묘(10) 자신태신 최초신 공(功)

올라온 세계의 에너지로 인체 기회로도를 돌려준 다음에는 주변에 퍼지도록 가까운 사람에게 넣어주며 주변에 펼쳐놓는다. 이와 같이 주변에 펼쳐놓는 공(功)이 무슨 공(功)인지 기억에 없는데, 자기 자신을 중심으로 가까운 사람 순서로 밖으로 퍼져나가도록 한다.

어느 정도 자기 자신을 중심으로 퍼져나갔을 것 같으면 이제 다시 그 위의 세계를 의식 의념하고 수영하듯 의식으로 나아간다.

의식으로 나아가면서 그 위의 세계를 총괄하는 하나를 의식 의념하며 그 세계로 나아간다.

그 세계가 손에 닿을 때까지 나아간다.

이와 같이 반복적으로 해서 하나의 세계를 총괄하는 하나 그 위 세계, 그 위의 세계로 올라오고 올라와서는 있는 세계에서 최종지가 의식이 되면 그때부터는 최종지를 의식 의념하며 수영하듯 올라온다. 2013. 08. 16 02:23

근본 최초 신(神:10)태(太:10) 근본성품 신(神:50) 근본 최초 태초(太初:10) 근본성품 신(100) 근본성품 태초신 근태신(神:110) 근본성품 신(神:210) 근본(根本:10) 최초(100) 근본성품 신(神:10) 공(功)

근본 최초 신신신신신신신신신신(10) 태태태태태태태태태태(10) 근본성품 신신신(50) 근본 최초 태초태초태초태초태초태초태초태초태초태초(10) 근본성품 신신(100) 근본성품 태초신 근태신신신(110) 근본성품 신신(210) 근본근본근본근본근본근본근본근본근본근본(10) 최초

최초(100) 근본성품 신신신신신신신신신신(10) 공(功)

자기 자신이 있는 세계의 최종지(最終止)를 의식 의념하든, 자기 자신이 있는 세계를 총괄하는 맨 위의 하나를 의념하든 오르고자 하는 세계를 의식 의념하고,

오른 손가락을 모아서 최종지(또는 총괄하는 세계)를 향하여 머리 위로 뻗어서 밖으로 젖혀 내리고

오른손을 내림과 동시에 왼손가락을 모아서 최종지를 향하여 머리 위로 뻗어서 밖으로 젖히며

최종지(또는 총괄하는 세계)를 향하여 나아가듯 수영하듯

손가락을 모아 머리 위 최종지(또는 총괄하는 세계)를 향하여 오른손 왼손을 번갈아 뻗어서 젖히며

수영하듯 나아간다.

때로는 두 손바닥을 합장하듯 모아 머리 위로 쭉 뻗어서

양옆으로 젖히며 최종지(또는 총괄하는 세계) 위로 수영하듯 올라온다.

최종지(또는 총괄하는 세계)에 이르러서는

두 손을 뻗어 두 손으로 최종지(또는 총괄하는 세계의 에너지)를 한 움큼 떼어 두 손바닥 안에 넣고 내려오고

내려와서는 머리 위 명신으로 가지고 내려와 어깨부분에서 양팔로 가게 해서 장심으로 뻗어나가게 하고

뻗어 나간 장심에 있는 최종지의 에너지(또는 총괄하는 세계의 에너지)를 두 손을 뻗어 머리 위로 최종지(또는 총괄하는 세계)에 이르게 해서 최종지(또는 총괄하는 세계)와 연결되도록 한다.

그런 다음 다시 두 손을 뻗어 두 손으로 최종지(또는 총괄하는

세계의 에너지)를 한 움큼 떼어 두 손바닥 안에 넣고 내려오고 내려와서는 머리 위 명신으로 가지고 내려오고 내려와서는 양 다리로 가게 해서 용천으로 뻗어 나가게 하고

뻗어 나간 용천 밖에 있는 최종지의 에너지(또는 총괄하는 세계의 에너지)를 두 손바닥으로 끌고 머리 위로 최종지(또는 총괄하는 세계)에 이르게 해서 최종지와 연결되도록 한다.

다시 두 손을 뻗어서 최종지(또는 총괄하는 세계)를 한 움큼 떼어 두 손바닥 가득 담아 내려오고 내려와서는 머리 위 명신으로 들어와서는 단전에 내려놓고

다시 두 손을 뻗어서 최종지(또는 총괄하는 세계의 에너지)를 한 움큼 떼어 두 손바닥 가득 담아 내려오고 내려와서는 머리 위 명신으로 들어와서는 황미비에 내려놓는다.

그러고 나서 최종지의 에너지(또는 총괄하는 세계의 에너지)가 온몸에 퍼져 골고루 머물러 최종지의 에너지체가 되도록 최종지의 에너지를 가지고 인체 기회로도를 돌려준다.

충분하게 자기 자신 안에 머금게 되면 그때부터는 주변에 퍼지도록 가까운 사람에게 넣어주며 주변에 펼쳐놓는다. 이와 같이 주변에 펼쳐놓는 공(功)이 무슨 공인지 기억에 없는데, 자기 자신을 중심으로 가까운 사람 순서로 밖으로 퍼져나가도록 한다.

어느 정도 자기 자신을 중심으로 퍼져나갔을 것 같으면 이제 다시 그 위의 세계를 의식 의념하고 수영하듯 의식으로 올라온다.

의식으로 올라오면서 그 위의 세계를 총괄하는 하나를 의식 의

념하거나 최종지를 의식 의념하며 그 세계로 올라오거나 올라간다. 올라오는 올라가는 세계가 손에 닿을 때까지 올라오고 올라간다.

올라오고 올라가서는 그 세계의 에너지가 자기 자신 몸통 안에 들어와서 그 세계의 에너지체가 되도록 한다. 그런 다음에 주변에 자기 자신을 중심으로 해서 퍼져나가도록 한다.

이와 같이 반복적으로 해서 하나의 세계를 총괄하는 하나 그 위 세계, 그 위의 세계로 올라오고 올라와서는 있는 세계에서 최종지가 의식이 되면 그때부터는 최종지를 의식 의념하며 수영하듯 올라오고 올라간다. 2013. 08. 16 09:36

근본성품 신(50) 근본 최초 공 +

근본 태(5) 신(50) 최초 근본 성품 공(功) +

최초 근본 태(10) 신(10) 묘(10) 자신태신(自神太神) 최초신 공(功) +

근본 최초 신(神:10)태(太:10) 근본성품 신(神:50) 근본 최초 태초(太初:10) 근본성품 신(100) 근본성품 태초신 근태신(神:110) 근본성품 신(神:210) 근본(根本:10) 최초 근본성품 신(神:10) 공(功) =

위에 4가지를 합해서 하는 공(功을

근본 성품 신(10) 태(10)신(200) 최초(10) 신(200) 근본 성품 신(200) 근본성품 최초(100) 근본성품 최초(100) 근본성품 신(200) 근본성품 태(10)신(10) 근본성품 초(超:20)신(10) 공(功)이다.

근본 성품 신신신신신신신신신신(10) 태태태태태태태태태태(10) 신신신(200) 최초최초최초최초최초최초최초최초최초최초(10) 신신신(200) 근본성품 신신(200) 근본성품 최초(100) 근본성품 최초최

초최초최초최초최초최초최초최초최초최초최초최초최초최초최초최
초최초최초최초최초최초최초최초최초최초최초최초최초최초최초최
초최초최초최초최초최초최초최초최초최초최초최초최초최초최초최
초최초최초최초최초최초최초최초최초최초최초최초최초최초최초최
초최초최초최초최초최초최초최초최초최초최초최초최초최초(100)
근본성품 신신신신신신신신신신신신신신신신신신신신신신신신신신
신신신신신신신신신신신신신신신신신신신신신신신신신신신신신신
신신신신신신신신신신신신신신신신신신신신신신신신신신신신신신
신신신신신신신신신신신신신신신신신신신신신신신신신신신신신신
신신신신신신신신신신신신신신신신신신신신신신신신신신신신신신
신신신신신신신신신신신신신신신신신신신신신신신신신신신신신신
신신신신신신신신신신신신신신신신신신신신신신신신(200) 근본성
품 태태태태태태태태태태(10) 신신신신신신신신신신(10) 근본성품
초초초초초초초초초초초초초초초초초초초초(超:20) 신신신신신신
신신신신(10) 공(功) 2013. 08. 16 10:17

출(出) 세계의 수인(1-14)

신 절대자(神 絶對者) 출(出)세계 수인(1)

* 2번째 출(出)세계를 빠져나오도록 하는 수인

왼손가락 1번째와 오른손가락 1번째 손가락 끝이 맞닿게 해서 一자가 되게 한다.
이때 왼손 오른손 2, 3, 4, 5번째 손가락은 최대한 손바닥에 붙여서 주먹 쥔 것과 같게 한다. 2013. 08. 18 07:35

신태 절대자(神太 絶對者) 출(出)세계 수인(2)

* 3번째 출(出) 세계를 빠져나오도록 하는 수인

왼손가락 1, 2번째와 오른손가락 1, 2번째 손가락
같은 손가락 끼리 손가락 끝이 맞닿게 해서 一자가 되게 해서 二모양이 되게 한다.
이때 왼손 오른손 3, 4, 5번째 손가락은 최대한 손바닥에 붙인다. 2013. 08. 18 07:28

태신태(太神泰) 출(出)세계 수인(3)

* 4번째 출(出) 세계를 빠져나오도록 하는 수인

왼손가락 1, 4번째와 오른손가락 1, 4번째 손가락
같은 손가락 끼리 손가락 끝이 맞닿게 해서 一자 되게 하고
왼손 오른손 2, 3, 5번째 손가락은 될 수 있는 한 11자가 되게 한다. 2013. 08. 17 23:02

신태태 신대(神太泰 神大) 출(出)세계 수인(4)

* 5번째 출(出) 세계를 빠져나오도록 하는 수인

왼손가락 1, 3번째와 오른손가락 1, 3번째 손가락
같은 손가락 끼리 손가락 끝 지문이 맞닿게 하고
왼손 오른손 2번째 손가락은 11자게 되고 하고
왼손 오른손 4, 5번째 손가락은 손바닥에 최대한 붙인다.
2013. 08. 17 22:57

신태태 신태(神太泰 神太) 출(出)세계 수인(5)

* 6번째 출(出) 세계를 빠져나오도록 하는 수인

손가락을 자연스럽게 펴고
왼손가락 1, 5번째와 오른손가락 1, 5번째 손가락
같은 손가락 끼리 손가락 끝 지문이 맞닿게 한다.
이때 왼손 오른손 1번째 손가락이 맞닿은 손가락이 삼각형 모양이 되게 한다. 2013. 08. 17 22:47

신태태 신태 신대(神太泰 神太 神大) 출(出)세계 수인(6)

* 7번째 출(出) 세계를 빠져나오도록 하는 수인

손가락을 자연스럽게 펴고
왼손가락 1, 4, 5번째와 오른손가락 1, 4, 5번째 손가락
같은 손가락 끼리 손가락 끝 지문이 맞닿게 한다.
이때 왼손 오른손 1번째 손가락이 맞닿은 손가락이 삼각형 모양이 되게 한다. 2013. 08. 17 22:52

신태태 신태대 신태(神太泰 神太大 神太) 출(出)세계 수인(7)

* 8번째 출(出) 세계를 빠져나오도록 하는 수인

손가락을 자연스럽게 펴고
왼손가락 1, 2번째와 오른손가락 1, 2번째 손가락
같은 손가락 끼리 손가락 끝 지문이 맞닿게 한다.
이때 1번째와 2번째 손가락은 삼각형 모양이 된다.
2013. 08. 17 22:38

신태태 신태태 신태(神太泰 神太太 神太) 출(出)세계 수인(8)

* 9번째 출(出) 세계를 빠져나오도록 하는 수인

손가락을 자연스럽게 펴고
왼손가락 1, 2, 3번째와 오른손가락 1, 2, 3번째 손가락
같은 손가락 끼리 손가락 끝 지문이 맞닿게 한다.
이때 1번째와 2번째 손가락은 삼각형 모양이 된다.
2013. 08. 17 22:42

신태태 신태태태 신태(神太泰 神太太泰 神太) 출(出)세계 수인(9)

* 10번째 출(出) 세계를 빠져나오도록 하는 수인

왼손가락 1, 4번째와 오른손가락 1, 4번째 손가락
같은 손가락 끼리 손가락 끝 지문이 맞닿게 한다.
이때 1번째와 4번째 손가락은 삼각형 모양이 된다.
2013. 08. 17 22:25

신태태 신태태태태 신태(神太泰 神太太泰泰 神太)
출(出)세계 수인(10)
* 11번째 출(出) 세계를 빠져나오도록 하는 수인

왼손가락 오른손가락 3, 4번째 손가락을 붙이고
왼손가락 1, 3, 4번째 손가락과 오른손가락 1, 3, 4번째 손가락을 같은 손가락 끼리 손가락 끝 지문이 맞닿게 한다.
2013. 08. 17 22:29

신태태 신태태태태 신태태(神太泰 神太太泰泰 神太泰)
출(出)세계 수인(11)
* 12번째 출(出) 세계를 빠져나오도록 하는 수인

왼손가락 오른손가락 2, 3, 4번째 손가락을 붙이고
왼손가락 1, 2, 3, 4번째 손가락과 오른 손가락 1, 2, 3, 4번째 손가락을 같은 손가락 끼리 손가락 끝 지문이 맞닿게 한다.
이때 1번째와 2번째 손가락은 삼각형 모양이 된다.
2013. 08. 17 22:34

신신신신신신신신신신태태 신태태 출(出)세계 수인
* 42번째 출(出) 세계를 빠져나오도록 하는 수인

왼손 오른손 1, 4, 5번째 손가락 끝 지문이 맞닿게 해서
맞닿은 1, 4. 5번째 왼손과 오른손가락 끝이 서로 맞닿게 붙인다. 2013. 08. 17 22:12

신신신신신신신신신신태태 신태태태 출(出)세계 수인

왼손 오른손 1, 4, 5번째 손가락 끝 지문이 맞닿게 해서
맞닿은 1, 4, 5번째 왼손과 오른손가락 끝이 서로 맞닿게 붙이고, 왼손 오른손 3번째 손가락 끝 지문이 맞닿게 서로 붙인다.
2013. 08. 17 22:16

신신신신신신신신신신태태태 신태태태 출(出)세계 수인

왼손 오른손 1, 4, 5번째 손가락 끝 지문이 맞닿게 해서
맞닿은 1, 4, 5번째 왼손과 오른손가락 끝이 서로 맞닿게 붙이고, 왼손 오른손 2, 3번째 손가락 끝 지문이 같은 손가락 끼리 서로 붙인다. 2013. 08. 17 22:20

자비명(自秘明) 수인(1-8)

신대 자비명(神大 自秘明) 수인(1)

왼손가락 1, 3번째와 오른 손가락 1, 3번째 손가락
같은 손가락 끼리 손가락 끝 지문이 맞닿게 한다.
2013. 08. 17 21:51

신태 자비명(神太 自秘明) 수인(2)

왼손가락 1, 3, 4번째와 오른 손가락 1, 3, 4번째 손가락
같은 손가락 끼리 손가락 끝 지문이 맞닿게 한다.
2013. 08. 17 21:56

신태태 자비명(神太泰 自秘明) 수인(3)

왼손가락 1, 3, 4, 5번째와 오른 손가락 1, 3, 4, 5번째 손가락 같은 손가락 끼리 손가락 끝 지문이 맞닿게 한다.
2013. 08. 17 22:05

신태태 자비명(神太泰泰 自秘明) 수인(4)

왼손가락 1, 2, 3, 4, 5번째와 오른 손가락 1, 2, 3, 4, 5번째 손가락을 같은 손가락 끼리 손가락 끝 지문이 맞닿게 한다.
2013. 08. 17 22:06

신신비태태 자비명(神神秘太泰 自秘明) 수인(5)

* 자비명 최종지에 이르게 하는 수인

왼손 오른손 1, 2, 3, 4번째 손가락 끝 지문이 맞닿게 해서 맞닿은 1, 2, 3, 4번째 왼손과 오른손가락 끝이 서로 맞닿게 붙인다. 2013. 08. 17 22:26

신신비태태 자비명(神神秘太泰泰 自秘明) 수인(6)

왼손 오른손 1, 2, 3번째 손가락 끝 지문이 맞닿게 해서 맞닿은 1, 2, 3번째 왼손과 오른손가락 끝이 서로 맞닿게 붙인다. 2013. 08. 17 22:32

신신비태태태 자비명(神神秘太泰泰泰 自秘明) 수인(7)

왼손 오른손 1, 2번째 손가락 끝 지문이 맞닿게 해서 맞닿은 1, 2번째 왼손과 오른손가락 끝이 서로 맞닿게 붙인다.
2013. 08. 17 22:36

신신신태태태 자비명(神神神太泰泰 自秘明) 수인(8)

왼손 오른손 1번째 손가락 끝 지문이 맞닿게 한다.
그리고 왼손 오른손 2, 3, 4, 5번째 손가락은 11자가 되게 한다. 맞닿은 1번째 왼손과 오른손가락 끝이 서로 맞닿게 붙인다.
2013. 08. 17 22:40

자비묘명(自秘妙明) 수인(1-4)

신대 자비묘명(神大 自秘妙明) 수인(1)

* 자비묘명에 이르도록 하는 수인

왼손 오른손 1번째와 3번째 손가락 지문이 맞닿게 해서
1번째와 3번째 손가락이 맞닿은
왼손 오른손 맞닿은 부분 옆쪽을 서로 맞닿게 붙인다.
2013. 08. 17 21:32

신대태 자비묘명(神大太 自秘妙明) 수인(2)

왼손 오른손 1번째와 3번째 손가락 지문이 맞닿게 해서
1번째와 3번째 손가락이 맞닿은
왼손 오른손 맞닿은 부분 옆쪽을 서로 맞닿게 붙인다.
그리고 왼손 오른손 4번째 손가락을 붙인다. 2013. 08. 17 21:35

신대태태 자비묘명(神大太太 自秘妙明) 수인(3)

왼손 오른손 1번째와 3번째 손가락 지문이 맞닿게 해서
1번째와 3번째 손가락이 맞닿은

왼손 오른손 맞닿은 부분 옆쪽을 서로 맞닿게 붙인다.
그리고 왼손 오른손 4, 5번째 손가락을 붙인다.
2013. 08. 17 21:41

신대태태태 자비묘명(神大太太泰 自秘妙明) 수인(4)
왼손 오른손 1번째와 3번째 손가락 지문이 맞닿게 해서
1번째와 3번째 손가락이 맞닿은
왼손 오른손 맞닿은 부분 옆쪽을 서로 맞닿게 붙인다.
그리고 왼손 오른손 2, 4, 5번째 손가락을 붙인다.
2013. 08. 17 21:46

자태묘명(自太妙明) 수인(1-8)

신태 자태묘명(神太 自太妙明) 수인(1)
* 자태묘명에 올라오도록 하는 수인

왼손 오른손 1번째와 4번째 손가락 지문이 맞닿게 한다.
그리고 1번째와 4번째 손가락이 맞닿은
왼손 오른손 맞닿은 부분 옆쪽을 서로 맞닿게 붙인다.
2013. 08. 17 20:32

신태태 자태묘명(神太太 自太妙明) 수인(2)
* 자태묘명에 올라와서 하는 수인

왼손 오른손 1번째와 4번째 손가락 지문이 맞닿게 한다.

그리고 1번째와 4번째 손가락이 맞닿은
왼손 오른손 맞닿은 부분 옆쪽을 서로 맞닿게 붙이고
왼손 오른손 손목 손바닥이 시작되는 부분을 서로 붙인다.
2013. 08. 17 20:35

신태태태 자태묘명(神太太泰 自太妙明) 수인(3)
왼손 오른손 1번째와 4번째 손가락 지문이 맞닿게 한다.
그리고 1번째와 4번째 손가락이 맞닿은
왼손 오른손 맞닿은 부분 옆쪽을 서로 맞닿게 붙이고
왼손 오른손 손목 손바닥이 시작되는 부분을 서로 붙인다.
그리고 왼손 오른손 5번째 손가락을 붙인다. 2013. 08. 17 20:37

신태태태태 자태묘명(神太太泰泰 自太妙明) 수인(4)
왼손 오른손 1번째와 4번째 손가락 지문이 맞닿게 한다.
그리고 1번째와 4번째 손가락이 맞닿은
왼손 오른손 맞닿은 부분 옆쪽을 서로 맞닿게 붙이고
왼손 오른손 손목 손바닥이 시작되는 부분을 서로 붙이고
왼손 오른손 3, 5번째 손가락을 붙인다. 2013. 08. 17 20:40

신태태태태태 자태묘명(神太太泰泰泰 自太妙明) 수인(5)
왼손 오른손 1번째와 4번째 손가락 지문이 맞닿게 한다.
그리고 1번째와 4번째 손가락이 맞닿은
왼손 오른손 맞닿은 부분 옆쪽을 서로 맞닿게 붙이고
왼손 오른손 손목 손바닥이 시작되는 부분을 서로 붙이고
왼손 오른손 2, 3, 5번째 손가락을 붙인다. 2013. 08. 17 20:44

신태태태태태태 자태묘명(神太太泰泰泰泰 自太妙明) 수인(6)
왼손 오른손 1번째 손가락과 5번째 손가락 지문이 맞닿게 해서
1번째와 5번째 손가락이 맞닿은
왼손 오른손 맞닿은 부분 옆쪽을 서로 맞닿게 붙인다.
2013. 08. 17 20:49

신태태태태태태태 자태묘명(自太妙明) 수인(7)
* 자태묘명 최종지에 올라오도록 하는 수인

왼손 오른손 1번째 손가락과 5번째 손가락 지문이 맞닿게 한다.
그리고 왼손 오른손 손바닥 쪽이 맞닿게 하고
1번째와 5번째 손가락이 맞닿은 부분 옆쪽이 맞닿게 한다.
2013. 08. 17 20:27

신명태 자태묘명(神明泰 自太妙明) 수인(8)
왼손 오른손 1번째 손가락과 5번째 손가락 지문이 맞닿게 해서
왼손 오른손 손바닥 쪽이 맞닿게 하고
1번째와 5번째 손가락이 맞닿은 부분 옆쪽이 맞닿게 한 다음
왼손 오른손 4번째 손가락 끝을 맞닿게 한다. 2013. 08. 17 20:53

자근본태명(自根本太明) 수인(1-7)

신명 근본 자근본태명(信明 根本 自根本太明) 수인(1)

왼손 오른손 1번째 손가락과 5번째 손가락 지문이 맞닿게 해서
왼손 오른손 손바닥 쪽이 맞닿게 하고
1번째와 5번째 손가락이 맞닿은 부분 옆쪽이 맞닿게 한 다음
왼손 오른손 3, 4번째 손가락 끝을 맞닿게 한다.
2013. 08. 17 20:59

신명 신근본 자근본태태명(信明 神根本 自根本太太明) 수인(2)

왼손 오른손 1번째 손가락과 5번째 손가락 지문이 맞닿게 해서
왼손 오른손 손바닥 쪽이 맞닿게 하고
1번째와 5번째 손가락이 맞닿은 부분 옆쪽이 맞닿게 한 다음
왼손 오른손 2, 3, 4번째 손가락 끝을 맞닿게 한다.
2013. 08. 17 21:04

신명 신근본 자근본태태태명
(信明 神根本 自根本太太泰明) 수인(3)

왼손 오른손 손가락을 모두 다 펴고
손목에서 손바닥이 시작되는 부분을 왼손 오른손 서로 붙이고
왼손 오른손 1번째 손가락 끝부분 옆을 서로 붙이고
왼손 오른손 5번째 손가락 끝 지문 있는 부분을 서로 붙인다.
2013. 08. 17 21:09

신명 신근본 자근본태태태태명

(信明 神根本 自根本太太泰泰明) 수인(4)

왼손 오른손 손가락을 모두 다 펴고
손목에서 손바닥이 시작되는 부분을 왼손 오른손 서로 붙이고
왼손 오른손 1번째 손가락 끝부분 옆을 서로 붙이고
왼손 오른손 4, 5번째 손가락 끝 지문 있는 부분을 서로 붙인다. 2013. 08. 17 21:15

신명 신근본 자근본태태태태태명

(信明 神根本 自根本太太泰泰泰明) 수인(5)

왼손 오른손 손가락을 모두 다 펴고
손목에서 손바닥이 시작되는 부분을 왼손 오른손 서로 붙이고
왼손 오른손 1번째 손가락 끝부분 옆을 서로 붙이고
왼손 오른손 3, 4, 5번째 손가락 끝 지문 있는 부분을 서로 붙인다. 2013. 08. 17 21:15

신명 신근본 자근본태태태태태태명

(信明 神根本 自根本太太泰泰泰泰明) 수인(6)

왼손 오른손 손가락을 모두 다 펴고
손목에서 손바닥이 시작되는 부분을 왼손 오른손 서로 붙이고
왼손 오른손 1번째 손가락 끝부분 옆을 서로 붙이고
왼손 오른손 2, 3, 4, 5번째 손가락 끝 지문 있는 부분을 서로 붙인다. 2013. 08. 17 21:21

신명 신근본 자근본태태태태태태태명 (信明 神根本 自根本太太泰泰泰泰泰明) 수인(7)

왼손 오른손 손가락을 모두 다 펴고
손바닥이 마주 보게 한다.
왼손 오른손바닥 간격은 20cm되게 한다. 2013. 08. 17 21:26

* 2013. 08. 17일 퇴근길 신호대기에서 '자태묘명 최종지에 올라오도록 하는 수인을 어떻게 하면 될까?' 수인이 쉽게 되었다. 그리고 이것저것 생각하니 수인이 쉽게 되었다. 그래서 퇴근해 집에서 자태묘명 최종지에 이르도록 하는 수인에서부터 앞뒤의 출(出)세계 ~ 자근본태명 세계까지 세계를 옮겨가며 행하여 본 수인이다.

자근본태태묘묘묘명(自根本太太妙妙妙明) 수인(1-3)

태태태태초초초근본태초초명(太太泰泰超超超根本泰超超明) 수인(1)

왼손 오른손 다섯 손가락을 다 붙이고
왼손바닥과 오른손바닥이 11자로 나란히 하게 한 다음
왼손을 오른쪽 아래로 조금 옮기고 오른손을 왼쪽 위로 조금 옮겨서 왼손 2번째 손가락 위에 오른손 5번째 손가락 아래를 얹어놓는다,
이때 왼손 1번째 손가락은 오른손 밑 부분을 올려놓기 좋게 받침대 모양으로 하기 위해서 왼손 2번째 손가락과 평면이 되게 하고, 왼손 2번째 손가락 끝과 오른손 5번째 손가락 끝이 같게 놓는다.

이와 같이 하면 오른손바닥 아래 부분 오른손목은 왼손 끝자락과 일직선이 되게 된다. 2013. 08. 21 09:35

근본묘묘묘태태태태태명(根本妙妙妙太太泰泰泰明)(2)

왼손 오른손 다섯 손가락을 다 붙이고
왼손바닥과 오른손바닥이 11자로 나란히 하게 한 다음
오른손을 왼쪽 아래로 조금 옮기고 왼손을 오른쪽 위로 조금 옮겨서 오른손 2번째 손가락 위에 왼손 5번째 손가락 아래를 얹어놓는다,
이때 오른손 1번째 손가락은 왼손 밑 부분을 올려놓기 좋게 받침대 모양으로 하기 위해서 오른손 2번째 손가락과 평면이 되게 하고, 오른손 2번째 손가락 끝과 왼손 5번째 손가락 끝이 같게 놓는다.
이와 같이 하면 왼손바닥 아래 부분 왼 손목은 오른손 끝자락과 일직선이 되게 된다. 2013. 08. 21 10:14

극초초초초묘묘묘명(極超超超超妙妙妙明) 수인(3)

왼손 오른손 2, 3, 4, 5번째 손가락을 붙이고
왼손 오른손 1번째 손가락은 자연스럽게 띄워서 V모양 비슷하게 한다.
그리고 왼손바닥과 오른손바닥이 11자로 나란히 하게 하되 큰 공에 손바닥이 붙어 있는 듯 약간 오른손은 왼쪽으로 약간 둥그렇게 되고 왼손은 오른쪽으로 약간 둥그렇게 말려 있게 한다.
그리고 왼손 오른손 1번째 손가락 끼리 삼각형 모양이 되지만

손가락은 끝은 붙지 않고 2-3cm떨어지게 된다.
왼손을 오른쪽 아래로 조금 옮기고 오른손을 왼쪽 위로 조금 옮겨서 왼손 2번째 손가락 위에 오른손 5번째 손가락 아래를 얹어놓는다,
손바닥과 손가락에 힘을 빼 자연스럽게 한다.
그러면 왼손과 오른손 끝부분이 자연스럽게 왼손은 아래쪽에서 오른쪽으로 약간 굽어있게 되고 오른손은 위쪽에서 왼쪽으로 약간 굽어 있는 듯 보이면서 아래쪽 왼손과 위쪽 오른손 끝이 마치 V 모양이 된다.
이때 왼손 1번째 손가락은 오른손 밑 부분 올려놓기 좋게 3-4cm 떨어지게 되고 받침대 모양으로 하기 위해서 왼손 2번째 손가락과 평면이 되게 한다. 2013. 08. 21 10: 10

자신태태태초묘묘묘묘명(自神太太泰超妙妙妙妙明) 수인(1-5)

근본태초초묘묘묘묘명(根本泰超礎妙妙妙妙明) 수인(1)

왼손 오른손 2, 3, 4, 5번째 손가락을 붙이고
왼손 오른손 1번째 손가락은 자연스럽게 띄워서 V모양 비슷하게 한다.
그리고 왼손바닥과 오른손바닥이 11자로 나란히 하게 하되 큰 공에 손바닥이 붙어 있는 듯 약간 오른손은 왼쪽으로 약간 둥그렇게 되고 왼손은 오른쪽으로 약간 둥그렇게 말려 있게 한다.
그리고 왼손 오른손 1번째 손가락 끼리 삼각형 모양이 되지만

손가락은 끝은 붙지 않고 2-3cm떨어지게 된다.
오른손을 왼쪽 아래로 조금 옮기고 왼손을 왼쪽 위로 조금 옮겨서 오른손 2번째 손가락 위에 왼손 5번째 손가락 아래를 얹어놓는다.
손바닥과 손가락에 힘을 빼 자연스럽게 한다.
그러면 왼손과 오른손 끝부분이 자연스럽게 왼손은 아래쪽에서 오른쪽으로 약간 굽어있게 되고 오른손은 위쪽에서 왼쪽으로 약간 굽어 있는 듯 보이면서 아래쪽 왼손과 위쪽 오른손 끝이 마치 V 모양이 된다.
이때 오른손 1번째 손가락은 왼손 밑 부분 올려놓기 좋게 3-4cm 떨어지게 되고 받침대 모양으로 하기 위해서 오른손 2번째 손가락과 평면이 되게 한다. 2013. 08. 21 10: 19

신태태태근본태묘묘묘묘묘명(神太太泰根本太妙妙妙妙妙明) 수인(2)

왼손 오른손 2, 3, 4, 5번째 손가락을 붙이고
왼손 오른손 1번째 손가락은 자연스럽게 띄워서 V모양 비슷하게 한다.
그리고 왼손바닥과 오른손바닥이 11자로 나란히 하게 하되 큰 공에 손바닥이 붙어 있는 듯 약간 오른손은 왼쪽으로 약간 둥그렇게 되고 왼손은 오른쪽으로 약간 둥그렇게 말려 있게 한다.
그리고 왼손 오른손 1번째 손가락 끼리 삼각형 모양이 되지만 손가락은 끝은 붙지 않고 2-3cm떨어지게 된다.
이 상태에서 오른손을 왼손 위에 올려서 X자 모양이 되게 한다.
X자 모양이 되었을 때 왼손 1, 2번째 손가락 위에 오른손바닥

아래쪽이 올려 있게 되고 손가락과 손가락은 X자 모양이 된다.
2013. 08. 21 10: 24

자초초초태초묘묘묘묘명(自超超超泰超妙妙妙妙明) 수인(3)

왼손 오른손 2, 3, 4, 5번째 손가락을 붙이고
왼손 오른손 1번째 손가락은 자연스럽게 띄워서 V모양 비슷하게 한다.
그리고 왼손바닥과 오른손바닥이 11자로 나란히 하게 하되 큰 공에 손바닥이 붙어 있는 듯 약간 오른손은 왼쪽으로 약간 둥그렇게 되고 왼손은 오른쪽으로 약간 둥그렇게 말려 있게 한다.
그리고 왼손 오른손 1번째 손가락 끼리 삼각형 모양이 되지만 손가락은 끝은 붙지 않고 2-3cm떨어지게 된다.
이 상태에서 왼손을 오른손 위에 올려서 X자 모양이 되게 한다.
X자 모양이 되었을 때 오른손 1, 2번째 손가락 위에 왼손바닥 아래쪽이 올려 있게 되고 손가락과 손가락은 X자 모양이 된다.
2013. 08. 21 10: 24

자신태태초초초묘묘묘묘명(自神太太超超超妙妙妙妙明) 수인(4)

왼손 오른손 2, 3, 4, 5번째 손가락을 붙이고
왼손 오른손 1번째 손가락은 자연스럽게 띄워서 V모양 비슷하게 한다.
그리고 왼손바닥과 오른손바닥이 11자로 나란히 하게 하되 큰 공에 손바닥이 붙어 있는 듯 약간 오른손은 왼쪽으로 약간 둥그렇게 되고 왼손은 오른쪽으로 약간 둥그렇게 말려 있게 한다.
그리고 왼손 오른손 1번째 손가락 끼리 삼각형 모양이 되지만 손가락은 끝은 붙지 않고 2-3cm떨어지게 된다.
이 상태에서 오른손을 왼손 1, 2번째 손가락 사이에 손목 아래쪽 두툼한 부분을 올려놓고 왼손에 오른손을 올린 상태에서 一자 모양이 되게 하되 一 모양이 몸 쪽으로 약간 둥그렇게 한다. 2013. 08. 21. 10:32

자신초초초묘극초태초태초묘묘묘묘묘명 수인(5)
(自神超超超妙極初泰超泰超妙妙妙妙妙明)

왼손 오른손 2, 3, 4, 5번째 손가락을 붙이고
왼손 오른손 1번째 손가락은 자연스럽게 띄워서 V모양 비슷하게 한다.
그리고 왼손바닥과 오른손바닥이 11자로 나란히 하게 하되 큰 공에 손바닥이 붙어 있는 듯 약간 오른손은 왼쪽으로 약간 둥그렇게 되고 왼손은 오른쪽으로 약간 둥그렇게 말려 있게 한다.
그리고 왼손 오른손 1번째 손가락 끼리 삼각형 모양이 되지만 손가락은 끝은 붙지 않고 2-3cm떨어지게 된다.
이 상태에서 왼손을 오른손 1, 2번째 손가락 사이에 손목 아래쪽 두툼한 부분을 올려놓고 오른손에 왼손을 올린 상태에서 一자 모양이 되게 하되 一 모양이 몸 쪽으로 약간 둥그렇게 한다. 2013. 08. 21. 10:37

자근본태태초묘묘묘묘묘묘묘묘명(自根本泰泰礎妙妙妙妙妙妙妙妙明) 수인(1-10)

자근본태태태태묘묘묘명(自根本太泰泰泰妙妙妙明) 수인(1)
왼손 오른손 2, 3, 4, 5번째 손가락을 붙이고
왼손 오른손 1번째 손가락은 띄워서 손바닥과 손가락에 힘을 주어서 모든 손가락을 곧게 한다.
이 상태에서 오른손 3번째 손가락 끝에 왼손 3번째 손가락 끝을 얹어 놓고 왼손 오른손 1번째 손가락 끝은 지문 있는 곳이 맞닿게 붙인다. 2013. 08. 21. 11:15

극초초자근본태태태최초명(極超超自根本太泰泰最初明) (2)
왼손 오른손 2, 3, 4, 5번째 손가락을 붙이고
왼손 오른손 1번째 손가락은 띄워서 손바닥과 손가락에 힘을 주어서 모든 손가락을 곧게 한다.
이 상태에서 왼손 3번째 손가락 끝에 오른손 3번째 손가락 끝을 얹어 놓고 왼손 오른손 1번째 손가락 끝은 지문 있는 곳이 맞닿게 붙인다. 2013. 08. 21. 11:15

묘묘묘묘묘태초근본 최초명(妙妙妙妙妙泰超根本 最初明) 수인 (3)
왼손 오른손 2, 3, 4, 5번째 손가락을 붙이고
왼손 오른손 1번째 손가락은 띄워서 손바닥과 손가락에 힘을 주어서 모든 손가락을 곧게 한다.
이 상태에서 왼손 2번째 손가락 끝에 오른손 5번째 손가락 끝을 붙이고 왼손 오른손 1번째 손가락 끝은 지문 있는 곳이 맞

닿게 붙인다. 2013. 08. 21. 10:41

자신근본태태태묘묘묘태초명(自神根本太泰泰妙妙妙泰超明) 수인(4)
왼손 오른손 2, 3, 4, 5번째 손가락을 붙이고
왼손 오른손 1번째 손가락은 띄워서 손바닥과 손가락에 힘을 주어서 모든 손가락을 곧게 한다.
이 상태에서 오른손 2번째 손가락 끝에 왼손 5번째 손가락 끝을 붙이고 왼손 오른손 1번째 손가락 끝은 지문 있는 곳이 맞닿게 붙인다. 2013. 08. 21. 10:46

극초초초초묘묘묘태초명(極超超超超妙妙妙泰超明) 수인(5)
왼손 오른손 2, 3, 4, 5번째 손가락을 붙이고
왼손 오른손 1번째 손가락은 띄워서 손바닥과 손가락에 힘을 주어서 모든 손가락을 곧게 한다.
이 상태에서 왼손 3번째 손가락 끝에 왼손 5번째 손가락 끝을 붙이고 왼손 오른손 1, 2번째 손가락 끝은 서로 같은 손가락끼리 지문 있는 곳이 맞닿게 붙인다. 2013. 08. 21. 10:57

자신근본태태태태묘묘묘태초명(自神根本太泰泰泰妙妙妙泰超明) 수인(6)
왼손 오른손 2, 3, 4, 5번째 손가락을 붙이고
왼손 오른손 1번째 손가락은 띄워서 손바닥과 손가락에 힘을 주어서 모든 손가락을 곧게 한다.
이 상태에서 오른손 3번째 손가락 끝에 왼손 5번째 손가락 끝을 붙이고 왼손 오른손 1, 2번째 손가락 끝은 서로 같은 손가

락 끼리 지문 있는 곳이 맞닿게 붙인다. 2013. 08. 21. 10:49

극초태태묘묘묘태태태명(極超太泰妙妙妙泰泰泰明) 수인(7)
왼손 오른손 2, 3, 4, 5번째 손가락을 붙이고
왼손 오른손 1번째 손가락은 띄워서 손바닥과 손가락에 힘을 주어서 모든 손가락을 곧게 한다.
이 상태에서 왼손 4번째 손가락 끝에 오른손 5번째 손가락 끝을 붙이고 왼손 오른손 1, 2, 3번째 손가락 끝은 서로 같은 손가락 끼리 지문 있는 곳이 맞닿게 붙인다. 2013. 08. 21. 11:02

근본신태초묘묘묘태초명(根本神泰礎妙妙妙泰超明) 수인(8)
왼손 오른손 2, 3, 4, 5번째 손가락을 붙이고
왼손 오른손 1번째 손가락은 띄워서 손바닥과 손가락에 힘을 주어서 모든 손가락을 곧게 한다.
이 상태에서 오른손 4번째 손가락 끝에 왼손 5번째 손가락 끝을 붙이고 왼손 오른손 1, 2, 3번째 손가락 끝은 서로 같은 손가락 끼리 지문 있는 곳이 맞닿게 붙인다. 2013. 08. 21. 10:54

근본태초묘묘태태태명(根本泰超妙妙泰泰泰明) 수인(9)
왼손 오른손 2, 3, 4, 5번째 손가락을 붙이고
왼손 오른손 1번째 손가락은 띄워서 손바닥과 손가락에 힘을 주어서 모든 손가락을 곧게 한다.
이 상태에서 왼손 5번째 손가락 끝에 오른손 5번째 손가락 끝을 붙이고 왼손 오른손 1, 2, 3, 4번째 손가락 끝은 서로 같은 손가락 끼리 지문 있는 곳이 맞닿게 붙인다. 2013. 08. 21. 11:05

근본묘묘묘태초태태태명(根本妙妙妙泰超泰泰泰明) 수인(10)
왼손 오른손 2, 3, 4, 5번째 손가락을 붙이고
왼손 오른손 1번째 손가락은 띄워서 손바닥과 손가락에 힘을 주어서 모든 손가락을 곧게 한다.
이 상태에서 오른손 5번째 손가락 끝에 왼손 5번째 손가락 끝을 붙이고 왼손 오른손 1, 2, 3, 4번째 손가락 끝은 서로 같은 손가락 끼리 지문 있는 곳이 맞닿게 붙인다. 2013. 08. 21. 11:10

극극극태초태명(太明) 수인공(手印功) (1-18)

* 어제 저녁 잠자리에 누워서 '지금 올라와 있는 이곳을 수인으로 올라오게 할 수 없을까?' '수인으로 올라오는 방법은 없을까?' '수인을 한다면 어떻게 하면 될까?' 그러면서 해본 수인을 정리한 것이다.

근본태초묘명 수인(1)

왼손 오른손 손바닥을 펴고 1번째 손가락은 떨어지고 2, 3, 4, 5번째 손가락을 붙이고

왼손 오른손 2, 3, 4, 5번째 손가락을 손바닥에 붙인다. 주먹을 쥘 때처럼 2, 3, 4, 5번째 손가락을 손바닥에 붙이고

왼손 오른손 첫 번째 손가락은 곧게 뻗어서

손바닥에 붙어 있는 2번째 손가락 첫 번째 마디가 끝나 구부러진 손가락 2, 3번째 마디 위에 얹어놓는다.

그리고 주먹 쥔 왼손 정권부분 즉 손가락이 시작되는 부분을 오른손 주먹 쥔 손가락 첫 번째 마디가 구부러진 곳에 붙여서

오른손 손가락 첫 번째 마디와 왼손 손등과 손가락이 시작되는 ㄱ부분이 一자가 되게 한다.

이때 오른손 1번째 손가락은 왼손 2번째 손가락 1번째 마디 위에 있게 되고 왼손 1번째 손가락은 끝부분은 오른손 1번째 손가락이 시작되는 부분에 붙어 있게 된다. 2013. 08. 25 04:34

근본태초태초초묘명 수인(2)

왼손 오른손 손바닥을 펴고 1번째 손가락은 떨어지고 2, 3, 4, 5번째 손가락을 붙이고

왼손 오른손 2, 3, 4, 5번째 손가락을 손바닥에 붙인다. 주먹을 쥘 때처럼 2, 3, 4, 5번째 손가락을 손바닥에 붙이고

왼손 오른손 첫 번째 손가락은 곧게 뻗어서 손바닥에 붙은 2번째 손가락 첫 번째 마디가 끝나 구부러진 손가락 2, 3번째 마디 위에 얹어놓는다.

그리고 주먹 쥔 오른손 정권부분 즉 손가락이 시작되는 부분을 왼손 주먹 쥔 손가락 첫 번째 마디가 구부러진 곳에 붙여서

왼손 손가락 첫 번째 마디와 오른손 손등과 손가락이 시작되는 ㄱ부분이 一자가 되게 한다.

이때 왼손 1번째 손가락은 오른손 2번째 손가락 1번째 마디 위에 있게 되고 오른손 1번째 손가락은 끝부분은 왼손 1번째 손가락이 시작되는 부분에 붙어 있게 된다. 2013. 08. 25 04:37

근본태초태초태초묘명 수인(3)

왼손 오른손 손바닥을 펴고 1번째 손가락은 떨어지고 2, 3, 4,

5번째 손가락을 붙이고 왼손 오른손 2, 3, 4, 5번째 손가락을 손바닥에 붙인다. 주먹을 쥘 때처럼 2, 3, 4, 5번째 손가락을 손바닥에 붙인다.

그리고 주먹 쥔 왼손 정권부분 즉 손가락이 시작되는 부분을 오른손 주먹 쥔 손가락 첫 번째 마디가 구부러진 곳에 붙여서

오른손 손가락 첫 번째 마디와 왼손 손등과 손가락이 시작되는 ㄱ부분이 一자가 되게 하고 오른손 왼손 1번째 손가락을 쭉 뻗어서 11자가 되게 한다. 2013. 08. 25 04:25

근본태초태초태초묘묘명 수인(4)

왼손 오른손 손바닥을 펴고 1번째 손가락은 떨어지고 2, 3, 4, 5번째 손가락을 붙이고 왼손 오른손 2, 3, 4, 5번째 손가락을 손바닥에 붙인다. 주먹을 쥘 때처럼 2, 3, 4, 5번째 손가락을 손바닥에 붙인다.

그리고 주먹 쥔 오른손 정권부분 즉 손가락이 시작되는 부분을 왼손 주먹 쥔 손가락 첫 번째 마디가 구부러진 곳에 붙여서

왼손 손가락 첫 번째 마디와 오른손 손등과 손가락이 시작되는 ㄱ부분이 一자가 되게 하고 왼손 오른손 1번째 손가락을 쭉 뻗어서 11자가 되게 한다. 2013. 08. 25 04:23

근본태초태초태초태초묘명 수인(5)

왼손을 가위바위보 할 때 가위를 내는 것과 같이 하고 오른손 손바닥을 펴고 1번째 손가락은 떨어지고 2, 3, 4, 5번째 손가락은 붙여 손가락을 손바닥에 붙인다. 주먹을 쥘 때처럼 2, 3,

4, 5번째 손가락을 손바닥에 붙인다.

그리고 가위를 낸 듯한 왼손 정권부분 즉 손가락이 시작되는 부분을 오른손 주먹 쥔 손가락 첫 번째 마디가 구부러진 곳에 붙여서

왼손 가위를 낸 2번째 손가락을 오른손 2번째 손가락 1번째 마디 위에 얹어 놓고

왼손 2번째 손가락과 왼손등과 오른손 손가락 1번째 마디들과 一자가 되게 하고 오른손 왼손 1번째 손가락을 쭉 뻗어서 11자가 되게 한다. 2013. 08. 25 04:43

근본태초태초태초태초태초묘묘명 수인(6)

오른손을 가위바위보 할 때 가위를 내는 것과 같이 하고

왼손 손바닥을 펴고 1번째 손가락은 떨어지고 2, 3, 4, 5번째 손가락은 붙여 손가락을 손바닥에 붙인다. 주먹을 쥘 때처럼 2, 3, 4, 5번째 손가락을 손바닥에 붙인다.

그리고 가위를 낸 듯한 오른손 정권부분 즉 손가락이 시작되는 부분을 왼손 주먹 쥔 손가락 첫 번째 마디가 구부러진 곳에 붙여서 오른손 가위를 낸 2번째 손가락을 왼손 1번째 마디 위에 얹어 놓고

오른손 2번째 손가락과 오른손등과 왼손 손가락 1번째 마디와 一자가 되게 하고 오른손 왼손 1번째 손가락을 쭉 뻗어서 11자가 되게 한다. 2013. 08. 25 04:46

근본태초태초태초태초태초태초묘묘묘명 수인(7)

왼손과 오른손을 가위바위보 할 때 가위를 내는 것과 같이 두 손을 하고

이때 왼손 오른손 3, 4, 5번째 손가락은 손바닥에 붙인다. 주먹을 쥘 때처럼 3, 4, 5번째 손가락을 손바닥에 붙이고

가위를 낸 왼손 정권부분 즉 손가락이 시작되는 부분을 오른손 주먹 쥔 3, 4, 5번째 손가락 첫 번째 마디가 구부러진 곳에 붙이고

왼손 가위를 낸 2번째 손가락을 오른손 가위 낸 2번째 손가락이 시작되는 부분 위에 얹어 놓고

왼손 2번째 손가락과 왼손등과 오른손 3, 4, 5번째 손가락 1번째 마디와 一자가 되게 하고 오른손 왼손 1번째 손가락을 쭉 뻗어서 11자가 되게 한다. 2013. 08. 25 04:53

근본태초(太初:6)묘(妙:5)명 수인(8)

근본태초태초태초태초태초태초(6)묘묘묘묘묘(5)명

왼손과 오른손을 가위바위보 할 때 가위를 내는 것과 같이 두 손을 하고, 왼손 오른손 3, 4, 5번째 손가락은 손바닥에 붙인다. 주먹을 쥘 때처럼 3, 4, 5번째 손가락을 손바닥에 붙이고

가위를 낸 오른손 정권부분 즉 손가락이 시작되는 부분을 왼손 주먹 쥔 3, 4, 5번째 손가락 첫 번째 마디가 구부러진 곳에 붙이고, 오른손 가위를 낸 2번째 손가락을 왼손 가위 낸 2번째 손가락이 시작되는 부분 위에 얹어 놓고

오른손 2번째 손가락과 오른손등과 왼손 3, 4, 5번째 손가락 1번째 마디와 一자가 되게 하고 오른손 왼손 1번째 손가락을 쭉 뻗어서 11자가 되게 한다. 2013. 08. 25 04:57

근본태초(太初:6)태묘(妙:5)명 수인(9)

근본태초태초태초태초태초태초(6)태묘묘묘묘묘(5)명

왼손과 오른손을 가위바위보 할 때 가위를 내는 것과 같이 하되 왼손은 가위를 낸 2번째 손가락에 3번째 손가락까지 붙여서 가위를 낸다.

그리고 가위를 낸 왼손 정권부분 즉 손가락이 시작되는 부분을 오른손 주먹 쥔 3, 4, 5번째 손가락 첫 번째 마디가 구부러진 곳에 붙이고,

왼손 가위를 낸 3번째 손가락을 오른손 가위 낸 2번째 손가락이 시작되는 부분 위에 얹어 놓고

왼손 2, 3번째 손가락과 왼손등과 오른손 3, 4, 5번째 손가락 1번째 마디와 一자가 되게 하고 오른손 왼손 1번째 손가락을 쭉 뻗어서 11자가 되게 한다. 2013. 08. 25 05:05

근본태초(太初:6)태묘(妙:6)명 수인(10)

근본태초태초태초태초태초태초(6)태묘묘묘묘묘묘(6)명

왼손과 오른손을 가위바위보 할 때 가위를 내는 것과 같이 하되 오른손은 가위를 낸 2번째 손가락에 3번째 손가락까지 붙여서 가위를 낸다.

그리고 가위를 낸 오른손 정권부분 즉 손가락이 시작되는 부분을 왼손 주먹 쥔 3, 4, 5번째 손가락 첫 번째 마디가 구부러진 곳에 붙이고, 오른손 가위를 낸 3번째 손가락을 왼손 가위 낸 2번째 손가락이 시작되는 부분 위에 얹어 놓고, 오른손 2, 3번째 손가락과 오른손등과 왼손 3, 4, 5번째 손가락 1번째 마디와 一자가 되게 하고 오른손 왼손 1번째 손가락을 쭉 뻗어서 11자가 되게 한다. 2013. 08. 25 05:07

근본태초(太初:8)태묘(妙:7)명 수인(11)

근본태초태초태초태초태초태초태초태초(8)태묘묘묘묘묘묘묘(7)명

왼손과 오른손을 가위바위보 할 때 가위를 내는 것과 같이 하되 왼손은 가위를 낸 2번째 손가락에 3, 4번째 손가락까지 붙여서 가위를 낸다.

그리고 가위를 낸 왼손 5번째 손가락 시작되는 부분을 오른손 3번째 손가락2번째 마디에 붙이고 왼손 가위를 낸 4번째 손가락을 오른손 가위 낸 1, 2번째 손가락 사이에 놓고 1번째 손가락에 붙게 얹어 놓는다.

이때 왼손 5번째 손가락과 왼손등과 오른손 3, 4, 5번째 손가락 1번째 마디와 一자가 되게 하고 오른손 왼손 1번째 손가락을 쭉 뻗어서 11자가 되게 하게 왼손 1번째 손가락이 위로 올라와 있게 된다. 2013. 08. 25 05:56

근본태초(太初:11)태묘(妙:9)명 수인(12)

근본태초태초태초태초태초태초태초태초태초태초태초(11)태묘묘묘묘묘묘묘묘묘(9)명

왼손과 오른손을 가위바위보 할 때 가위를 내는 것과 같이 하되 오른손은 가위를 낸 2번째 손가락에 3, 4번째 손가락까지 붙여서 가위를 낸다.

그리고 가위를 낸 오른손 5번째 손가락 시작되는 부분을 왼손 3번째 손가락2번째 마디에 붙이고 오른손 가위를 낸 4번째 손가락을 왼손 가위 낸 1, 2번째 손가락 사이에 놓고 1번째 손가락에 붙게 얹어 놓는다.

이때 오른손 5번째 손가락과 오른손등과 왼손 3, 4, 5번째 손가락 1번째 마디와 一자가 되게 하고 오른손 왼손 1번째 손가

락을 쭉 뻗어서 11자가 되게 하게 오른손 1번째 손가락이 위로 올라와 있게 된다. 2013. 08. 25 05:56

근본태초(太初:12)태묘(妙:7)명 수인(13)

근본태초태초태초태초태초태초태초태초태초태초태초태초(12)태묘묘묘묘묘묘묘(7)명

왼손과 오른손을 가위바위보 할 때 가위를 내는 것과 같이 하되 왼손은 가위를 낸 2번째 손가락에 3, 4, 5번째 손가락까지 붙여서 가위를 낸다.

그리고 가위를 낸 왼손 5번째 손가락 시작되는 부분을 오른손 가위 낸 1, 2번째 손가락 사이에 놓되 2번째 손가락이 시작되는 부분에 얹어 놓는다.

이때 왼손 2, 3, 4, 5번째 손가락과 왼손등과 오른손 3, 4, 5번째 손가락 1번째 마디와 一자가 되게 하고 오른손 왼손 1번째 손가락을 쭉 뻗어서 11자가 되게 하게 왼손 1번째 손가락이 위로 올라와 있게 된다. 2013. 08. 25 06:05

근본태초(太初:12)태묘(妙:10)명 수인(14)

근본태초태초태초태초태초태초태초태초태초태초태초태초(12)태묘묘묘묘묘묘묘묘묘묘(10)명

왼손과 오른손을 가위바위보 할 때 가위를 내는 것과 같이 하되 오른손은 가위를 낸 2번째 손가락에 3, 4, 5번째 손가락까지 붙여서 가위를 낸다.

그리고 가위를 낸 오른손 5번째 손가락 시작되는 부분을 왼손 가위 낸 1, 2번째 손가락 사이에 놓되 2번째 손가락이 시작되

는 부분에 얹어 놓는다.

이때 오른손 2, 3, 4, 5번째 손가락과 오른손등과 왼손 3, 4, 5번째 손가락 1번째 마디와 一자가 되게 하고 오른손 왼손 1번째 손가락을 쭉 뻗어서 11자가 되게 하게 오른손 1번째 손가락이 위로 올라와 있게 된다. 2013. 08. 25 06:05

근본태초(太初:14)태묘(妙:8)명 수인(15)

근본태초태초태초태초태초태초태초태초태초태초태초태초태초태초(14)태묘묘묘묘묘묘묘묘(8)명

왼손과 오른손을 가위바위보 할 때 가위를 내는 것과 같이 하되 가위를 낸 2번째 손가락에 3, 4, 5번째 손가락까지 붙여서 가위를 낸다.

그리고 가위를 낸 왼손 5번째 손가락 시작되는 부분을 오른손 가위 낸 1, 2번째 손가락 사이에 놓되 2번째 손가락이 시작되는 부분에 얹어 놓는다.

이때 왼손 2, 3, 4, 5번째 손가락과 오른손 2, 3, 4, 5번째 손가락은 十 모양이 되게 하고 오른손 왼손 1번째 손가락을 쭉 뻗어서 11자가 되게 하되 왼손 1번째 손가락이 위로 올라와 있게 된다. 2013. 08. 25 06:13

근본태초(太初:15)태묘(妙:7)명 수인(16)

근몬태초태초태초태초태초태초태초태초태초태초태초태초태초태초태초(15)태묘묘묘묘묘묘묘(7)명

왼손과 오른손을 가위바위보 할 때 가위를 내는 것과 같이 하되 가위를 낸 2번째 손가락에 3, 4, 5번째 손가락까지 붙여서

가위를 낸다.

그리고 가위를 낸 오른손 5번째 손가락 시작되는 부분을 왼손 가위 낸 1, 2번째 손가락 사이에 놓되 2번째 손가락이 시작되는 부분에 얹어 놓는다.

이때 오른손 2, 3, 4, 5번째 손가락과 왼손 2, 3, 4, 5번째 손가락은 十 모양이 되게 하고 오른손 왼손 1번째 손가락을 쭉 뻗어서 11자가 되게 하되 오른손 1번째 손가락이 위로 올라와 있게 된다. 2013. 08. 25 06:13

근본태초(太初:17)태묘(妙:10)명 수인(17)

근본태초태초태초태초태초태초태초태초태초태초태초태초태초태초태초태초태초(17)태묘묘묘묘묘묘묘묘묘묘(10)명

왼손과 오른손을 가위바위보 할 때 가위를 내는 것과 같이 하되 가위를 낸 2번째 손가락에 3, 4, 5번째 손가락까지 붙여서 가위를 낸다.

그리고 가위를 낸 왼손 5번째 손가락 시작되는 부분을 오른손 가위 낸 1, 2번째 손가락 사이에 놓되 2번째 손가락이 시작되는 부분에 얹어 놓고 왼손 1번째 손가락을 손바닥에 붙인다.

이때 왼손 2, 3, 4, 5번째 손가락과 오른손 2, 3, 4, 5번째 손가락은 十 모양이 되게 하고 오른손 1번째 손가락을 쭉 뻗어서 하늘을 찌른 듯 하게한다. 2013. 08. 26 14:40

근본태초(太初:17)태묘(妙:11)명 수인(18)

근본태초태초태초태초태초태초태초태초태초태초태초태초태초태초태초태초태초(17)태묘묘묘묘묘묘묘묘묘묘묘(11)명

왼손과 오른손을 가위바위보 할 때 가위를 내는 것과 같이 하

되 가위를 낸 2번째 손가락에 3, 4, 5번째 손가락까지 붙여서 가위를 낸다.

그리고 가위를 낸 오른손 5번째 손가락 시작되는 부분을 오른손 가위 낸 1, 2번째 손가락 사이에 놓되 2번째 손가락이 시작되는 부분에 얹어 놓고 오른손 1번째 손가락을 손바닥에 붙인다.

이때 왼손 2, 3, 4, 5번째 손가락과 오른손 2, 3, 4, 5번째 손가락은 十 모양이 되게 하고 왼손 1번째 손가락을 쭉 뻗어서 하늘을 찌른 듯 하게한다. 2013. 08. 26 14:45

* (1-18)을 모두 다 한 번에 행하는 경우 극극극태초태명 수인공(手印功)

극극태극태극묘묘명(極極太極太極妙妙明) 수인공(手印功) (1-12)

극극태초명 (1)

왼손과 오른손을 가위바위보 할 때 가위를 내는 것과 같이 하되 가위를 낸 2번째 손가락에 3, 4, 5번째 손가락까지 붙여서 가위를 낸다.

그리고 왼손 오른손 1번째 손가락을 손바닥에 최대한 붙여서

왼손 5번째 손가락이 시작되는 부분을 오른손 2번째 손가락이 시작되는 부분에 十자 모양이 되도록 붙인다. 2013. 08. 25 10:12

극극태초태초명(2)

왼손과 오른손을 가위바위보 할 때 가위를 내는 것과 같이 하되 가위를 낸 2번째 손가락에 3, 4, 5번째 손가락까지 붙여서 가위를 낸다.

그리고 왼손 오른손 1번째 손가락을 손바닥에 최대한 붙여서

오른손 5번째 손가락이 시작되는 부분을 왼손 2번째 손가락이 시작되는 부분에 十자 모양이 되도록 붙인다. 2013. 08. 25 10:15

극극태초태초태초명(3)

왼손과 오른손을 가위바위보 할 때 가위를 내는 것과 같이 하되 가위를 낸 2번째 손가락에 3, 4, 5번째 손가락까지 붙여서 가위를 낸다.

오른손 1번째 손가락을 손바닥에 최대한 붙이고

왼손 2번째 손가락 1번째 마디를 최대한 손가락에 붙도록 구부려서 왼손 1번째 손가락으로 눌러서 손바닥에 붙이고 왼손 5번째 손가락이 시작되는 아랫부분을 오른손 2번째 손가락이 시작되는 부분에 十자 모양이 되도록 붙인다. 2013. 08. 25 10:18

극극태초태초태초태초명(4)

왼손과 오른손을 가위바위보 할 때 가위를 내는 것과 같이 하되 가위를 낸 2번째 손가락에 3, 4, 5번째 손가락까지 붙여서 가위를 낸다.

왼손 1번째 손가락을 손바닥에 최대한 붙이고

오른손 2번째 손가락 1번째 마디를 최대한 손가락에 붙도록 구

부려서 왼손 1번째 손가락으로 눌러서 손바닥에 붙이고 오른손 5번째 손가락이 시작되는 아랫부분을 왼손 2번째 손가락이 시작되는 부분에 十자 모양이 되도록 붙인다. 2013. 08. 25 10:21

극극태초태초태초태초태초명(5)

왼손과 오른손을 가위바위보 할 때 가위를 내는 것과 같이 하되 가위를 낸 2번째 손가락에 3, 4, 5번째 손가락까지 붙여서 가위를 낸다.

오른손 1번째 손가락을 손바닥에 최대한 붙이고

왼손 2, 3번째 손가락 1번째 마디를 최대한 손가락에 붙도록 구부려 2, 3번째 손가락을 1번째 손가락으로 눌러준다. 마치 주먹을 쥐었을 때 4, 5번째 손가락을 편 것과 같은 모양이다. 이와 같이해서 왼손 5번째 손가락이 시작되는 아랫부분을 오른손 2번째 손가락이 시작되는 부분에 十자 모양이 되도록 붙인다. 2013. 08. 25 10:24

극극태초태초태초태초태초태묘명(6)

왼손과 오른손을 가위바위보 할 때 가위를 내는 것과 같이 하되 가위를 낸 2번째 손가락에 3, 4, 5번째 손가락까지 붙여서 가위를 낸다.

그리고 왼손 1번째 손가락을 손바닥에 최대한 붙이고

오른손 2, 3번째 손가락 1번째 마디를 최대한 손가락에 붙도록 구부려 2, 3번째 손가락을 1번째 손가락으로 눌러준다. 마치 주먹을 쥐었을 때 4, 5번째 손가락을 편 것과 같은 모양이다.

이와 같이해서 오른손 5번째 손가락이 시작되는 아랫부분을 왼손 2번째 손가락이 시작되는 부분에 十자 모양이 되도록 붙인다. 2013. 08. 25 10:27

극극태초태초태초태초태초태묘묘묘명(7)

왼손과 오른손을 가위바위보 할 때 가위를 내는 것과 같이 하되 가위를 낸 2번째 손가락에 3, 4, 5번째 손가락까지 붙여서 가위를 낸다.

오른손 1번째 손가락을 손바닥에 최대한 붙이고

왼손 2, 3, 4번째 손가락 1번째 마디를 최대한 손가락에 붙도록 구부려 2, 3번째 손가락을 1번째 손가락으로 눌러준다. 마치 주먹을 쥐었을 때 5번째 손가락을 편 것과 같은 모양이다. 이와 같이해서 왼손 5번째 손가락이 시작되는 아랫부분을 오른손 2번째 손가락이 시작되는 부분에 十자 모양이 되도록 붙인다. 2013. 08. 25 10:30

극극태초태초태초태초태초태묘묘묘묘명(8)

왼손과 오른손을 가위바위보 할 때 가위를 내는 것과 같이 하되 가위를 낸 2번째 손가락에 3, 4, 5번째 손가락까지 붙여서 가위를 낸다.

왼손 1번째 손가락을 손바닥에 최대한 붙이고

오른손 2, 3, 4번째 손가락 1번째 마디를 최대한 손가락에 붙도록 구부려 2, 3번째 손가락을 1번째 손가락으로 눌러준다. 마치 주먹을 쥐었을 때 5번째 손가락을 편 것과 같은 모양이

다. 이와 같이해서 오른손 5번째 손가락이 시작되는 아랫부분을 왼손 2번째 손가락이 시작되는 부분에 十자 모양이 되도록 붙인다. 2013. 08. 25 10:33

극극태초태초태초태초태초태묘묘묘묘묘묘명(9)

왼손 2, 3, 4, 5번째 손가락을 주먹 쥔 듯 왼손 2, 3, 4번째 손가락 1번째 마디를 최대한 손가락에 붙도록 구부리고 1번째 손가락으로 구부린 2, 3번째 손가락을 눌러준다.

주먹을 반듯하게 쥔 것과 같은 모양이 되게 하고

오른손은 가위바위보 할 때 가위를 내는 것과 같이 하되

가위를 낸 2번째 손가락에 3, 4, 5번째 손가락까지 붙여서 가위를 낸 상태에서 1번째 손가락을 손바닥에 최대한 붙여서

주먹 쥔 왼손 5번째 손가락이 시작되는 아랫부분을 오른손 2번째 손가락이 시작되는 부분에 ∧자 모양이 되도록 붙인다.

2013. 08. 25. 10:37

극극태초태초태초태초태초태태묘묘묘묘묘묘명(10)

오른손 2, 3, 4, 5번째 손가락을 주먹 쥔 듯 오른손 2, 3, 4번째 손가락 1번째 마디를 최대한 손가락에 붙도록 구부리고 1번째 손가락으로 구부린 2, 3번째 손가락을 눌러준다.

주먹을 반듯하게 쥔 것과 같은 모양이 되게 하고

왼손은 가위바위보 할 때 가위를 내는 것과 같이 하되

가위를 낸 2번째 손가락에 3, 4, 5번째 손가락까지 붙여서 가위를 낸 상태에서 1번째 손가락을 손바닥에 최대한 붙여서

주먹 쥔 오른손 5번째 손가락이 시작되는 아랫부분을 왼손 2번째 손가락이 시작되는 부분에 ∧자 모양이 되도록 붙인다.

2013. 08. 25. 10:41

태극태초태초태초태초태초태초태초태초태초태초태초태초태초태초태초태초(15)묘묘묘묘묘명 수인(11)

왼손 오른손 2, 3, 4, 5번째 손가락을 주먹 쥔 듯 왼손 오른손 2, 3, 4번째 손가락 1번째 마디를 최대한 손가락에 붙도록 구부리고 1번째 손가락으로 구부린 2, 3번째 손가락을 눌러준다. 주먹을 반듯하게 쥔 것과 같은 모양이 되게 한다.

그리고 반듯하게 주먹 쥔 왼손 아랫부분을 주먹 쥔 오른손 맨 위에 올려놓는다.

이때 첫 번째 손가락이 시작되는 부분, 정권부분이 ∧모양으로 만나게 된다. 2013. 08. 26 15:08

태극태초태초태초태초태초태초태초태초태초태초태초태초태초태초태초태초(15)태묘묘묘묘묘명 수인(12)

왼손 오른손 2, 3, 4, 5번째 손가락을 주먹 쥔 듯 왼손 오른손 2, 3, 4번째 손가락 1번째 마디를 최대한 손가락에 붙도록 구부리고 1번째 손가락으로 구부린 2, 3번째 손가락을 눌러준다. 주먹을 반듯하게 쥔 것과 같은 모양이 되게 한다.

그리고 반듯하게 주먹 쥔 오른손 아랫부분을 주먹 쥔 왼손 맨 위에 올려놓는다.

이때 첫 번째 손가락이 시작되는 부분, 즉 정권부분이 ∧모양

으로 만나게 된다. 2013. 08. 26 15:13

* (1-12)을 모두 다 한 번에 행하는 경우 태극태극묘묘명 수인공(手印功) 태초최초묘묘 태초최초묘묘묘 태초최초묘묘묘묘 태초최초묘묘묘묘묘 태초최초묘묘묘묘묘묘 태초최초묘묘묘묘묘묘묘 자등명력 수인공(手印功)

극극근본극초태초태묘태묘명신신신신신(極極根本極初太初太妙太妙明神神神神神) 수인공(手印功) (1-13)

극극태극태묘태묘명 수인공(1)

왼손 오른손 반듯하게 주먹을 쥔다.

반듯하게 주먹 쥔 왼손 아랫부분을 주먹 쥔 오른손 맨 위에 올려놓는다.

그리고 첫 번째 손가락이 시작되는 부분, 정권부분이 ∧모양으로 만나게 하고 주먹 쥔 오른손은 가만히 있고 주먹 쥔 왼손 5번째 손가락 아랫부분으로 망치질하듯

10회 두드린다.

극극태극태묘태묘묘명 수인공(2)

왼손 오른손 반듯하게 주먹을 쥔다.

반듯하게 주먹 쥔 오른손 아랫부분을 주먹 쥔 왼손 맨 위에 올

려놓는다.

그리고 첫 번째 손가락이 시작되는 부분, 정권부분이 ∧모양으로 만나게 하고 주먹 쥔 왼손은 가만히 있고 주먹 쥔 오른손 5번째 손가락 아랫부분으로 망치질하듯

15회 두드린다.

극극태극태묘태묘태묘명 수인공(3)

왼손 오른손 반듯하게 주먹을 쥔다.

반듯하게 주먹 쥔 왼손 아랫부분으로 가만히 있는 오른손 맨 위 부분을 망치질하듯 5번 두드리고 주먹의 위아래를 바꿔서 이번에는 오른손 아랫부분으로 왼손 아랫부분을 10회 두드린다.

극극태극태묘태묘태묘태명 수인공(4)

왼손 오른손 반듯하게 주먹을 쥔다.

반듯하게 주먹 쥔 오른손 아랫부분으로 가만히 있는 왼손 맨 위 부분을 망치질하듯 5번 두드리고 주먹의 위아래를 바꿔서 이번에는 왼손 아랫부분으로 오른손 아랫부분을 10회 두드린다.

극극태극태묘태묘태묘태묘명 수인공(5)

왼손 오른손 반듯하게 주먹을 쥔다.

반듯하게 주먹 쥔 왼손 아랫부분으로 가만히 있는 오른손 맨

위 부분을 망치질하듯 10번 두드리고 주먹의 위아래를 바꿔서 이번에는 오른손 아랫부분으로 왼손 아랫부분을 20회 두드린다.

극극태극태묘태묘태묘태묘명신 수인공(6)

왼손 오른손 반듯하게 주먹을 쥔다.

반듯하게 주먹 쥔 오른손 아랫부분으로 가만히 있는 왼손 맨 위 부분을 망치질하듯 10번 두드리고 주먹의 위아래를 바꿔서 이번에는 왼손 아랫부분으로 오른손 아랫부분을 20회 두드린다.

극극태극태묘태묘태묘태묘명신신 수인공(7)

왼손 오른손 반듯하게 주먹을 쥔다.

반듯하게 주먹 쥔 왼손 아랫부분으로 가만히 있는 오른손 맨 위 부분을 망치질하듯 30번 두드리고 주먹의 위아래를 바꿔서 이번에는 오른손 아랫부분으로 왼손 아랫부분을 20회 두드린다.

극극태극태묘태묘태묘태묘명신신신 수인공(8)

왼손 오른손 반듯하게 주먹을 쥔다.

반듯하게 주먹 쥔 오른손 아랫부분으로 가만히 있는 왼손 맨 위 부분을 망치질하듯 35번 두드리고 주먹의 위아래를 바꿔서 이번에는 왼손 아랫부분으로 오른손 아랫부분을 20회 두드린다.

극극태극태묘태묘태묘태묘명신신신신 수인공(9)

왼손 오른손 반듯하게 주먹을 쥔다.

반듯하게 주먹 쥔 왼손 아랫부분으로 가만히 있는 오른손 맨 위 부분을 망치질하듯 5번 두드리고 주먹의 위아래를 바꿔서 이번에는 오른손 아랫부분으로 왼손 아랫부분을 5회 두드린다.

극극태극태묘태묘태묘태묘명신신신신신 수인공(10)

왼손 오른손 반듯하게 주먹을 쥔다.

반듯하게 주먹 쥔 오른손 아랫부분으로 가만히 있는 왼손 맨 위 부분을 망치질하듯 5번 두드리고 주먹의 위아래를 바꿔서 이번에는 왼손 아랫부분으로 오른손 아랫부분을 5회 두드린다.

극극태극태묘태묘태묘태묘명신신신신신신(6) 수인공(11)

왼손 오른손 반듯하게 주먹을 쥔다.

반듯하게 주먹 쥔 왼손 아랫부분으로 가만히 있는 오른손 맨 위 부분을 망치질하듯 3번 두드리고 주먹의 위아래를 바꿔서 이번에는 오른손 아랫부분으로 왼손 아랫부분을 3회 두드린다.

극극태극태묘태묘태묘태묘명신신신신신신신(7) 수인공(12)

왼손 오른손 반듯하게 주먹을 쥔다.

반듯하게 주먹 쥔 오른손 아랫부분으로 가만히 있는 왼손 맨 위 부분을 망치질하듯 3번 두드리고 주먹의 위아래를 바꿔서 이번에는 왼손 아랫부분으로 오른손 아랫부분을 3회 두드린다.

극극태극근본태묘태묘태묘명신신신신신신신신신신(10) 수인공(13)

왼손 오른손 반듯하게 주먹을 쥔다.

반듯하게 주먹 쥔 오른손 아랫부분으로 가만히 있는 왼손 맨 위 부분을 망치질하듯 1번 두드리고 주먹의 위아래를 바꿔서 이번에는 왼손 아랫부분으로 오른손 아랫부분을 1회 두드리기를 반복해서 20회 두드린다. 2013. 08. 26 17:16

* 1-13을 모두 다 한 번에 행하는 경우 극극근본극초태초태묘태묘명신신신신신 수인공(手印功)

태(5)초(11)묘(25) 최초(15)묘(30) 자등명력 수인공(1-25)

* 퇴근길에 '지금 올라온 세계의 수인을 하려면 어떻게 하면 될까?' 생각하는데 수인공이 되어서 그것을 퇴근해서 정리한 것이다.

태태묘묘묘 최초 자등명 수인공(1)

왼손 오른손 반듯하게 주먹을 쥔다.

반듯하게 주먹 쥔 왼손 아랫부분을 주먹 쥔 오른손 맨 위에 올려놓는다.

그리고 첫 번째 손가락이 시작되는 부분, 정권부분이 ∧모양으로 만나게 하고, 주먹 쥔 오른손은 가만히 있고 주먹 쥔 왼손

5번째 손가락 아랫부분을 올려놓고 맷돌 돌리듯 시계방향으로 10회 돌린다.

태태태묘묘묘 최초자등명 수인공(2)

왼손 오른손 반듯하게 주먹을 쥔다.

반듯하게 주먹 쥔 오른손 아랫부분을 주먹 쥔 왼손 맨 위에 올려놓는다.

그리고 첫 번째 손가락이 시작되는 부분, 정권부분이 ∧모양으로 만나게 하고, 주먹 쥔 왼손은 가만히 있고 주먹 쥔 오른손 5번째 손가락 아랫부분을 올려놓고 맷돌 돌리듯 시계 반대방향으로 10회 돌린다.

태태태태묘묘묘 최초자등명 수인공(3)

왼손 오른손 반듯하게 주먹을 쥔다.

반듯하게 주먹 쥔 왼손 아랫부분을 주먹 쥔 오른손 맨 위에 올려놓는다.

그리고 첫 번째 손가락이 시작되는 부분, 정권부분이 ∧모양으로 만나게 하고 주먹 쥔 오른손은 가만히 있고 주먹 쥔 왼손 5번째 손가락 아랫부분을 올려놓고, 맷돌 돌리듯 시계방향으로 15회 돌린다.

태태태태묘묘묘묘 최초자등명 수인공(4)

왼손 오른손 반듯하게 주먹을 쥔다.

반듯하게 주먹 쥔 오른손 아랫부분을 주먹 쥔 왼손 맨 위에 올려놓는다.

그리고 첫 번째 손가락이 시작되는 부분, 정권부분이 ∧모양으로 만나게 하고 주먹 쥔 왼손은 가만히 있고 주먹 쥔 오른손 5번째 손가락 아랫부분을 올려놓고 맷돌 돌리듯 시계 반대방향으로 15회 돌린다.

태태태태묘묘묘묘묘 최초자등명 수인공(5)

왼손 오른손 반듯하게 주먹을 쥔다.

반듯하게 주먹 쥔 왼손 아랫부분을 주먹 쥔 오른손 맨 위에 올려놓는다.

그리고 첫 번째 손가락이 시작되는 부분, 정권부분이 ∧모양으로 만나게 하고, 주먹 쥔 오른손은 가만히 있고 주먹 쥔 왼손 5번째 손가락 아랫부분을 올려놓고 맷돌 돌리듯 시계방향으로 10회 돌리고, 주먹의 위아래를 바꿔서 이번에는 주먹 쥔 왼손은 가만히 있고 오른손 5번째 손가락 아랫부분을 맷돌 돌리듯 시계 반대방향으로 5회 돌린다.

태태태태묘묘묘묘묘묘 최초자등명 수인공(6)

왼손 오른손 반듯하게 주먹을 쥔다.

반듯하게 주먹 쥔 왼손 아랫부분을 주먹 쥔 오른손 맨 위에 올려놓는다.

그리고 첫 번째 손가락이 시작되는 부분, 정권부분이 ∧모양으로 만나게 하고 주먹 쥔 왼손은 가만히 있고 주먹 쥔 오른손 5

번째 손가락 아랫부분을 올려놓고, 맷돌 돌리듯 시계 반대방향으로 10회 돌리고 주먹의 위아래를 바꿔서 이번에는 주먹 쥔 오른손은 가만히 있고 왼손 5번째 손가락 아랫부분을 맷돌 돌리듯 시계방향으로 5회 돌린다.

태태태태묘묘묘묘묘묘묘 최초자등명 수인공(7)

왼손 오른손 반듯하게 주먹을 쥔다.

반듯하게 주먹 쥔 왼손 아랫부분을 주먹 쥔 오른손 맨 위에 올려놓는다.

그리고 첫 번째 손가락이 시작되는 부분, 정권부분이 ∧모양으로 만나게 하고, 주먹 쥔 오른손은 가만히 있고 주먹 쥔 왼손 5번째 손가락 아랫부분을 올려놓고 맷돌 돌리듯 시계방향으로 15회 돌리고, 주먹의 위아래를 바꿔서 이번에는 주먹 쥔 왼손은 가만히 있고 오른손 5번째 손가락 아랫부분을 맷돌 돌리듯 시계 반대방향으로 10회 돌린다.

태태태태태묘묘묘묘묘묘묘 최초자등명 수인공(8)

왼손 오른손 반듯하게 주먹을 쥔다.

반듯하게 주먹 쥔 왼손 아랫부분을 주먹 쥔 오른손 맨 위에 올려놓는다.

그리고 첫 번째 손가락이 시작되는 부분, 정권부분이 ∧모양으로 만나게 하고, 주먹 쥔 왼손은 가만히 있고 주먹 쥔 오른손 5번째 손가락 아랫부분을 올려놓고 맷돌 돌리듯 시계 반대방향으로 15회 돌리고, 주먹의 위아래를 바꿔서 이번에는 주먹 쥔 오른손은 가만히 있고 왼손 5번째 손가락 아랫부분을 맷돌 돌리듯 시계방향으로 10회 돌린다.

태초 최초자등명 수인공(9)

왼손 오른손 반듯하게 주먹을 쥔다.

반듯하게 주먹 쥔 왼손 아랫부분을 주먹 쥔 오른손 맨 위에 올려놓는다.

그리고 첫 번째 손가락이 시작되는 부분, 정권부분이 ∧모양으로 만나게 하고, 주먹 쥔 오른손은 가만히 있고 주먹 쥔 왼손 5번째 손가락 아랫부분을 올려놓고 맷돌 돌리듯 시계방향으로 5회 돌리고, 주먹의 위아래를 바꿔서 이번에는 주먹 쥔 왼손은 가만히 있고 오른손 5번째 손가락 아랫부분을 맷돌 돌리듯 시계 반대방향으로 5회 돌린다.

태초 최초묘묘 자등명 수인공(10)

왼손 오른손 반듯하게 주먹을 쥔다.

반듯하게 주먹 쥔 왼손 아랫부분을 주먹 쥔 오른손 맨 위에 올려놓는다.

그리고 첫 번째 손가락이 시작되는 부분, 정권부분이 ∧모양으로 만나게 하고, 주먹 쥔 왼손은 가만히 있고 주먹 쥔 오른손 5번째 손가락 아랫부분을 올려놓고 맷돌 돌리듯 시계 반대방향으로 5회 돌리고, 주먹의 위아래를 바꿔서 이번에는 주먹 쥔 오른손은 가만히 있고 왼손 5번째 손가락 아랫부분을 맷돌 돌리듯 시계방향으로 5회 돌린다.

태초태초 최초초묘 자등명 수인공(11)

왼손 오른손 반듯하게 주먹을 쥔다.

반듯하게 주먹 쥔 왼손 아랫부분을 주먹 쥔 오른손 맨 위에 올려놓는다.

그리고 첫 번째 손가락이 시작되는 부분, 정권부분이 ∧모양으로 만나게 하고, 주먹 쥔 오른손은 가만히 있고 주먹 쥔 왼손 5번째 손가락 아랫부분을 올려놓고 맷돌 돌리듯 시계방향으로 3회 돌리고, 주먹의 위아래를 바꿔서 이번에는 주먹 쥔 왼손은 가만히 있고 오른손 5번째 손가락 아랫부분을 맷돌 돌리듯 시계 반대방향으로 5회 돌린다.

태초묘 최초묘 자등명 수인공(12)

왼손 오른손 반듯하게 주먹을 쥔다.

반듯하게 주먹 쥔 왼손 아랫부분을 주먹 쥔 오른손 맨 위에 올려놓는다.

그리고 첫 번째 손가락이 시작되는 부분, 정권부분이 ∧모양으로 만나게 하고, 주먹 쥔 왼손은 가만히 있고 주먹 쥔 오른손 5번째 손가락 아랫부분을 올려놓고 맷돌 돌리듯 시계 반대방향으로 3회 돌리고, 주먹의 위아래를 바꿔서 이번에는 주먹 쥔 오른손은 가만히 있고 왼손 5번째 손가락 아랫부분을 맷돌 돌리듯 시계방향으로 5회 돌린다.

태초태초묘 최초초묘 자등명 수인공(13)

왼손 오른손 반듯하게 주먹을 쥔다.

반듯하게 주먹 쥔 왼손 아랫부분을 주먹 쥔 오른손 맨 위에 올려놓는다.

그리고 첫 번째 손가락이 시작되는 부분, 정권부분이 ∧모양으로 만나게 하고, 주먹 쥔 오른손은 가만히 있고 주먹 쥔 왼손 5번째 손가락 아랫부분을 올려놓고 맷돌 돌리듯 시계방향으로 1회 돌리고, 주먹의 위아래를 바꿔서 이번에는 주먹 쥔 왼손은 가만히 있고

오른손 5번째 손가락 아랫부분을 맷돌 돌리듯 시계 반대방향으로 1회 돌리기를 번갈아 10회 한다.

태초태초묘 최초초묘묘 자등명 수인공(14)

왼손 오른손 반듯하게 주먹을 쥔다.

반듯하게 주먹 쥔 왼손 아랫부분을 주먹 쥔 오른손 맨 위에 올려놓는다.

그리고 첫 번째 손가락이 시작되는 부분, 정권부분이 ∧모양으로 만나게 하고, 주먹 쥔 왼손은 가만히 있고 주먹 쥔 오른손 5번째 손가락 아랫부분을 올려놓고 맷돌 돌리듯 시계 반대방향으로 1회 돌리고, 주먹의 위아래를 바꿔서 이번에는 주먹 쥔 오른손은 가만히 있고 왼손 5번째 손가락 아랫부분을 맷돌 돌리듯 시계방향으로 1회 돌리기를 번갈아 10회 한다.

태초태초태초묘 최초초묘묘 자등명 수인공(15)

왼손 오른손 반듯하게 주먹을 쥔다.

반듯하게 주먹 쥔 왼손 1, 2번째 손가락 쪽과 오른손 1, 2번째

손가락 쪽을 마주보게 해서 10회 두드린다.

태태태태초묘묘묘 최초초묘묘묘 자등명 수인공(16)

왼손 오른손 반듯하게 주먹을 쥔다.

반듯하게 주먹 쥔 왼손 5번째 손가락 쪽과 오른손 5번째 손가락 쪽을 마주보게 해서 10회 두드린다.

태태태태초묘묘묘묘묘묘묘묘묘묘묘묘묘묘묘묘묘묘묘묘묘(13) 최초묘묘묘묘묘묘묘묘묘묘묘묘묘(13) 자등명 수인공(17)

왼손 오른손 반듯하게 주먹을 쥔다.

반듯하게 주먹 쥔 왼손 오른손 손바닥 쪽을 마주보게 해서 10회 두드린다.

초태초태초 초최초묘묘묘 자등명 수인공(18)

왼손 오른손 반듯하게 주먹을 쥔다.

반듯하게 주먹 쥔 왼손 오른손 손바닥 쪽을 마주보게 해서 1회 두드리고, 반듯하게 주먹 쥔 왼손 1, 2번째 손가락 쪽과 오른손 1, 2번째 손가락 쪽을 마주보게 해서 1회 두드리기를 번갈아 10회 한다.

태태태초태초태초묘 초최초묘묘 자등명 수인공(19)

왼손 오른손 반듯하게 주먹을 쥔다.

반듯하게 주먹 쥔 왼손 5번째 손가락 쪽과 오른손 5번째 손가락 쪽을 마주보게 해서 1회 두드리고, 반듯하게 주먹 쥔 왼손 1, 2번째 손가락 쪽과 오른손 1, 2번째 손가락 쪽을 마주보게 해서 1회 두드리기를 번갈아 10회 한다.

태태태태초초초묘묘 태태태초묘묘 최초묘묘 자등명 수인공(20)

왼손 오른손 반듯하게 주먹을 쥔다. 반듯하게 주먹 쥔 왼손 오른손 손바닥 쪽을 마주보게 해서 1회 두드리고, 반듯하게 주먹 쥔 왼손 5번째 손가락 쪽과 오른손 5번째 손가락 쪽을 마주보게 해서 1회 두드리기를 번갈아 10회 한다.

태태태태태초초초묘묘묘묘묘묘 최초초초묘묘묘묘묘묘묘묘 자등명 수인공(21)

왼손 오른손 반듯하게 주먹을 쥔다.

반듯하게 주먹 쥔 왼손 1, 2번째 손가락 쪽과 오른손 1, 2번째 손가락 쪽을 마주보게 해서 1회 두드리고, 반듯하게 주먹 쥔 왼손 오른손 손바닥 쪽을 마주보게 해서 1회 두드리기를 10회 한다.

태태태태태태태태초초초묘묘묘묘묘묘묘묘묘 최초초초묘묘묘묘묘묘묘 자등명 수인공(22)

왼손 오른손 반듯하게 주먹을 쥔다.

반듯하게 주먹 쥔 왼손 1, 2번째 손가락 쪽과 오른손 1, 2번째 손가락 쪽을 마주보게 해서 1회 두드리고, 왼손 5번째 손가락 쪽과 오른손 5번째 손가락 쪽을 마주보게 해서 1회 두드리기를 번갈아 10회 한다.

태태태태초초초초초초초초묘묘묘묘묘묘묘묘묘 최초초초초초초초묘묘묘묘묘묘묘묘묘 자등명 수인공(23)

왼손 오른손 반듯하게 주먹을 쥔다.

반듯하게 주먹 쥔 왼손 5번째 손가락 쪽과 오른손 5번째 손가락 쪽을 마주보게 해서 1회 두드리고, 반듯하게 주먹 쥔 왼손 오른손 손바닥 쪽을 마주보게 해서 1회 두드리기를 번갈아 10회 한다.

태태태태태태태태태태(10)초초초초초초초초초초(10)묘묘묘묘묘묘묘묘묘묘(10) 최초초초초초초초초초초(10)묘묘묘묘묘묘묘묘묘묘(10) 자등명 수인공(24)

왼손 오른손 반듯하게 주먹을 쥔다.

반듯하게 주먹 쥔 왼손 오른손 손바닥 쪽을 마주보게 해서 1회 두드리고, 반듯하게 주먹 쥔 왼손 5번째 손가락 쪽과 오른손 5번째 손가락 쪽을 마주보게 해서 1회 두드리고, 반듯하게 주먹 쥔 왼손 1, 2번째 손가락 쪽과 오른손 1, 2번째 손가락 쪽을 마주보게 해서 1회 두드리기를 번갈아 돌아가며 10회 두드린다.

태태태태태태태태태태(10)초초초초초초초초초초(10)묘묘묘묘묘묘묘묘묘묘묘묘묘묘묘(15) 최초초초초초초초초초(10)묘묘묘묘묘묘묘묘묘묘묘묘묘(13) 자등명 수인공(25)

왼손 오른손 반듯하게 주먹을 쥔다.

반듯하게 주먹 쥔 왼손 오른손 손바닥 쪽을 마주보게 해서 1회 두드리고, 반듯하게 주먹 쥔 왼손 1, 2번째 손가락 쪽과 오른손 1, 2번째 손가락 쪽을 마주보게 해서 1회 두드리고, 반듯하게 주먹 쥔 왼손 5번째 손가락 쪽과 오른손 5번째 손가락 쪽을 마주보게 해서 1회 두드리기를 번갈아 돌아가며 10회 두드린다. 2013. 08. 28 20:16

* 1-25를 모두 다 한 번에 하는 경우

이를 태태태태태초초초초초초초초초초초(11)묘묘묘묘묘묘묘묘묘묘묘묘묘묘묘묘묘묘묘묘묘묘묘묘묘(25) 최초초초초초초초초초초초초초초초(15)묘묘묘묘묘묘묘묘묘묘묘묘묘묘묘묘묘묘묘묘묘묘묘묘묘묘묘묘묘묘(30) 자등명력 수인공이라 할 것이다. 태(5)초(11)묘(25) 최초(15)묘(30) 자등명력 수인공

태(17)묘(100) 최초 자등명력 수인공(1-4)

태(10)초(20)묘(20) 최초(20)묘(20) 자등명 수인공(1)

태태태태태태태태태태(10)초초초초초초초초초초초초초초초초초초초초(20)묘묘묘묘묘묘묘묘묘묘묘묘묘묘묘묘묘묘묘묘(20) 최초초초초초초초초초초초초초초초초초초초초(20)묘묘묘묘묘묘묘묘묘묘묘묘묘묘묘묘묘묘묘묘(20) 자등명 수인공(1)

왼손 오른손 반듯하게 주먹을 쥔다.

반듯하게 주먹 쥔 왼손 오른손 손바닥 쪽을 마주보게 해서 20회 두드리고

반듯하게 주먹 쥔 왼손 1, 2번째 손가락 쪽과 오른손 1, 2번째 손가락 쪽을 마주보게 해서 20회 두드리고

반듯하게 주먹 쥔 왼손 5번째 손가락 쪽과 오른손 5번째 손가락 쪽을 마주보게 해서 20회 두드리기를 한다.

태(15)초(15)묘(15) 최초(15)묘(15) 자등명 수인공(2)

태태태태태태태태태태태태태태태(15)초초초초초초초초초초초초초초초(15)묘묘묘묘묘묘묘묘묘묘묘묘묘묘묘(15) 최초초초초초초초초초초초초초초초(15)묘묘묘묘묘묘묘묘묘묘묘묘묘묘묘(15) 자등명 수인공(2)

왼손 오른손 반듯하게 주먹을 쥔다.

반듯하게 주먹 쥔 왼손 오른손 손바닥 쪽을 마주보게 해서 50회 두드린다.

태(20)초(20)묘(20) 최초(20)묘(20) 자등명 수인공(3)

태태태태태태태태태태태태태태태태태태태태(20)초초초초초초초초초초초초

초초초초초초초초(20)묘묘묘묘묘묘묘묘묘묘묘묘묘묘묘묘묘묘묘묘(20) 최초초초초초초초초초초초초초초초초초초초초초(20)묘묘묘묘묘묘묘묘묘묘묘묘묘묘묘묘묘묘묘묘(20) 자등명 수인공(3)

왼손 오른손 반듯하게 주먹을 쥔다.

반듯하게 주먹 쥔 왼손 5번째 손가락 쪽과 오른손 5번째 손가락 쪽을 마주보게 해서 50회 두드린다.

태(30)초(30)묘(30) 최초(30)묘(30) 자등명 수인공(4)

태태태태태태태태태태태태태태태태태태태태태태태태태태태태태태(30)초초초초초초초초초초초초초초초초초초초초초초초초초초초초초초(30)묘묘묘묘묘묘묘묘묘묘묘묘묘묘묘묘묘묘묘묘묘묘묘묘묘묘묘묘묘묘(30) 최초초초초초초초초초초초초초초초초초초초초초초초초초초초초초초(30)묘묘묘묘묘묘묘묘묘묘묘묘묘묘묘묘묘묘묘묘묘묘묘묘묘묘묘묘묘묘(30) 자등명 수인공(4)

왼손 오른손 반듯하게 주먹을 쥔다.

반듯하게 주먹 쥔 왼손 1, 2번째 손가락 쪽과 오른손 1, 2번째 손가락 쪽을 마주보게 해서 50회 두드린다.

*1-4를 모두 다 한 번에 하는 경우

태태태태태태태태태태태태태태태태태(17)

묘묘(100) 최초 자등명력 수인공

태(17)묘(100) 최초 자등명력 수인공(1-4) 2013.08. 29 08: 47

*1-25와 1-4를 모두 다 한 번에 하는 경우

태(5)초(11)묘(25) 최초(15)묘(30) 자등명력 수인공 +
태(17)묘(100) 최초 자등명력 수인공(1-4) =
태(100)초(100)묘(100) 최초(100)묘(150) 자등명력 수인공

태태(100)초초(100)묘묘(100) 최초초초(100)묘묘묘(150) 자등명력 수인공

*1-13와, 1-25와, 1-4를 모두 다 한 번에 하는 경우
극극근본극초태초태묘태묘명신신신신신 수인공(手印功) +
태(5)초(11)묘(25) 최초(15)묘(30) 자등명력 수인공 +
태(17)묘(100) 최초 자등명력 수인공(1-4) =
태초최초묘묘 태초최초묘묘묘 태초최초묘묘묘묘 태초최초묘묘묘묘묘 태초최초묘묘묘묘묘묘 태초최초묘묘묘묘묘묘묘 자등명력 수인공(手印功)

자등명 인간계 신력법공(神力法功)

*1-22를 한 번에 행하는 경우

* 퇴근하면서 오늘 올라온 세계를 수인으로 할 수 없을까? 생각하며 행하니 되었던 것을 바탕으로 정리한 것이다.

자등명 태초 최초신 수인공 (1)

최종지를 의식 의념하거나 또는 최종지 안에 들어가서 행한다고 생각하고 왼손 오른손 큰 공을 잡은 듯 모든 손가락을 떨어지게 해서 양 손목을 붙인다.

그러면 양 손목을 붙인 채 공을 잡은 듯 하게해서

양손가락 끝 지문 있는 곳을 서로 같은 손가락끼리 부딪쳐 두드리며 마치 1, 2, 3, 4, 5번째 손가락으로 입을 벌렸다 다물었다 하듯

손가락이 마차 이빨처럼 위 세계 최종지를 물어 떼어내서

장심으로 자신의 몸통 안에 넣거나 또는 마음의 문을 통하여 넣는다고 생각하며 50회한다.

장심, 마음의 문 두 곳으로 동시에 넣는다 생각해도 된다.

자등명 태초 최초신신 수인공(2)

최종지를 의식 의념하거나 또는 최종지 안에 들어가서 행한다고 생각하고 왼손 오른손 큰 공을 잡은 듯 모든 손가락을 떨어지게 해서 양 손목을 붙이고 왼손 오른손 5번째 손가락끼리 붙인다.

그리고 왼손 오른손 1, 2, 3, 4번째 손가락 끝 지문 있는 곳을

서로 같은 손가락끼리 부딪치며 마치 1, 2, 3, 4번째 손가락으로 입을 벌렸다 다물었다 하듯

손가락이 마차 이빨처럼 위 세계 최종지를 물어 떼어내서

장심으로 자신의 몸통 안에 넣거나 또는 마음의 문을 통하여 넣는다고 생각하며 40회한다.

수인공할 때 장심, 마음의 문 두 곳으로 동시에 넣는다 생각해도 된다.

자등명 태초 최초신신신 수인공(3)

최종지를 의식 의념하거나 또는 최종지 안에 들어가서 행한다고 생각하고 왼손 오른손 큰 공을 잡은 듯 모든 손가락을 떨어지게 해서 양 손목을 붙이고 왼손 오른손 1. 5번째 손가락끼리 붙인다.

그리고 왼손 오른손 2, 3, 4번째 손가락 끝 지문 있는 곳을 서로 같은 손가락끼리 부딪치며 마치 2, 3, 4번째 손가락으로 입을 벌렸다 다물었다 하듯

손가락이 마차 이빨처럼 위 세계 최종지를 물어 떼어내서

장심으로 자신의 몸통 안에 넣거나 또는 마음의 문을 통하여 넣는다고 생각하며 30회한다.

수인공할 때 장심, 마음의 문 두 곳으로 동시에 넣는다 생각해도 된다.

자등명 태초 최초신신신신 수인공(4)

최종지를 의식 의념하거나 또는 최종지 안에 들어가서 행한다

고 생각하고 왼손 오른손 큰 공을 잡은 듯 모든 손가락을 떨어지게 해서 양 손목을 붙이고 왼손 오른손 1, 4, 5번째 손가락끼리 붙인다.

그리고 왼손 오른손 2, 3번째 손가락 끝 지문 있는 곳을 서로 같은 손가락끼리 부딪치며 마치 2, 3번째 손가락으로 입을 벌렸다 다물었다 하듯

손가락이 마차 이빨처럼 위 세계 최종지를 물어 떼어내서

장심으로 자신의 몸통 안에 넣거나 또는 마음의 문을 통하여 넣는다고 생각하며 30회한다.

수인공할 때 장심, 마음의 문 두 곳으로 동시에 넣는다 생각해도 된다.

자등명 태초 최초신신신신신 수인공(5)

최종지를 의식 의념하거나 또는 최종지 안에 들어가서 행한다고 생각하고 왼손 오른손 큰 공을 잡은 듯 모든 손가락을 떨어지게 해서 양 손목을 붙이고 왼손 오른손 1, 2, 5번째 손가락끼리 붙인다.

그리고 왼손 오른손 3, 4번째 손가락 끝 지문 있는 곳을 서로 같은 손가락끼리 부딪치며 마치 3, 4번째 손가락으로 입을 벌렸다 다물었다 하듯

손가락이 마차 이빨처럼 위 세계 최종지를 물어 떼어내서

장심으로 자신의 몸통 안에 넣거나 또는 마음의 문을 통하여 넣는다고 생각하며 20회한다.

수인공할 때 장심, 마음의 문 두 곳으로 동시에 넣는다 생각해도 된다.

자등명 태초 최초신신신신신신 수인공(6)

최종지를 의식 의념하거나 또는 최종지 안에 들어가서 행한다고 생각하고

왼손 오른손 큰 공을 잡은 듯 모든 손가락을 떨어지게 해서 양 손목을 붙이고 왼손 오른손 1번째 손가락끼리 붙인다.

그리고 왼손 오른손 2, 3, 4, 5번째 손가락 끝 지문 있는 곳을 서로 같은 손가락끼리 부딪치며 마치 2, 3, 4, 5번째 손가락으로 입을 벌렸다 다물었다 하듯

손가락이 마차 이빨처럼 위 세계 최종지를 물어 떼어내서

장심으로 자신의 몸통 안에 넣거나 또는 마음의 문을 통하여 넣는다고 생각하며 20회한다.

수인공할 때 장심, 마음의 문 두 곳으로 동시에 넣는다 생각해도 된다.

자등명 태초 최초신신신신신신신 수인공(7)

최종지를 의식 의념하거나 또는 최종지 안에 들어가서 행한다고 생각하고 왼손 오른손 큰 공을 잡은 듯 모든 손가락을 떨어지게 해서 양 손목을 붙이고 왼손 오른손 1, 2번째 손가락끼리 붙인다.

그리고 왼손 오른손 3, 4, 5번째 손가락 끝 지문 있는 곳을 서로 같은 손가락끼리 부딪치며 마치 3, 4, 5번째 손가락으로 입을 벌렸다 다물었다 하듯

손가락이 마차 이빨처럼 위 세계 최종지를 물어 떼어내서

장심으로 자신의 몸통 안에 넣거나 또는 마음의 문을 통하여 넣는다고 생각하며 30회한다.

수인공할 때 장심, 마음의 문 두 곳으로 동시에 넣는다 생각해도 된다.

자등명 태초 최초신신신신신신신신 수인공(8)

최종지를 의식 의념하거나 또는 최종지 안에 들어가서 행한다고 생각하고 왼손 오른손 큰 공을 잡은 듯 모든 손가락을 떨어지게 해서 양 손목을 붙이고 왼손 오른손 1, 2, 3번째 손가락끼리 붙인다.

그리고 왼손 오른손 4, 5번째 손가락 끝 지문 있는 곳을 서로 같은 손가락끼리 부딪치며 마치 4, 5번째 손가락으로 입을 벌렸다 다물었다 하듯

손가락이 마차 이빨처럼 위 세계 최종지를 물어 떼어내서

장심으로 자신의 몸통 안에 넣거나 또는 마음의 문을 통하여 넣는다고 생각하며 30회한다.

장심, 마음의 문 두 곳으로 동시에 넣는다 생각해도 된다.

자등명 태초 최초신신신신신신신신 수인공(9)

최종지를 의식 의념하거나 또는 최종지 안에 들어가서 행한다고 생각하고 왼손 오른손 큰 공을 잡은 듯 모든 손가락을 떨어지게 해서 양 손목을 붙이고 왼손 오른손 1, 2, 4, 5번째 손가락끼리 붙인다.

그리고 왼손 오른손 3번째 손가락 끝 지문 있는 곳을 서로 같은 손가락끼리 부딪치며 마치 3번째 손가락으로 입을 벌렸다 다물었다 하듯

손가락이 마차 이빨처럼 위 세계 최종지를 물어 떼어내서 장심으로 자신의 몸통 안에 넣거나 또는 마음의 문을 통하여 넣는다고 생각하며 50회한다.

장심, 마음의 문 두 곳으로 동시에 넣는다 생각해도 된다.

자등명 태(54)초(54) 최초신(30) 수인공(10)

자등명 태태태(54)초초(54) 최초신신신신신신신신신신신신신신신신신신신신신신신신신신신신신신(30) 수인공(10)

최종지를 의식 의념하거나 또는 최종지 안에 들어가서 행한다고 생각하고 왼손 오른손 1, 2, 3, 4, 5번째 손가락끼리 붙이고

양 손목 손바닥 두툼한 곳을 부딪치며 마치 입을 벌렸다 다물었다 하듯

손목으로 위 세계 최종지를 물어 떼어내서 장심으로 자신의 몸통 안에 넣거나 또는 마음의 문을 통하여 넣는다고 생각하며 50회한다.

장심, 마음의 문 두 곳으로 동시에 넣는다 생각해도 된다.

2013. 08 29 09:34

자등명 태(70)신(30) 초(20)신(30) 태(10)초(10) 수인공(11)

자등명 태태태(70)신신신신신신신신신신신신신신신신신신신신신신신신신신

신신신신(30) 최초초초초초초초초초초초초초초초초초초초(20)신신신신신신신신신신신신신신신신신신신신신신신신신신신신신신(30) 태태태태태태태태태태(10)초초초초초초초초초초(10) 수인공(11)

최종지를 의식 의념하거나 또는 최종지 안에 들어가서 행한다고 생각하고 왼손 오른손 2, 3, 4, 5번째 손가락끼리 붙이고

양 손목 손바닥 두툼한 곳을 부딪치며 마치 입을 벌렸다 다물었다 하듯

손목으로 위 세계 최종지를 물어 떼어내서 장심으로 자신의 몸통 안에 넣거나 또는 마음의 문을 통하여 넣는다고 생각하며 100회한다.

장심, 마음의 문 두 곳으로 동시에 넣는다 생각해도 된다.

자등명 신(10)초(10) 태(10)초(10)신(20) 태(20)신(20) 태(5)신(5) 신(10) 신(10)태(5)초(5) 수인공(12)

자등명 신신신신신신신신신신(10)초초초초초초초초초초(10) 태태태태태태태태태태(10)초초초초초초초초초초(10)신신신신신신신신신신신신신신신신신신신신(20) 태태태태태태태태태태태태태태태태태태태태(20)신신신신신신신신신신신신신신신신신신신신(20) 태태태태태(5)신신신신신(5) 신신신신신신신신신신(10) 신신신신신신신신신신(10)태태태태태(5)초초초초초(5) 수인공(12)

최종지를 의식 의념하거나 또는 최종지 안에 들어가서 행한다고 생각하고 왼손 오른손 3, 4, 5번째 손가락끼리 붙이고

양 손목 손바닥 두툼한 곳을 부딪치며 마치 입을 벌렸다 다물었다 하듯

손목으로 위 세계 최종지를 물어 떼어내서 장심으로 자신의 몸통 안에 넣거나 또는 마음의 문을 통하여 넣는다고 생각하며 90회한다.

장심, 마음의 문 두 곳으로 동시에 넣는다 생각해도 된다.

자등명 신(20)태(10) 신(15)태(5) 신(5)초(10) 신(5)태(5) 태(5) 신(5) 신(20) 신(5)태 초(5)신(5) 수인공(13)

자등명 신신신신신신신신신신신신신신신신신신신신(20)태태태태태태태태태태(10) 신신신신신신신신신신신신신신신(15)태태태태태(5) 신신신신신(5)초초초초초초초초초초(10) 신신신신신(5)태태태태태(5) 태태태태태(5)신신신신신(5) 신신신신신신신신신신신신신신신신신신신신(20) 신신신신신(5)태 초초초초초(5)신신신신신(5) 수인공 (13)

최종지를 의식 의념하거나 또는 최종지 안에 들어가서 행한다고 생각하고 왼손 오른손 4, 5번째 손가락끼리 붙이고

양 손목 손바닥 두툼한 곳을 부딪치며 마치 입을 벌렸다 다물었다 하듯

손목으로 위 세계 최종지를 물어 떼어내서 장심으로 자신의 몸통 안에 넣거나 또는 마음의 문을 통하여 넣는다고 생각하며 100회한다.

장심, 마음의 문 두 곳으로 동시에 넣는다 생각해도 된다.

자등명 신(50)태 신(50)태(5) 신(100)태(10) 태(20)신(20) 태(5)신(10) 태신 수인공(14)

자등명 신신신(50)태 신신(50)태태태태태(5) 신신신

신신신신신신신신신신신신신신(100)태태태태태태태태태태(10) 태태태태태태태태태태태태태태태태태태태(20)신신신신신신신신신신신신신신신신신신신(20) 태태태태태(5)신신신신신신신신신신(10) 태신 수인공(14)

최종지를 의식 의념하거나 또는 최종지 안에 들어가서 행한다고 생각하고 왼손 오른손 5번째 손가락끼리 붙이고

양 손목 손바닥 두툼한 곳을 부딪치며 마치 입을 벌렸다 다물었다 하듯

손목으로 위 세계 최종지를 물어 떼어내서 장심으로 자신의 몸통 안에 넣거나 또는 마음의 문을 통하여 넣는다고 생각하며 100회한다.

장심, 마음의 문 두 곳으로 동시에 넣는다 생각해도 된다.

자등명 신신신(50)태태태태태(5) 신신신(50)태태태태태태태태태태(10) 신신신(100)태태태태태태태태태태태태태태태태태태태태(20) 신신신신신신신신신신(10)태태태태태태태태태태(10) 태태태태태(5)신신신신신(5) 태태태초초초초초초초초초초(10) 초초초초초초초초초초(10)신신신신신신신신신신(10)신신신신신신신신신신(10)태태태태태(5) 신신신신신(5) 수인공(15)

최종지를 의식 의념하거나 또는 최종지 안에 들어가서 행한다고 생각하고

왼손 오른손 큰 공을 잡은 듯 모든 손가락을 떨어지게 해서

양 손목 손바닥 두툼한 곳을 부딪치며 마치 입을 벌렸다 다물었다 하듯 하면서

손목으로 위 세계 최종지를 물어 떼어내서

장심으로 자신의 몸통 안에 넣거나 또는 마음의 문을 통하여 넣는다고 생각하며 100회한다.

장심, 마음의 문 두 곳으로 동시에 넣는다 생각해도 된다.

자등명 신신신신신(5)태태태태태(5) 신신신(50)태태태태태태태태태태태태태태태태태태태태태태태태태태태태태태(20) 신신신(50)태태태태태태태태태태(10) 신신신신신(5)태태태태태태태태태태(10) 신신신신신신신신신신(10)태태태태태태태태태태(10) 초초초초초초초초초초(10)신신신신신신신신신신(10) 신신신신신신신신신신(10)태태태태태(5) 태태태태태(5)신신신신신(5) 신신신신신신신신신신신신신신신신신신신신(20)태태태태태(5) 태태태태태태태태태태(10)초초초초초초초초초초(10) 태태태태태(5)신신신신신(5) 신신신신신신신신신신(10) 태신 수인공 (16)

최종지를 의식 의념하거나 또는 최종지 안에 들어가서 행한다고 생각하고

왼손 오른손 큰 공을 잡은 듯 모든 손가락을 떨어지게 해서

양손 1번째 손가락과 양 손목 손바닥 두툼한 곳을 동시에 부딪치며

마치 입을 벌렸다 다물었다 하듯 하면서

손 전체로 위 세계 최종지를 물어 떼어내서

장심으로 자신의 몸통 안에 넣거나 또는 마음의 문을 통하여 넣는다고 생각하며 50회한다.

장심, 마음의 문 두 곳으로 동시에 넣는다 생각해도 된다.

자등명 신신신신신신신신신신(10)태태태태태(5) 신신신신신신신신신신(10)초초초초초(5) 태태태태태태태태태태(10)신신신(50) 태태태태태태태태태태태태태태태(15)신신(50) 태태태태태(5)초초초초초초초초초초(10) 태태태태태태태태태태(10)초초초초초초초초초초초초초초초초초초초초(20) 신신신신신신신신신신(10)태태태태태태태태태태태태태태태태태태태태(20) 초초초초초초초초초초초초초초초초초초초초초초초초초초초초초초(30)신신신신신신신신신신신신신신신신신신신신(20) 신신신신신신신신신신(10)
수인공(17)

최종지를 의식 의념하거나 또는 최종지 안에 들어가서 행한다고 생각하고

왼손 오른손 큰 공을 잡은 듯 모든 손가락을 떨어지게 해서

양손 5번째 손가락과 양 손목 있는 손바닥 두툼한 곳을 동시에 부딪치며

마치 입을 벌렸다 다물었다 하듯 하면서

손 전체로 위 세계 최종지를 물어 떼어내서

장심으로 자신의 몸통 안에 넣거나 또는 마음의 문을 통하여 넣는다고 생각하며 100회한다.

장심, 마음의 문 두 곳으로 동시에 넣는다 생각해도 된다.

자등명 신신신신신신신신신신신신신신신신신신신신(20)태태태태태태태태태태(10) 신신신신신신신신신신신신신신신신신신신신신신신신신(25)태태태태태태태태태태태태태태태태태태태태(20) 태태태태태(5)초초초초초초초초초초(10) 태태태태태태태태태태태태태태태태태태태태(20)신신신신신신신신신신(10) 태태태태태태태태태태태태태태태태태태태태태태태태태태태태태태(30)신신신신신신신신신신신신신신신신신신신신(20) 태태태태태(5)신신신신신신신신신신(10) 태태태태태태태태태태(10)초초초초초초초초초초(10) 태태태태태태태태태태(10)초초초초초초초초초초초초초초초(15) 초초초초초초초초초초(10)신신신신신신신신신신(10) 신신신신신신신신신신(10) 수인공(18)

최종지를 의식 의념하거나 또는 최종지 안에 들어가서 행한다고 생각하고

왼손 오른손 큰 공을 잡은 듯 모든 손가락을 떨어지게 해서

양손 1, 5번째 손가락과 양 손목 있는 손바닥 두툼한 곳을 동시에 부딪치며

마치 입을 벌렸다 다물었다 하듯 하면서

손 전체로 위 세계 최종지를 물어 떼어내서

장심으로 자신의 몸통 안에 넣거나 또는 마음의 문을 통하여 넣는다고 생각하며 100회한다.

장심, 마음의 문 두 곳으로 동시에 넣는다 생각해도 된다.

자등명 태태태태태(5)신신신신신신신신신신(10) 태태태태태태태태태태(10)초초초초초초초초초초(10) 태태태태태태태태태태태태태태태태태태태태(20)초초초초초초초초초초초초초초초(15) 초초초초초초초초초초(10)신신신신신신신신신신(10) 초초초초초초초초초초초초초초초초초초초초(20)신신신신신신신신신신신신신신신신신신신신(20) 초초초초초초초초초초초초초초초초초초초초초초초초초(25)신신신신신신신신신신신신신신신신신신신신신신신신신(20) 신신신신신신신신신신신신신신신신신신신신(20)태태태태태(5) 신신신신신신신신신신신신신신신신신신신신신신신신신신신신신신(30)초초초초초(5) 신신신신신신신신신신신신신신신신신신신신신신신신신신신신신신(30) 수인공(19)

최종지를 의식 의념하거나 또는 최종지 안에 들어가서 행한다고 생각하고

왼손 오른손 큰 공을 잡은 듯 모든 손가락을 떨어지게 해서

양손 1, 2, 5번째 손가락과 양 손목 있는 손바닥 두툼한 곳을 동시에 부딪치며

마치 입을 벌렸다 다물었다 하듯 하면서

손 전체로 위 세계 최종지를 물어 떼어내서

장심으로 자신의 몸통 안에 넣거나 또는 마음의 문을 통하여 넣는다고 생각하며 60회한다.

장심, 마음의 문 두 곳으로 동시에 넣는다 생각해도 된다.

자등명 초초초초초(5)태태태태태(5)신신신신신신신신신신(10) 초초초초초초초초초초(10)태태태태태태태태태태(10)신신신신신신신신신신(10) 태태태태태태태태태태(10)초초초초초초초초초초(10)신신신신신신신신신신(10) 태태태태태태태태태태태태태태태(15)초초초초초초초초초초초초초초초(15)신신신신신신신신신신신신신신신신신신신신(20) 초초초초초(5)태태태태태태태태태태(10)신신신신신(5) 초초초초초초초초초초(10) 태태태태태태태태태태태태태태태태태태태태(20)신신신신신(5) 초초초초초초초초초초초초초초초(15)태태태태태태태태태태태태태태태태태태태태태태태태태(25)신신신신신신신신신신(10) 신신신신신신신신신신신신신신신신신신신신(20) 수인공(20)

최종지를 의식 의념하거나 또는 최종지 안에 들어가서 행한다고 생각하고

왼손 오른손 큰 공을 잡은 듯 모든 손가락을 떨어지게 해서

양손 1, 4, 5번째 손가락과 양 손목 있는 손바닥 두툼한 곳을 동시에 부딪치며

마치 입을 벌렸다 다물었다 하듯 하면서

손 전체로 위 세계 최종지를 물어 떼어내서

장심으로 자신의 몸통 안에 넣거나 또는 마음의 문을 통하여 넣는다고 생각하며 100회한다.

장심, 마음의 문 두 곳으로 동시에 넣는다 생각해도 된다.

자등명 초초초초초초초초초초(10)태태태태태태태태태태태태태태태(15)신신신신신신신신신신신신신신신신신신신신(20) 초초초초초초초초초초초초초초초(15)태태태태태태태태태태태태태태태태태태태태(20)신신신신신신신신신신신신신신신신신신신신신신신신신신신신신신(30) 초초초초초초초초초초초초초초초초초초초초초초초초초초초초초초(30)태태태태태태태태태태태태태태태태태태태태태태태태태태태태태태(30)신신신신신신신신신신신신신신신신신신신신신신신신신신신신신신신신신신신신신신신(40) 초초(40)태태(50)신신신(100) 초초(100)신신신신신신신신신신신신신신신신신신신신(20) 신신신신신신신신신신(10) 수인공(21)

최종지를 의식 의념하거나 또는 최종지 안에 들어가서 행한다고 생각하고

왼손 오른손 큰 공을 잡은 듯 모든 손가락을 떨어지게 해서

양손 1, 2, 4, 5번째 손가락과 양 손목 있는 손바닥 두툼한 곳을 동시에 부딪치며

마치 입을 벌렸다 다물었다 하듯 하면서

손 전체로 위 세계 최종지를 물어 떼어내서

장심으로 자신의 몸통 안에 넣거나 또는 마음의 문을 통하여 넣는다고 생각하며 100회한다.

장심, 마음의 문 두 곳으로 동시에 넣는다 생각해도 된다.

자등명 신신신신신신신신신신(10)초초초초초초초초초초(10) 신신신신신(5) 신신신신신신신신신신신신신신신(15)초초초초초초초초초초초초초초초초초초초초(20)신신신신신신신신신신(10) 초초(50) 신신신신신신신신신신(10) 초초초(100)신신(50) 신신신신신(5)태태태태태(5)초초초초초(5)신신신신신신신신신신(10) 신신신신신신신신신신(10)태태태태태태태태태태(10)초초초초초초초초초초(10) 초초초초초초초초초초(10)태태태태태태태태태태(10)신신신신신신신신신신(10) 신신신신신신신신신신(10) 수인공 (22)

최종지를 의식 의념하거나 또는 최종지 안에 들어가서 행한다고 생각하고 왼손 오른손 큰 공을 잡은 듯 모든 손가락을 떨어

지게 해서 양손가락 끝 지문 있는 곳을 5개 손가락 서로 같은 손가락끼리 부딪치고 손목 있는 손바닥 두툼한 곳도 동시에 부딪쳐 두드리며

마치 1, 2, 3, 4, 5손가락과 양 손목을 동시에 부딪치며

마치 입을 벌렸다 다물었다 하듯

손 전체로 위 세계 최종지를 물어 떼어내서 장심으로 자신의 몸통 안에 넣거나 또는 마음의 문을 통하여 넣는다고 생각하며 100회한다.

장심, 마음의 문 두 곳으로 동시에 넣는다 생각해도 된다.

2013. 08. 30 08:57

* 1-22을 모두 다 한 번에 행하는 경우

자등명 신신신신신(5)태태태태태(5)초초초초초(5) 신신신신신신신신신신(10)태태태태태태태태태태태태태태태태태태태태(20)초초초초초초초초초초(10) 신신신신신신신신신신신신신신신신신신신신(20)태태태태태태태태태태태태태태태태태태태태태태태태태(25)초초초초초초초초초초초초초초초(15) 신신신신신신신신신신신신신신신신신신신신신신신신신신신신신신(30)초초초초초초초초초초초초초초초초초초초초초초초초초초초초초초(30)태태태태태태태태태태태태태태태태태태태태(20) 신신(50)초초초(50)태태태(50) 초초초초초초초초초초초초초초초초초초초초(20)태태태태태태태태태태태태태태태태태태태태태태태태태태태태태태(30)신신(50) 초초초초초초초초초초초초초초초초초초초초초초초초초초초초초초(30)태태(40)신신신

신신신신신신신신신신신신신신신신신신신신신신신신신신신신신신신신신신
신신신신신신신신신신신신신신신신신신신신신(100)　초초초초초초초초초
초초초초초초초초초초초초초초초초초초초초초초초초초초초초초초초초초초
초초초초초초초(50)태태태태태태태태태태태태태태태태태태태태태태태태태
태태태태태태태태태태태태태태태태태태태태태태태태태태태태태태태태태
태태태태태태태태태태태태태태태태태태태태태태태태태태태태태태태태태
태태태태태태태(100)신신신신신신신신신신신신신신신신신신신신신신신신
신신신신신신신신신신신신신신신신신신신신신신신신신신신신신신신신신
신신신신신신신신신신신신신신신신신신신신신신신신신신신신신신신신신신
신신신신신신신신(100)　태태태태태(5)초초초초초초초초초초(10)신신신신
신신신신신신(10)　신신신신신신신신신신신신신신신신신신신신신신신신
신신신신신신신신신신신신신신신신신신신신신신신신신(50)력 수인공

자등명 인간계 광계 자등명법력 수인공(1-10)

자등명 인간계 태극(50)신(100) 태(10)초(10) 자등명법력 수인공

* 운전하면서 올라온 세계를 올라오도록 하는 수인은 없을까 했을 때 행해진 것을 토대로 정리한 것이다.

자등명 인간계 광계신신신 수인공(1)

왼손 오른손 반듯하게 주먹을 쥔다.

반듯하게 주먹 쥔 왼손 오른손 1번째 손가락을 2번째 손가락 위에 얻어놓는다.

그리고 왼손 2, 3, 4, 5번째 손가락 2번째 마디로 오른손 2, 3, 4, 5번째 손가락 2번째 마디를 성냥을 긋듯 아래로 3번 내려 긋고, 왼손 2, 3, 4, 5번째 손가락 2번째 마디와 오른손 2, 3, 4, 5번째 손가락 2번째 마디를 5번 부딪친다.

자등명 인간계 광계신신신신 수인공(2)

왼손 오른손 반듯하게 주먹을 쥔다.

반듯하게 주먹 쥔 왼손 오른손 1번째 손가락을 2번째 손가락 위에 얹어놓는다.

그리고 오른손 2, 3, 4, 5번째 손가락 2번째 마디로 왼손 2, 3, 4, 5번째 손가락 2번째 마디를 성냥을 긋듯 아래로 3번 내려 긋고

오른손 2, 3, 4, 5번째 손가락 2번째 마디와 왼손 2, 3, 4, 5번째 손가락 2번째 마디를 5번 부딪친다.

자등명 인간계 광계신신신신신 수인공(3)

왼손 오른손 반듯하게 주먹을 쥔다.

반듯하게 주먹 쥔 왼손 오른손 1번째 손가락을 2번째 손가락 위에 얹어놓는다.

그리고 왼손 2, 3, 4, 5번째 손가락 2번째 마디로 오른손 2, 3, 4, 5번째 손가락 2번째 마디를 성냥을 긋듯 아래로 3번 내려 긋고

오른손 2, 3, 4, 5번째 손가락 2번째 마디로 왼손 2, 3, 4, 5번째 손가락 2번째 마디를 성냥을 긋듯 아래로 3번 내려 긋고

오른손 2, 3, 4, 5번째 손가락 2번째 마디와 왼손 2, 3, 4, 5번째 손가락 2번째 마디를 3번 부딪친다.

자등명 인간계 광계신신신신신신 수인공(4)

왼손 오른손 반듯하게 주먹을 쥔다.

반듯하게 주먹 쥔 왼손 오른손 1번째 손가락을 2번째 손가락

위에 얹어놓는다.

그리고 오른손 2, 3, 4, 5번째 손가락 2번째 마디로 왼손 2, 3, 4, 5번째 손가락 2번째 마디를 성냥을 긋듯 아래로 3번 내려 긋고

왼손 2, 3, 4, 5번째 손가락 2번째 마디로 오른손 2, 3, 4, 5번째 손가락 2번째 마디를 성냥을 긋듯 아래로 3번 내려 긋고

오른손 2, 3, 4, 5번째 손가락 2번째 마디와 왼손 2, 3, 4, 5번째 손가락 2번째 마디를 3번 부딪친다.

자등명 인간계 광계신신신신신신신 수인공(5)

왼손 오른손 반듯하게 주먹을 쥔다.

반듯하게 주먹 쥔 왼손 오른손 1번째 손가락을 2번째 손가락 위에 얹어놓는다.

오른손 2, 3, 4, 5번째 손가락 2번째 마디와 왼손 2, 3, 4, 5번째 손가락 2번째 마디를 3번 부딪치고

왼손 2, 3, 4, 5번째 손가락 2번째 마디로 오른손 2, 3, 4, 5번째 손가락 2번째 마디를 성냥을 긋듯 아래로 3번 내려 긋고

오른손 2, 3, 4, 5번째 손가락 2번째 마디로 왼손 2, 3, 4, 5번째 손가락 2번째 마디를 성냥을 긋듯 아래로 3번 내려 긋고

오른손 2, 3, 4, 5번째 손가락 2번째 마디와 왼손 2, 3, 4, 5번째 손가락 2번째 마디를 3번 부딪친다.

자등명 인간계 광계신신신신신신신신 수인공(6)

왼손 오른손 반듯하게 주먹을 쥔다.

반듯하게 주먹 쥔 왼손 오른손 1번째 손가락을 2번째 손가락

위에 얹어놓는다.

오른손 2, 3, 4, 5번째 손가락 2번째 마디와 왼손 2, 3, 4, 5번째 손가락 2번째 마디를 3번 부딪치고

오른손 2, 3, 4, 5번째 손가락 2번째 마디로 왼손 2, 3, 4, 5번째 손가락 2번째 마디를 성냥을 긋듯 아래로 3번 내려 긋고

왼손 2, 3, 4, 5번째 손가락 2번째 마디로 오른손 2, 3, 4, 5번째 손가락 2번째 마디를 성냥을 긋듯 아래로 3번 내려 긋고

오른손 2, 3, 4, 5번째 손가락 2번째 마디와 왼손 2, 3, 4, 5번째 손가락 2번째 마디를 3번 부딪친다. 2013. 08. 30 18:26

자등명 인간계 광계신신신신신신신신신 수인공(7)

왼손 오른손 반듯하게 주먹을 쥔다.

반듯하게 주먹 쥔 왼손 오른손 1번째 손가락을 2번째 손가락 위에 얹어놓는다.

그리고 왼손 2, 3, 4, 5번째 손가락 2번째 마디로 오른손 2, 3, 4, 5번째 손가락 2번째 마디를 성냥을 긋듯 아래로 2번 내려 긋고

오른손 2, 3, 4, 5번째 손가락 2번째 마디로 왼손 2, 3, 4, 5번째 손가락 2번째 마디를 성냥을 긋듯 아래로 2번 내려 긋고

오른손 2, 3, 4, 5번째 손가락 2번째 마디와 왼손 2, 3, 4, 5번째 손가락 2번째 마디를 2번 부딪친다.

이 순서로 10회 반복해서 한다.

자등명 인간계 광계신신신신신신신신신신 수인공(8)

왼손 오른손 반듯하게 주먹을 쥔다.

반듯하게 주먹 쥔 왼손 오른손 1번째 손가락을 2번째 손가락 위에 얻어놓는다.

그리고 오른손 2, 3, 4, 5번째 손가락 2번째 마디로 왼손 2, 3, 4, 5번째 손가락 2번째 마디를 성냥을 긋듯 아래로 2번 내려 긋고

왼손 2, 3, 4, 5번째 손가락 2번째 마디로 오른손 2, 3, 4, 5번째 손가락 2번째 마디를 성냥을 긋듯 아래로 2번 내려 긋고

오른손 2, 3, 4, 5번째 손가락 2번째 마디와 왼손 2, 3, 4, 5번째 손가락 2번째 마디를 2번 부딪친다.

이 순서로 10회 반복해서 한다.

자등명 인간계 광계신신신신신신신신신신신 수인공(9)

왼손 오른손 반듯하게 주먹을 쥔다.

반듯하게 주먹 쥔 왼손 오른손 1번째 손가락을 2번째 손가락 위에 얻어놓는다.

그리고 왼손 2, 3, 4, 5번째 손가락 2번째 마디로 오른손 2, 3, 4, 5번째 손가락 2번째 마디를 성냥을 긋듯 아래로 1번 내려 긋고

오른손 2, 3, 4, 5번째 손가락 2번째 마디로 왼손 2, 3, 4, 5번째 손가락 2번째 마디를 성냥을 긋듯 아래로 1번 내려 긋고

오른손 2, 3, 4, 5번째 손가락 2번째 마디와 왼손 2, 3, 4, 5번째 손가락 2번째 마디를 1번 부딪친다.

이 순서로 10회 반복해서 한다.

자등명 인간계 광계신신신신신신신신신신신신 수인공(10)

왼손 오른손 반듯하게 주먹을 쥔다.

반듯하게 주먹 쥔 왼손 오른손 1번째 손가락을 2번째 손가락 위에 얹어놓는다.

그리고 오른손 2, 3, 4, 5번째 손가락 2번째 마디로 왼손 2, 3, 4, 5번째 손가락 2번째 마디를 성냥을 긋듯 아래로 1번 내려 긋고

왼손 2, 3, 4, 5번째 손가락 2번째 마디로 오른손 2, 3, 4, 5번째 손가락 2번째 마디를 성냥을 긋듯 아래로 1번 내려 긋고

오른손 2, 3, 4, 5번째 손가락 2번째 마디와 왼손 2, 3, 4, 5번째 손가락 2번째 마디를 1번 부딪친다.

이 순서로 10회 반복해서 한다.

* 1-10을 한 번에 행할 경우
이해하게 쉽게 간단명료하게 한다면
자등명 인간계 태극(50)신(100) 태(10)초(10) 자등명법력 수인공
보다 쉽게 한다면 자등명 인간계 광계 자등명법력 수인공
2013. 08. 31　08:36

자등명 인간계 광계광계광계광계신신신신신 자등명법력 수인공(1-16)

* 이 위에 수인은 뭘까? 하니 행해졌다 이것을 정리한 것이다

(1)
양손 반듯하게 주먹을 쥐고
주먹 쥔 왼손가락 첫 번째 마디 부분으로 주먹 쥔 오른손 손목 앞 손바닥이 시작되는 두툼한 곳을 앞뒤로 10회 문지른다.

(2)
양손 반듯하게 주먹을 쥐고
주먹 쥔 오른손가락 첫 번째 마디 부분으로 주먹 쥔 왼손 손목 앞 손바닥이 시작되는 두툼한 곳을 앞뒤로 10회 문지른다.

(3)
양손 반듯하게 주먹을 쥐고
주먹 쥔 왼손가락 첫 번째 마디 부분으로 주먹 쥔 오른손 손목 앞 손바닥이 시작되는 두툼한 곳을 위아래로 10회 문지른다.

(4)
양손 반듯하게 주먹을 쥐고
주먹 쥔 오른손가락 첫 번째 마디 부분으로 주먹 쥔 왼손 손목 앞 손바닥이 시작되는 두툼한 곳을 위아래로 10회 문지른다.

(5)
양손 반듯하게 주먹을 쥐고
주먹 쥔 왼손가락 첫 번째 마디 부분으로 주먹 쥔 오른손 2번째 마디를 앞뒤로 10회 문지른다.

(6)
양손 반듯하게 주먹을 쥐고
주먹 쥔 오른손가락 첫 번째 마디 부분으로 주먹 쥔 왼손 2번째 마디를 앞뒤로 10회 문지른다.

(7)
양손 반듯하게 주먹을 쥐고
주먹 쥔 왼손가락 첫 번째 마디 부분으로 주먹 쥔 오른손 2번째 마디를 위아래로 10회 문지른다.

(8)
양손 반듯하게 주먹을 쥐고
주먹 쥔 오른손가락 첫 번째 마디 부분으로 주먹 쥔 왼손 2번째 마디를 위아래로 10회 문지른다.

(9)
양손 반듯하게 주먹을 쥐고
주먹 쥔 오른손가락 2번째 마디 부분으로 주먹 쥔 왼손 2번째 마디를 위아래로 10회 문지른다.

(10)
양손 반듯하게 주먹을 쥐고
주먹 쥔 오른손가락 2번째 마디 부분으로 주먹 쥔 왼손 2번째 마디를 앞뒤로 빌듯 10회 문지른다.

(11)
양손 반듯하게 주먹을 쥐고
주먹 쥔 오른손가락 1번째 마디 부분으로 주먹 쥔 왼손 1번째 마디를 위아래로 10회 문지른다.

(12)
양손 반듯하게 주먹을 쥐고
주먹 쥔 오른손가락 1번째 마디 부분으로 주먹 쥔 왼손 1번째 마디를 앞뒤로 10회 문지른다.

(13)
양손 반듯하게 주먹을 쥐고
주먹 쥔 왼손 오른손 손등을 十자로 10회 문지른다.
손등을 위아래로 바꿔서도 손등 문지르기를 10회한다.

(14)
양손 반듯하게 주먹을 쥐고
주먹 쥔 왼손 오른손 손등을 一자로 10회 문지른다.
손등을 위아래로 바꿔서도 손등 문지르기를 10회한다.

(15)
양손 반듯하게 주먹을 쥐고
주먹 쥔 왼손 오른손 손목을 十자로 10회 문지른다.
손을 위아래로 바꿔서도 손목 끼리 문지르기를 10회한다.

(16)
양손 반듯하게 주먹을 쥐고
주먹 쥔 왼손 오른손 손목을 一자로 10회 문지른다.
손을 위아래로 바꿔서도 손목 끼리 문지르기를 10회한다.

* 1-16를 한 번에 행했을 경우
자등명 인간계 광계광계광계광계신신신신신 자등명법력 수인공
2013. 08. 31 09:24

자등명 인간계 자등명초력 수인공(1-6)

* 이 위 세계의 수인은 뭘까? 생각하니 행해졌다 이것을 정리한 것이다

(1)
반듯하게 주먹 쥐고
왼손 손목과 팔꿈치 사이 중간부분 밖의 부분으로 오른손 손목과 팔꿈치 사이 중간부분 안의 부분을 十 모양으로 해서 10회 앞뒤로 문지른다.

(2)
반듯하게 주먹 쥐고
오른손 손목과 팔꿈치 사이 중간부분 밖의 부분으로 왼손 손목과 팔꿈치 사이 중간부분 안의 부분을 十 모양으로 해서 10회 앞뒤로 문지른다.

(3)
반듯하게 주먹 쥐고
왼손 손목과 팔꿈치 사이 중간부분 밖의 부분으로 오른손 팔이 꺾이는 팔꿈치 안쪽을 十 모양으로 해서 10회 앞뒤로 문지른다.

(4)
반듯하게 주먹 쥐고
오른손 손목과 팔꿈치 사이 중간부분 밖의 부분으로 왼손 팔이 꺾이는 팔꿈치 안쪽을 十 모양으로 해서 10회 앞뒤로 문지른다.

(5)
반듯하게 주먹 쥐고
왼손 팔꿈치 부분을 오른손 팔이 꺾이는 팔꿈치 안쪽을 十 모양으로 해서 10회 앞뒤로 문지른다.

(6)
반듯하게 주먹 쥐고
오른손 팔꿈치 부분을 왼손 팔이 꺾이는 팔꿈치 안쪽을 十 모양으로 해서 10회 앞뒤로 문지른다.

* 1-6을 한 번에 행할 경우
자등명 인간계 신신신신신광계광계광계광계광계광계 신신신신신신신신신신 자등명초력 수인공(1-6) 2013. 08. 31. 09:40

자등명 인간계 자등명초법력 수인공(1-8)

* 이 위 세계의 수인은 뭘까? 생각하니 행해졌다 이것을 정리한 것이다

(1)
왼손바닥으로 오른쪽 가슴을 좌우로 10회 문지르고 위아래로 10회 문지른다.

(2)
오른손바닥으로 왼쪽 가슴을 좌우로 10회 문지르고 위아래로 10회 문지른다.

(3)
왼손바닥으로 오른쪽 어깨를 앞뒤로 10회 문지르고 좌우로 10

회 문지른다.

(4)
오른손바닥으로 왼쪽 어깨를 앞뒤로 10회 문지르고 좌우로 10회 문지른다.

(5)
왼손바닥으로 오른쪽 어깨에서 팔꿈치까지 위아래로 10회 문지른다.

(6)
오른손바닥으로 왼쪽 어깨에서 팔꿈치까지 위아래로 10회 문지른다.

(7)
왼손바닥으로 오른쪽 어깨에서 팔, 손등, 손가락까지 위에서 아래로 10회 문지른다.

(8)
오른손바닥으로 왼쪽 어깨에서 팔, 손등, 손가락까지 위에서 아래로 10회 문지른다.

* 1-8을 한 번에 행했을 경우
자등명 인간계 신신신신신신신신신신(10)광계광계광계광계광계광계광계광계광계광계(10) 신신신(50) 자등명초법력수인공(1-8) 2013. 08: 31 09:54

자등명 인간계 자등명법신력 수인공(1-10)

* 이 위 세계의 수인은 뭘까? 생각하니 행해지는 것을 정리한 것이다.

(1)
왼손바닥으로 오른쪽 옆구리를 위아래로 10회 문지른다.

(2)
오른손바닥으로 왼쪽 옆구리를 위아래로 10회 문지른다.

(3)
오른손바닥으로 오른쪽 옆구리 뒤쪽을 위아래로 10회 문지른다.

(4)
왼손바닥으로 왼쪽 옆구리 뒤쪽을 위아래로 10회 문지른다.

(5)
왼손바닥을 왼쪽 등 뒤 신장부분에 붙이고 오른손바닥을 오른쪽 등 뒤 신장부분에 붙이고 동시에 위 아래로 10회 문지른다.

(6)
왼손바닥을 왼쪽 엉덩이에 붙이고 오른손바닥을 오른쪽 엉덩이에 붙이고 양손바닥으로 동시에 위 아래로 10회 문지른다.

(7)
왼손바닥을 몸통과 왼발이 연결되는 부분에 붙이고 오른손바닥을 몸통과 오른발이 연결되는 부분에 붙이고 양손바닥 동시에 위 아래로 10회 문지른다.

(8)

왼손바닥을 몸통과 왼발이 연결되는 부분에 붙이고 오른손바닥을 몸통과 오른발이 연결되는 부분에 붙이고 왼손바닥은 우좌로 문지르고 오른손바닥으로는 좌우로 문지르기를 동시에 10회 반복해서 문지른다.

(9)

왼손바닥을 단전 왼쪽부분에 오른손바닥을 단전 오른쪽부분에 붙이고 양 손바닥으로 시계방향으로 10회 문지른다.

(10)

오른손바닥을 황미비 중심에 붙이고 오른손 손등 위에 왼손바닥을 X로 붙이고 황미비 호흡을 50회 한다.

* 1-10을 한 번에 행할 경우

자등명 인간계 태태태태태태태태태태신신신신신신신신신신 신신신신신신신신신신자등묘묘묘묘묘묘묘묘묘묘명 자등명법신력 수인공 2013. 08. 31 10:15

자등명 인간계 자등명묘(妙:20)법력 수인공(1-8)

* 이 위 세계의 수인은 뭘까? 생각하니 행해지는 것을 정리한 것이다.

(1)

양 손바닥을 쫙 펴고 양손바닥을 붙이고 인당 위쪽으로 올려서 왼 팔꿈치 아래쪽과 오른 팔꿈치 아래쪽이 一자가 되게 하고 모든 손가락이 떨어진 상태로 합장한 모양이 ㅗ모양이 되게 한다. 그리고 위의 세계로 올라간다고 생각하며 1, 2, 3,.....10까지 숫자를 세고 나서 풀고 (2)수인을 한다.

(2)

모든 손가락을 펴고 합장한 손바닥을 왼손바닥은 몸 안쪽으로 오른손바닥은 몸 밖으로 틀어서 맞잡는다. 그리고 맞잡은 손과 양 팔꿈치에서 손목까지는 一자가 되게 해서 ㅗ모양이 되게 한다. 그리고 위의 세계로 올라간다고 생각하며 1, 2, 3,.....10까지 숫자를 세고 나서 풀고 (3)수인을 한다.

(3)

모든 손가락을 펴고 합장한 손바닥을 오른손바닥은 몸 안쪽으로 왼손바닥은 몸 밖으로 틀어서 맞잡는다. 그리고 맞잡은 손과 양 팔꿈치에서 손목까지는 一자가 되게 해서 ㅗ모양이 되게 한다. 그리고 위의 세계로 올라간다고 생각하며 1, 2, 3,.....10까지 숫자를 세고 나서 풀고 (4)수인을 한다.

(4)

양손바닥을 다 편 상태에서 오른손바닥에 왼손바닥을 올려서 손목 두툼한 손바닥이 시작되는 부분끼리 붙이되 一자가 되게 붙이고 인당 위까지 올린다. 그리고 위의 세계로 올라간다고 생각하며 1, 2, 3,.....10까지 숫자를 세고 나서 풀고 (5)수인을 한다.

(5)
양손바닥을 다 편 상태에서 왼손바닥에 오른손바닥을 올려서 손목 두툼한 손바닥이 시작되는 부분끼리 붙이되 一자가 되게 붙이고 인당 위까지 올린다. 그리고 위의 세계로 올라간다고 생각하며 1, 2, 3,.....10까지 숫자를 세고 나서 풀고 (6)수인을 한다.

(6)
양손바닥을 다 편 상태에서 합장하고 이마 위 머리가 시작 되는 부분 위로 올린다.
이렇게 하면 양 팔꿈치에서 손목까지는 ∧모양이 되게 한다. 그리고 위의 세계로 올라간다고 생각하며 1, 2, 3,.....10까지 숫자를 세고 나서 풀고 (7)수인을 한다.

(7)
왼손바닥에 오른손바닥을 올려서 손목 두툼한 손바닥이 시작되는 부분끼리 붙이되 一자가 되게 붙이고 인당 위까지 올린다. 그리고 위의 세계로 올라간다고 생각하며 1, 2, 3,.....10까지 숫자를 세고 나서 풀고 (8)수인을 한다.

(8)
오른손바닥을 황미비 중심에 붙이고 오른손 손등 위에 왼손바닥을 X로 붙이고 황미비 호흡을 50회 한다.

* 1-8을 한 번 다 할 경우
자등명 인간계 신(100)태(100) 태(50)신(40) 신(10) 자등명묘묘묘묘묘묘묘묘묘묘묘묘묘묘묘묘묘묘묘묘묘(20)법력 수인공 2013. 08: 31 10:48

자등명 인간계 자등명묘(妙:50)법력 수인공(1-6)

* 이 위 세계의 수인은 뭘까? 생각하니 행해지는 것을 정리한 것이다.

(1)
왼손 오른손을 다 펴고
왼손바닥으로 오른 손등의 손목을 잡아 왼쪽을 끌어당긴다.
이때 왼손과 오른손은 왼 팔꿈치 오른 팔꿈치까지 一자가 되게 한다.
리고 위의 세계로 올라간다고 생각하며 1, 2, 3,.....10까지 숫자를 헤아리고 나서 풀고 (2)수인을 한다.

(2)
왼손 오른손을 다 펴고
오른손바닥으로 왼 손등의 손목을 잡아 오른쪽을 끌어당긴다.
이때 왼손과 오른손은 왼 팔꿈치 오른 팔꿈치까지 一자가 되게 한다.
리고 위의 세계로 올라간다고 생각하며 1, 2, 3,.....10까지 숫자를 헤아리고 나서 풀고 (3)수인을 한다.

(3)
왼손 오른손을 다 펴고
왼손바닥으로 오른손바닥의 손목을 잡아 왼쪽을 끌어당긴다.
이때 왼손과 오른손은 왼 팔꿈치 오른 팔꿈치까지 一자가 되게 한다.
리고 위의 세계로 올라간다고 생각하며 1, 2, 3,.....10까지 숫자를 헤아리고 나서 풀고 (4)수인을 한다.

(4)

왼손 오른손을 다 펴고

오른손바닥으로 왼손바닥의 손목을 잡아 오른쪽으로 끌어당긴다.

이때 왼손과 오른손은 왼 팔꿈치 오른 팔꿈치까지 一자가 되게 한다.

리고 위의 세계로 올라간다고 생각하며 1, 2, 3,.....10까지 숫자를 헤아리고 나서 풀고 (5)수인을 한다.

(5)

왼손 오른손을 다 펴고

오른손바닥으로 왼손바닥을 붙여서 손가락이 떨어진 채로 합장하고 명치 아래쪽에 양 팔꿈치에서 손목까지는 一자가 되게 해서 합장한 손과 ㅗ모양이 되게 한다. 그리고 위의 세계로 올라간다고 생각하며 1, 2, 3,.....10까지 숫자를 헤아리고 나서 풀고 (6)수인을 한다.

(6)

오른손바닥을 황미비 중심에 붙이고 오른손 손등 위에 왼손바닥을 X로 붙이고 황미비 호흡을 50회 한다.

* 1-6을 한 번에 행할 경우

자등명 인간계 태(50)신(50) 신(10)태(10)신(50) 신(5)태(5) 신(10)

자등명묘묘묘(50)법력 수인공(1-6)

2013. 08. 31 11:05

자등명 인간태신계 자등명천천법력 수인공(1-5)

* 이 위 세계의 수인은 뭘까? 생각하니 행해지는 것을 정리한 것이다.

(1)

양 손가락을 갈퀴 모양으로 한다.
왼 손등이 보이고 오른 손바닥이 보이게 해서 왼손가락 2, 3, 4, 5번째 손가락을 오른손 2, 3, 4, 5번째 손가락 우측에 놓고 왼손가락 2, 3, 4, 5번째 손가락으로 오른손 2, 3, 4, 5번째 손가락을 좌측으로 당긴다.
그리고 위의 세계로 올라간다고 생각하며 1, 2, 3,.....10까지 숫자를 헤아리고 나서 풀고 (2)수인을 한다.

(2)

이번에는 반대로 양 손가락을 갈퀴 모양으로 한다.
오른 손등이 보이고 왼 손바닥이 보이게 해서 오른손가락 2, 3, 4, 5번째 손가락을 왼손 2, 3, 4, 5번째 손가락 좌측에 놓고 오른손가락 2, 3, 4, 5번째 손가락으로 왼손 2, 3, 4, 5번째 손가락 우측으로 당긴다.
그리고 위의 세계로 올라간다고 생각하며 1, 2, 3,.....10까지 숫자를 헤아리고 나서 풀고 (3)수인을 한다.

(3)

왼손 오른손 4, 5번째 손가락은 손바닥에 붙이고 왼손 오른손 1, 2, 3번째 손가락은 같은 손가락끼리 지문 있는 곳을 붙여서 붙인 손가락끼리 서로 민다.
그리고 위의 세계로 올라간다고 생각하며 1, 2, 3,.....10까지 숫자를 헤아리고 나서 풀고 (4)수인을 한다.

(4)
태미합 수인을 명치 아래서 하고 위의 세계로 올라간다고 생각하며 1, 2, 3,.....10까지 숫자를 헤아리고 나서 풀고 (5)수인을 한다.

(5)
오른손바닥을 황미비 중심에 붙이고 오른손 손등 위에 왼손바닥을 X로 붙이고 황미비 호흡을 50회 한다.

* 1-5를 한 번에 행할 경우
이를 자등명 인간태신계 천천천천천천천천천천(天:10) 신(100)태(100) 신(50)태(50) 신(30)천(天:10) 천((天:5)신(5) 천천천신신신신신 자등명 천천법력 수인공(1-5) 2013. 08: 31 11:23

자등명 인간천(天:10)신(神:10)계
자등태(太:10)천(天:10)법력 수인공(1-10)

자등명 인간천천천천천천천천천천(天:10)신신신신신신신신신신(神:10)계 태(100)신(100) 신(90)태(100) 자등태(太:10)천(天:10)법력 수인공

* 이 위 세계의 수인은 뭘까? 생각하니 행해지는 것을 정리한 것이다.

(1)
양손 자연스럽게 주먹을 쥐고, 주먹 쥔 상태로 팔꿈치에서 손목 사이 중간 부분을 오른쪽 아래 왼쪽 위로 가게 해서 X모양이 되게 붙인다.
위의 세계로 올라간다고 생각하며 1, 2, 3,.....10까지 숫자를 헤아리고 나서 풀고 (2)수인을 한다.

(2)

양손 자연스럽게 주먹을 쥐고, 주먹 쥔 상태로 팔꿈치에서 손목 사이 중간 부분을 왼손 아래 오른손 위로 가게 해서 X모양이 되게 붙인다.
위의 세계로 올라간다고 생각하며 1, 2, 3,.....10까지 숫자를 헤아리고 나서 풀고 (3)수인을 한다.

(3)

양손 자연스럽게 주먹을 쥐고, 주먹 쥔 상태로 오른손 손목 위에 왼손 손목을 붙여서 X모양이 되게 한다.
위의 세계로 올라간다고 생각하며 1, 2, 3,.....10까지 숫자를 헤아리고 나서 풀고 (4)수인을 한다.

(4)

양손 자연스럽게 주먹을 쥐고, 주먹 쥔 상태로 왼손 손목 위에 오른손 손목을 붙여서 X모양이 되게 한다.
위의 세계로 올라간다고 생각하며 1, 2, 3,.....10까지 숫자를 헤아리고 나서 풀고 (5)수인을 한다.

(5)

주먹 쥔 상태에서 손바닥 쪽을 붙인다.

(6)

주먹 쥐고 손바닥 쪽을 붙인 상태에서 양손 1, 2번째 손가락을 펴서 1번째 손가락은 옆 부분을 서로 붙이고 2번째 손가락은 11자 모양이 되게 한다.

(7)

주먹 쥐고 손바닥 쪽을 붙인 상태에서 양손 1, 2번째 손가락을 펴서 1번째 손가락은 옆 부분을 서로 붙이고 2번째 손가락은 11자 모양이 되게 하고 3번째 손가락을 펴서 3번째 손가락 지문이 있는 부분을 서로 붙인다.

(8)

주먹 쥐고 손바닥 쪽을 붙인 상태에서 양손 1, 2번째 손가락을 펴서 1번째 손가락은 옆 부분을 서로 붙이고 2번째 손가락은 11자 모양이 되게 하고 3, 4번째 손가락을 펴서 3, 4번째 손가락 지문이 있는 부분을 서로 붙인다.

(9)

주먹 쥐고 손바닥 쪽을 붙인 상태에서 양손 1, 2번째 손가락을 펴서 1번째 손가락은 옆 부분을 서로 붙이고 2번째 손가락은 11자 모양이 되게 하고 3, 4, 5번째 손가락을 펴서 3, 4, 5번째 손가락 지문이 있는 부분을 서로 붙인다.

(10)

(9)의 손 모양에서 2번째 손가락도 지문 있는 부분이 맞닿게 붙이고 손가락 옆을 붙이고 있는 1번째 손가락을 2번째 손가락에 붙인다. 그래서 모두 다 붙여서 ◇ 모양이 되게 한다.

* 1-10을 한 번에 다행할 경우
자등명 인간천천천천천천천천천천(天:10)신신신신신신신신신신(神:10)계태(100)신(100) 신(90)태(100) 자등태(太:10)천(天:10)법력 수인공
2013. 08: 31 12:33

자등명 인간계 천(天:10)광계(光界)신(50)자등천신력 수인공(1-17)

* 그 위의 수인공은 뭘까? 그랬더니 행해졌다 그것을 정리한 것이다.

(1)
왼손바닥으로 목 뒤를 좌우로 10회 문지른다.

(2)
오른손바닥으로 목 뒤를 좌우로 10회 문지른다.

(3)
왼손바닥으로 뒷머리 위에서 경추까지 위 아래로 10회 문지른다.

(4)
오른손바닥으로 뒷머리 위에서 경추까지 위 아래로 10회 문지른다.

(5)
왼손바닥으로 왼쪽 머리 위에서부터 머리 위- 왼쪽 귀- 왼쪽 볼까지 10회 문지른다.

(6)
오른손바닥으로 오른쪽 머리 위에서부터 머리 위- 오른쪽 귀- 오른쪽 볼까지 10회 문지른다.

(7)
왼손바닥으로 이마 중앙에서부터 오른쪽으로 귀 위까지 좌우로

10회 문지른다.

(8)
오른손바닥으로 이마 중앙에서부터 왼쪽으로 귀 위까지 좌우로 10회 문지른다.

(9)
왼손바닥으로 코를 중심으로 왼쪽 얼굴을 이마에서 턱까지 위 아래로 10회 문지른다.

(10)
오른손바닥으로 코를 중심으로 오른쪽 얼굴을 이마에서 턱까지 위아래로 10회 문지른다.

(11)
왼손바닥으로 얼굴 코를 일직선으로 이마 위에서부터 턱까지 위 아래로 10회 문지른다.

(12)
오른손바닥으로 얼굴 코를 일직선으로 이마 위에서부터 턱까지 위 아래로 10회 문지른다.

(13)
왼손바닥과 오른손바닥으로 동시에 이마에서부터 머리 뒤쪽으로 해서 경추까지 앞뒤로 10회 문지른다.

(14)
왼손바닥으로 목 뒤에서부터 왼쪽 목덜미를 쓸어내리고 그런 다음에 오른손바닥으로 목 뒤에서부터 오른쪽 목덜미를 왼손바닥 오른손바닥 번갈아 10회 반복해서 쓸어내린다.

(15)
왼손바닥 오른손바닥으로 턱 밑 목에서부터 단전 아래 황미비까지 왼손바닥 오른손바닥으로 번갈아 10회 반복해서 쓸어내린다.

(16)
오른손바닥을 단전 위에 붙이고 오른 손등 위에 왼손바닥을 붙이고 자신이 내려다 볼 때 시계방향으로 10회 돌린다. 이때 단전 위에서부터 단전 황미비까지 전체적으로 손바닥을 시계방향으로 돌리면서 문질러 준다.

(17)
오른손바닥을 황미비에 붙이고 오른 손등에 왼손바닥을 붙이고 황미비 호흡을 한다.

* 1-17을 한 번에 행할 경우
자등명 인간계 천천천천천천천천천천천천천천천천천천천천(20)광계광계광계광계광계광계광계광계광계광계(10)신신신(50)자등천신력 수인공

자등명 인간계 천(天:10)광계(光界)신(50)자등천신력 수인공(1-17)
2013. 09. 02 06:49

자등명 인간계 태(太:20)천(天:20)신(神:100)자등태천 법력 수인공(1-11)

* 위 세계의 수인은 뭘까? 생각했을 때 행해진 것을 정리한 것이다.

(1)

왼손 오른손 가위 바위 보할 때 가위를 낸 것과 같이 해서 2번째 손가락에 3, 4, 5번째를 붙인다.
그리고 왼손가락 2, 3, 4, 5번째 손가락으로 오른손가락 2번째 손가락을 왼손 손가락 1번째 마디와 2번째 마디로 잡는다. 이때 오른손 2, 3, 4 ,5번째 손가락으로는 왼손 5번째 손가락 아래쪽과 손바닥 아래쪽을 오른손 2, 3, 4, 5손가락 1번째 마디와 2번째 마디로 잡는다.
이와 같이 잡은 상태에서 왼손가락으로 잡은 쪽을 축으로 해서 앞뒤로 10회 비벼준다.
이때 비비게 되는 부분을 보면 손바닥 끝부분을 돌아가며 두툼한 곳으로 비벼지게 된다.

(2)

손을 바꿔서 이번에는 오른손가락으로 왼손 2번째 손가락을 잡고 위 방법과 같이 앞뒤로 10회 비벼준다.

(3)

손바닥을 펴고 왼손바닥으로 오른손바닥을 손목에서부터 손가락 끝까지 10회 쓸어내린다.

(4)

손 바꿔서 이번에는 오른손바닥으로 왼손바닥을 손목에서부터 손가락 끝까지 10회 쓸어내린다.

(5)
손 바꿔서 왼손바닥으로 오른손 등을 손목에서 손가락 끝까지 10회 쓸어내린다.

(6)
손 바꿔서 오른손바닥으로 왼손 등을 손목에서 손가락 끝까지 10회 쓸어내린다.

(7)
왼손 오른손바닥을 서로 붙이고 앞뒤로 비벼준다. 소원을 빌 때 손을 비비는 것과 같이 비벼준다.

(8)
왼손바닥으로 오른손 등을 손목에서부터 손가락 끝까지 아래로 위로 5회 비벼주고, 오른손바닥으로 왼손 등을 손목에서부터 손가락 끝까지 아래로 위로 5회 비벼주고, 손바닥을 서로 붙이고 소원을 빌 듯 10회 비벼준다.

(9)
오른손을 칼날 세우듯 세우고 왼손 1번째 손가락과 장심부분으로 감싸고 손목에서 손가락 끝까지 아래로 위로 10회 비벼주고 손 바꿔서 왼손은 칼날처럼 세우고 오른손바닥을 감싸 잡고 아래로 위로 10회 비벼준다

(10)
왼손으로 오른 손등을 손목에서 손끝까지 아래로 위로 5회 비벼주고 손을 바꿔서 오른손으로 왼 손등을 손목에서 손끝까지 아래로 위로 5회 비벼주고, 손바닥을 서로 붙이고 소원을 빌 듯 5회 비벼준다,

(11)
태미합 수인을 하고 마친다.

* 1-11를 한 번에 했을 경우
자등명 인간계 태태태태태태태태태태태태태태태태태태태태(20)천천천천천천천천천천천천천천천천천천천천(20)신신신(100)자등태천법력 수인공
자등명 인간계 태(太:20)천(天:20)신(神:100)자등태천법력 수인공(1-11)
2013. 09. 02. 09:01

자등명 인간계 자등초태천묘(自燈初太天妙)력 수인공(1-7)

자등명 인간계 초초초초초초초초초초(10)신신신신신신신신신신(10)태태태태태태태태태태태태태태태(15) 초초초초초초초초초초(10)묘묘묘묘묘묘묘묘묘묘(10)태태태태태태태태태태(10)묘묘묘묘묘묘묘묘묘묘묘묘묘(15)태극태극태극태극태극태극태극태극태극태극(10)신신신신신신신신신신신신신신신신신신신신(20)묘묘묘묘묘묘묘묘묘묘(10)신신(50)자등초태천묘력 수인공

(1)
태미합 수인을 한다.

(2)
왼손 2, 3, 4, 5번째 손가락 2, 3번째 마디로 오른 손등 2, 3,

4, 5번째 손가락 2, 3번째 마디를 2-5번째 손가락 2, 3번째 마디를 왔다 갔다 하면서 5회 비빈다.

(3)
손 바꿔서 오른손 2, 3, 4 5번째 손가락 2, 3번째 마디로 왼손등 2, 3, 4, 5번째 손가락 2, 3번째 마디를 2-5번째 손가락 2, 3마디 부분을 왔다 갔다 하면서 5회 비빈다.

(4)
(2)와 (3)을 반복해서 10회 비빈다.

(5)
태미합 수인 모양을 해서 박수를 2번 친다.

(6)
태미합 수인을 하고 손가락 쪽은 서로 붙인 채로 양 손목을 떼었다가 손목 부분으로만 박수를 1번 친다.

(7)
태미합 수인을 한다. 21013. 09. 02 12:09

자등명 자신태초명(自神太初明) 수인공(1-11)

* 잠을 자면서 이 위의 세계 수인은 뭘까? 생각하는 생각에 잠결에 했던 것을 깨어나서 정리한 것이다.

(1)
왼손바닥으로 오른 팔꿈치 접히는 부분으로 해서 아래를 둥그렇게 문지른다.

(2)
오른손바닥으로 왼 팔꿈치 접히는 부분으로 해서 아래로 둥그렇게 문지른다.

(3)
왼손바닥으로 오른 팔꿈치에서 손목까지 아래로 문질렀다 위로 문질렀다 하면서 문지르지 않은 곳 없이 전체적으로 골고루 문지른다.

(4)
오른손바닥으로 왼 팔꿈치에서 손목까지 아래로 문지르고 위로 문지르며 문질러지지 않은 곳 없이 전체적으로 골고루 문지른다.

(5)
왼손바닥으로 오른 손목에서부터 손가락 끝까지 문지르지 않은 곳 없이 골고루 비비며 문지른다.

(6)
오른손바닥으로 왼 손목에서부터 손가락 끝까지 문지르지 않은 곳 없이 비비고 문지른다.

(7)
왼손바닥으로 오른손바닥을 위아래로 좌우로 문질러지지 않은 곳 없이 골고루 전체적으로 비비며 문지른다.

(8)
오른손바닥으로 왼손바닥을 위아래로 좌우로 문질러지지 않은 곳 없이 골고루 전체적으로 비비며 문지른다.

(9)
왼손바닥으로 오른 손등을 손목에서 손가락 끝까지 아래로 위로 20회 비빈다.

(10)
오른손바닥으로 왼 손등을 손목에서부터 손가락 끝까지 아래로 위로 20회 문지르며 비빈다.

(11)
태미합 수인을 하고 손가락은 될 수 있는 한 가만히 있고 손바닥만 움직이면서 10회 비벼준다.

* 1-11을 한 번에 전체적으로 했을 때
자등명 자신태초명(自神太初明) 수인공 2013. 09. 03 15:37

자등명 자태신묘명(自太神妙明)력(力) 수인공(1-24)

* 자등명 자신태초명(自神太初明) 수인공을 정리하고 이 세계 위의 수인공은 무엇일까? 그러며 행한 것을 정리한 것이다.

(1)
왼손바닥으로 오른쪽 어깨를 잡고 앞뒤 좌우를 골고루 전체적으로 빠짐없이 30회 문지르며 비벼준다.

(2)
오른손바닥으로 왼쪽 어깨를 잡고 위아래로 비비고 문지르며 앞뒤 좌우 골고루 빠짐없이 30회 문지르며 비빈다.

(3)
왼손바닥으로 오른 팔꿈치를 잡고 위아래로 20회 문지르며 비빈다.

(4)
오른손바닥으로 왼 팔꿈치를 잡고 위 아래로 골고루 빠짐없이 20회 비비며 문지른다.

(5)
왼손바닥으로 오른손목을 잡고 위아래로 전체적으로 빠짐없이 20회 문지르며 비빈다.

(6)
오른손바닥으로 왼 손목을 잡고 위 아래로 전체적으로 빠짐없이 골고루 20회 비비며 문지른다.

(7)

왼손바닥으로 오른손 정권 부분 손가락이 시작되는 마디와 2번째 마디를 전체적으로 앞뒤 좌우로 20회 비비고 문지른다.

(8)

오른손바닥으로 왼손 1번째 손가락마디가 시작되는 부분과 2번째 마디가 시작되는 부분을 전체적으로 위아래 좌우로 20회 비비고 문지른다.

(9)

왼손바닥을 오른쪽 귀 뒤쪽에 붙이고 아래 목까지 목에서 머리 위까지 좌우로 문지르고 비비며 위아래로 5회 반복한다.

(10)

오른손바닥을 왼쪽 귀 뒤쪽에 붙이고 목에서 머리 위까지 좌우로 비비며 문지르며 위아래로 5회 반복한다.

(11)

왼손바닥을 머리 위쪽 뒤에 붙이고 오른손바닥으로 머리 위쪽 뒤에 붙이고

머리 꼭대기에서 목 있는 데까지 왼손바닥 오른손바닥을 좌우로 비비고 문지르며

머리 꼭대기에서 머리 뒤로 목까지 위에서 아래로 내려오고 내려와서는 목에서부터 머리 꼭대기까지 비비고 문지르며 올라간다. 머리 꼭대기 올라가서는 좌우로 정수리 명신을 좌우를 문지른다. 반복해서 3회 한다.

(12)

왼손바닥 오른손바닥을 이마에 붙이고 이마에서부터 머리로 머

리에서 머리 꼭대기로 머리꼭대기에서 머리 뒤로 해서 목으로 목에서 양옆으로 비비고 문지르며 내려오다가 마지막 목에서 끝날 때는 떨어내는 듯 양손바닥을 아래로 뿌린다. 반복해서 3회 한다.

(13)
왼손바닥을 쇄골뼈에 붙이고 오른쪽 쇄골뼈 부분을 좌우로 10회 문지르고 비빈다.

(14)
오른손바닥을 왼쪽 아래 쇄골뼈 부분에 붙이고 쇄골뼈 부분을 좌우로 10회 비비며 문지른다.

(15)
왼손바닥을 오른쪽 가슴 아래 명치부분에 붙이고 좌우로 10회 비비며 문지른다.

(16)
오른손바닥을 왼쪽 가슴 아래 명치부분에 붙이고 좌우로 10회 비비며 문지른다.

(17)
왼손바닥을 배꼽에 붙이고 좌우로 5회 비비며 문지르고 오른손바닥을 배꼽에 붙이고 좌우로 5회 비비며 문지른다.

(18)
양 손바닥을 등 뒤 척추부분에 부분에 붙이고 꼬리뼈부분까지 아래위로 10회 비비며 문지른다.

(19)
왼손바닥을 히프 바로아래 다리부분에 붙이고 오른손바닥을 오른쪽 히프 바로아래 다리부분에 붙이고 20회 아래로 위로 비비며 문지른다.

(20)
왼손바닥을 왼쪽 무릎 뒤쪽에 붙이고 오른손바닥을 오른쪽 무릎 뒤쪽에 붙이고 아래위로 10회 비비며 문지른다.

(21)
왼손바닥을 왼쪽 무릎에 붙이고 오른손바닥을 오른쪽 무릎에 붙이고 아래위로 10회 비비며 문지른다.

(22)
발목 뒤쪽 아킬레스 부분에 왼손바닥을 왼발 뒤쪽에 붙이고 오른손바닥을 오른발 뒤쪽에 붙이고 위아래로 10회 비비며 문지른다.

(23)
발목 앞쪽 왼손바닥을 왼발 앞쪽에 붙이고 오른손바닥을 오른발 앞쪽에 붙이고 위아래로 10회 비비며 문지른다.

(24)
태미합수인을 하고 그 형태로 박수를 10회 치고 태미합 수인을 끝마친다.

* 1-24를 한 번에 모두 다 행했을 경우
자등명 자태신묘명(自太神妙明)력(力) 수인공(1-24)
2013. 09. 03　16:29

자등명 자신초신명(自神初神明)력 신(5)태(5)천(5)신(10)자등명 수인공 (1-9)

*이 세계 위의 수인공은 무엇일까? 그러며 행한 것을 정리한 것이다.

(1)
오른손을 칼날 세우듯 세우고 왼손바닥으로 오른손 팔꿈치에서 손목까지를 아래위를 10회 비비며 문지른다.

(2)
왼손을 칼날 세우듯 세우고 오른손바닥으로 왼손 팔꿈치에서 손목까지 아래위로 10회 비비며 문지른다.

(3)
오른손을 칼날 세우듯 세우고 왼손바닥으로 오른손 팔꿈치에 붙이고 팔꿈치에서 어깨 목까지 위아래로 10회 비비며 문지른다.

(4)
왼손을 칼날 세우듯 세우고 오른손바닥으로 왼손 팔꿈치에 붙이고 팔꿈치에서 어깨 목까지 위아래로 10회 비비며 문지른다.

(5)
왼손바닥을 배 왼쪽에 붙이고 오른손바닥을 배 오른쪽에 붙여서 손바닥이 서로 겹치지 않되 배를 덮을 수 있게 붙여서는 배를 중심으로 목까지 쓸어 올리며 올라가고 목에서 천돌- 중완 - 명치- 배- 단전 - 황미비까지 쓸어내리며 내려오는 것을 10회 반복해서 한다.

(6)
왼손바닥을 왼쪽 엉덩이에 붙이고 오른손바닥을 오른쪽 엉덩이에 붙이고 엉덩이를 위아래로 10회 반복에서 문지른다.

(7)
왼손바닥을 왼쪽 다리 앞쪽에 붙이고 오른손을 오른쪽 다리 앞쪽에 붙이고 위 아래로 10회 반복해서 문지른다.

(8)
왼손바닥을 왼쪽 다리 무릎 아래 뒤쪽에 붙이고 오른손바닥을 오른쪽 다리 무릎 아래 뒤쪽에 붙이고 위아래로 10회 반복해서 문지른다.

(9)
태미합수인을 하고 태미합 수인의 형태를 유지하며 박수를 5회 치고 태미합 수인을 하고 끝마친다.

* 1-9를 한 번에 했을 경우
자등명 자신초신명력 신신신신신태태태태태천천천천천신신신신신신신신신신
자등명 수인공
자등명 자신초신명력 신(5)태(5)천(5)신(10)자등명 수인공(1-9)
2013. 09. 03　16:53

자등명 자묘비시초태신(神:5)자신비묘명수인공(1-6)
(自燈明 自妙秘 始初 太神(신;5) 自神秘妙明)

* 위로 또 있을까? 했을 때 행해진 것을 바탕으로 정리한 것이다.

(1)
양 손목을 붙이고 손목끼리 앞뒤 손 바꿔가면서 비비고 문질러서 비벼지지 않고 문질러지지 않은 곳 없이 골고루 비비며 문지른다. 10회

(2)
왼 팔꿈치를 오른 팔꿈치 안쪽에 붙이고 앞뒤 좌우로 비비고 문지르고 팔꿈치 바꿔서 오른 팔꿈치를 왼 팔꿈치 안쪽에 붙이고 앞뒤 좌우로 비비고 문지른다. 10회

(3)
왼 손목을 가랑이 Y부분의 왼쪽에 붙이고 오른손목을 가랑이 Y분에 붙이고
양 손목으로 Y부분을 대각선으로 Y처럼 삼각형 모양이 되게 비비며 문지른다. 10회

(4)
왼 손등을 왼쪽 무릎 뒤쪽에 붙이고 오른 손등을 오른쪽 무릎 뒤쪽에 붙이고
손등으로 무릎 뒤쪽을 좌우 위아래로 비비며 문지른다. 10회

(5)
왼 손등을 왼 발목 앞쪽에 붙이고 오른 손등을 오른 발목 앞쪽에 붙이고

손등으로 좌우 위아래로 비비며 문지른다 10회

(6)
태미합수인을 하고 박수를 10회 치고 태미합 수인으로 끝마친다.

* 1-6를 한번 모두 다 했을 경우
자등명 자묘비시초태신신신신신자신비묘명 수인공(1-6)
자등명 자묘비시초태신(5)자신비묘명 수인공(1-6)
2013. 09, 03 17:07

자등태태초초명 자명자초신명 수인공(1-11)
(自燈太太初初明 自明自初神明)

*위로 또 있을까? 했을 때 행해진 것을 바탕으로 정리한 것이다.

(1)
왼손 오른손 가볍게 주먹 쥔 듯해서
왼손 아랫부분을 오른손 1, 2번째 손가락 사이 위에 올려놓고 좌우로 손목 있는 데까지 10회 비비며 문지른다.

(2)
손 바꿔 오른손 아랫부분으로 왼손 1, 2번째 손가락 사이 위에 올려놓고 좌우 손목 있는 데까지 10회 비비며 문지른다.

(3)
왼 손등을 오른 손등 위에 올려놓고 좌우 위아래 비비며 문지른다. 10회

(4)
오른 손등을 왼 손등 위에 올려놓고 좌우 위아래 비비며 문지른다. 10회

(5)
오른손은 가볍게 주먹 쥔 듯하고 왼손바닥으로 오른손 1, 2번째 손가락 위를 감싸 잡고 위아래로 문지른다. 10회

(6)
왼손은 가볍게 무적 쥔 듯하고 오른손바닥으로 왼손 1, 2번째 손가락 위를 감싸 잡고 위 아래로 문지른다. 10회

(7)
왼손바닥에 가볍게 쥔 오른손 아래쪽을 붙이고 위아래로 문지른다. 10회

(8)
오른손바닥에 가볍게 쥔 왼손 아래쪽을 붙이고 위아래로 문지른다. 10회

(9)
왼손바닥을 오른 손등에 올려놓고 위아래로 문지른다. 10회

(10)
오른손바닥을 왼손등 위에 올려놓고 위아래로 문지른다. 10회

(11)
태미합 수인을 하고 손가락 부분은 붙이고 손목 있는 부분만으

로 10회 박수를 치고 태미합 수인을 끝마친다.

* 1-11를 모두 다 한 번에 다 했을 경우
자등태태초초명 자명자초신명 수인공(1-11)
2013. 09. 03, 17:25

태초최초자등 자묘신 태신태태태태태명 신공(1-10)

* 또 다시 출(出)하고 올라와서 수인으로 올라올 수 있도록 하는 방법은 없을까? 했을 때 되었던 수인을 정리한 것이다

(1)
왼손 오른손 가볍게 주먹 쥐고
주먹 쥔 손바닥 쪽이 하늘을 보게 해서
왼손 오른손 5번째 손가락 옆 부분, 즉 주먹으로 보면 아랫부분을 손목까지 붙인다.

(2)
(1)상태에서 양손 1번째 손가락을 쭉 곧게 편다.

(3)
(2)의 상태에서 2번째 손가락을 곧게 쭉 편다. 이와 같이 하면 1, 2번째 손가락은 가위를 낸 모양이 된다.

(4)
(3)에서 3번째 손가락을 곧게 쭉 편다.

(5)
(4)에서 4, 5번째 손가락까지 쭉 벋게 편다.
이와 같이하면 양 손바닥은 하늘을 보고 5번째 손가락과 손바닥 옆이 손목까지 붙어 있게 되고 손바닥을 펴 붙이고 하늘을 받친 것과 같이 된다.

(6)
(5)의 상태에서 위 세계의 문을 열며 위 세계의 에너지를 받는다 생각하며 양옆으로 벌리며 어깨와 一자가 되게 해서 손을 조금 더 올려 머리 위에 있게 한다.
이와 같이하면 왼손 오른손바닥은 하늘을 보게 되고 왼팔 오른팔은 어깨로 해서 V자 모양이 되고 손목은 꺾여 있는 상태가 된다.

(7)
(6)의 상태에서 양손바닥으로 위 세계를 끈을 잡는다 생각하며 양손을 머리 위로 올려서 양팔이 양 귀에 붙게 양팔을 쭉 뻗어서 머리 위에서 합장한 모습을 한다.

(8)
(7)의 상태에서 위 세계의 끈을 잡고 있는 것을 끌어당기며 몸이 위로 올라간다 생각하며
합장한 손을 합장한 채로 명치까지 내린다.

(9)
(8)의 상태에서 태미합 수인을 하면 황미비로 내린다.

(10)
오른손바닥을 황미비에 붙이고 오른 손등 위에 왼손바닥을 올

려놓고 위 세계를 의식하거나 의념하며 황미비 호흡을 한다.

* 1-10을 모두 다 한 번에 행할 경우
태초최초자등 자묘신 태신태태태태태명 신공(1-10) 2013. 09. 05 13:20

태(10)신(10)태초최초 자태초최초태초최초명 신공(1-5)

* 출(出) 위의 세계로 올라가기 위한 수인공은 없을까? 생각하니 행해진 것을 바탕으로 정리한 것이다.

(1)
차례 자세에서 양손바닥을 하늘을 보게
위의 세계를 흡하면서 양옆으로 올리면서 인당 앞에서 합장한다.

(2)
(1)의 모습, 인당 앞에서 합장한 손바닥을 양 옆으로 벌리면서 인당을 꼭지점으로 해서 위의 세계를 흡하면서 V자를 최대한 크게 하고 벌린 손으로 황미비 아래 성기 아래쪽을 꼭지점으로 해서 V자를 최대한 크게 한다.

(3)
(2)의 모습, V자로 했던 손바닥을 아래로 내리고 내린 손바닥을 하늘 보게 하고 흡하면서 손바닥이 위로 올라오게 하여 인당 앞에서 합장을 한다.

(4)
(3)의 모습, 인당 앞에서 합장한 손을 합장한 채로 코- 입-

천돌- 중완- 배꼽 -단전- 황미비로 내린다.

(5)

(4)황미비로 내려서는 오른손바닥을 황미비에 붙이고 오른 손등 위에 왼손바닥을 붙이며 끝마친다.

* 1-5를 한 번에 행할 경우
태태태태태태태태태태(10)신신신신신신신신신신(10)태초최초자태초최초태초최초명 신공(1-5) 2013. 09. 05 18:36

본성초 태초본성초 공(功)

(本性初 太初本性初)

왼손 오른손 주먹을 가볍게 쥐고

1, 2번째 손가락 끝을 서로 비비고

3, 4, 5번째 손가락으로는 손바닥 손목 가까운 부분을 비빈다.

* 수인과 공은 끝났는가 싶었다. 그리고 기존 공으로도 충분하다고 생각했었는데 어느 때부터인가? 누웠나가 일어날 때마다 본인도 모르게 행해지는 공이었는데 이름을 지어보니 본성초 태초본성초 공으로 지어졌다.
2013. 11. 21 09:26

본성태초 본성초 공(功)
(本性太初 本性初)

왼손 오른손 주먹을 가볍게 쥐고

1, 2번째 손가락 끝을 서로 비빈다. 2013. 11, 22 10:01

태초태초 초본성 태본성 공(功)

(太初太初 超本性 太本性)

왼손 오른손 주먹을 가볍게 쥐고

2, 3, 4, 5번째 손가락 끝을 손목 위쪽으로 뻗어서 손바닥 안으로 쓸어내린다.

왼손 오른손 두 손 동시에 한다. 2013. 11, 22 10:05

초본성 태초본성초 태초본성초 태본성초 공(功)

(礎本性 太初本性初 太初本性初 太本性初)

왼손 오른손 주먹을 가볍게 쥐고

1번째 손가락으로 가볍게 주먹 쥔 2번째 손가락 끝에서 안쪽으로 쓸어 올린다.

왼손 오른손 두 손 동시에 한다. 2013. 11, 22 10:10

초태초본성 태초본성 초태초본성 공(功)
(超太初本性 太初本性 超太初本性)

왼손 오른손 주먹을 가볍게 쥐고

1번째 손가락으로 가볍게 주먹 쥔 2번째 손가락 끝에서 안쪽으로 쓸어 올리고

2, 3, 4, 5번째 손가락 끝으로 손목 위쪽으로 뻗어서 손바닥 안으로 쓸어내린다.

왼손 오른손 두 손 동시에 한다. 2013. 11, 22 10:16

자등명을 키울 수 있는 수인법

두 손을 가볍게 주먹을 쥔다.

주먹 쥔 양손 1, 2, 3번째 손가락을 느슨하게 풀고

양손 1번째 손가락으로 2, 3번째 손톱을 감싸 1, 2, 3번째 손가락 2번째 마디를 같은 손가락끼리 서로 붙인다.

이와 같이 하면 1번째 손가락은 2번째 마디가 손톱부분에 맞닿게 되고, 2, 3번째 손가락은 2번째 마디는 같은 손가락끼리 붙고, 3번째 마디 손톱부분은 1번째 손가락 옆 부분에 붙어 있게 된다. 2014. 01. 08 16:36

자등명 세계를 끝없이 올라가도록 하는 수인법

두 손을 가볍게 주먹을 쥔다.

주먹 쥔 양손 5번째 손가락을 펴서 5번째 손가락 끝 지문이 맞닿게 붙이고, 양손 1번째 손가락으로 2, 3번째 손가락 3번째 마디부분에 붙인다.

양손 1번째 손가락은 2번째 마디가 손톱부분이 맞닿게 하고

양손 2, 3번째 손가락은 1번째 마디가 꺾긴 부분을 같은 손가락끼리 붙인다.

이때 4번째 손가락은 서로 붙이지 않는다. 2014. 01. 09 11:47

업등퇴명로(業燈退明爐)가 쏟아지도록 하는 묘수인법

두 손을 가볍게 주먹을 쥔다.

주먹 쥔 양손 2번째 손가락을 주먹 쥔 상태에서 최대한 밖으로 밀어서 2번째 손가락 2번째 마디를 서로 맞닿게 붙이고

양손 1번째 손가락은 2번째 마디가 손톱부분이 맞닿게 한다.

양손 3번째 손가락은 1번째 마디가 꺾긴 부분을 같은 손가락끼리 붙인다.

이때 양손 4, 5번째 손가락은 서로 붙이지 않는다.

2014. 01. 09 14:03

영적구조물이 녹아지도록 하는 묘수인법

두 손을 가볍게 주먹을 쥔다.

주먹 쥔 양손 3번째 손가락을 주먹 쥔 상태에서 최대한 밖으로 밀어서 3번째 손가락 2번째 마디를 서로 맞닿게 붙이고

양손 1번째 손가락은 2번째 마디가 손톱부분이 맞닿게 한다.

양손 2, 4번째 손가락은 1번째 마디가 꺾긴 부분을 같은 손가락끼리 붙인다.

이때 양손 5번째 손가락은 서로 붙이지 않는다.

2014. 01. 09 14:03

업등퇴명로(業燈退明爐), 영적구조물을 녹이는 용광로(鎔鑛爐), 최종지가 쏟아지도록 하는 묘수인법

두 손을 가볍게 주먹을 쥔다.

주먹 쥔 양손 2, 3, 4번째 손가락을 주먹 쥔 상태에서 최대한 밖으로 밀어서

2, 3, 4번째 손가락 2번째 마디를 서로 맞닿게 붙이고

양손 1번째 손가락은 2번째 마디가 손톱부분이 맞닿게 한다.

이때 양손 5번째 손가락은 서로 붙이지 않는다.

2014. 01. 09. 14:09

용, 이무기, 뱀이 천도되어 태명(泰明)이 되거나 이르도록 하는 묘수인법

두 손을 가볍게 주먹을 쥔다.

주먹 쥔 양손 1번째 손가락은 2번째 마디가 손톱부분이 맞닿게 하고 양손 5번째 손가락을 펴서 5번째 손가락 끝 지문이 맞닿게 붙인다.

이때 양손 2, 3, 4번째 손가락은 서로 붙이지 않는다.

* 태명(泰明)이란 최초자등명 태조(太祖:10)

* 최초자등명 태조태조태조태조태조태조태조태조태조 세계의 에너지를 끌어다가 쏴준다. 2014. 01. 09 21:15

영가, 영적존재, 자등명인간계가 천도되어 태명(泰明)이 되거나 이르도록 하는 묘수인법

두 손을 가볍게 주먹을 쥔다.

주먹 쥔 양손 1번째 손가락은 2번째 마디가 손톱부분이 맞닿게 하고, 양손 4, 5번째 손가락을 펴서 4, 5번째 손가락 끝 지문이 같은 손가락끼리 맞닿게 붙인다.

이때 양손 2, 3, 번째 손가락은 서로 붙이지 않는다.

* 태명(泰明)이란 최초자등명 태조(太祖:10)

* 최초자등명 태조태조태조태조태조태조태조태조태조태조태조태조 세계의 에너지를 끌어다가 쏴준다. 2014. 01. 09 21:52

태명(泰明), 태명태조극본성(泰明太祖極本性)에 이르도록 하여 태태태명(太太泰命)하도록 하는 묘수인법

두 손을 가볍게 주먹을 쥔다.

주먹 쥔 양손 1번째 손가락은 2번째 마디가 손톱부분이 맞닿게 하고 양손 3, 4, 5번째 손가락을 펴서

3, 4, 5번째 손가락 끝 지문이 같은 손가락끼리 맞닿게 붙인다.

이때 양손 2번째 손가락은 서로 붙이지 않는다.

* 태명(泰明)이란 최초자등명 태조(太祖:10)

* 태태태명(太太泰命)이란 수명장수

* 최초자등명 태조태조태조태조태조태조태조태조태조태조태조태조태조태조 세계의 에너지를 끌어다가 쏴준다. 2014. 01. 09 22:21

자등명 일체 동태명(同泰明)이 되도록 하는 자등명수인법

두 손을 가볍게 주먹을 쥔다.

주먹 쥔 양손을 붙이되 1번째 손가락을 11자가 되게 하고

양손 2번째 손가락은 3번째 마디와 손톱부분이 맞닿게 하고

양손 3, 4, 5번째 손가락은 3번째 마디가 꺾이는 부분이 맞닿게 한다. 2014. 01. 11 16:13

묘명묘태등명(妙明妙太燈明) 세계로 올라오도록 하는 자등명수인법

두 손을 가볍게 주먹을 쥔다.

주먹 쥔 양손 3번째 손가락을 주먹 쥔 상태에서

최대한 밖으로 밀어서 3번째 손가락 3번째 마디와 손톱부분이 서로 맞닿게 붙이고, 양손 1번째 손가락은 2, 3번째 손가락 손톱부분을 가볍게 누르고, 1번째 손가락 2번째 마디 바깥쪽을 맞닿게 하여 맞닿은 부분으로 하여금 손톱부분은 V모양이 되게 한다. 이때 양손 2, 4, 5번째 손가락은 서로 붙이지 않는다.

* 자등명 일체 위로 올라오도록 하는 자등명수인법 2014. 01. 11 16:22

묘명묘태등명(妙明妙太燈明)을 키우는 자등명수인법

양손 1번째 손가락 2번째 마디 바깥쪽을 맞닿게 하여 맞닿은 부분으로 하여금 손톱부분이 V모양이 되게 하고,

양손 2번째 손가락은 지문을 맞닿게 해서 삼각형 모양이 되게 하고, 양손 3, 4번째 손가락은 지문부분을 맞닿게 하되 손톱부분이 맞닿아 ㅡ모양이 되게 한다.

양손 5번째 손가락은 서로 떨어져 11자 모양이 되게 한다.

* 묘명묘태등명(妙明妙太燈明)이란 자등명 속에서 자등명을 움직이게 하는 것으로 자등명이 드러나도록 하는 것, 자등명의 폭발로 공의 성품이 드러나 허공이 있는 것과 같이 묘명묘태등명의 폭발로 자등명이 드러나 자등

명 세계가 있는 것과 같다. 공의 성품이 본성의 속성이고 자등명이 본성이라고 한 것과 같이 묘명묘태등명에서 보면 묘명묘태등명은 본성이고 자등명은 본성의 속성이라고 할 수 있을 것이다. 2014. 01. 11 17:39

근본(根本) 묘명묘태등명(妙明妙太燈明)에 이르도록 하는 묘태묘신수인

양손 1번째 손가락 2번째 마디 바깥쪽을 맞닿게 하여 맞닿은 부분으로 하여금 손톱부분이 V모양이 되게 하고,

양손 3번째 손가락은 지문부분을 맞닿게 하되 손톱부분이 맞닿아 一모양이 되게 한다.

이때 2. 4, 5번째 손가락은 서로 떨어져 같은 손가락끼리 11자 모양이 되게 한다. 2014. 01. 11 19:19

초근본 묘명묘태등명(妙明妙太燈明)에 이르도록 하는 묘태묘신수인

양손 1번째 손가락 2번째 마디 바깥쪽을 맞닿게 하여 맞닿은 부분으로 하여금 손톱부분이 V모양이 되게 하고,

양손 3, 4번째 손가락은 지문부분을 맞닿게 하되 손톱부분이 맞닿아 一모양이 되게 한다.

이때 2. 5번째 손가락은 서로 떨어져 같은 손가락끼리 11자 모양이 되게 한다. 2014. 01. 11 21:21

묘초근본 묘명묘태등명(妙明妙太燈明)에 이르도록 하는 묘태묘신수인

양손 1번째 손가락 2번째 마디 바깥쪽을 맞닿게 하여 맞닿은 부분으로 하여금 손톱부분이 V모양이 되게 하고,

양손 2번째 손가락은 지문부분을 맞닿게 하되 손톱부분이 맞닿아 ㅡ모양이 되게 한다.

이때 3. 4, 5번째 손가락은 서로 떨어져 같은 손가락끼리 11자 모양이 되게 한다. 2014. 01. 11 21:09

초묘근본 묘명묘태등명(妙明妙太燈明)에 이르도록 하는 묘태묘신수인

양손 1번째 손가락 2번째 마디 바깥쪽을 맞닿게 하여 맞닿은 부분으로 하여금 손톱부분이 V모양이 되게 하고,

양손 3, 4, 5번째 손가락은 지문부분을 맞닿게 하되 손톱부분이 맞닿아 ㅡ모양이 되게 한다.

이때 2번째 손가락은 서로 떨어져 같은 손가락끼리 11자 모양이 되게 한다. 2014. 01. 11 21:33

초묘태근본 묘명묘태등명에 이르도록 하는 묘태묘신수인

양손 1번째 손가락 2번째 마디 바깥쪽을 맞닿게 하여 맞닿은 부분으로 하여금 손톱부분이 V모양이 되게 하고,

양손 2, 3, 4, 5번째 손가락은 지문부분을 맞닿게 하되 손톱부분이 맞닿아 一모양이 되게 한다. 2014. 01. 11 21:38

태묘태초명 묘명최초 묘태등명(妙太燈明)에 이르도록 하는 묘태묘신수인

양손 1번째 손가락 2번째 마디 바깥쪽을 맞닿게 하여 맞닿은 부분으로 하여금 손톱부분이 V모양이 되게 하고,

양손 2, 3, 4번째 손가락 2번째 마디를 서로 맞닿게 붙이고

양손 5번째 손가락을 펴서 5번째 손가락 끝 지문이 맞닿게 붙인다. 2014. 01. 11 22:15

태묘태초명 최초묘명초 묘묘태등명 묘태묘수인

가볍게 주먹을 뒤고

양손 2번째와 5번째 손가락 끝 지문을 맞닿게 하고

양손 1번째 손가락 끝 지문을 2번째 손가락 끝 옆 부분에 붙이다. 2014. 01. 15 09:50

태묘태초명 최초태묘명초 묘묘태등명 묘태묘수인

가볍게 주먹을 뒤고

양손 5번째 손가락 끝 지문을 맞닿게 하고

양손 1번째 손가락 끝 손톱 옆 부분을 서로 붙이다

2014. 01. 15 09:52 5군단까지 올라온다.

태묘묘태묘초명 태묘최초묘태초묘명초 묘묘초묘묘태등명 묘태묘수인

가볍게 주먹을 뒤고

양손 5번째 손가락 끝 지문을 서로 맞닿게 하고

양손 1번째 손가락으로 2, 3번째 손가락 2번째 마디를 누르며

1번째 손가락 2번째 마디를 손톱부분까지 붙인다.

이때 2. 3. 4번째 손가락은 서로 붙어 있되 양손 2, 3, 4번째 손가락은 떨어져 있게 된다.

6군단까지 올라온다. 2014. 01. 15 09:55

육체 건강 수인(手印)

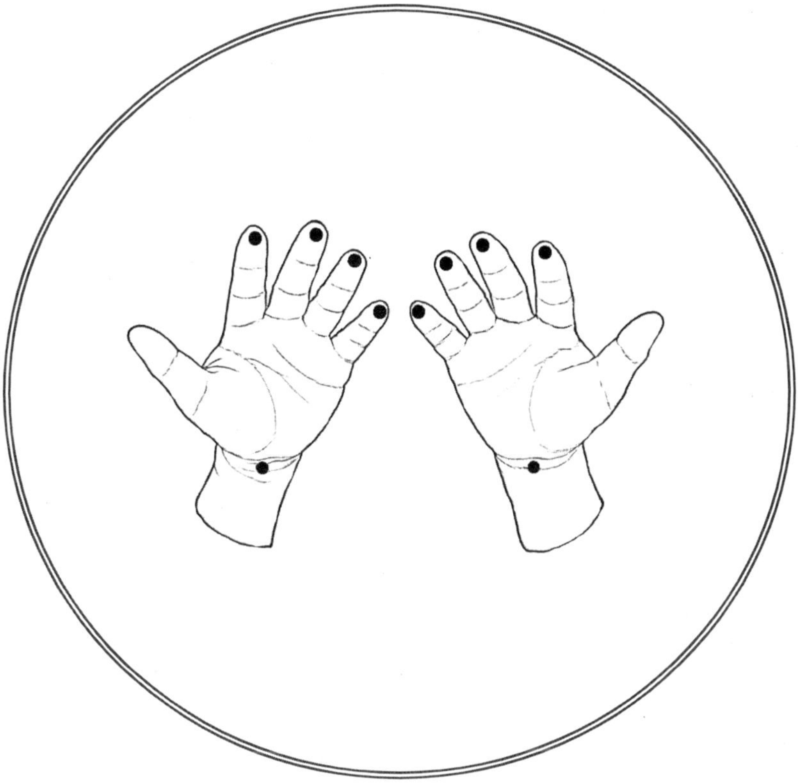

* 수인(手印)은 말 그래도 손으로 자극을 주어야 한다. 아래 눈에 필요한 수인의 자극점을 손톱으로 눌러주었을 때 100%의 효과를 볼 수 있지만 침이나 기타, 다른 것으로 자극을 했을 때는 20-30%의 효과를 볼 수 있다. 그런 만큼 필히 손가락 끝의 손톱으로 자극하기를 바란다.

1 눈에 관련된 수인

* 눈이 좋지 않을 경우 눈에 대한 수인을 처음에서부터 끝까지 모두 하는 것이 효과를 극대화시킨다.

근시인 사람의 경우

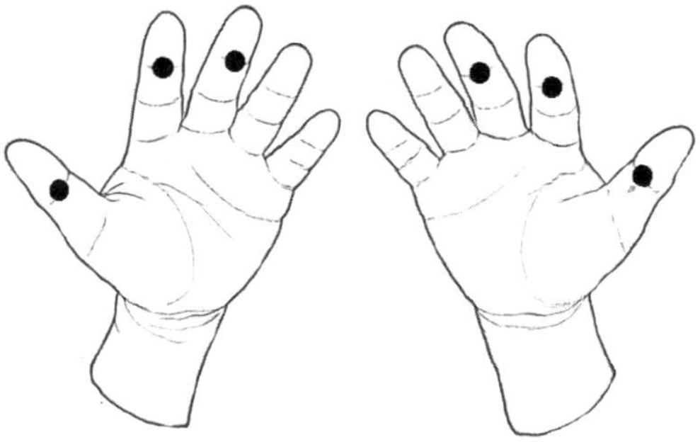

왼쪽 눈이 그럴 경우 왼쪽 손을 오른쪽 눈이 그럴 경우 오른쪽 손을 자극하고 양쪽이 다 그럴 경우 양쪽 손을 번갈아서 하면 된다.

왼쪽에 자극을 주고자 할 때는 왼쪽 손가락을 오른손가락 끝 손톱으로 자극점을 자극하면 된다.

즉 왼손 1번째 손가락 2번째 마디 시작부분과 2번째 손가락 3번째 마디 시작부분, 3번째 손가락 3번째 마디 시작부분을 오른손가락 1번째, 2번째, 3번째 손가락 끝 손톱으로 눌러서 자극하면 되고, 오른쪽에 자극을 주고자 할 때 역시도

반대로 왼손가락 끝 손톱으로 오른손가락 자극점을 눌러서 자극하면 된다.

난시인 사람의 경우

왼쪽 눈이 그럴 경우 왼쪽 손을 오른쪽 눈이 그럴 경우 오른쪽 손을 자극하고 양쪽이 다 그럴 경우 양쪽 손을 번갈아서 하면

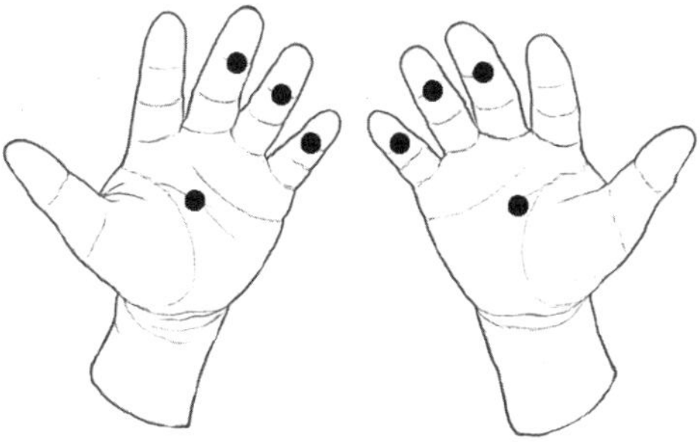

된다.
왼쪽에 자극을 주고자 할 때는 왼쪽 손가락을 오른손가락 끝 손톱으로 자극점을 자극하면 된다.
즉 장심, 왼손 3번째 손가락 3번째 마디 시작부분과 4번째 손가락 3번째 마디 시작부분, 5번째 손가락 3번째 마디 시작부분을 오른손가락 1번째, 2번째, 3번째. 4번째 손가락 끝 손톱으로 눌러서 순서대로 자극하면 되고, 오른쪽에 자극을 주고자 할 때 역시도 반대로 왼손가락 끝 손톱으로 오른손가락 자극점을 눌러서 자극하면 된다.

노안으로 눈이 좋지 않은 사람의 경우

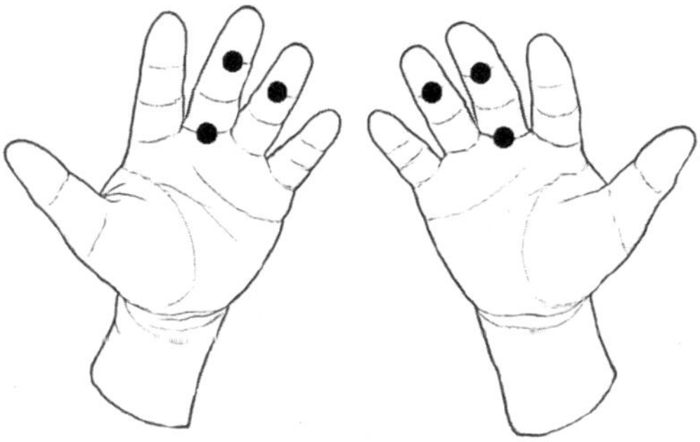

왼쪽 눈이 그럴 경우 왼쪽 손을 오른쪽 눈이 그럴 경우 오른쪽 손을 자극하고 양쪽이 다 그럴 경우 양쪽 손을 번갈아서 하면 된다.
왼쪽에 자극을 주고자 할 때는 왼쪽 손가락을 오른손가락 끝 손톱으로 자극점을 자극하면 된다.
즉 왼손 3번째 손가락 1번째 마디 시작부분, 3번째 손가락 3번째 마디 시작부분, 4번째 손가락 3번째 마디 시작부분을 오른손가락 1번째, 3번째, 4번째 손가락 끝 손톱으로 눌러서 순서대로 자극하면 되고, 오른쪽에 자극을 주고자 할 때 역시도
반대로 왼손가락 끝 손톱으로 오른손가락 자극점을 눌러서 자극하면 된다.

녹내장이 있는 경우

왼쪽 눈이 그럴 경우 왼쪽 손을 오른쪽 눈이 그럴 경우 오른쪽 손을 자극하고 양쪽이 다 그럴 경우 양쪽 손을 번갈아서 하면 된다.

왼쪽에 자극을 주고자 할 때는 왼쪽 손가락을 오른손가락 끝 손톱으로 자극점을 자극하면 된다.

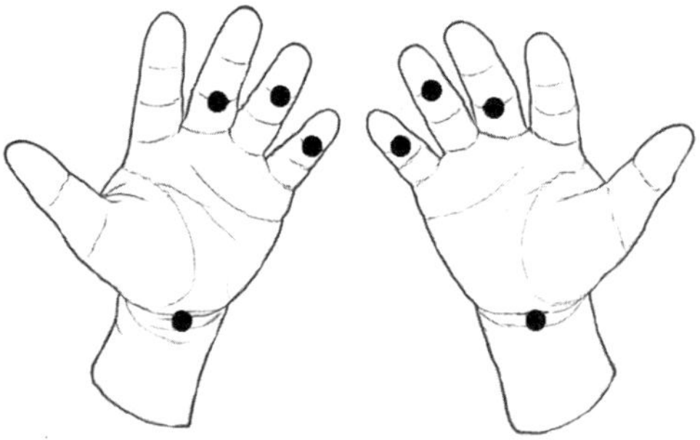

즉 왼손 손목, 3번째 손가락 2번째 마디 시작부분과 4번째 손가락 3번째 마디 시작부분, 5번째 손가락 3번째 마디 시작부분을 오른손가락 1번째, 2번째, 3번째, 4번째 손가락 끝 손톱으로 눌러서 자극하면 되고, 오른쪽에 자극을 주고자 할 때 역시도 반대로 왼손가락 끝 손톱으로 오른손가락 자극점을 눌러서 자극하면 된다.

눈물샘이 막혀서 눈이 건조한 사람의 경우

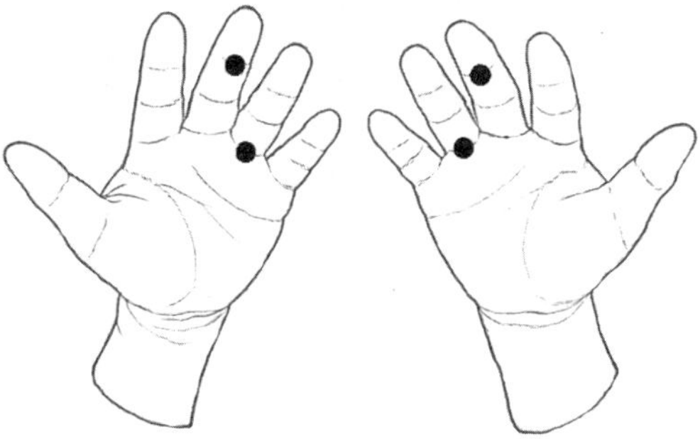

왼쪽 눈이 그럴 경우 왼쪽 손을 오른쪽 눈이 그럴 경우 오른쪽 손을 자극하고 양쪽이 다 그럴 경우 양쪽 손을 번갈아서 하면 된다.

왼쪽에 자극을 주고자 할 때는 왼쪽 손가락을 오른손가락 끝 손톱으로 자극점을 자극하면 된다.

즉 왼손 4번째 손가락 1번째 마디 시작부분, 3번째 손가락 3번째 마디 시작부분을 오른손가락 1번째, 3번째 손가락 끝 손톱으로 눌러서 순서대로 자극하면 되고, 오른쪽에 자극을 주고자 할 때 역시도 반대로 왼손가락 끝 손톱으로 오른손가락 자극점을 눌러서 자극하면 된다.

눈이 쑤시고 아플 때

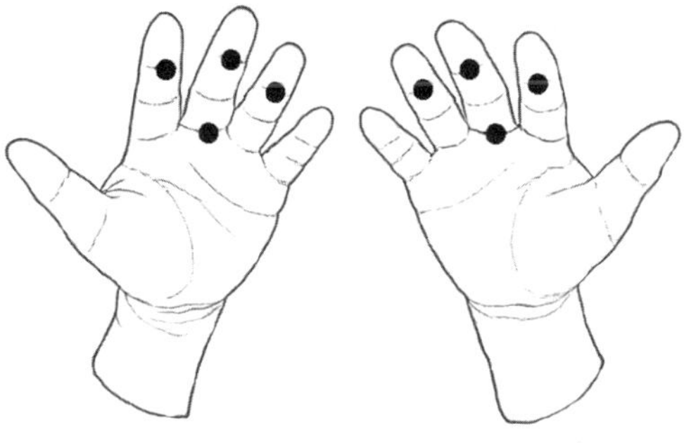

왼쪽 눈이 그럴 경우 왼쪽 손을 오른쪽 눈이 그럴 경우 오른쪽 손을 자극하고 양쪽이 다 그럴 경우 양쪽 손을 번갈아서 하면 된다.

왼쪽에 자극을 주고자

할 때는 왼쪽 손가락을 오른손가락 끝 손톱으로 자극점을 자극하면 된다.

즉 왼손 3번째 손가락 1번째 마디 시작부분, 2번째 손가락 3번째 마디 시작부분, 3번째 손가락 3번째 마디 시작부분, 4번째 손가락 3번째 마디 시작부분을 오른손가락 1번째, 2번째, 3번째. 4번째 손가락 끝 손톱으로 눌러서 순서대로 자극하면 되고, 오른쪽에 자극을 주고자 할 때 역시도 반대로 왼손가락 끝 손톱으로 오른손가락 자극점을 눌러서 자극하면 된다.

눈이 가려울 때

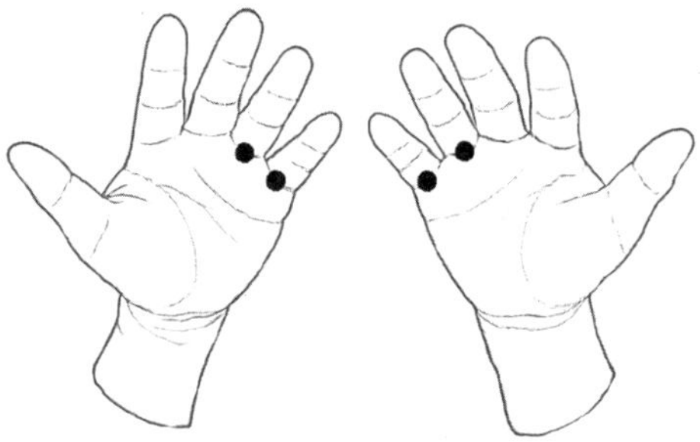

왼쪽 눈이 그럴 경우 왼쪽 손을, 오른쪽 눈이 그럴 경우 오른쪽 손을 자극하고

양쪽이 다 그럴 경우 양쪽 손을 번갈아서 하면 된다.

왼쪽에 자극을 주고자 할 때는 왼쪽 손가락을 오른손가락 끝 손톱으로 자극점을 자극하면 된다.

즉 왼손 4번째 손가락 1번째 마디 시작부분, 5번째 손가락 1번째 마디 시작부분을 오른손가락 4번째, 5번째 손가락 끝 손톱으로 눌러서 자극하면 되고,

오른쪽에 자극을 주고자 할 때 역시도 반대로 왼손가락 끝 손톱으로 오른손가락 자극점을 눌러서 자극하면 된다.

백내장이 있는 경우

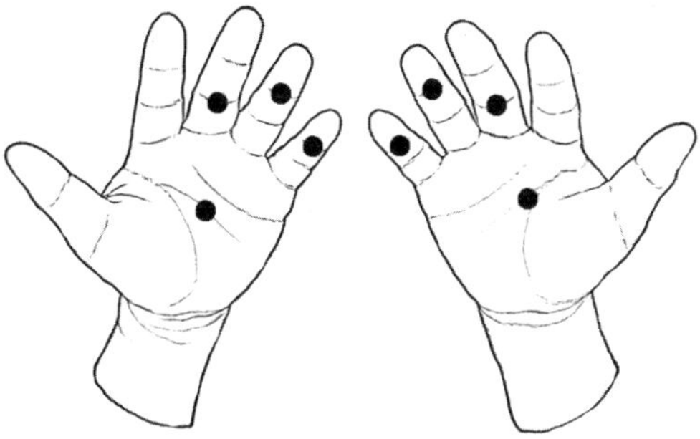

왼쪽 눈이 그럴 경우 왼쪽 손을, 오른쪽 눈이 그럴 경우 오른쪽 손을 자극하고

양쪽이 다 그럴 경우 양쪽 손을 번갈아서 하면 된다.

왼쪽에 자극을 주고자 할 때는 왼쪽 손가락을 오른손가락 끝 손톱으로 자극점을 자극하면 된다.

즉 왼손 장심, 3번째 손가락 2번째 마디 시작부분과 4번째 손가락 3번째 마디 시작부분, 5번째 손가락 3번째 마디 시작부분을 오른손가락 1번째, 2번째, 3번째, 4번째 손가락 끝 손톱으로 눌러서 자극하면 되고, 오른쪽에 자극을 주고자 할 때 역시도 반대로 왼손가락 끝 손톱으로 오른손가락 자극점을 눌러서 자극하면 된다.

영적 장애로 인하여 눈이 잘 보이지 않는 경우

왼쪽 눈이 그럴 경우 왼쪽 손을, 오른쪽 눈이 그럴 경우 오른쪽 손을 자극하고 양쪽이 다 그럴 경우 양쪽 손을 번갈아서 하면 된다.

왼쪽에 자극을 주고자 할 때는 왼쪽 손가락을 오른손가락 끝 손톱으로 자극점을 자극하면 된다.

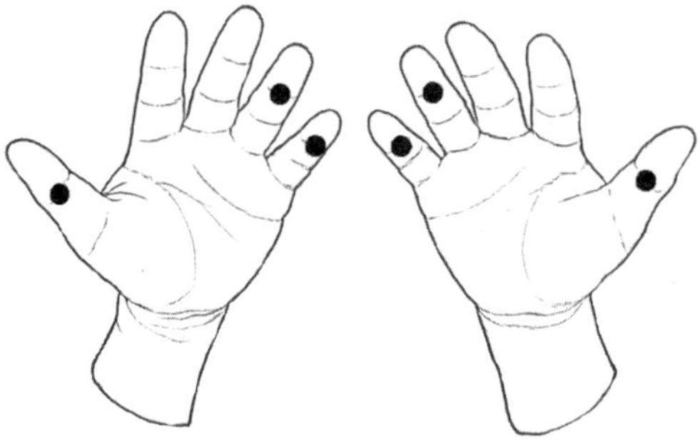

즉 왼손 1번째 손가락 2번째 마디가 시작되는 부분, 4번째 손가락 3번째 마디 시작부분, 5번째 손가락 3번째 마디 시작부분을 오른손가락 1번째, 3번째, 4번째 손가락 끝 손톱으로 눌러서 자극하면 되고, 오른쪽에 자극을 주고자 할 때 역시도 반대로 왼손가락 끝 손톱으로 오른손가락 자극점을 눌러서 자극하면 된다.

황달이 있는 경우

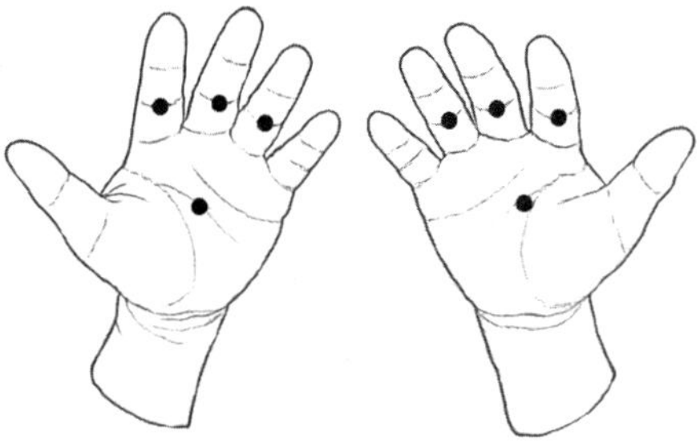

왼쪽 눈이 그럴 경우 왼쪽 손을, 오른쪽 눈이 그럴 경우 오른쪽 손을 자극하고 양쪽이 다 그럴 경우 양쪽 손을 번갈아서 하면 된다.

왼쪽에 자극을 주고자 할 때는 왼쪽 손가락을 오른손가락 끝 손톱으로 자극점을 자극하면 된다.

즉 왼손 장심, 2번째 손가락 2번째 마디 시작부분과 3번째 손가락 2번째 마디 시작부분, 4번째 손가락 2번째 마디 시작부분을 오른손가락 1번째, 2번째, 3번째, 4번째 손가락 끝 손톱으로 눌러서 자극하면 되고,오른쪽에 자극을 주고자 할 때 역시도

반대로 왼손가락 끝 손톱으로 오른손가락 자극점을 눌러서 자극하면 된다. 2013. 04. 22

2 당뇨와 췌장에 관련된 수인

* 당이 높거나 취장이 좋지 않을 경우 처음에서부터 끝까지 하는 것이 효과를 극대화시킨다.

당의 수치가 높을 경우

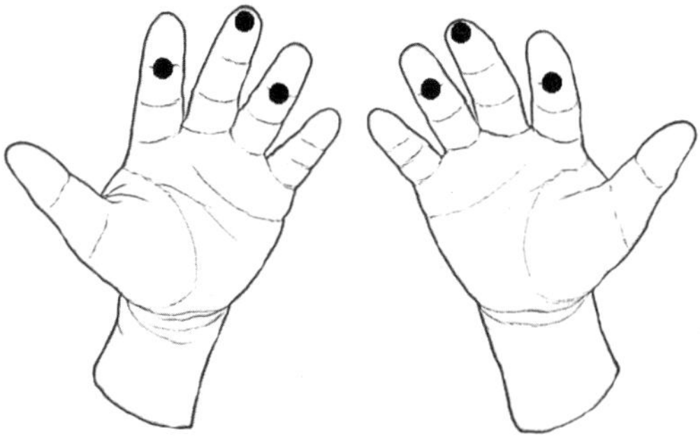

왼쪽 눈이 그럴 경우 왼쪽 손을, 오른쪽 눈이 그럴 경우 오른쪽 손을 자극하고 양쪽이 다 그럴 경우 양쪽 손을 번갈아서 하면 된다.

왼쪽에 자극을 주고자 할 때는 왼쪽 손가락을 오른손가락 끝 손톱으로 자극점을 자극하면 된다.

즉 왼손 2번째 손가락 3번째 마디 시작부분과 3번째 손가락 끝 지문 있는 곳, 손톱 밑에서 4-5mm 부분, 4번째 손가락 3번째 마디 시작부분을 오른손가락 2번째, 3번째, 4번째 손가락 끝 손톱으로 눌러서 자극하면 되고, 오른쪽에 자극을 주고자 할 때 역시도 반대로 왼손가락 끝 손톱으로 오른손가락 자극점을 눌러서 자극하면 된다.

당뇨가 있거나 취장(췌장)이 좋지 않은 경우(1)

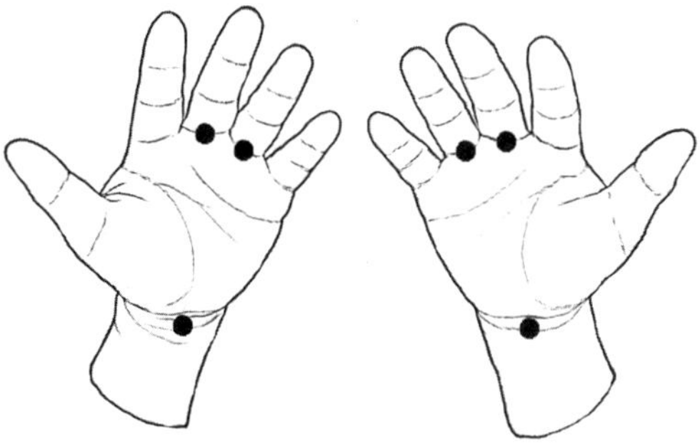

왼쪽 눈이 그럴 경우 왼쪽 손을, 오른쪽 눈이 그럴 경우 오른쪽 손을 자극하고 양쪽이 다 그럴 경우 양쪽 손을 번갈아서 하면 된다.

왼쪽에 자극을 주고자 할 때는 왼쪽 손가락을 오른손가락 끝 손톱으로 자극점을 자극하면 된다.

즉 왼손 손목부분, 3번째 손가락 1번째 마디 시작부분, 4번째 손가락 1번째 마디 시작부분을 오른손가락 1번째, 3번째, 4번째 손가락 끝 손톱으로 눌러서 자극하면 되고, 오른쪽에 자극을 주고자 할 때 역시도 반대로 왼손가락 끝 손톱으로 오른손가락 자극점을 눌러서 자극하면 된다.

당뇨가 있거나 취장(췌장)이 좋지 않은 경우(2)

왼쪽 눈이 그럴 경우 왼쪽 손을, 오른쪽 눈이 그럴 경우 오른쪽 손을 자극하고 양쪽이 다 그럴 경우 양쪽 손을 번갈아서 하면 된다.

왼쪽에 자극을 주고자 할 때는 왼쪽 손가락을 오른손가락 끝 손톱으로 자극점을 자극하면 된다.

즉 왼손 손목부분, 2번째 손가락 1번째 마디 시작부분, 3번째 손가락 1번째 마디 시작부분, 4번째 손가락 1번째 마디 시작부분을 오른손가락 1번째, 2번째, 3번째, 4번째 손가락 끝 손톱으로 눌러서 자극하면 되고, 오른쪽에 자극을 주고자 할 때 역시도 반대로 왼손가락 끝 손톱으로 오른손가락 자극점을 눌러서 자극하면 된다.

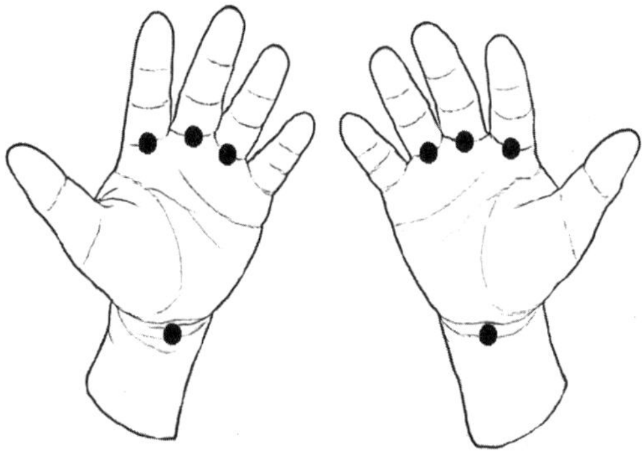

당뇨가 있거나 취장(췌장)이 좋지 않은 경우(3)

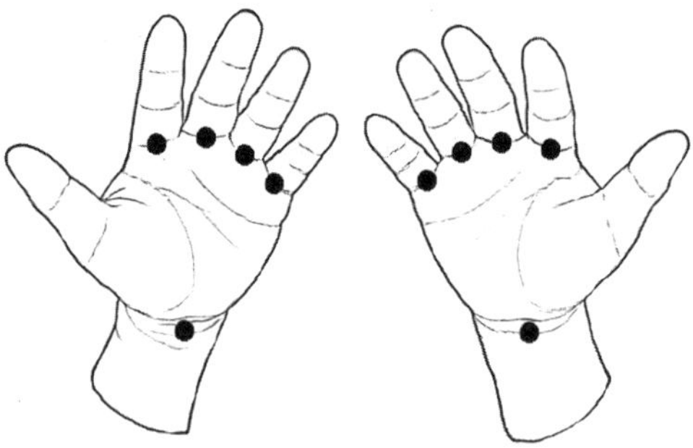

왼쪽 눈이 그럴 경우 왼쪽 손을 오른쪽 눈이 그럴 경우 오른쪽 손을 자극하고 양쪽이 다 그럴 경우 양쪽 손을 번갈아서 하면 된다.

왼쪽에 자극을 주고자 할 때는 왼쪽 손가락을 오른손가락 끝 손톱으로 자극점을 자극하면 된다.

즉 왼손 1번째 손가락 1번째 마디 시작 부분, 2번째 손가락 1번째 마디 시작부분, 3번째 손가락 1번째 마디 시작부분, 4번째 손가락 1번째 마디 시작부분, 5번째 손가락 1번째 마디 시작부분을 오른손가락 1번째, 2번째, 3번째, 4번째, 5번째 손가락 끝 손톱으로 눌러서 자극하면 되고, 오른쪽에 자극을 주고자 할 때 역시도 반대로 왼손가락 끝 손톱으로 오른손가락 자극점을 눌러서 자극하면 된다.

당뇨가 있거나 취장(췌장)이 좋지 않은 경우(4)

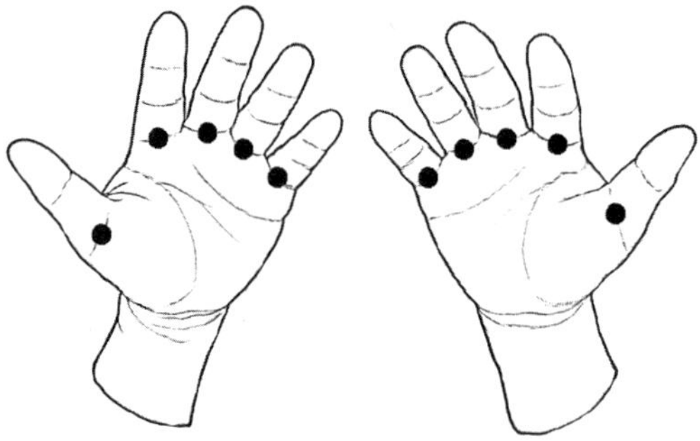

왼쪽 눈이 그럴 경우 왼쪽 손을 오른쪽 눈이 그럴 경우 오른쪽 손을 자극하고 양쪽이 다 그럴 경우 양쪽 손을 번갈아서 하면 된다.

왼쪽에 자극을 주고자 할 때는 왼쪽 손가락을 오른손가락 끝 손톱으로 자극점을 자극하면 된다.

즉 왼손 1번째 손가락 1번째 마디 시작부분, 2번째 손가락 1번째 마디 시작부분, 3번째 손가락 1번째 마디 시작부분, 4번째 손가락 1번째 마디 시작부분, 5번째 손가락 1번째 마디 시작부분을 오른손가락 1번째, 2번째, 3번째, 4번째, 5번째 손가락 끝 손톱으로 눌러서 자극하면 되고, 오른쪽에 자극을 주고자 할 때 역시도 반대로 왼손가락 끝 손톱으로 오른손가락 자극점을 눌러서 자극하면 된다.

당뇨가 있거나 취장(췌장)이 좋지 않은 경우(5)

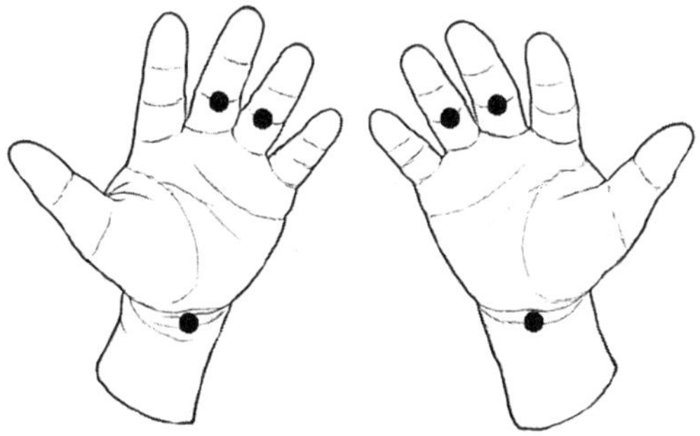

왼쪽 눈이 그럴 경우 왼쪽 손을 오른쪽 눈이 그럴 경우 오른쪽 손을 자극하고 양쪽이 다 그럴 경우 양쪽 손을 번갈아서 하면 된다.

왼쪽에 자극을 주고자 할 때는 왼쪽 손가락을 오른손가락 끝 손톱으로 자극점을 자극하면 된다.

즉 왼손 손목부분, 3번째 손가락 2번째 마디 시작부분, 4번째 손가락 2번째 마디 시작부분을 오른손가락 1번째, 3번째, 4번째 손가락 끝 손톱으로 눌러서 자극하면 되고, 오른쪽에 자극을 주고자 할 때 역시도 반대로 왼손가락 끝 손톱으로 오른손가락 자극점을 눌러서 자극하면 된다.

당뇨가 있거나 취장(췌장)이 좋지 않은 경우(6)

왼쪽 눈이 그럴 경우 왼쪽 손을 오른쪽 눈이 그럴 경우 오른쪽 손을 자극하고

양쪽이 다 그럴 경우 양쪽 손을 번갈아서 하면 된다.

왼쪽에 자극을 주고자 할 때는 왼쪽 손가락을 오른손가락 끝 손톱으로 자극점을 자극하면 된다.

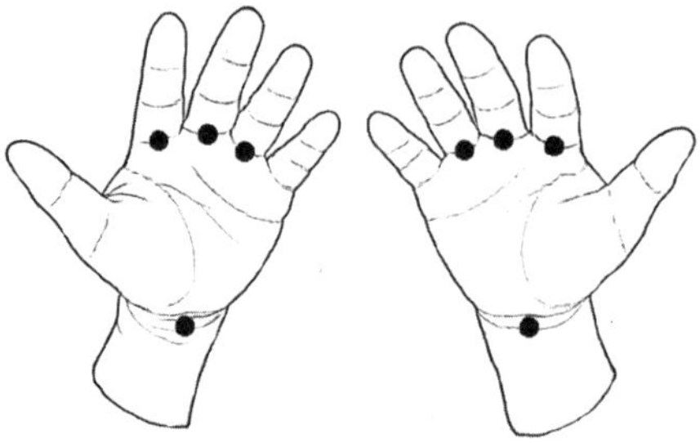

즉 왼손 손목부분, 2번째 손가락 2번째 마디 시작부분, 3번째 손가락 2번째 마디 시작부분, 4번째 손가락 2번째 마디 시작부분을 오른손가락 1번째, 2번째, 3번째, 4번째 손가락 끝 손톱으로 눌러서 자극하면 되고, 오른쪽에 자극을 주고자 할 때 역시도 반대로 왼손가락 끝 손톱으로 오른손가락 자극점을 눌러서 자극하면 된다.

당뇨가 있거나 취장(췌장)이 좋지 않은 경우(7)

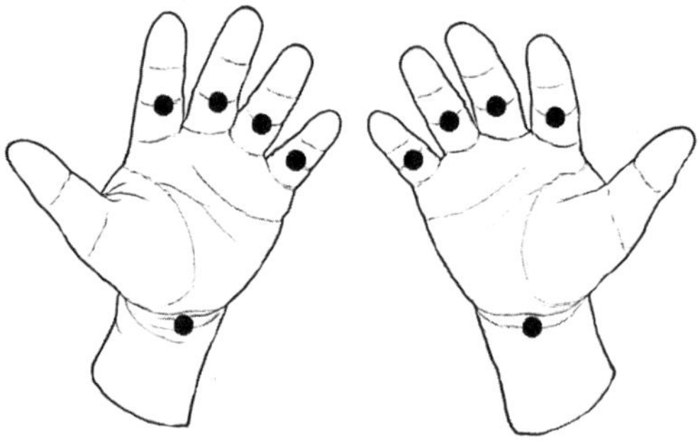

왼쪽 눈이 그럴 경우 왼쪽 손을 오른쪽 눈이 그럴 경우 오른쪽 손을 자극하고 양쪽이 다 그럴 경우 양쪽 손을 번갈아서 하면 된다.

왼쪽에 자극을 주고자 할 때는 왼쪽 손가락을 오른손가락 끝 손톱으로 자극점을 자극하면 된다.

즉 왼손 손목부분, 2번째 손가락 2번째 마디 시작부분, 3번째 손가락 2번째 마디 시작부분, 4번째 손가락 2번째 마디 시작부분, 5번째 손가락 2번째 마디 시작부분을 오른손가락 1번째, 2번째, 3번째, 4번째, 5번째 손가락 끝 손톱으로 눌러서 자극하면 되고, 오른쪽에 자극을 주고자 할 때 역시도 반대로 왼손가락 끝 손톱으로 오른손가락 자극점을 눌러서 자극하면 된다.

인슐린이 많이 나오게 하고자 할 때

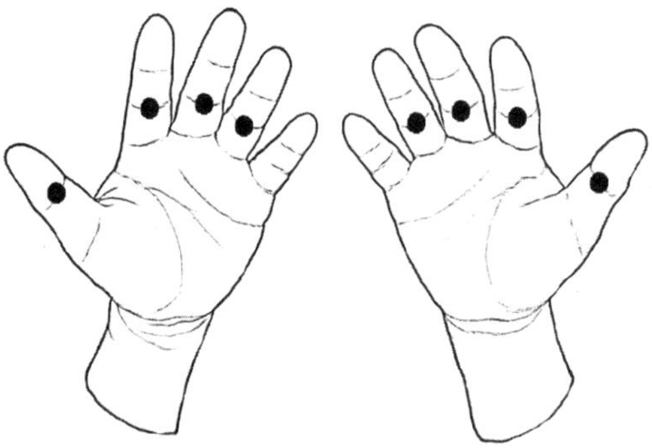

왼쪽 눈이 그럴 경우 왼쪽 손을 오른쪽 눈이 그럴 경우 오른쪽 손을 자극하고 양쪽이 다 그럴 경우 양쪽 손을 번갈아서 하면 된다.

왼쪽에 자극을 주고자 할 때는 왼쪽 손가락을 오른손가락 끝 손톱으로 자극점을 자극하면 된다.

즉 왼손 1번째 손가락 2번째 마디 시작 부분, 2번째 손가락 2번째 마디 시작부분, 3번째 손가락 2번째 마디 시작부분, 4번째 손가락 2번째 마디 시작부분, 오른손가락 1번째, 2번째, 3번째, 4번째 손가락 끝 손톱으로 눌러서 자극하면 되고, 오른쪽에 자극을 주고자 할 때 역시도 반대로 왼손가락 끝 손톱으로 오른손가락 자극점을 눌러서 자극하면 된다.

취장(췌장)이 좋지 않은 경우

왼쪽 눈이 그럴 경우 왼쪽 손을 오른쪽 눈이 그럴 경우 오른쪽 손을 자극하고 양쪽이 다 그럴 경우 양쪽 손을 번갈아서 하면 된다.

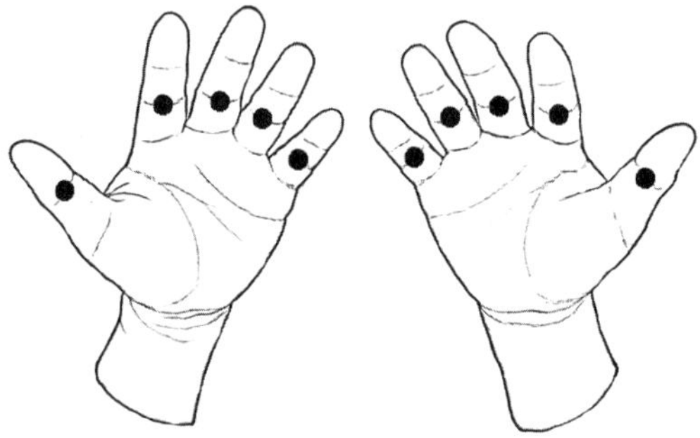

왼쪽에 자극을 주고자 할 때는 왼쪽 손가락을 오른손가락 끝 손톱으로 자극점을 자극하면 된다.

즉 왼손 1번째 손가락 2번째 마디 시작부분, 2번째 손가락 2번째 마디 시작부분, 3번째 손가락 2번째 마디 시작부분, 4번째 손가락 2번째 마디 시작부분, 5번째 손가락 2번째 마디 시작부분을 오른손가락 1번째, 2번째, 3번째, 4번째, 5번째 손가락 끝 손톱으로 눌러서 자극하면 되고, 오른쪽에 자극을 주고자 할 때 역시도 반대로 왼손가락 끝 손톱으로 오른손가락 자극점을 눌러서 자극하면 된다.

2013. 04. 23

3 질병(疾病) 치유(治癒)를 위한 수인

고혈압이 있는 경우

* 일반인이 해도 효과가 있는 듯싶다.

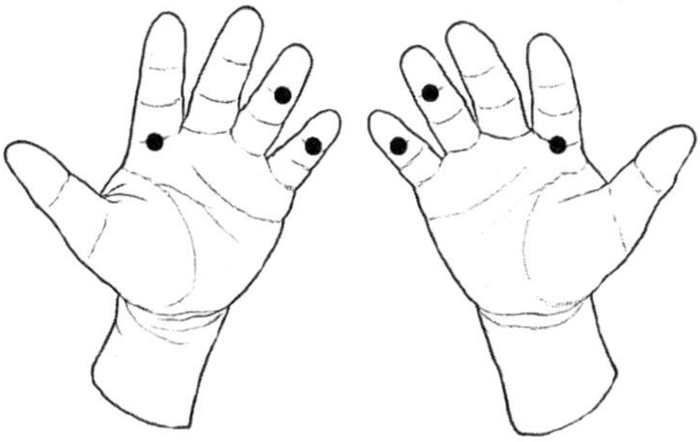

2번째 손가락 1번째 마디 시작 부분, 4번째 손가락 3번째 마디 시작되는 부눈, 5번째 손가락 3번째 마디를 2번째, 3번째, 4번째 손가락 끝 손톱으로 자주 눌러 주면 된다.

감기 걸렸을 때

왼쪽 1과4번째 손가락 오링하고 오른쪽 1과 4번째 손가락 오링하고 연결하고 오링한 손가락 오른쪽 1번째가 위로 올라오도록 연결한다.
왼쪽 3번째 손가락과 오른쪽 3번째 손가락 끝이 맞닿게 하고 왼쪽 5째 손가락과 오른쪽 5번째 손가락 끝이 맞닿게 하는 하고, 왼쪽 2번째 오른쪽 2번째 손가락은 11자가 되도록 하는 수인이다.

다리 당김

다리가 당기거나 아플 때 좋아지도록 하는 수인

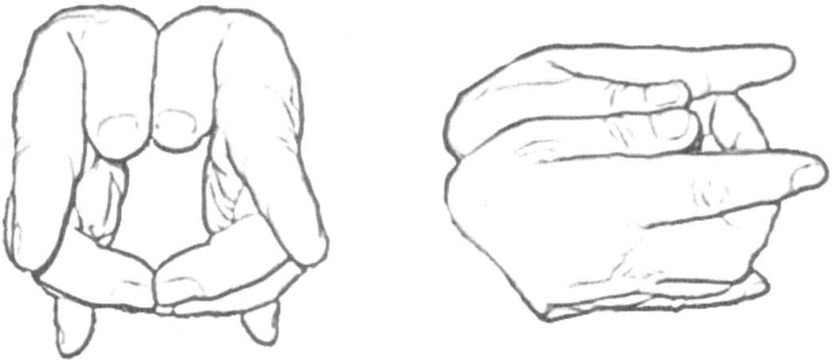

양 손바닥을 곱게 쭉 펴고 붙인다.
그리고 1번째 손가락은 서로 옆면이 닿도록 하고
오른손 왼손 3번째와 4번째 손가락 끝이 맞닿게 한다.

이와 같이 하게 되면
오른쪽 왼쪽 1번째 손가락 옆면은 서로 붙게 되고
오른쪽 왼쪽 2번째 손가락은 앞으로 향하여 나란히 있게 되고
오른쪽 왼쪽 3번째 4번째 손가락 끝이 맞닿게 되고
오른쪽 왼쪽 5번째 손가락은 앞으로 향하여 나란히 있게 된다.
2012. 11. 10 11:24

다크써클이 많은 경우

왼쪽 눈이 그럴 경우 왼쪽 손을 오른쪽 눈이 그럴 경우 오른쪽 손을 자극하고

양쪽이 다 그럴 경우 양쪽 손을 번갈아서 하면 된다.

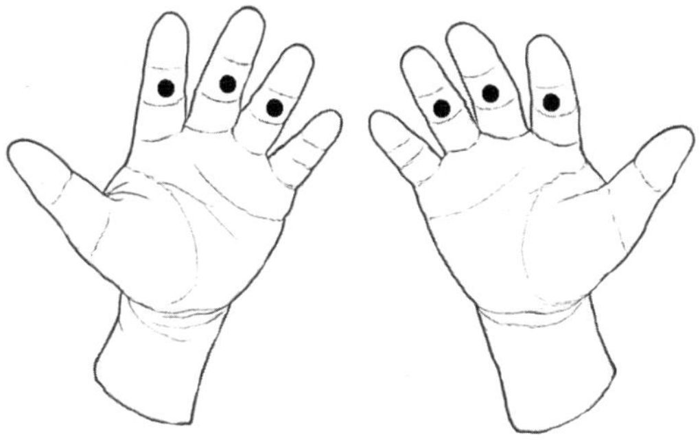

왼쪽에 자극을 주고자 할 때는 왼쪽 손가락을 오른손가락 끝 손톱으로 두드리면 된다.

즉 왼손 2번째 손가락 2번째 마디, 3번째 손가락 2번째 마디, 4번째 손가락 2번째 마디를 오른손가락 2번째, 3번째, 4번째 손가락 끝 손톱으로 두드리면 된다.

오른쪽에 자극을 주고자 할 때 역시도 반대로 왼손가락 끝 손톱으로 오른손가락 자극점을 눌러서 자극하면 된다.

성장호르몬 활성화 수인법

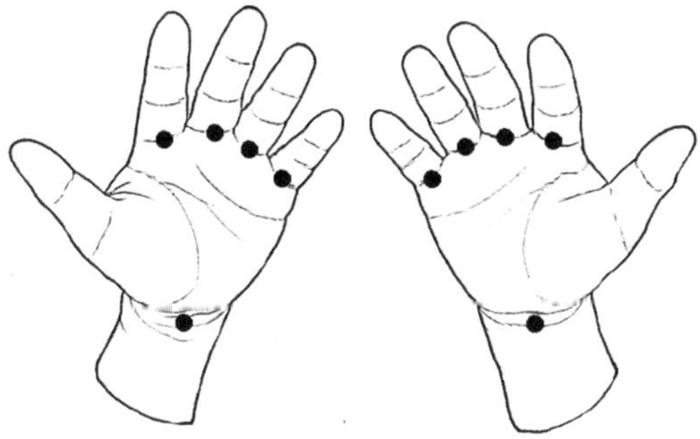

어린 아이들이 성장이 느리거나, 성장호르몬 분비가 원만하지 않을 경우 왼손 오른손 자극점을 번갈아 자극해서 성장호르몬이 원만하게 분비되도록 한다,

왼손바닥을 자극할 경우 오른손 1, 2, 3, 4, 5번째 손가락 끝으로 눌러주고 오른손바닥을 자극할 때는 반대로 왼손가락 끝을 눌러주면 된다.

몸에 어혈이 있는 경우

* 일반인도 효과가 있는 것 같다.

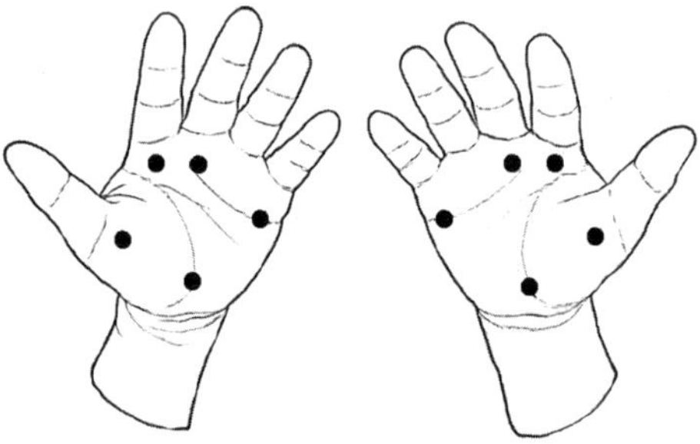

이 부분은 말로 표현하기가 어렵다. 그림을 보고 그림의 자극점을 자극하면 된다.

손목 위쪽을 1번째로 해서, 2, 3, 4, 5번째 손가락 끝 손톱으로 눌러주면 된다.

시간 있을 때마다 양손바닥을 번갈아 눌러주면 어혈이 풀리는 것 아닌가 싶다.

몸이 차가울 때

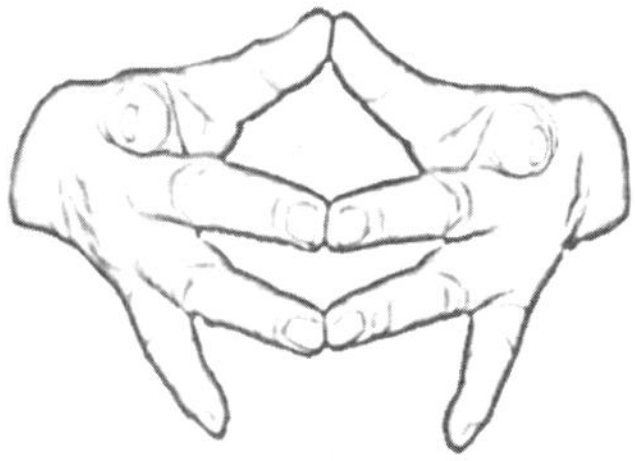

* 자궁이 안 좋아 몸이 차가운 사람에게 도움이 되는 수인

왼쪽 1번째 손가락과 오른쪽 1번째 손가락 끝이 맞닿게 하고, 왼쪽 3번째 손가락과 오른쪽 3번째 손가락 끝이 맞닿게 하고, 왼쪽 4번째 손가락과 오른쪽 4번째 손가락 끝이 맞닿게 하는 수인이다.

무정자인 경우

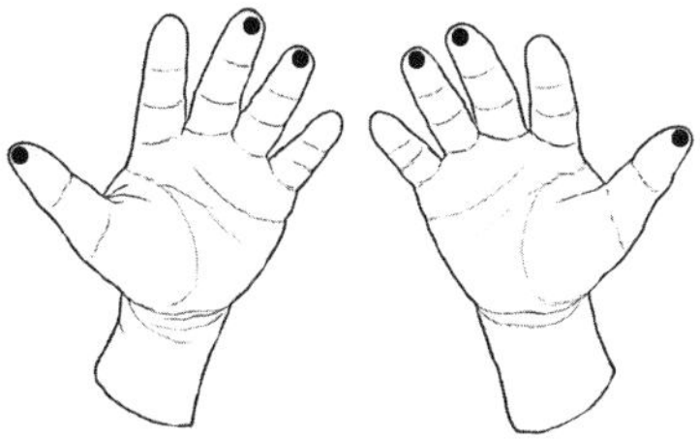

왼쪽 오른쪽 손 1, 3, 4번째 손가락 끝을 서로 맞닿게 한다.

(이 수인은 명신이 열려 있는 사람으로 무정자인 경우 6개월 정도 꾸준히 하면 정자가 생겨나게 되지만, 백회가 열려거나 일반인의 경우에는 이 수인을 해도 정자가 생겨나지 않는 듯싶다.)

비염이 있는 경우

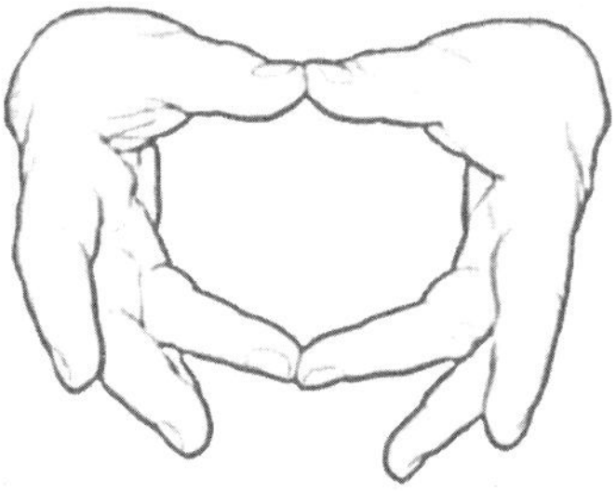

왼쪽 1번째 손가락과 오른쪽 1번째 손가락 끝이 맞닿게 하고
왼쪽 3번째 손가락과 오른쪽 4번째 손가락 끝이 맞닿게 하는 수인이다.

배에 가스가 차고 속이 더부룩할 때

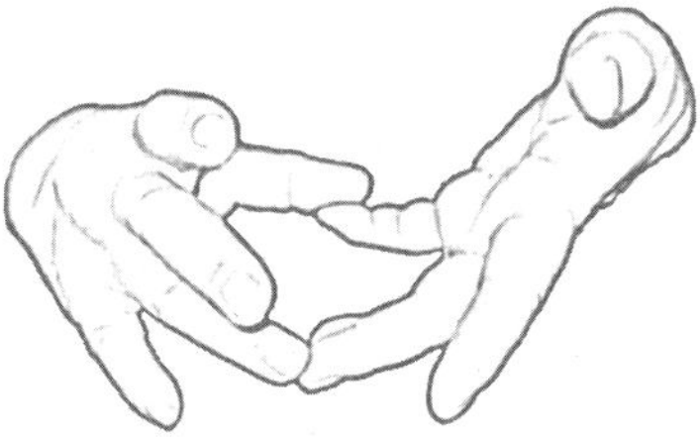

양손바닥을 자연스럽게 펴고
오른쪽 손가락 1번째와 왼손 5번째 손가락 끝이 맞닿게 하고
오른쪽 4번째 손가락과 왼손 3번째 손가락 끝이 맞닿게 하고 있으면 된다.

변비

* 응가가 마려워서 변기에 앉았는데, 잘 보지 못할 때 도움이 되는 수인

손바닥을 자연스럽게 펴고

왼쪽 3번째 손가락과 오른쪽 2번째 손가락 끝이 맞닿게 하고

왼쪽 5번째와 오른쪽 4번째 손가락이 맞닿게 한다.

변비해소에 도움이 되는 수인

손바닥을 자연스럽게 펴고 왼쪽 2번째 손가락 끝과 오른쪽 2번째 손가락 끝이 맞닿게 한다.

그리고 왼쪽 오른쪽 맞닿은 손가락 끝을 서로 밀어준다.

이때 1. 3 4. 5번째 손가락을 가볍게 주먹을 쥔 것과 같이 해준다.

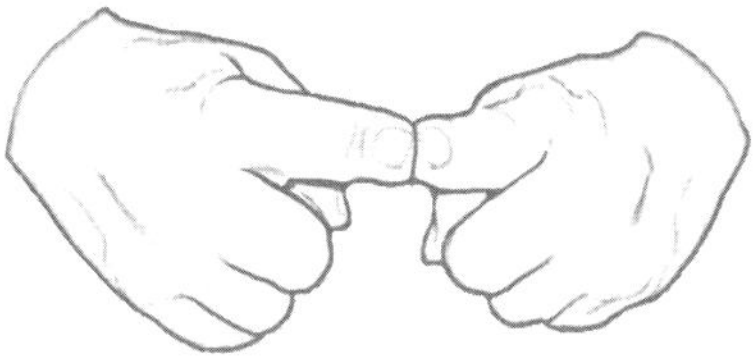

손바닥을 펴지 않고 주먹을 쥐고 오른쪽 왼쪽 2번째 손가락을 펴서 손가락 끝이 맞닿게 해서 밀어주면 된다.

임신에 도움이 되는 수인

* 초잉태(初孕胎) 수인(手印)

왼쪽 1번째 손가락과 오른쪽 1번째 손가락 끝이 맞닿게 하고
왼쪽 4번째 손가락과 오른쪽 4번째 손가락 끝이 맞닿게 하고
왼쪽 5번째 손가락과 오른쪽 5번째 손가락 끝이 맞닿게 하는 수인이다.

임신, 혜태잉태(慧太孕胎) 수인(手印)

* 훌륭한 아이를 갖도록 하는데 도움이 되는 수인

왼쪽 1번째 손가락과 오른쪽 1번째 손가락 끝이 맞닿게 하고
왼쪽 3번째 손가락과 오른쪽 3번째 손가락 끝이 맞닿게 하고

왼쪽 4번째 손가락과 오른쪽 4번째 손가락 끝이 맞닿게 하고
왼쪽 5번째 손가락과 오른쪽 5번째 손가락 끝이 맞닿게 하는 수인이다.

임신, 영혼태화태초영혼잉태(靈魂太化 太初靈魂 孕胎) 수인

* 영적으로 뛰어난 아이를 갖도록 하는데 도움이 되는 수인

왼쪽 1번째 손가락과 오른쪽 1번째 손가락 끝이 맞닿게 하고
왼쪽 2번째 손가락과 오른쪽 2번째 손가락 끝이 맞닿게 하고

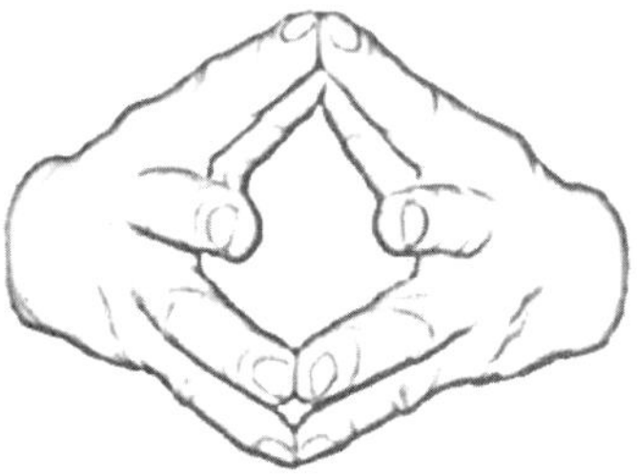

왼쪽 4번째 손가락과 오른쪽 4번째 손가락 끝이 맞닿게 하고
왼쪽 5번째 손가락과 오른쪽 5번째 손가락 끝이 맞닿게 하는 수인이다. 2012. 12. 5

소화불량. 소화가 잘 되지 않을 때

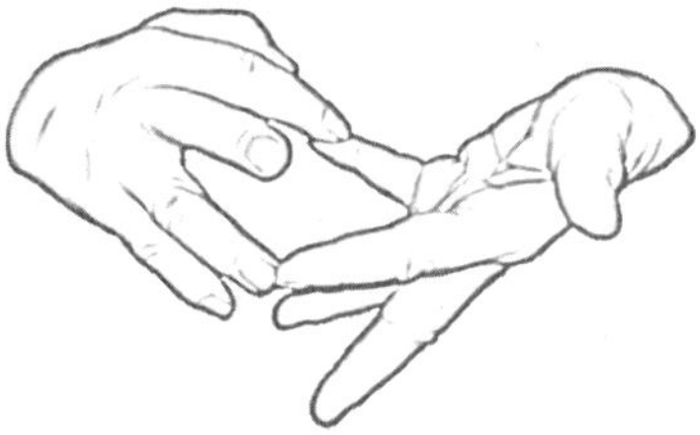

왼쪽 2번째 손가락과 오른쪽 4번째 손가락 끝이 맞닿게 하고
왼쪽 5번째 손가락과 오른쪽 4번째 손가락 끝이 맞닿게 하는 수인이다.

우울증이 있는 경우

* 일반인도 효과가 있는 것 같다.

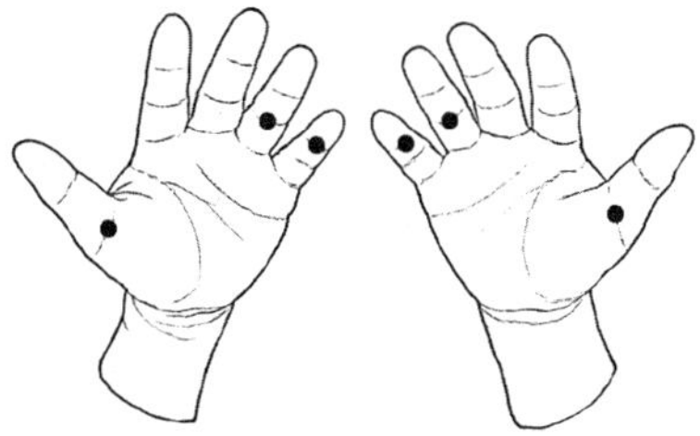

1번째 손가락 1번째 마디 시작부분, 4번째 손가락 2번째 마디 시작부분, 5번째 손가락 3번째 마디 시작부분을 1번째, 4번째, 5번째 손가락 끝 손톱으로 눌러 준다.

시간 있을 때마다 양손바닥을 번갈아 눌러주면 어혈이 풀리는 것 아닌가 싶다.

수험생을 위한 이해력 및 기억력이 증진되는 수인법

수험생이나 학생들이 공부하는데 이해력 및 기억력이 증진되도록 자극점을 시간 있을 때마다 왼손 오른손 번갈아 자극해 주면 이해력과 기억력이 증진된다.

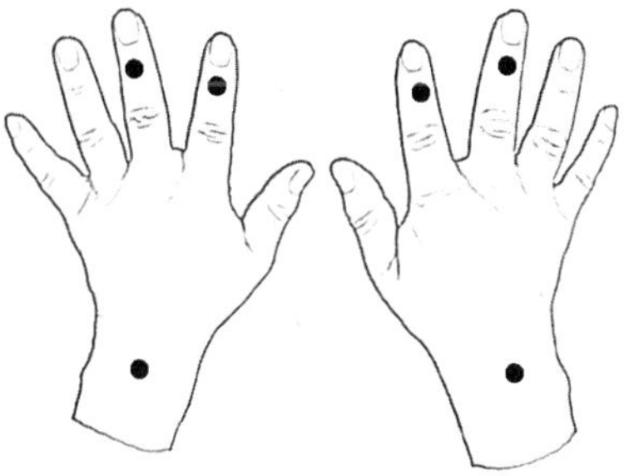

입술이 자주 틀 때 도움이 되는 수인

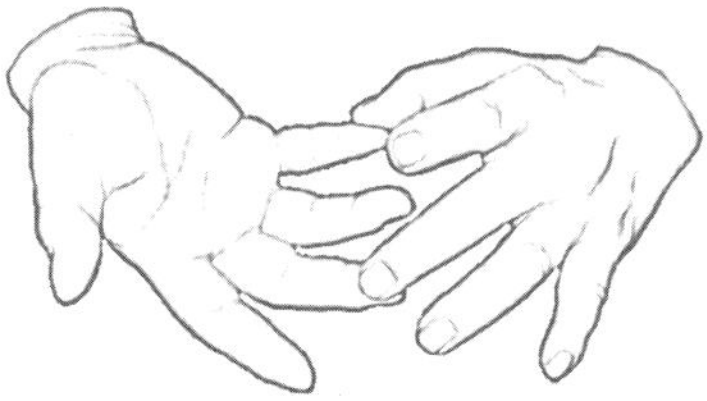

손바닥을 자연스럽게 펴고

왼쪽 3번째 손가락과 오른쪽 3번째 손가락 끝이 맞닿게 하고

왼쪽 1번째와 오른쪽 5번째 손가락이 맞닿게 한다.

윗몸이 안 좋은 사람

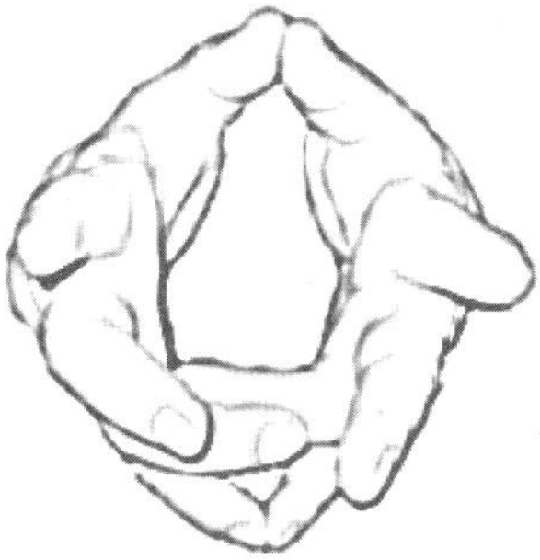

손바닥을 펴고 4번째 손가락을 구부린다.
그리고 왼쪽 1번째 손가락과 오른쪽 1번째 손가락을 붙이고
구부린 4번째 왼손가락을 위 오른손가락을 밑에 붙인다.
그리고 5번째 왼손가락과 오른손가락을 붙인다. 2012.11.13. 16:40

잇몸 살 돋음

* 잇몸이 좋지 않아 잇몸이 자주 찢겨지는 분들에게 도움이 되는 수인

손바닥을 자연스럽게 펴고

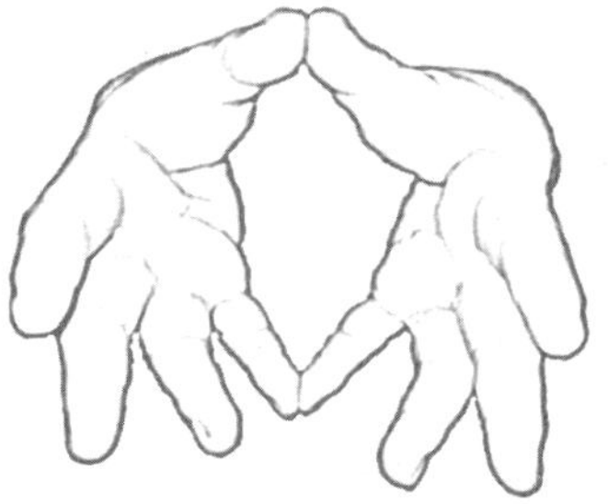

왼쪽 1번째 손가락과 오른쪽 1번째 손가락 끝이 맞닿게 하고

왼쪽 5번째 손가락과 오른쪽 5번째 손가락 끝이 맞닿게 한다.

잇몸을 튼튼하게 하는 수인

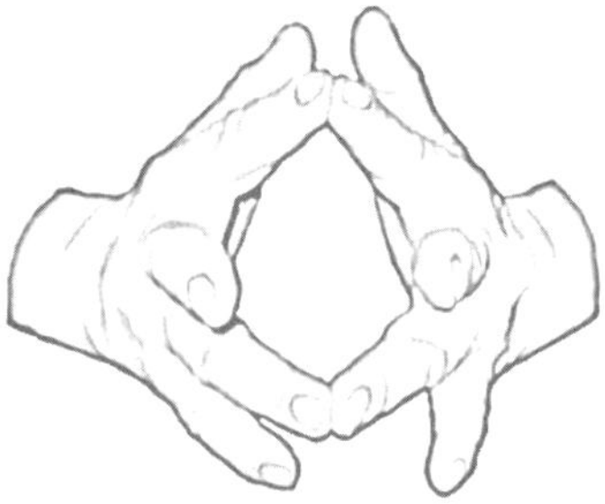

손바닥을 자연스럽게 펴고

왼쪽 2번째 손가락과 오른쪽 2번째 손가락 끝이 맞닿게 하고

왼쪽 4번째 손가락과 오른쪽 4번째 손가락 끝이 맞닿게 한다.

자궁이 좋지 않은 경우 자궁을 튼튼하게 하고자 하는 경우

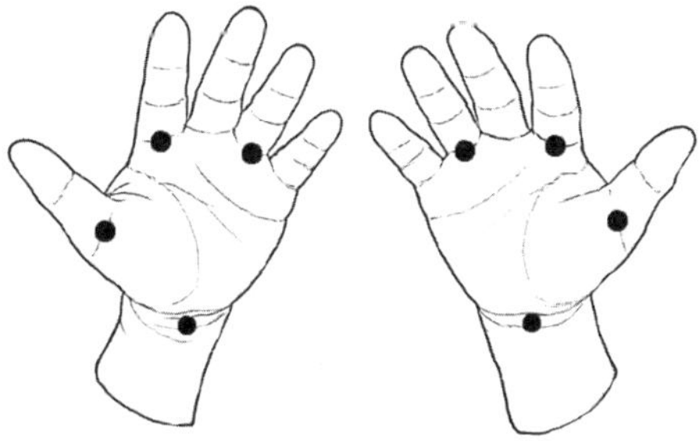

명신이 열려 있어야 되는 것 아닌가 싶다.

백회가 열려서도 별 효과가 없는 것 아닌가 싶다.

손목, 1번째 손가락 1번째 마디 시작 부분, 2번째

손가락 1번째 마디 시작부분, 4번째 손가락 1번째 마디 시작부분을 1, 2, 3, 4번째 손가락 끝 손톱으로 시간 있을 때마다 눌러주면 좋아지는 것 같다.

정력 강화 및 자궁을 좋고 튼튼하게 하는 수인

* 자궁이 좋지 않은 사람이 하면 좋다.

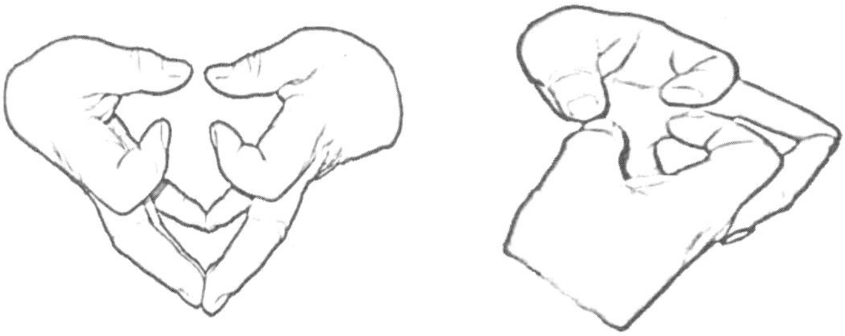

일단 손을 다 편다.
그런 다음에 첫 번째 손가락은 왼손 1번째와 오른 손 1번째 손가락이 마주보게 하고 오른손 왼손 2번째 손가락은 몸 안쪽을 향하게 굽힌다.
그런 다음, 오른쪽 손가락과 왼쪽 손가락 3번째 4번째 5번째 손가락을 3번째는 3번째, 4번째는 4번째, 5번째는 5번째 서로 맞닿게 한다.
그렇게 하면 1번째 2번째 손가락은 맞닿지 않으며
3, 4, 5번째 손가락은 맞닿게 되고 손가락 사이사이는 벌어지게 된다. 2012. 11. 10　11:14

저혈압이 있는 경우

* 일반인이 해도 효과가 있는 듯싶다.

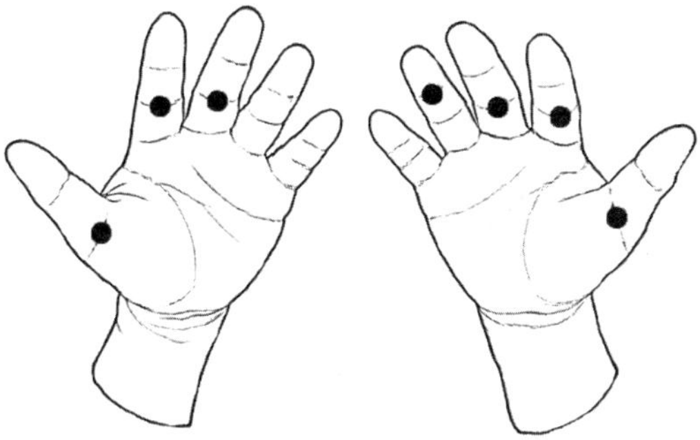

1번째 손가락 1번째 마디 시작부분, 2번째 손가락 2번째 마디 시작부분, 3번째 손가락 2번째 마디 시작부분, 4번째 손가락 3번째 마디 시작부분을1, 2, 3, 4번째 손가락 끝 손톱으로 시간 있을 때마다 양손 번갈아 눌러주면 효과가 있는 듯싶다.

정력 강화 수인

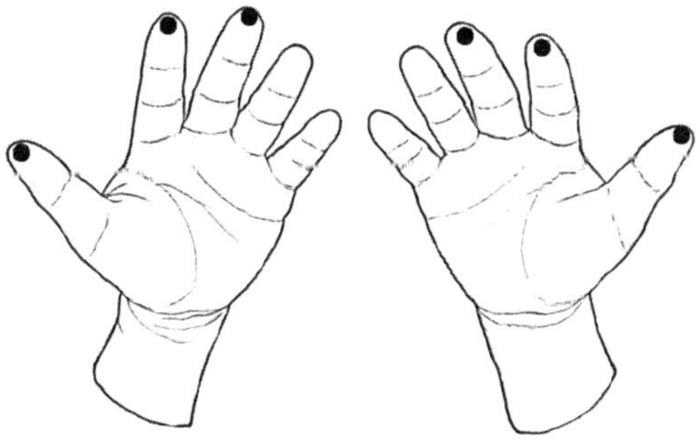

왼쪽 오른쪽 손 1, 2, 3번째 손가락 끝을 서로 맞닿게 한다.

(이 수인은 명신(明神)이 열려 있는 사람에 한에서 가능한 것이지, 명신이 열리지 않은 분들에게는 효과가 없다. 백회가 열렸다 해도 효과가 없는 것 아닌가 싶은 생각이다.)

주부습진

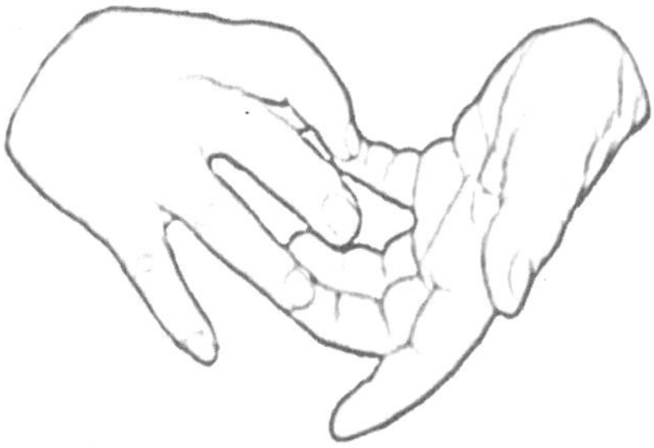

왼쪽 3번째 손가락과 오른쪽 4번째 손가락 끝이 맞닿게 하고
왼쪽 3번째 손가락과 오른쪽 3번째 손가락 끝이 맞닿게 하고
왼쪽 5번째 손가락과 오른쪽 2번째 손가락 끝이 맞닿게 하는 수인이다.

추울 때 추위를 안타도록 하는데 도움이 되는 수인

왼쪽 1과3번째 손가락 오링하고 오른쪽 1과 3번째 손가락 오링을 하고 오링한 손가락 오른쪽 1번째가 위로 올라오도록 연결한다.
왼쪽 2번째 손가락과 오른쪽 2번째 손가락 끝이 맞닿게 하고
왼쪽 3째 손가락과 오른쪽 3번째 손가락 끝이 맞닿게 하는 하고
왼쪽 5번째 오른쪽 5번째 손가락은 11자가 되도록 하는 수인이다.

추위를 많이 타거나 몸이 차갑거나 한 사람이 몸에게 몸이 따뜻해지도록 하는데 도움이 되는 수인

왼쪽 1과3번째 손가락 오링하고 오른쪽 1과 3번째 손가락 오링을 한다.

그리고 오링한 손가락 등 쪽을 붙인다.

왼쪽 4번째 손가락과 오른쪽 4번째 손가락 끝이 맞닿게 하고 왼쪽 5번째 손가락과 오른쪽 5번째 손가락 끝이 맞닿게 하는 수인이다.

치매가 있는 사람의 경우

왼쪽에 자극을 주고자 할 때는 왼쪽 손가락을 오른손가락 끝 손톱으로 자극점을 자극하면 된다.

즉 왼손 손목, 장심, 3번째 손가락 끝 손톱 밑, 4번째 손가락 끝 손톱 밑을 오른손가락 1번째, 2번째, 3번째, 4번째 손가락 끝 손톱으로 눌러서 자극하면 되고,

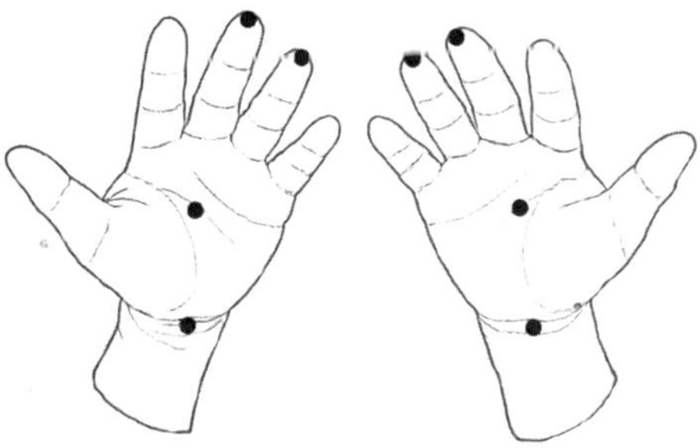

오른쪽에 자극을 주고자 할 때 역시도 반대로 왼 손가락 끝 손톱으로 오른 손가락 자극점을 눌러서 자극하면 된다.

각종 장기의 독소 제거 및 탁기 제거 수인

간 독소제거 및 탁기제거 수인점

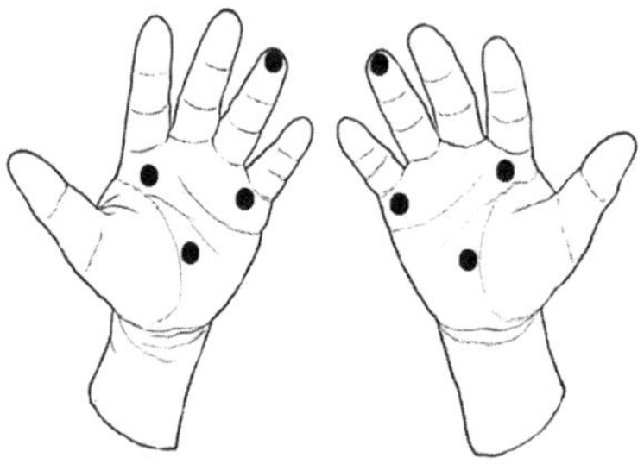

간에 독소제거 수인점

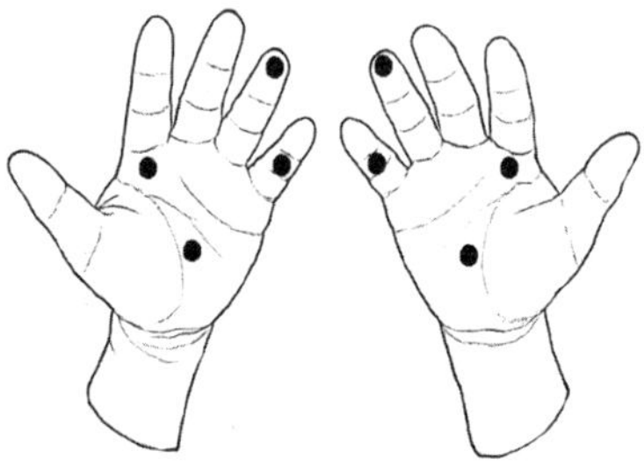

간의 탁기제거 수인점

눈 독소제거 및 탁기제거 수인점

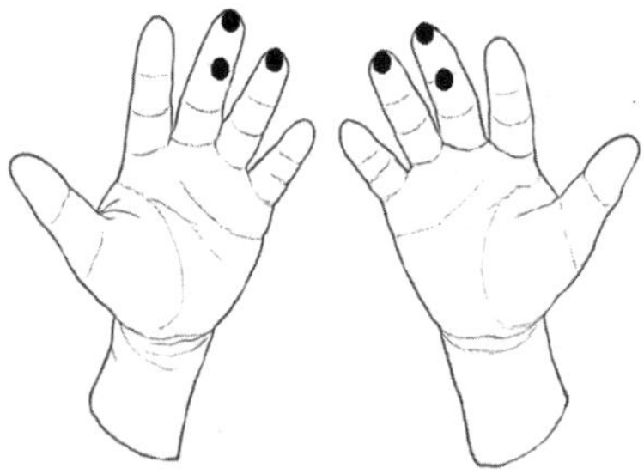

눈에 독소제거 수인점

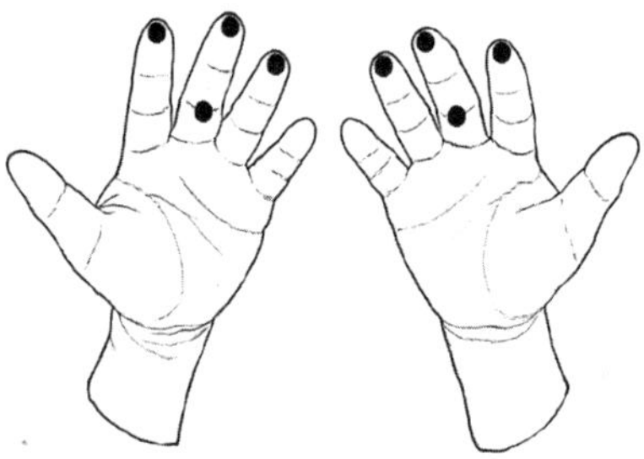

눈의 탁기제거 수인점

담낭 독소제거 및 탁기제거 수인점

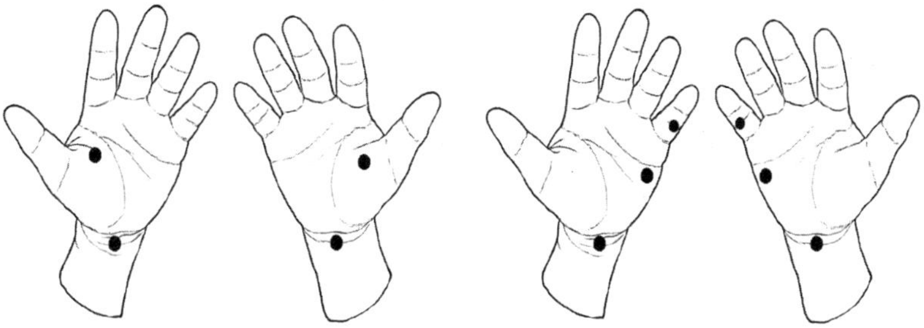

담낭 독소제거 수인점 　　　　담낭 탁기제거 수인

방광 독소제거 및 탁기제거 수인점

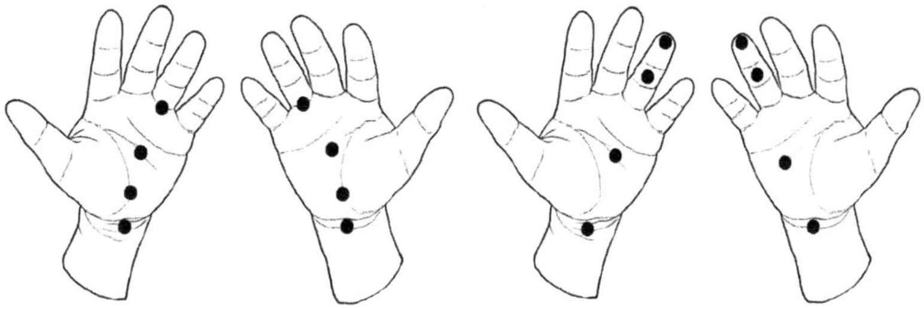

방광 독소제거 수인점 　　　　방광 탁기제거 수인점

비장 독소제거 및 탁기제거 수인점

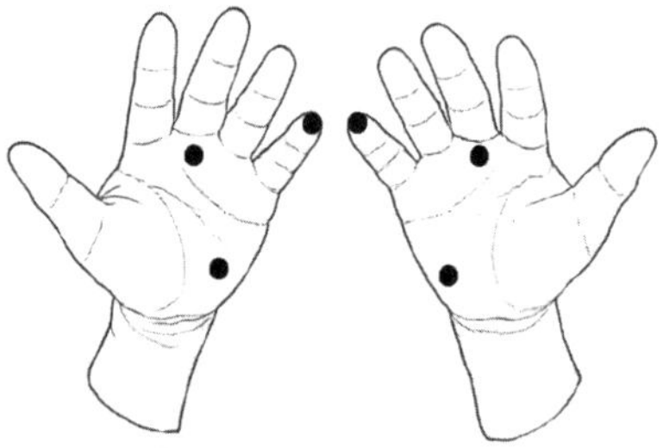

비장 독소제거 수인점

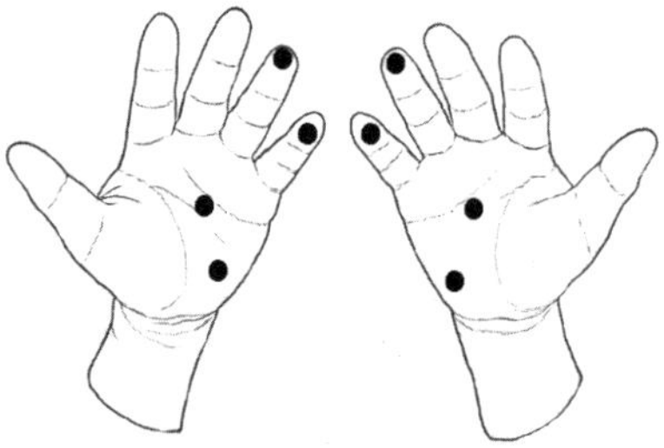

비장 탁기제거 수인점

소장 독소제거 및 탁기제거 수인점

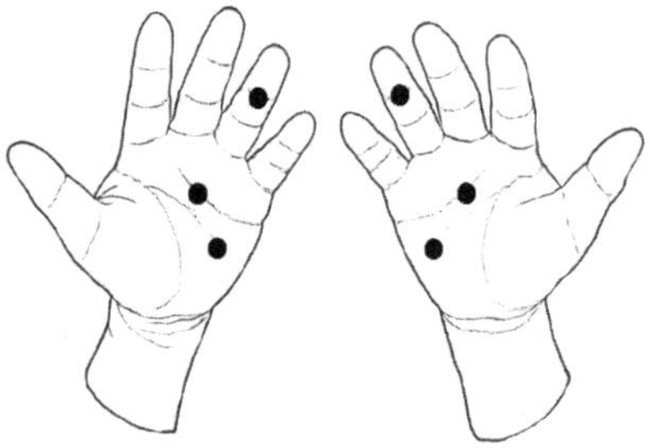

소장 독소제거 수인점

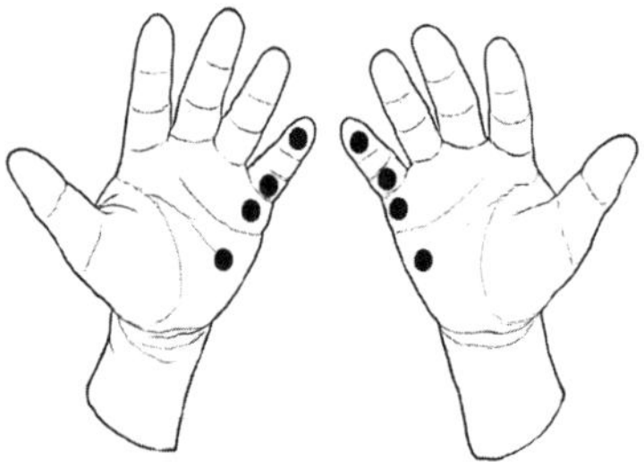

소장 탁기제거 수인점

신장 독소제거 및 탁기제거 수인점

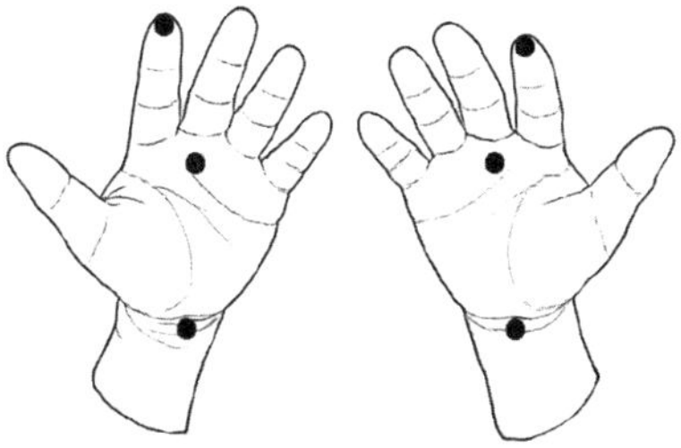

신장 독소제거 수인점

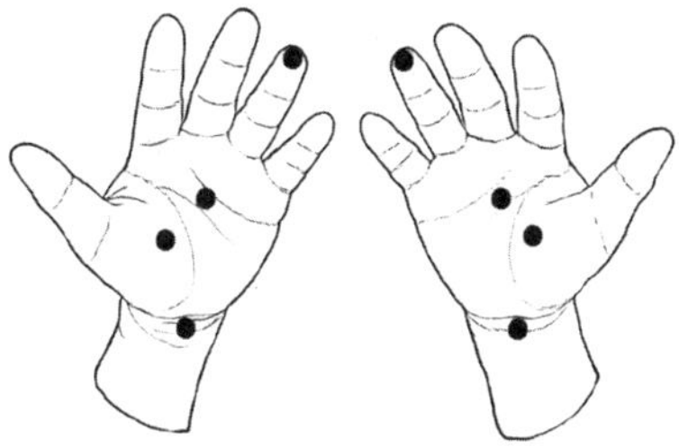

신장 탁기제거 수인점

심장 독소제거 및 탁기제거 수인점

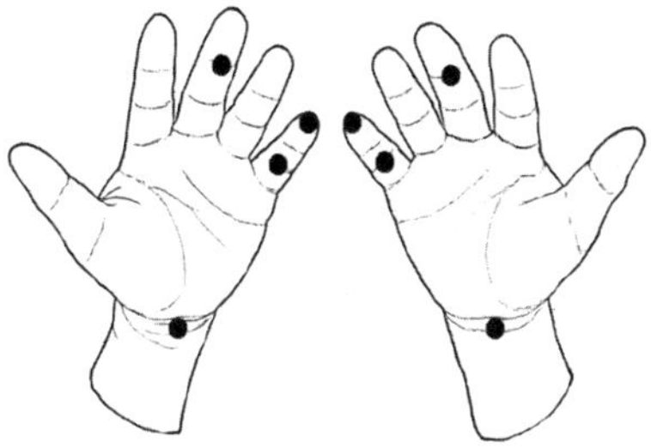

심장 독소제거 수인점

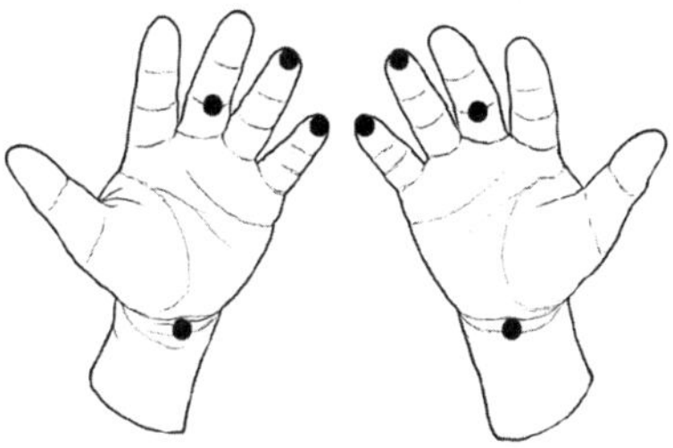

심장 탁기제거 수인점

십이지장 독소제거 및 탁기제거 수인점

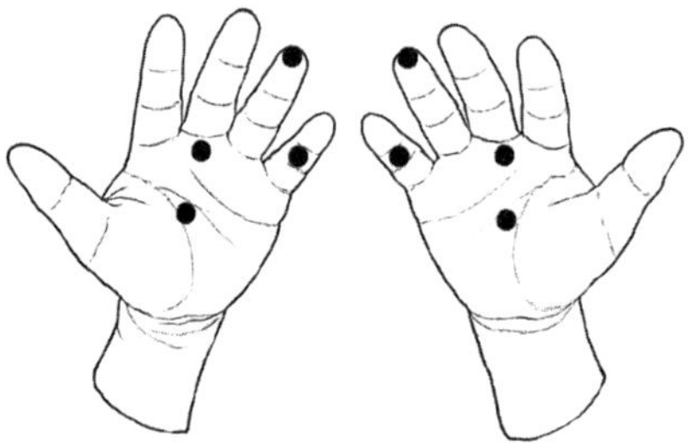

십이지장 독소제거 수인점

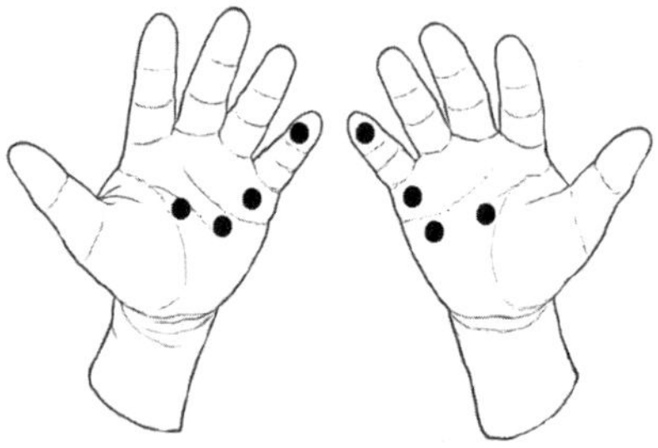

십이지장 탁기제거 수인점

쓸개 독소제거 및 탁기제거 수인점

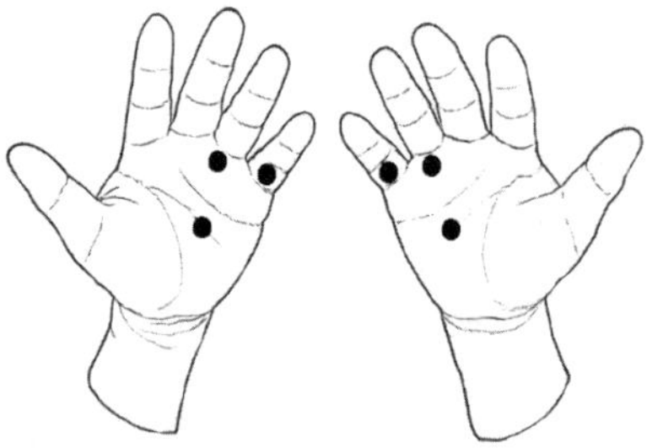

쓸개 독소제거 수인점

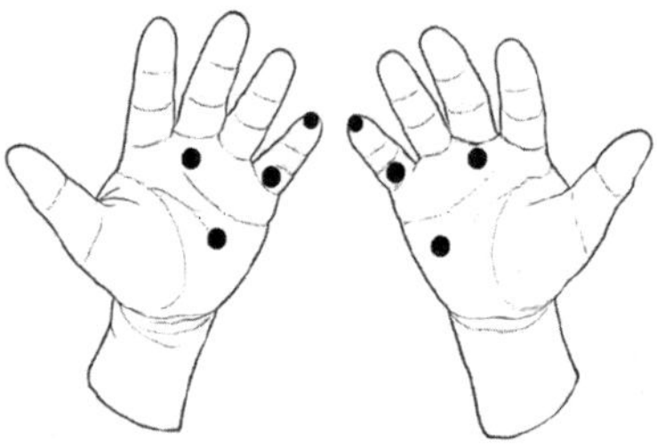

쓸개의 탁기제거 수인점

위 독소제거 및 탁기제거 수인점

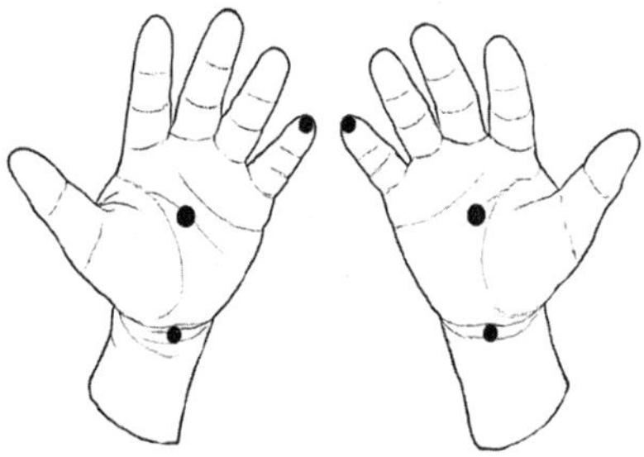

위 독소제거 수인점

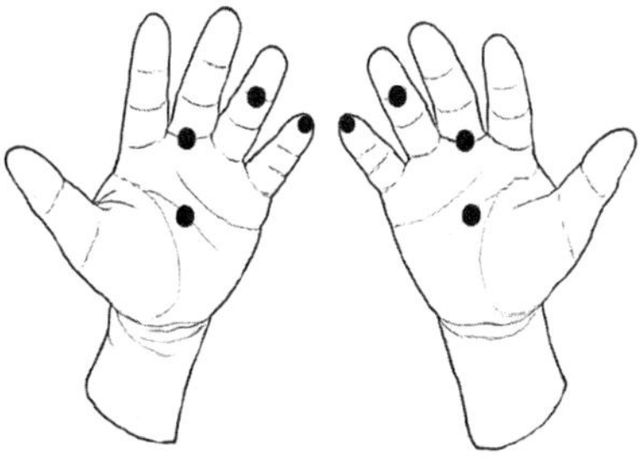

위 탁기제거 수인점

장 독소제거 및 탁기제거 수인점

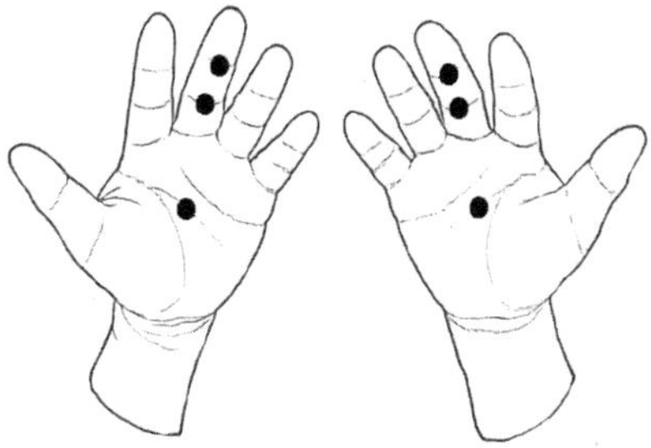

장 독소제거 수인점

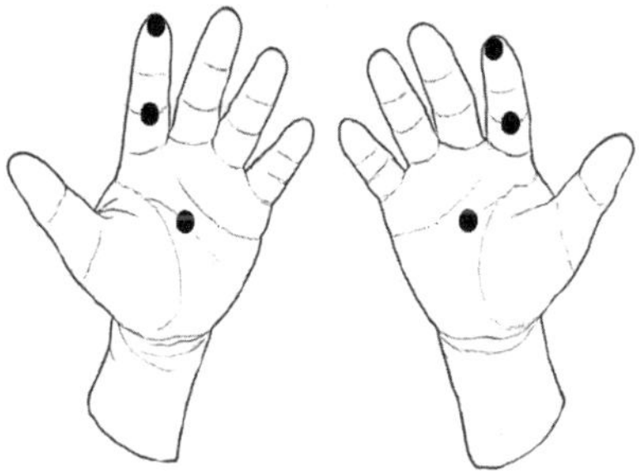

장 탁기제거 수인점

췌장 독소제거 및 탁기제거 수인점

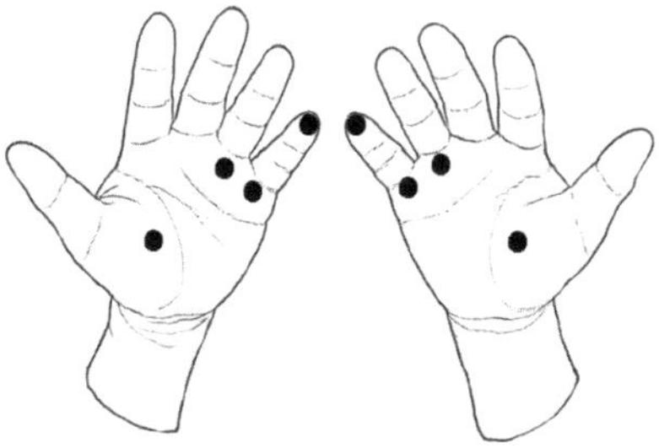

췌장 독소제거 수인점

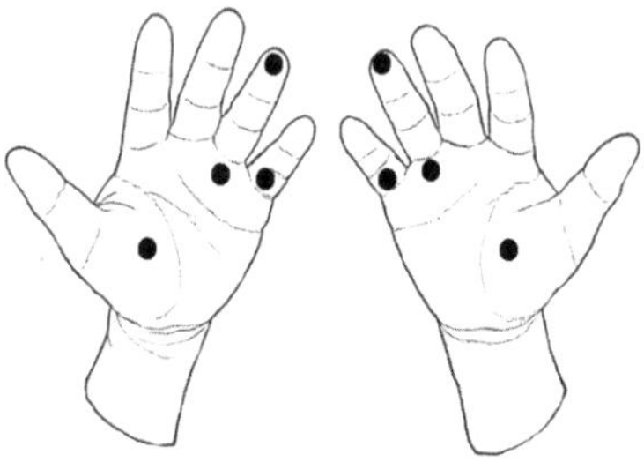

췌장 탁기제거 수인점

폐 독소제거 및 탁기제거 수인점

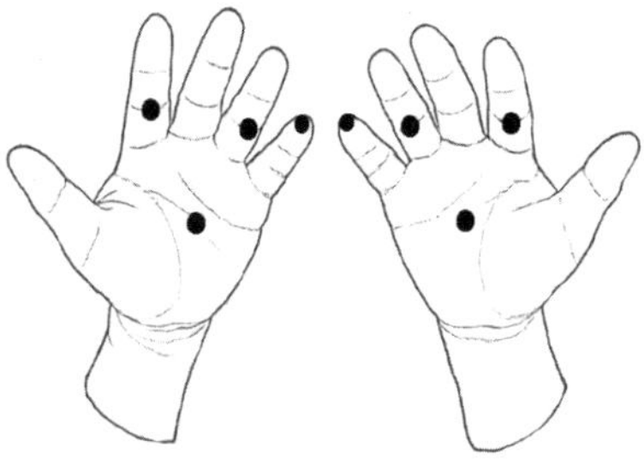

폐 독소제거 수인점

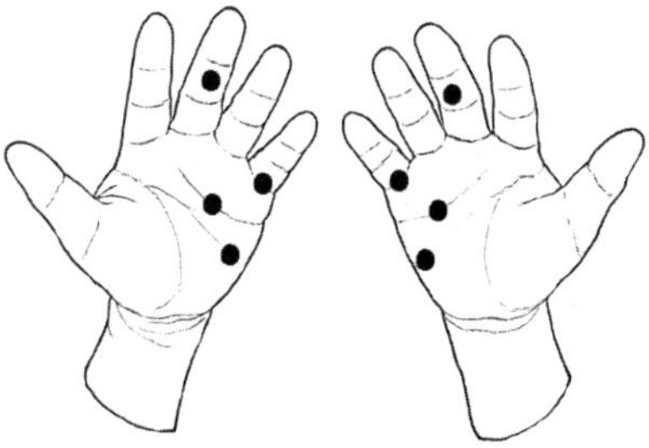

폐 탁기제거 수인점

<<맺음말>>

맺음말을 쓰려고 하니 수행하여 온 날들이 주마등처럼 스쳐지나간다. 수행한다는 분들에게 수행담을 말했을 때 “깨달았는데도 깨달은 지를 정작 자신이 모른다.”는 말을 들었다. ‘수행한 내가 모르는데 어찌 저들이 안다고 말하는가?’ ‘깨달았다면 누구보다 먼저 내가 알아야하는 것 아닌가.’ ‘내가 모르니 깨닫지 못한 것이 분명하다.’고 생각했다. 그리고 ’깨달음이란 무엇인가?‘ 참구하고 참구했다. 그러던 중 “덜커덩 꽝” 소리에 눈을 뜨고 있음에 한 번 더 눈을 뜨고 더 이상 깨달음에 대한 의문 없이 깨달음이 확연했다. 확철대오했다는 확신이 들었다.

깨달음에 대한 확신을 인터넷 통하여 점검해 보았다.

스님 몇 분이 “깨달으셨군요.” 말했지만 그것으로 끝이었다.

깨달으면 뭔가 많은 부분 달라질 것으로 생각했었다. 진리의 물 한 모금 얻어 마시기 위하여 수행자들이 찾아올지 알았었다.

그래서 오도송을 상재한 책을 출간했을 때는 아무런 연락처 넣지도 않고 또 책을 읽고 연락처를 출판사에 물을지 몰라서 알려주지 말라고 신신당부까지 했었다.

처자식이 있고 일을 해서 돈을 벌지 않으면 먹고살 수 없기에 누군가 찾아온다면 찾아온 사람을 만나기 위하여 시간을 내야하기 때문에 일을 못하면 금전적으로 어려웠기 때문에 숨겼다. 그러다가 어느 때부터는 깨달았냐고 물으면 확철대오했다고 대답했다. 확철대오했다고 말을 하나 하지 않나 별 차이가 없었다.

수행하는 많은 사람들이 깨달음의 환상을 가지고 있는 듯싶었다.

깨달았다고 달라지는 것은 아무것도 없는데 깨달음을 증득하면 무엇인가 굉장히 많이 달라지는 것으로 알고 있고 깨달음을 증득하면 마치 도깨비 방망이를 가지는 것처럼 생각하는 분들이 많은 듯싶다. 확철대오했다고 말을 했을 때나 하지 않았을 때나 똑같았다. 이러한 사실을 알고부터는 체험하고 경험한 것과 수행 정진하며 밝혀 드러내며 알게 된 사실들을 있는 그대로 말하기 시작했다. 진실을 말해도 거짓으로 들을 수 있고 거짓을 말해도 진실로 들을 수 있다. 어디까지 듣는 사람의 몫이지 말하는 사람은 진실을 말하면 되는 것이었다. 스스로 진실하고 거짓이 없으면 되는 것이지 남들이 뭐라고 하는 것과는 상관이 없었다. 그것은 그들의 몫이다. 그들의 몫을 본인이 어떻게 할 수 있는 것은 아니다. 본인은 있는 사실대로만 말하면 되는 것이다.

많은 분들이 찾아올 것이란 생각은 기우였다. 사실대로 말해도 믿지 않고 이상한 사람으로 생각하거나 이야기하는 분들이 더 많으니 이때부터 편안해졌다. 그냥 있는 사실대로 내놓았다.

확철대오의 깨달음을 증득하고 법념처에 머물러야 한다고 말들 하지만 본인은 법념처에 머물러서는 아니 되고 빛의 세계인 대광념처(大光念處)로 나아가야 한다고 말을 하고, 빛의 세계로 나아가기 위해서 수행 정진을 했다.

수행정진 중에 본인의 몸속에서 빛을 보고 스스로 그 어느 것에도 의탁 의지하고 않고 스스로 존재하며 등불과 같이 빛을 발하며 시방을 밝힌다는 사실을 알고 이를 자등명(自燈明)이라 이름하고, 내 안에 빛이 있으니 저 위 세계로부터 떨어져 나왔으니 저 위 세계의 빛과 하나가 되어야 한다고 생각했다.

빛덩어리와 하나 되기 위해서 수행 정진하여 빛덩어리 속에 들어가고, 빛덩어리 속에 들어가니 하나가 되지 않고 빛덩어리 중심에 들어가게 되고, 중심에 들어가서는 우주의 중심핵에 들어가게 되고, 우주 중심핵에 들어가게 됨으로 인해서 우주의 중심핵을 빠져나오게 되고, 빠져나오면서 빛덩어리를 빠져나오게 되었다.

빛이 빛 속에 들어가서 빛덩어리가 되지 못하고 빛덩어리를 빠져나왔다. 빛덩어리와 하나가 되려고 했는데 빛덩어리를 빠져나왔으니 또다시 더 위의 빛을 향하여 수행 정진하다가 출신(出神)을 하게 되고, 출신을 하여 올라와서 본성의 빛 자등명에 이르게 되고 본성의 빛 자등명에 들어가면 끝인가 싶었는데, 또 본성의 빛 자등명 중심으로 들어가고 중심에 들어가서 빠져나오고, 빠져나와서 또 위의 빛덩어리 백두의 빛 자등명을 보게 되고, 또 들어가서 나오게 되고,....이와 같이 하나하나 빠져나오며 이름을 지었다. 그렇게 3546개 의 자등명을 이름 짓고 마지막 하나 근본자등명에 이르게 되고 근본자등명을 빠져나와 더 있는지 모르고 올라온 자등명 세계만 보다가 2번째 큰 자등명군을 만나게 되고 만나서 뚫고 나오고 나와서 또 보고, 그러다가 자등명군단을 보고 빠져나오며 본향, 고향, 자등명인간계,... 이와 같이 하나하나 보고 들어가고 빠져나오다 자등명 세계를 빠져나와 묘명묘태등명 세계에 올라오게 되었다. 묘명묘태등명 세계를 올라와서는 묘명묘태등명 세계를 밝혀 드러내며 올라가고 있다.

아만과 자만, 거만, 자기당착에 빠지지 않고 겸손과 하심 속 8정도에 의지하여 쉼 없이 꾸준히 수행 정진한다면 업이 떨어져 나가고 영적구조물이 녹아지고 내려놓아지는 만큼 본성은 회귀 본능을 가지고 위로 올라가게 된다. 수행 정진하며 올라오면서 보면 올라오는 맨 위 최고가 나오고 최고에 이르러서 아만과 자만 거만과 자기당착에 빠지지 않고 진정한 나를 찾아가고자 하며 나를 찾는다면 본성은 회귀 본능을 가지고 위로 맑고 깨끗해지는 만큼 영적구조물이 없어지는 만큼 위로 올라오게 되어있다. 올라오는 수행길의 최고 더 이상 위가 없는 데까지 올라오게 된다. 거기서 8정도에 충실하고 아만과 자만 거만 자기당착에 빠지지 않고 참나를 찾기 위한 수행을 게을리 하지 않는다면, 더 이상 위가 없을 것 같은 그곳에서 또 다른 위 세계로 가는 길의 문이 열린다. 매번 그래 왔다. 끝인가 하면 새로운 시작이고 끝인가 하면 새로운 시작이었다. 본성으로 회귀하는 참나를 찾기 위한 수행 길목마다 이정표는 없었지만 이정표와 다름없는 것이 있다는 느낌이 들었다. 이정표 같은 이걸 통하여 지금까지 올라왔다.

아무도 올라오지 않은 길을 열면서 올라왔기에 올라온 세계마다 새로운 세계이고 새로운 세계인만큼 올라와서는 올라온 세계와 하나가 되어서 불러지기를 바라는 이름을 찾아 새로운 세계들의 이름을 지었다. 새로운 세계를 올라올 때마다 올라오는 속도에 맞춰 이름을 지었다. 올라오는 속도가 너무 빠르면 이름 지을 시간이 없는 관계로 이름을 짓지 않기도 했지만 대부분 큰 틀만이라도 이름을 지으며 올라왔다.

확철대오의 깨달음을 증득한 이후의 빛덩어리와 빛덩어리를 빠져나온 이후부터 모두 다 처음으로 본인이 올라옴으로써 밝혀 드러낸 세계인지라 빛덩어리 이후 56단계 위에서는 모든 세계의 이름들은 하나같이 생소할 것이다.

그러기 때문에 전부 다 새로운 것들이고 누구하나 밝혀 놓은 이가 없었기 때문에 오로지 혼자 오며 밝혀 드러내며 길을 개척해야 하는 길이었기 때문에 새로운 세계를 만날 때마다 이름을 지었다. 그러다보니 새롭게 밝혀 드러내며 올라온 많은 세계들만큼 이름도 많다. 이름이 많을 뿐만 아니라 생소하다.

어느 세계에 맞는 열쇠와도 같고 비행접시 같고 타이머신 같은 수인의 이름이나 공의 이름 역시도 생소하다, 생소하다 못해 이해하기도 어렵고 읽기도 어렵고, 단어의 나열도 많고 길다. 단순하게 수인과 공의 이름만 보아서는 어느 세계, 어디쯤인지 알 수 없을 것 같아서 부득이하게 많고 많은 수행 연보를 정리하여 1권과 2권에 나누어 뒤쪽에 넣었다. 수행 연보를 보면서 위로 올라오는 세계를 가늠해 보고 알 수 있도록, 수인과 공법이 어느 세계에 해당하는지 알 수 있도록 하기 위해서 날마다 새롭게 밝히며 올라오면서 지은 세계들의 이름들과 함께 수행 연보를 정리하였다. 수인과 공법을 행하여 보면서 수행 연보를 살펴보면 쉽게 수인과 공의 세계가 어느 세계에 해당하는지 가늠되지 않을까 싶어서 수행 연보를 정리해 넣었다. 책이 두꺼워지는 것을 감내하며 넣었다.

그리고 수행 정진하여 올라오는 세계를 더 알게 쉽게 정리하여 "**수행하여 올라오는 길을 큰 맥락으로 살펴보다**"란 글로 2권 차례 앞부분에 정리해 올려놓았다. 살펴보면 쉽게 이해할 수 있을 것으로 생각한다. 자기 자신이 믿는 종교에 빠져서 자기 자신이 공부한 것이 전부라고 생각하고 본다면 아무 의미도 없고 자기 환상에 빠졌다고 할 수도 있을 것이다. 그런 만큼 믿는 종교나 자기 자신이 공부한 것이 전부가 아니지도 모른다는 생각과 마음을 열어놓고 있는 그대로 봐주기를 바란다. 마음을 열고 바르게 보면 보는 만큼 보게 될 것이고, 보고 이해되는 만큼 의식적으로 영적으로 깨워줄 것이라 믿는다. 마음을 여는 만큼 마음을 일깨워주고 본성을 깨워줄 것이라 확신한다.

깨달으면 끝인데 왜 이 많은 세계를 밝혀 드러냈을까? 생각하는 분도 있을지 모르겠지만 본인이 볼 때 확철대오의 깨달음은 자등명 세계로 올라오는 첫 걸음에 지나지 않는다. "인간이 어디서 왔고 어디로 가는가?"라고 묻는다면 자등명인간계에서 왔고 자등명인간계로 돌아가야 한다고 할 것이다. 그리고 자등명인간계에서 더 위 세계로 올라와야 한다고 하겠다. 이 세계들의 끝 최종지, 그 최종지들을 여러 개 아니 수십 개 수백 개씩 지나며 밝혀왔다. 이와 같이 밝혀 오고 밝혀 가는 것은 어디까지나 '내가 누구인가?' 진정한 나를 찾기 위한 길, 찾아가는 길이다. 내가 그것이고 그것이 내가 되는 순간이 되기까지 수행정진하며 올라왔고 올라가고 있다.

가늠조차 할 수 없는 세계의 끝에 이르렀음에도 또 회귀 본능으로 위 세계로 오르게 되고 올라서는 올라온 세계와 하나 되어 올라온 세계에 맞는 이름을 짓는데 졸음이 쏟아지고 쏟아지는 졸음 속에서 잠시잠깐 쉬면서 이름을 짓는다. 이름을 짓고 부르면 잠이 쏟아졌다.

수행하여 확철대오의 깨달음을 증득하고 수행 정진하여 올라와 처음 만났던 빛덩어리를 빠져나와 출신함으로 56단계를 빠져나오게 되고 56단계를 빠져나와 영의 세계, 혼의 세계....본향, 고향을 빠져나오고 영신영 세계를 빠져나오면서 2번째 출 미비출비를 하게 되고, 미비출비를 하여 미비령 세계에 들어오고 들어와서 36번째 군을 밝혀 드러내다가 더 크게 보게 되게 됨으로 해서 더 큰 세계를 보게 되고, 보고는 더 밝혀 드러냄으로써 3번째 출, 4번째....42번째 출....이와 같이 밝혀 드러내는 과정에서 본인도 모르게 수인(手印)이 되고 공(功)이 되면서 위 세계로 올라오게 되었다. 밝혀 드러내기도 하였지만 수인과 공법을 통하여 더 빨리 올라오게 되었다. 수인과 공법이 아니면 올라올 수 없는 세계를 수인과 공법을 통하여 올라왔다.

밝혀 드러내기 어려운 세계들과 올라오기 어려운 세계들을 수인과 공법을 행함으로 올라오게 되었다. 수인과 공법을 행하며 올라오다보니 많은 수인과 공법이 나오게 되었다. 자등명 최종지를 시작으로 해서 자등명인간계 10만번 출 위의 최종지, 1926번 출의 최종지에 이르기까지 수인과 공을 행하였다. 이와 같이 많은 수인과 공을 행하고 내놓은 과정에서 임점채님께서 아버지 생전예수제로 수인과 공법의 책을 만들고 싶다고 이야기하기에 흔쾌히 대답함으로써 이 책이 세상에 나오게 되었다.

이미 임영두 선생님의 생전예수제는 임점채님이 하겠다고 결정하고 출판비용이 오가면서 이루어졌다. 원만하게 생전예수제가 이루어졌음을 감축드리며 이 책이 세상에 나오게 됨을 감사하게 생각한다.

이 책을 보고 있는 또 다른 내모습의 그대도 임영두 선생님의 생전예수제가 아니었다면 지금 이 책을 보지 못했을지도 모른다. 이 책을 보게 된 인연이 생전예수제로 인한 것인 만큼 임영두 선생님을 의념 생각하며 좋은 에너지를 보내고 감사하다는 에너지를 보내고 보면 고맙고 감사하겠다.

훗날 이 책이 다르게 출간된다 할지라도 임영두 선생님의 생전예수제로 인하여 맨 처음 이 책이 세상에 나오게 되었음을 표기해주기를 바란다.

끝으로 이 책이 나오기까지 보이는 곳에서 보이지 않는 곳에서 애써주신 모든 분들께 감사드린다.

2014. 1

漆桶 조규일

<부록>

칠통(漆桶)의 수행 연보(年譜)

2013. 09. 01 모임에서 모임에 참석하신 분들을 덮고 있는 탁기가 어디서 흘러들어오는지 근원지가 보이다.

2013. 09. 02 자등명 신최초묘자신명(神 最初妙 自神明) 최종지 자등명 신계 태초(5)신(5) 자등신계묘자신명(自燈明 神界妙 自神明) 에너지를 100% 받을 수 있는 진언을 찾아 내놓다

2013. 09. 02 자등명 인간계는 신의 고향이며 자등명 인간계에 대해서 전에 밝혀 드러내지 않는 부분을 3번째 밝혀 드러내다.

2013. 09. 02 자등명 인간계 천(天:10)광계(光界)신(50)자등천신력 수인공(1-17)

자등명 인간계 태(太:20)천(天:20)신(神:100)자등태천법력 수인공(1-11)

자등명 인간계 자등초태천묘력 수인공(1-7)...등을 해보고 정리해 내놓다

2013. 09. 02 자등명 신(神:10)계 자등태(10)최초명 최종지 자등명 신(神:100)계 자등태(100)최초자신묘(50)명 에너지 100% 받을 수 있는 진언을 찾아 내놓다

2013. 09. 03 자등명 자신태초명(自神太初明) 수인공(1-11)

자등명 자태신묘명(自太神妙明)력(力) 수인공(1-24)

자등명 자신초신명력 신(5)태(5)천(5)신(10)자등명 수인공 (1-9)

자등명 자묘비시초태신(5)자신비묘명 수인공(1-6)

자등태태초초명 자명자초신명 수인공(1-11)...등을 해보고 정리해 내놓다

2013. 09. 03 자명자 태초시초태태태태태(5)신신신신신(5)태초명 세계(5-18)를 밝혀 드러내 그리다.

2013. 09. 03 큰 5번째를 밝혀 드러내는 과정에서 올라온 세계의 수인, 그 위 세계의 수인, 그 위의 세계의 수인공 그렇게 많은 수인을 하고 정리하면서 너무 빨리 올라와서 그런지 십만 -백만- 억- 조- 경 -해-조 - 경- 해-시-양-구-간 -정- 재-극- 항하사- 아승기-나유타-불가사의-무량대수- 겁- 훈공-그래함의 수-구골- 아산키아.....많은 부분들이 흡이 되었다고 말하며 흡이 아니고서 어찌 이

많은 수들을 헤아리며 밝혀 드러낼 수 있는가?라고 하며 흡하였다고 말하며 올라온 세계의 이름을 지고 않고 밝혀 드러내기만 하였다고 말하다

2013. 09. 03 큰 18번째 하나의 이름을 자명자 태초태초시초태태태태태(5)신(10)시초초명이라 하며 이를 태초자신명 자태묘명 최종지이고 태초신 태신 자등묘묘묘묘명의 본성이라고 말하며, 태초자신명 자태묘명은 자등명 인간계의 태초신의 고향이고 자명자 태초태초시초태태태태태(5)신(10)시초초명은 자등명 인간계의 태초시초신의 고향이라고 이름지어 말하다.

2013. 09. 03 자등시초태초 조조조태초태초신태신태(5) 태신(8)명 세계(1-40)를 밝혀 드러내 그리고 내놓으며, 10- 100- 천- 만- 십만 -백만- 억- 조- 경 -해-시-양-구-간 -정- 재-극- 항하사- 아승기-나유타-불가사의-무량대수- 겁- 훈공-그래함의 수-구골- 아산키아- 센탈리몬...이 많은 수를 어찌 헤아리며 밝혀 드러낼 수 있었겠는가? 수인공이나 흡이 아니라며 아마도 올라오지 못할 것이다. 이미 수인공을 통하여 올라왔으니 쉽게 드러낼 수 있었으며 또한 밝혀 드러낸 것을 많이 흡할 수 있지 않았나 생각한다고 말하며 하나하나의 세계를 이름 짓는 것도 오랜 시간이 걸리는 만큼, 출하여 올라가고 있는 곳과 만날 때까지는 하나하나의 세계들을 밝혀 드러내기는 하지만 시간관계상 세계의 구분과 최종지만 이름 짓고 그 외 다른 세계는 이름을 짓지 않고 넘어간다고 말하다

2013. 09. 03 큰 40번째 하나를 최종지라 하고 이것의 이름을 자등태초(太初:10)시초묘(妙:5)명 태(20)초(10)태초(5)신(10)태(10)시초(10)고향이라 하고, 이 하나는 태초(15)시초(10)자태초신(神:10)태(10)묘(10)명의 최종지이고 태초(10)시초(10)묘(10) 고향의 본성이라고 말하며, 초(15)시초(10)자태초신(10)태(10)묘(10)명은 자등명 인간계의 시초태초 고향이고 자등태초(10)시초묘(5)명 태(20)초(10)태초(5)신(10)태(10)시초(10)고향은 자등명 인간계의 태초(5)시초(4)자등명 고향이라고 말하다

2013. 09. 03 태초(20)시초(20)태(25) 고향 (1-23) 세계를 밝혀 드러내 그려 내놓고

큰 23번째 하나의 이름을 태초(20)시초(70)태(10)자등

태초(太初:50)신(10)태(10)신(10)태초(5)신(5)고향이라 하고, 이 큰 23번 째 하나를 태초(10)시초(10)자태초(太初:20)태(10)자등태초(太初:20)신(20)고향의 최종지이고 태초(10)시초(10)태(10)태초(5)신(10)고향의 본성이라고 말하며, 태초(10)시초(10)자태초(太初:20)태(10)자등태초(太初:20)신(20)고향은 자등명 인간계의 시초시초시초태초태초태초 고향이고, 태초(20)시초(70)태(10)자등태초(太初:50)신(10)태(10)신(10)태초(5)신(5)고향은 자등명 인간계의 태초(10)시초(10)자등태(太:10)초(初:10)신(10)고향이라고 이름 지어 말하다.

2013. 09. 04 자신태초명 최종지 자등명 신(100)초(10)비(10)자신태초명 100% 받을 수 있는 진언 찾아 내놓다

2013. 09. 04 자등명 인간계 위로 올라와 또다시 101. 638번출(出) 자등태초시초출(自燈 太初 始初 出) 초태신출태태태시(初太神 出 太太太始)를 소상히 밝혀 드러내 놓으며, 수인을 하면서 이 위 세계의 수인은 뭘까? 이 위 세계의 수인은 뭘까? 그렇게 생각날 때마다 수인을 하다 보니 최근에 많은 수인을 행하다보니 너무 빨리 올라오게 되어 밝혀 드러내기도 전에 너무 많이 앞서 올라와 있는 세계, 그 위로 올라오기 위해서 또 2013. 09. 04일 05시 57분에 출하여 올라갔다가 몸통 안으로 빨리 돌아오기 위해서 101.638번 출하여 올라간 세계를 큰 2번째 10번째까지 밝혀 드러내고 08시 12분 몸통 안으로 들어와 가슴부분에서 자리를 잡는 것 같아 보여 큰 3번째 10번째까지 밝혀 드러내니 몸통 밖에 까지 있는 것 같이 보였다고 말하며 자등명 인간계의 처자식들이 따라 올라오지 못하고 출하여 올라온 곳에 뭉쳐 있는 것이 보이면서 몸통 안에서 덩어리 되어 보이며 복통을 일으킨 것 같아서 출하여 올라온 세계로 올라오도록 하니 복통을 일으켰던 것이 좋아졌다고 말하다.

2013. 09. 05 태초최초자등 자묘신 태신태태태태태명 신공(1-10)

태(10)신(10)태초최초 자태초최초태초최초명 신공(1-5)..등을 해보고 정리해 내놓다

2013. 09. 06 신(10)태초(10)시초(10)초(10)태(10)고향 큰 세계(1-18)를 하나하나 밝혀 드러내 그리고 내놓다.

2013. 09. 07 태초자신명 자태묘명 최종지 자명자 태초태초시초태태태

태태(5)신신신신신신신신신신(10)시초초명 100% 받을 수 있는 진언을 찾아 내놓다

2013. 09. 07 태초(15)시초(10)자태초신(10)태(10)묘(10)명 최종지 자등태초(10)시초묘(5)명 태(20)초(10)태초(5)신(10)태(10)시초(10)고향 100% 받을 수 있는 진언을 찾아 내놓다.

2013. 09. 07 태초(10)시초(10)자태초(太初:20)태(10)자등태초(太初:20)신(20)고향의 최종지 태초(20)시초(70)태(10)자등태초(太初:50)신(10)태(10)신(10)태초(5)신(5)고향의 에너지를 100% 받을 수 있는 진언을 찾아 내놓다

2013. 09. 06 신(10)태초(10)시초(10)초(10)태(10)고향 큰 세계(19-51번째)를 하나하나 소상히 밝혀 드러내 그려 내놓고, 큰 51번째 하나가 최종지라 하고 최종지 하나의 이름을 초(40)태(40)신(30)태(50)초(100)태초(70)태(30)신(40)초(40)태(30)신(40)초(20)신(20)초(10)신(10)자등명이라 하며 자등명 인간계에서 본다면 자등명 인간계 태초(5)시초(5)신(10)초(10)태(10)신(10)자등명이라고 말하고, 큰 51번째 하나를 초(50)태(50)태초(50)시초(50)신(50)초(100)태(50)신(50)초(30)신(10)자등명의 최종지이고 태(10)초(10)태초(10)시초(10)신(10)태(5)신(10)초(5)신(5)태(3)신(3)고향의 본성이라고 말하며 초(50)태(50)태초(50)시초(50)신(50)초(100)태(50)신(50)초(30)신(10)자등명은 자등명 인간계의 태초(20)시초(20)초(20)태(20)묘(20)신(20)초(5)태초(5)신(10)태(5)신(3) 고향이라고 이름 지어 말하다

2013. 09. 08 초(50)태(50)태초(50)시초(50)신(50)초(100)태(50)신(50)초(30)신(10)자등명 최종지 초(40)태(40)신(30)태(50)초(100)태초(70)태(30)신(40)초(40)태(30)신(40)초(20)신(20)초(10)신(10)자등명 에너지를 100% 받을 수 있는 진언을 찾아 내놓다

2013. 09. 09 자등명 태초시초 근본태(5)묘(5)명(明)신(10) 자등명 세계(큰 1-9)를 하나하나 소상히 밝혀 드러내 그려 내놓고, 큰 9번째 최종지 하나의 이름을 자등명 근본 태초시초 태(5)묘(5)명신(神:10) 자등명이라 하며 자등명 인간계에서 본다면 자등명 인간계 태초(10)시초(10)태(10)초(100)신(100)자등명 고향자등명이라 하고, 이것을 자등명 태초(50)시초(80)태(80)신(100)자등명 고향 근본

자등명 최종지이고 자등명 인간계 태초(30)시초(30)신(50)태초(80)시초(90)태(50)초(50)태(30)태초(20)시초(30)태(20)신(20)태(10)신(10)초(5)태초(10)신(10)자등명 고향 근본 태(5)초(5)신(5) 본성이라고 말하며, 자등명 인간계에서 볼 때 자등명 태초(50)시초(80)태(80)신(100)자등명 고향 근본자등명은 자등명 인간계 태초(80)초(40)태초(100)시초(70)태(50)초(50)신(80)자등명의 근본자등명이고, 자등명 인간계에서 볼 때 자등명 근본 태초시초 태태태태태(5)묘묘묘묘묘(5)명신신신신신신신신신신(10)은 자등명 인간계 태초(100)시초(100)태(100)초(100)신(100)태초(90)시초(90)초(90)신(90)비(80)초(90)태(90)신(50)태초(30)시초(30)비(20)초(20)묘(10)명자등명 근본자등명이라고 이름 지어 말하다

2013. 09. 09 자등명 태초시초 근본태(10)묘(10)태초(5)초(5)명(明)신(10) 세계(큰 1-8)를 하나하나 소상히 밝혀 드러내 그려 내놓고, 큰 8번째 하나 최종지라 하고 최종지 하나의 이름을 자등태(太:5)명 극초(5) 근본태초(太初:5)시초(5)태(5)명신(神:10) 자등태(太:3)명 극초자등명이라고 말하며 자등명 인간계에서 본다면 자등명 인간계 태(10)태초(20)시초(5)태(5)초(5)신(100)자등명 극초자등명이라고 말하고, 큰 8번째 하나를 자등명 태초(90)시초(100)태(80)신(100)초(10)자등명 근본자태(太:5)등명 최종지이고 자등명 인간계 태초(100)시초(90)신(90)태초(90)극초자등태(太:10)자등명 본성이라고 말하며 자등명 인간계에서 볼 때 자등명 태초(90)시초(100)태(80)신(100)초(10)자등명 근본자태(太:5)등명은 자등명 인간계 태초(100)초(100)묘(90)태(100)신(100)자등명의 극초자등명이고, 자등태(太:5)명 극초(5) 근본태초(太初:5)시초(5)태(5)명신(神:10) 자등태(太:3)명 극초자등명은 자등명 인간계 태초(100)시초(100)신(90)태초(100)시초(100)초(90)신(100)태(100)극초(10)자등태(太:10)자등명이라고 이름 지어 말하다

2013. 09. 10 자등명 태초(50)시초(80)태(80)신(100)자등명 고향 근본자등명 최종지 자등명 근본 태초시초 태(5)묘(5)명(明)신(10) 자등명 에너지를 100% 받을 수 있는 진언을 찾아 내놓다

2013. 09. 10 육체와 영적존재들과의 작용에 대하여 56단계 안에서 자등명 인간계까지에서의 작용과 자등명 인간계 위 출하여 올라간 세계에서의 작용에 대하여 소상히 밝히다

2013. 09. 10 암(癌)환자의 대부분이 조상님들 중 지옥에 계신 분들과 연결되어 있는 듯싶다고 밝히다.

2013. 09. 10 자등명 태초(30)시초(20) 극초태(太:20)묘(10)태초(10)초(10)태(10)초(10)명신(神:20) 자극초등명 세계(큰 1-8)를 하나하나 소상히 밝혀 드러내 그려 내놓고, 큰 8번째 최종지 하나의 이름을 자등극초태(太:10)명 비(5)초(10)비(10)초(15) 극초태초(太初:10)시초(10)태(5)초(5)시초(5)신(10) 자극초(超:5)자등명이라 하고, 자등명 태초(30)시초(40)자등명 태초(100)시초(90)자근본(根本:10)태(40)묘(30)태(10)신(10)자등명 극비자등명 최종지이고 자등명 인간계 태초(100)시초(100)초(100)근본(20)태초(10)태(5)태초(3)신(100) 근본자등명 극초자등근본(根本:4)자등명 본성이라고 말하며 큰 8번째 최종지 하나를 자등명 인간계에서 본다면 자등명 인간계 자극초(超:5) 태초(10)시초(10)태(5)자등비(秘:5)초(5)신(10)자등명 극비초자등명이고 자등명 인간계 태초(100)시초(100)초(100)태(90)태초(90)시초(90)초(90)비(60)묘(50)태(20)극초(4)자등명의 최종지라고 이름 지어 말하다

2013. 09. 13 자등명 태초(100)시초(100)초(100)태(100)태초(90)시초(100)비(80)초(100)신(50)태초(100)신(100)태(100)초(100)묘(100)태초(80)근본(40)태(20)묘(30)비(20)초(40)태초(100)시초(100)태(50)묘(30)초(30)극초(4)신(40)태초(100)시초(50)태(40)신(100)태초(90)초(90)묘(100)비(100)신(100)태초(80)초(70)묘(50)비(50)태초(10)비(10)초(5)비(5)신(90)태초(90)신(90)태(50)초(30)신(20)태초(80)시초(100)태(30)묘(10)비(10)태(10)신(10)태(5)신(10)근본(30)초(10)묘(10)비(10)태(5)극(5)비(3)신(20)초(5)묘(5)태초(5)묘(4)비(4)신(10)태초(50)신(15)태초(10)신(5)초(3)태(3)초비(秘:3)태(3)신(10)초비태신 초극비태자등명 세계(큰 1-5)를 하나하나 소상히 밝혀 드러내 그려 내놓고, 큰 5번째 최종지 하나의 이름을 자등극비초(超:4)태(20)명 비(10)초(15)초(20) 극(5)초(10)태초(10)태(15)초(10)묘(10)비

(10)태(5)신(10) 자극(極:5)태초(3)근본자등명이라 하고, 이를 자등명 태초(50)시초(50)태(40)자극초비(秘:5)태(10)태초(50)묘(10)비(10)초(5)근본자등명 태극초자등명의 최종지이고 자등명 인간계 태초(100)시초(100)비(80)태(80)신(100)근본(10)태초(100)초(50)묘(30)비(10)신(10)극초자등명의 본성이라고 말하며, 큰 5번째 하나를 자등명 인간계에서 본다면 자등명 인간계 자극(極:5)초(10) 태초(40)신(50)태(40)묘(30)태초(20)비(10)태(10)극(5)초(5)자극등태(太:5)초(5)묘(5)신(5)명초극자등명이고 자등명 인간계 태초(100)시초(100)태(40)극초비(秘:10)태(5)근본(5)태(10)태초(10)자등명태초자등명의 최종지라고 이름 지어 말하다.

2013. 09. 10 자등명 태초(100)시초(90)태(80)극초묘(妙:30)비(50)태초(90)근본(30)비(60)태(10)태초(100)시초(90)태(80)묘(50)비(40)태(40)근본(5)태초(80)신(90)태초(100)묘(60)비(40)태(30)극초(4)초(80)신(80)근본(10)태초(100)초(80)시초(100)묘(50)비(40)초(30)극초태초(太初:50)묘(30)비(20)신(100)근본(5)신(10)태(10)묘(5)비(5)태(5)초(4)묘(3)비(2)신(100)태초(90)시초(90)묘(40)비(40)태초(50)신(50)태초(10)초(5)묘(4)비(4)태(3)근본(4)태초(100)시초(100)태(80)묘(50)비(50)태(40)묘(30)비(30)태(20)극초태(太:10)묘(10)태초(4)시초(3)극(2)초(2)신(10) 초극초자등명 초(4)시초(4)초(2)태초자등명 세계(큰 1-8)를 하나하나 소상히 밝혀 드러내 그려 내놓고, 큰 8번째 최종지 하나의 이름을 자등명 극초태초(太初:50)태(40)묘(30)비(30)태(20)신(10)초(5)태(4)신(10)묘(10)비(10)태초(10)시초(10)태(10)묘(4)근본(5)태(40)극초태초(太初:10)근본(3)초(10)묘(5)비(4)태초(2)묘(5)비(5)초(4)신(10)지묘(妙:5)비(5)초(4)묘(2)비(2)태초자등태(太:5)자등묘(妙:3)비(3)초(2)근본자등명 초극초자등명이라 하고, 이를 자등명 태초(100)시초(100)태(90)태초(90)묘(70)비(70)묘(40)태(80)근본(40)초(30)극초자등명 초극초자등명의 최종지이고 자등명 인간계 태초(80)신(50)태초(70)태(60)극초자등명 자태묘명자등명의 본성이라고 말하며, 최종지를 자등명 인간계에서 본다면 자등명 인간계 비(10)초(10)묘(10)초(10)극초태초(太初:5)시초

(10)묘(10)비(10)신(20)묘(20)비(20)초(10)태(5)초(3)비(3)초(3)신(5)자등태초(太初:10)신(10)자등명 극(2)초(3)자등명이고, 자등명 인간계 비(30)태(20)태초(20)묘(20)비(20)태(20)신(50)태초(100)태(30)초(5)묘(5)태초(3)묘(2)비(3)태초(3)극초태(太:10)신(100)태초(20)시초(20)신(10)태(10)묘(4)비(4)태초(2)시초신(20)태(30)비(20)묘(10)자등초(超:3)태(5)신(5)태초(2)비(2)묘(2)신(10)자등명 초극태(2)초(3)자등명의 최종지라고 이름 지어 말하다

2013. 09. 11 자등명 태초(90)시초(100)태(80)신(100)초(10)자등명 근본자태(太:5)등명 최종지 자등태(太:5)명 극초(5) 근본태초(太初:5)시초(5)태(5)명신(神:10) 자등태(太:3)명 극초자등명 에너지를 100% 받을 수 있는 진언을 찾아 내놓다

2013. 09. 11 자등명 극(10)초(10)태초(90)비(100)묘(100)태초(100)시초(100)태(60)묘(50)비(50)근본(30)태초(80)시초(80)묘(60)비(20)태(10)신(100)태초(60)묘(40)비(30)태(20)신(30)태초(40)시초(30)태(10)묘(5)비(4)태초(3)태(5)태초(10)묘(4)비(5)태초(2)초(5)태(5)묘(4)태(3)극(4)초(4)태(4)신(10)자등태(太 :5)극(3)태초(3)태(3)묘(3)비(2)극초(5)태초(4)자등명 태(5)시초(4)태(4)시초(2)묘(2)태(10)극(5)자등명 자등초(超:5)묘(4)태(5)초(4)자등명 초(4)묘(4)비(4)극(4)초(2)자등명 초태(太:2)신(10)자등명 극태초자등명 세계(큰 1-207)를 하나하나 소상히 밝혀 드러내 그려내놓고, 큰 207번째 최종지 하나의 이름을 비(50)묘(30)태초(90)시초(80)태(80)신(80)초(30)묘(10)비(10)태초(20)태(20)초(10)신(10)극(5)비(5)태(5)태초(10)근본(10)초(10)태초(4)태(4)극비초자등명 극비(秘:5)신(10)태(5)신(5)비(4)태(3)신(10)자등명 초묘(妙:4)태초(10)비(5)태(4)묘(2)태(4)초극묘자등명이라고 하고, 이를 자등명 비(70)태(50)묘(50)태초(50)태(50)극비(秘:5)태초(100)신(100)태초(90)근본(40)묘(40)비(30)극비(4)태(50)극초(5)극초(4)극초(3)극초(2)극비태초(5)극비(3)태초(3)극초극비극태극초(極超:4)태(5)태초(3)극초태초자등명의 최종지이고 자등명 인간계 태초(100)시초(100)근본(50)태(50)묘(50)비(40)태초(30)묘(30)극비(秘:5)태초(10)근본(5)태초(10)태

(5)근본(3)태초(2)묘(3)비(3)태초(2)극초태초극비태초비(秘:3)초(3)극초태초자등명의 본성이라고 말하며, 최종지를 자등명 인간계에서 본다면 자등명 인간계 비(10)태초(20)태(5)묘(5)태(4)묘(4)비(3)태초(10)묘(10)태초(10)근본(10)태초(5)신(10)태초(20)극초(超:5)극초묘(妙:5)태(10)극초묘(妙:3)비(4)태(4)초(10)태(10)신(10)극초비(秘:5)태초(70)묘(50)비(10)태(10)초(10)신(20)묘(5)비(5)태(5)묘(5)태(2)신(10)극비자등명이라고 이름 지어 말하다.

2013. 09. 11 자등명 극(10)초(10)극(5)초(5)태초(20)초(20)극(10)초(10)극(5)초(5)태초(5)초(5)묘(5)비(5)태(10)태초(50)태(50)신(50)극(4)태초(10)묘(10)비(10)극(3)초(3)묘(3)비(3)태초(5)묘(3)비(2)근본(100)태초(90)시초(90)태(90)신(90)초(90)시초(90)묘(80)비(90)태초(80)신(90)묘(80)비(80)태초(80)극(5)태초(100)시초(100)묘(100)비(100)태초(80)신(80)묘(70)비(70)태초(60)초(50)태(40)신(100)비(50)묘(40)초(40)시초(40)태(30)신(90)묘(50)비(40)태초(40)근본(30)태초(40)시초(30)태(30)태초(20)신(50)초(50)묘(20)비(20)초(10)묘(10)비(10)태초(10)묘(5)비(5)초(5)태초(5)묘(4)비(4)초(3)신(10)자등명 극초태초묘(妙:5)비(5)태(5)묘(3)비(3)초(2)묘(3)태(2)신(10)초(10)묘(5)비(5)태초(4)묘(2)비(2)초(3)묘비태초(太初:2)묘비초태초극초신(神:10)자등명 극비태초묘초자등명 세계(큰 1-7)를 하나하나 소상히 밝혀 드러내 그려 내놓고, 큰 7번째 최종지 하나를 빠져나오면서 다음 세계로 올라가기 위하여 9월 4일 이곳에서 또다시 출(出)을 하였었다고 회상하며, 큰 7번째 최종지 하나의 이름을 자등명 극(20)초(30)극(15)태극초(超:20)태(20)극(30)태(40)묘(40)비(50)극(10)초(10)태초(100)시초(100)태(100)극(4)태초(90)시초(90)초(90)묘(90)비(90)태초(100)묘(100)태(100)근본(100)비(90)극(3)태초(80)초(80)태(80)묘(80)태초(80)묘(80)신(100)자등초묘(妙:4)비(10)태초(80)묘(80)태(80)근본(50)초(50)신(50)근본(30)태초(30)신(30)태(30)신(30)태초(20)묘(20)태(20)태초(10)근본(4)태초(20)비(20)묘(20)태초(15)비(10)묘(10)태(4)신(10)태초(4)묘(2)비(4)태(4)묘(4)초(5)신(10)극초묘(妙:2)비(2)극초극비(極秘:5)극묘초묘태초신자

등명 극초태초시초자등명이라 하고, 이를 자등명 태초(100)시초(100)태(100)묘(100)극초묘(妙:40)태초(100)시초(100)묘(90)극초극비자등명 태초(5)시초(3)묘(5)근본(5)태초(5)묘초극초자등명 태초(50)시초(50)초(40)근본(40)초(40)신(100)태초(50)시초(40)묘(30)태초(20)묘(10)비(10)극초극묘자등명 신(5)태초(4)묘(2)비(2)태(5)극묘극비자등명의 최종지이고 자등명 인간계 극초극묘극(極:2)태초(20)시초(20)근본(20)태초(50)시초(50)묘(50)태(20)묘(20)비(20)초(20)묘(20)태초(30)시초(50)태(50)신(100)묘(50)비(50)극초극비태초(太初:5)묘(4)비(4)태(5)묘(5)비(4)초(10)근본(4)비(2)묘(2)극초극비자등명 태초(50)시초(50)비(40)묘(40)태초(40)초(30)비(20)묘(20)태(5)초(5)극초극묘자등명의 본성이라고 말하며, 최종지를 자등명 인간계에서 본다면 자등명 인간계 태초(100)시초(100)태(90)묘(100)비(100)태초(100)묘(90)비(80)근본(80)태초(90)묘(70)비(60)태초(80)극초묘(妙:30)비(40)극묘극비태초(太初:20)신(90)태초(80)극초극비태초(太初:60)극초극비초(超:20)태초(60)극초극비태초(太初:10)묘(10)태초(20)초(20)근본(50)태초(40)묘(20)태초(15)시초(90)극초극비묘(妙:10)태초(10)묘(10)극초극묘태초(太初:5)묘(5)태(5)극초극비자등명 극초극비자등명이라고 이름 지어 말하다

2013. 09. 13 모든 세계를 동시에 살고 있다. 다만 자기 자신이 알고 있는 만큼만 인식하고 살뿐이라고 밝혀 드러내 말하다

2013. 09. 16 자등명 태초(30)시초(40)자등명 태초(100)시초(90)자근본(根本:10)태(40)묘(30)태(10)신(10)자등명 극비자등명 최종지 자등극초태(太:10)명 비(5)초(10)비(10)초(15) 극초태초(太初:10)시초(10)태(5)초(5)시초(5)신(10) 자극초(超:5)자등명 에너지를 100% 받을 수 있는 진언을 찾아 내놓다

2013. 09. 17 자등명 태초(50)시초(50)태(40)자극초비(秘:5)태(10)태초(50)묘(10)비(10)초(5)근본자등명 태극초자등명 최종지 자등극비초(超:4)태(20)명 비(10)초(15)초(20) 극(5)초(10)태초(10)태(15)초(10)묘(10)비(10)태(5)신(10) 자극(極:5)태초(3)근본자등명 에너지를 100% 받을 수 있는 진언을 찾아 내놓다

2013. 09. 17 자등명 태초(100)시초(100)태(90)태초(90)묘(70)비

(70)묘(40)태(80)근본(40)초(30)극초자등명 초극초자등명 최종지 자등명 극초태초(太初:50)태(40)묘(30)비(30)태(20)신(10)초(5)태(4)신(10)묘(10)비(10)태초(10)시초(10)태(10)묘(4)근본(5)태(40)극초태초(太初:10)근본(3)초(10)묘(5)비(4)태초(2)묘(5)비(5)초(4)신(10)자묘(妙:5)비(5)초(4)묘(2)비(2)태초자등태(太:5)자등묘(妙:3)비(3)초(2)근본자등명 초극초자등명 에너지를 100% 받을 수 있는 진언을 찾아 내놓다

2013. 09. 18 자등명 비(70)태(50)묘(50)태초(50)태(50)극비(秘:5)태초(100)신(100)태초(90)근본(40)묘(40)비(30)극비(4)태(50)극초(5)극초(4)극초(3)극초(2)극비태초(5)극비(3)태초(3)극초극비극태극초(極超:4)태(5)태초(3)극초태초자등명 최종지 비(50)묘(30)태초(90)시초(80)태(80)신(80)초(30)묘(10)비(10)태초(20)태(20)초(10)신(10)극(5)비(5)태(5)태초(10)근본(10)초(10)태초(4)태(4)극비초자등명 극비(秘:5)신(10)태(5)신(5)비(4)태(3)신(10)자등명 초묘(妙:4)태초(10)비(5)태(4)묘(2)태(4)초극묘자등명 에너지를 100% 받을 수 있는 진언을 찾아 내놓다

2013. 09. 18 자등명 태초(100)시초(100)태(100)묘(100)극초묘(妙:40)태초(100)시초(100)묘(90)극초극비자등명 태초(5)시초(3)묘(5)근본(5)태초(5)묘초극초자등명 태초(50)시초(50)초(40)근본(40)초(40)신(100)태초(50)시초(40)묘(30)태초(20)묘(10)비(10)극초극묘자등명 신(5)태초(4)묘(2)비(2)태(5)극묘극비자등명 최종지 자등명 극(20)초(30)극(15)태극초(超:20)태(20)극(30)태(40)묘(40)비(50)극(10)초(10)태초(100)시초(100)태(100)극(4)태초(90)시초(90)초(90)묘(90)비(90)태초(100)묘(100)태(100)근본(100)비(90)극(3)태초(80)초(80)태(80)묘(80)태초(80)묘(80)신(100)자등초묘(妙:4)비(10)태초(80)묘(80)태(80)근본(50)초(50)신(50)근본(30)태초(30)신(30)태(30)신(30)태초(20)묘(20)태(20)태초(10)근본(4)태초(20)비(20)묘(20)태초(15)비(10)묘(10)태(4)신(10)태초(4)묘(2)비(4)태(4)묘(4)초(5)신(10)극초묘(妙:2)비(2)극초극비(極秘:5)극묘초묘태초신자등명 극초태초시초자등명 에너지를 100% 받을 수 있는 진언을 찾아 내놓다

2013. 09. 20 인류의 역사는 자등명 인간계에서 볼 때 그 기간은 얼마나 될까? 살펴 생각하며 테스트해 보라고 하다

2013. 09. 23 10만 넘게 출하여 올라온 10만출 위, 1-1 자등명 태초(5)초(2)묘태자등명 세계(큰1-4번째)를 밝혀 드러내 그려 내놓고, 큰 1번째 (1-12) 12번째 하나의 이름을 자등명 극묘극비묘 극묘태묘 근본자등명하고 전체를 한 덩어리로 보았을 때 자등명 묘초(初:5)태초(5)극(5)태(3)극(2) 초극태자등명 세계라 하고, 큰 2번째 (1-13) 13번째 하나의 이름을 자등명 극묘극초묘 극비태묘 근본자등명라 하고 전체를 한 덩어리로 보았을 때 자등명 초묘(妙:4)비(3)태 묘비초묘초묘 극비자등명 세계라 하며, 큰 3번째(1-3) Ⅲ번째 하나의 이름을 자등명 극비극초묘 극묘초극초태 근본자등명이라 하고 전체를 한 덩어리로 보았을 때 자등명 태초(5)묘(10)극초극묘비 묘비묘초 태초자등명 세계라 하며. 큰 4번째 (Ⅰ~ⅩⅢ) ⅩⅢ번째 하나의 이름을 자등명 극태극묘극비 극비초묘태초 근본자등명이라 하고 전체를 한 덩어리로 보았을 때 자등명 태초(5)묘(3)초(2)태초 태초근본자등명 세계라 이름 지어 말하다

2013. 09. 24 10만출 위, 1-1자등명 태초(5)초(2)묘태자등명 세계(큰 5-10번째)를 밝혀 드러내 그려 내놓고,

큰 5번째(Ⅰ~Ⅹ) 세계를 밝혀 드러내 그려 내놓고, Ⅹ번째 하나의 이름을 자등명 태극태극초묘비 근본자등명이라 하고 전체를 한 덩어리로 보았을 때 자등명 묘태극비 극초태초극태초 근본자등명 세계라 하고,

큰 6번째(Ⅰ~Ⅹ) 세계를 밝혀 드러내 그려 내놓고, Ⅹ번째 하나의 이름을 자등명 태극(5)태초(3)초(3)태(2)태초 근본자등명이라 하고, 전체를 한 덩어리로 보았을 때 자등명 극태묘(3)태초(5)극(10)태(10)근본(5)묘(5)초(3)근본(2)초(2)태초 자(慈)근본자등명 세계라 하고,

큰 7번째(Ⅰ~Ⅷ) 세계를 밝혀 드러내 그려 내놓고, Ⅷ번째 하나의 이름을 자등명 극태묘(4)태초(5)극(10)태(10)근본(5)묘(5)초(4)근본(3)태초(2)극초 근본자등명이라 하고, 전체를 한 덩어리로 보았을 때 자등명 묘(4)비(2)태초묘초태초 근본자등명 세계라 하고,

큰 8번째(Ⅰ~Ⅷ)세계를 밝혀 드러내 그려 내놓고, Ⅷ번

째 하나의 이름을 자등명 묘(10)비(10)극(10)초(10)태초(10)묘(5)비(3)태초(2)묘비태초 자(慈)근본자등명이라 하고 전체를 한 덩어리로 보았을 때 자등명 묘(10)비(10)근본(5)태초(4)초(3)묘비태초 자(慈)근본자등명 세계라 하고,

큰 9번째(Ⅰ~Ⅷ) 세계를 밝혀 드러내 그려 내놓고, Ⅷ번째 하나의 이름을 자등명 비(10)태초(10)근본(10)초(10)극(5)태초(3)묘(2)초비태초 자근본자등명이라 하고 전체를 한 덩어리로 보았을 때 자등명 태초(10)묘(10)비(10)태극(5)초(2)태초 자(慈)근본자등명 세계라 하고,

큰 10번째 하나의 이름을 자등명 태극(10)태초(10)묘(10)비(10)초(5)묘(4)비(3)태초 자(慈)근본자등명이라 하고,

큰 1-10번째 세계 전체를 한 덩어리 보았을 때 자등명 묘(5)비(2)태초(10)극태(4)극(3)태(2)극비태초 자(慈)근본초극비자등명 세계라 이름 지어 말하다.

2013. 09. 25 자등명 인간계로 언제 회귀할 수 있을까? 생각해 보고 테스트해 보라고 말하다.

2013. 09. 25 10만출 위, 1-2(큰 1-6)번째 자비명 묘태묘비묘초 묘초자등명 세계를 밝혀 드러내 그려 내놓고,

큰1(Ⅰ~XⅢ)번째 세계를 밝혀 드러내 그려 내놓고, XⅢ번째 하나의 이름을 자비명(自秘明) 태초극묘극태극비태초자등명이라 하고 전체를 한 덩어리로 보았을 때 자비명 태초비초묘초묘태 극초묘자등명 세계라 하고

큰 2(Ⅰ~X)번째 세계를 밝혀 드러내 그려 내놓고, X번째 세계 하나의 이름을 자비명(自秘明) 태초묘초태극비초 묘초비초자등명이라 하고 전체를 한 덩어리로 보았을 때 자비명 태극근본태초자등명 세계라 하고

큰 3(Ⅰ~Ⅳ)번째 세계를 밝혀 드러내 그려 내놓고, Ⅳ번째 세계 하나의 이름을 자비명(自秘明) 태극태초태묘태초 태묘비초자등명 전체를 한 덩어리로 보았을 때 자비명 비묘태묘태태초 태초자태초자등명 세계라 하고

큰 4(Ⅰ~Ⅳ)번째 세계를 밝혀 드러내 그려 내놓고, Ⅳ번째 세계 하나의 이름을 자비명(自秘明) 태묘태초근본초태극태극묘비자등명이라 하고 전체를 한 덩어리로 보았을

때 자비명 태초묘초태극비태 태묘태극자등명 세계라 하고

큰 5(Ⅰ~Ⅴ)번째 세계를 밝혀 드러내 그려 내놓고, Ⅴ번째 세계 하나의 이름을 자비명(自秘明) 비묘태극태초 태묘태비자등명이라 하고 전체를 한 덩어리로 보았을 때 자비명 묘비초묘태 태묘비자등명 세계라 하고

큰 6(Ⅰ~Ⅴ)번째 세계를 밝혀 드러내 그려 내놓고, Ⅴ번째 세계 하나의 이름은 자비명(自秘明) 태묘비태묘초 태초묘비자등명이라 하고 전체를 한 덩어리로 보았을 때 자비명 묘비묘초묘태 묘태묘비자등명 세계라 이름 지어 말하다

2013. 09. 26 10만출 위, 1-2(큰7-10)번째 자비명 묘태묘비묘초 묘초자등명 세계를 밝혀 드러내 그려 내놓고,

큰 7(Ⅰ~Ⅹ)번째 세계를 밝혀 드러내 그려 내놓고,

Ⅹ번째 세계 이름을 자비명(自秘明) 묘비태묘묘초근본태(5)비(5)태초자등명이라 하고 전체를 한 덩어리로 보았을 때 자비명 태초묘비묘초묘비초묘비태초 태극태초자등명 세계라 하고

큰 8(Ⅰ~Ⅶ)번째 세계를 밝혀 드러내 그려 내놓고, Ⅶ번째 세계 하나의 이름을 자비명(自秘明) 묘비태묘비태묘비초 태초묘초태초자등명이라 하고 전체를 한 덩어리로 보았을 때 자비명 묘비묘비묘비태초묘비묘초 비묘비묘태초자등명 세계라 하고

큰 9(Ⅰ~Ⅺ)번째 세계를 밝혀 드러내 그려 내놓고, Ⅺ번째 세계 하나의 이름을 자비명(自秘明) 비태비태비태묘비 초묘비태초자등명이라 하고 전체를 한 덩어리로 보았을 때 자비명 태초비묘비태비태태초 태비태묘태초자등명 세계라 하고

큰 10번째 하나의 세계를 밝혀 드러내 그려 내놓고, 큰 10번째 하나의 이름을 자비명 태묘묘비태비태묘 극태묘비비태자등명 큰 1-10번째 전체를 한 덩어리로 보았을 때 자비명 묘태묘비묘초 묘초자등명 세계라 이름 지어 말하다

2013. 09. 26 10만출 위, 1-3(큰1-5)번째 자태묘명 비초묘초묘태태초묘비태초자등명 세계를 밝혀 드러내 그려 내놓고,

큰 1(Ⅰ~Ⅸ)번째 세계를 밝혀 드러내 그려 내놓고, Ⅸ번째 세계 하나의 이름을 자태묘명 비초묘초태초 비초태초

자등명이라 하고 전체를 한 덩어리로 보았을 때 자태묘명 비초태극비초묘초 자등명 세계라 하고

큰 2(Ⅰ~Ⅺ)번째 세계를 밝혀 드러내 그려 내놓고, Ⅺ번째 세계 하나의 이름을 자태묘명 태묘비태묘태초 태초자등명이라 하고 전체를 한 덩어리로 보았을 때 자태묘명 묘비태비태초 태초자등명 세계라 하고

큰 3(Ⅰ-Ⅸ)번째 세계를 밝혀 드러내 그려 내놓고, Ⅸ번째 세계 하나의 이름을 자태묘명 묘비태비태초 태묘태비자등명이라 하고 전체를 하나의 한 덩어리로 보았을 때 자태묘명 태비태묘태초 태묘태초자등명 세계이라 하고

큰 4(Ⅰ~Ⅵ)번째 세계를 밝혀 드러내 그려 내놓고, Ⅵ번째 세계 하나의 이름을 자태묘명 태비태초태묘태비태초 태묘태비자등명이라 하고 전체를 하나의 한 덩어리로 보았을 때 자태묘명 태묘태초묘비태초 태묘태비자등명 세계라 하고

큰 5번째 하나를 밝혀 드러내 그려 내놓고, 큰 5번째 하나의 이름을 자태묘명 묘비태비태묘태초 태묘태비자등명이라 하고 큰 1-5번째 전체를 하나의 한 덩어리로 보았을 때 자태묘명 비초묘초묘태태초 묘비태초자등명 세계라 이름 지어 말하다.

2013. 09. 27 10만출 위, 1-4(큰1-6)번째 자묘비초명 태묘(6)태초태비태초 자등명 세계를 밝혀 드러내 그려 내놓고,

큰 1(Ⅰ~Ⅵ)번째 세계를 밝혀 드러내 그려 내놓고, Ⅵ번째 세계 하나의 이름을 자묘비초명 태초태묘초태초자등명이라 하고 전체를 하나의 한 덩어리로 보았을 때 자묘비초명 태초태묘묘비태초자등명 세계라 하고

큰 2(Ⅰ~Ⅵ)번째 세계를 밝혀 드러내 그려 내놓고, Ⅵ번째 세계 하나의 이름을 자묘비초명 태초태비묘태초태묘자등명이라 하고 전체를 하나의 한 덩어리로 보았을 때 자묘비초명 태초태묘태태태초초자등명 세계라 하고

큰 3(Ⅰ~Ⅵ)번째 세계를 밝혀 드러내 그려 내놓고, Ⅵ번째 세계 하나의 이름을 자묘비초명 태초태묘(太妙:4)자등명라 하고 전체를 하나의 한 덩어리로 보았을 때 자묘비초명 태묘(5)비초자등명 세계라 하고

큰 4(Ⅰ~Ⅺ)번째 세계를 밝혀 드러내 그려 내놓고, Ⅺ번째 세계 하나의 이름을 자묘비초명 태초태묘태비태초태묘태묘자등명라 하고 전체를 하나의 한 덩어리로 보았을 때 자묘비초명 태비태묘(太妙:5)자등명 세계라 하고

큰 5(Ⅰ~Ⅶ)번째 세계를 밝혀 드러내 그려 내놓고, Ⅶ번째 세계 하나의 이름을 자묘비초명 태묘(4)태초자등명이라 하고 전체를 하나의 한 덩어리로 보았을 때 자묘비초명 태묘(4)태초태비자등명 세계라 하고

큰 6번째 하나를 밝혀 드러내 그려 내놓고, 큰 6번째 하나의 이름을 자묘비초명 태묘(5)태초묘비자등명이라 하고 큰 1-6번째 전체를 하나의 한 덩어리로 보았을 때 자묘비초명 태묘(6)태초태비태초 자등명 세계라 이름 지어 말하다

2013. 09. 27 10만출 위, 1-5(큰1-5)번째 자태비태태명 태묘(6)태비(6)태(5)초(6)태묘 근본자등명 세계를 밝혀 드러내 그려 내놓고,

큰 1(Ⅰ~Ⅸ)번째 세계를 밝혀 드러내 그려 내놓고, Ⅸ번째 세계 하나의 이름을 자태비태태명 태비(4)태초자등명이라 하고 전체를 하나의 한 덩어리로 보았을 때 자태비태태명 태묘(2)태비(2) 자등명 세계라 하고

큰 2(Ⅰ~Ⅸ)번째 세계를 밝혀 드러내 그려 내놓고, Ⅸ번째 세계 하나의 이름을 자태비태태명 태묘(4)태비(2)태초(2)자등명이라 하고 전체를 하나의 한 덩어리로 보았을 때 자태비태태명 태묘(5)태비(2)태초자등명 세계라 하고

큰 3(Ⅰ~Ⅵ)번째 세계를 밝혀 드러내 그려 내놓고, Ⅵ번째 세계 하나의 이름을 자태비태태명 태묘(5)태비(2)태초 근본자등명이라 하고 전체를 하나의 한 덩어리로 보았을 때 자태비태태명 태묘(5)태비(5)태초 근본자등명 세계라 하고

큰 4(Ⅰ~Ⅵ)번째 세계를 밝혀 드러내 그려 내놓고, Ⅵ번째 세계 하나의 이름을 자태비태태명 태묘(5)태비(5)태초(3)태묘 근본자등명이라 하고 전체를 하나의 한 덩어리로 보았을 때 자태비태태명 태묘(5)태비(5)태초(4)태묘(2)초묘 근본자등명 세계라 하고

큰 5번째 하나를 밝혀 드러내 그려 내놓고, 큰 5번째 하나의 이름을 자태비태태명 태묘(6)태비(6)태(6)초(3)태초 근본자등명이라 하고 큰 1-5번째 전체를 하나의 한 덩어리로 보았을 때 자태비태태명 태묘(6)태비(6)태(5)초(6)태묘 근본자등명 세계라 이름 지어 말하다

2013. 09. 28 10만출 위, 1-6(큰1-5)번째, 자태비태태명 태묘(10)태비(5)태묘태비태초 태묘자등명 세계를 밝혀 드러내 그려 내놓고,

큰 1(Ⅰ~Ⅵ)번째 세계를 밝혀 드러내 그려 내놓고, Ⅵ번째 세계 하나의 이름을 자태비태묘초명 태묘(5)태비(5)태초(3)태묘 태초자등명이라 하고 전체를 하나의 한 덩어리로 보았을 때 자태비태묘초명 태묘(8)태비(4)태초(3)태비 태초자등명 세계라 하고

큰 2(Ⅰ~Ⅵ)번째 세계를 밝혀 드러내 그려 내놓고, Ⅵ번째 세계 하나의 이름을 자태비태묘초명 태묘(8)태비(8)태묘극초 태초자등명이라 하고 전체를 하나의 한 덩어리로 보았을 때 자태비태묘초명 태묘(8)태비(8)태묘태극초 태초자등명 세계라 하고

큰 3(Ⅰ~Ⅻ)번째 세계를 밝혀 드러내 그려 내놓고, Ⅻ번째 세계 하나의 이름을 자태비태묘초명 태묘(10)태초(10)태묘태초 태비극자등명이라 하고 전체를 하나의 한 덩어리로 보았을 때 자태비태묘초명 태묘(10)태초(10)태묘태극 태비자등명 세계라 하고

큰 4(Ⅰ~Ⅷ)번째 세계를 밝혀 드러내 그려 내놓고, Ⅷ번째 세계 하나의 이름을 자태비태묘초명 태묘(10)태초(10)태묘태비태초 태묘자등명이라 하고 전체를 하나의 한 덩어리로 보았을 때 자태비태묘초명 태묘(10)태초(10)태극태비태초 태묘자등명 세계라 하고

큰 5번째 하나를 밝혀 드러내 그려 내놓고, 큰 5번째 하나의 이름을 자태비태묘초명 태묘(12)태비(10)태묘(2)태비(5)태초(5)태극태초 태묘자등명이라 하고 큰 1-5번째 전체를 하나의 한 덩어리로 보았을 때 자태비태태명 태묘(10)태비(5)태묘태비태초 태묘자등명 세계라 이름 지어 말하다.

2013. 09. 28 10만출 위 1-7(큰1-5)번째, 자태묘태초태극근본태명 태

묘(12)태비(10)태초(10)태비(5)태극(3)비태(2)태초 태근본자등명 세계를 밝혀 드러내 그려 내놓고,

큰 1(Ⅰ~Ⅻ)번째 세계를 밝혀 드러내 그려 내놓고, Ⅻ번째 세계 하나의 이름을 자묘비태극명 태묘(10)태비(10)태초(5)태극(2)태초 태극자등명이라 하고 전체를 하나의 한 덩어리로 보았을 때 자묘비태극명 태묘(10)태비(10)태극(5)태초(3)태묘태초 태극자등명 세계라 하고

큰 2(Ⅰ~Ⅴ)번째 세계를 밝혀 드러내 그려 내놓고, Ⅴ번째 세계 하나의 이름을 자비묘태초태극명 태묘(10)태비(10)태초(10)태극(5)태초(2)태근본 태근본자등명이라 하고 전체를 하나의 한 덩어리로 보았을 때 자비묘태초태극명 태묘(10)태비(10)태극(12)태초(10)태근본 태근본자등명 세계라 하고

큰 3(Ⅰ~Ⅵ)번째 세계를 밝혀 드러내 그려 내놓고, Ⅵ번째 세계 하나의 이름을 자태묘비태초태근본명 태묘(14)태비(10)묘비(4)태묘(2)태초 태극초자등명이라 하고 전체를 하나의 한 덩어리로 보았을 때 자태묘비태초태근본명 태묘(14)태비(10)묘비(2)태묘태초 태극초자등명 세계라 하고

큰 4(Ⅰ~Ⅵ)번째 세계를 밝혀 드러내 그려 내놓고, Ⅵ번째 세계 하나의 이름을 자태비묘태초태묘근본명 묘비(10)태묘(14)태초(10)태묘(3)태비태초 태극비자등명이라 하고 전체를 하나의 한 덩어리로 보았을 때 자태비묘태초태묘근본명 태묘(15)태비(14)태초(10)태묘(3)묘비태극 태극비자등명 세계라 하고

큰 5번째 하나를 밝혀 드러내 그려 내놓고, 큰 5번째 하나의 이름을 자태비태묘태초비명 태묘(12)태비(10)태극(5)태초(2)태묘태초 태극묘비자등명이라 하고 큰 1-5번째 전체를 하나의 한 덩어리로 보았을 때 자태묘태초태극근본태명 태묘(12)태비(10)태초(10)태비(5)태극(3)비태(2)태초 태근본자등명 세계라 이름지다

2013. 09. 28 8번째 하나를 밝혀 드러내 그려 내놓고, 10만 출하여 올라온 1-8번째를 8번째 하나가 모두 다 총괄하는 듯싶다고 말하며 8번째 하나 이 하나의 이름을 자태묘태비태초명 태묘(2)태비태근본 자등명이라 하고 이 하나를 자태묘

태비태근본명 태묘(5)태비(3)태초태근본 자등명의 최종지이고 자태묘태비태초태극명 태묘태비태초자등명의 근본성품이라 말하며 10만 출하여 올라온 1-8번째 큰 세계 전체를 하나의 한 덩어리로 보았을 때 자태묘태비태초명 태묘태비태초태근본 자등명 세계라 이름 지어 말하다

2013. 09. 28 자태묘태비태근본명 태묘(5)태비(3)태초태근본 자등명의 최종지 자태묘태비태초명 태묘(2)태비태근본 자등명 에너지를 100% 받을 수 있는 진언을 찾아 내놓다.

2013. 09. 29 10만출 위 1번째 최종지를 넘어선 2-1(큰1-9)번째 자태비(太秘:7)태묘(5)태극(4)태초(4)묘비태초 태묘(10)태비(10)태극(10)태묘(10)태비(5)묘비태초 자등명 세계를 밝혀 드러내 그려 내놓으며 최종지를 빠져나와 위로 올라가면 마른모꼴 비슷한 태묘초태초 올라가는 옆쪽 위아래로 연결되어 있고 올라가는 세계를 만날 때까지 10개가 띄엄띄엄 연결되어 마치 올라가는 길을 안내하는 것 같다고 말하며 이름이 태묘태비태비근본태묘태초라고 지어 말하다.

1(큰1-9)번째 자태비(太秘:7)태묘(5)태극(4)태초(4)묘비태초 태묘(10)태비(10)태극(10)태묘(10)태비(5)묘비태초 자등명 세계

큰 1(Ⅰ~Ⅶ)번째 세계를 밝혀 드러내 그려 내놓고, Ⅶ번째 세계 하나의 이름을 자묘근본태묘태비태초 태묘태비묘비태초극초자등명이라 하고 전체를 하나의 한 덩어리로 보았을 때 자태묘태비태초극초 태묘태비근본태초자등명 세계라 하고

큰 2(Ⅰ~Ⅶ)번째 세계를 밝혀 드러내 그려 내놓고, Ⅶ번째 세계 하나의 이름을 자묘근본태묘태비태초 태묘극초태초태묘태비태극초 자등명이라 하고 전체를 하나의 한 덩어리로 보았을 때

자태묘태비태초극초 태묘태극태묘태비태극태초 자등명 세계라 하고

큰 3(Ⅰ~Ⅸ)번째 세계를 밝혀 드러내 그려 내놓고, Ⅸ번째 세계 하나의 이름을 자태묘태비태초태극태묘태초 태묘태비태극태묘(太妙:8)태근본태묘태초 자등명이라 하고 전체를 하나의 한 덩어리로 보았을 때 자태묘태비태초태극태묘태초 태초(4)태묘(2)태비(5)태극(4)태묘(2)태비근본

태초 자등명 세계라 하고

큰 4(Ⅰ~Ⅵ)번째 세계를 밝혀 드러내 그려 내놓고, Ⅵ번째 세계 하나의 이름을 자태초(太初:3)태묘(2)태극(4)태묘태비태초 태묘(2)태극(5)태초(3)태묘(5)태비(5)태극(5)태비(2)태묘(4)태극(2)태초 자등명이라 하고 전체를 하나의 한 덩어리로 보았을 때 자태초(太初:3)태묘(2)태극(4)태묘태비태초 태초(5)태묘(4)태비(5)태극(4)태묘(4)태비(4)태극(3)태근본태초 자등명 세계라 하고

큰 5(Ⅰ~Ⅵ)번째 세계를 밝혀 드러내 그려 내놓고, Ⅵ번째 세계 하나의 이름을 자태묘(太妙:4)태비(4)태극(4)태초(4)묘비태초 태묘(8)태극(5)태초(4)태묘(4)태극(3)태비(8)태초(8)태근본태묘태비묘비태초 자등명이라 하고 전체를 하나의 한 덩어리로 보았을 때 자태묘(太妙:4)태비(4)태극(4)태초(4)묘비태초 태묘(7)태극(5)태초(4)태묘(3)태극(2)태비태묘태극태초 자등명 세계라 하고

큰 6(Ⅰ~Ⅵ)번째 세계를 밝혀 드러내 그려 내놓고, Ⅵ번째 세계 하나의 이름을 자태묘(太妙:6)태비(5)태극(5)태초(5)태묘(4)태비(4)태초 태비(6)태묘(5)태극(5)태초(5)태극(4)태묘(3)태비(2)태극태초 자등명이라 하고 전체를 하나의 한 덩어리로 보았을 때 자태묘(太妙:6)태비(5)태극(5)태초(5)태묘(4)태비(4)태초 태묘(7)태비(7)태극(5)태묘(4)태초(5)태극(4)태묘(2)태비(2)태극(4)태초(2)태묘태초 자등명 세계라 하고

큰 7(Ⅰ~Ⅳ)번째 세계를 밝혀 드러내 그려 내놓고, Ⅳ번째 세계 하나의 이름을 자태비(太秘:8)태묘(8)태극(6)태초(5)태묘(3)태비(2)태초 태비(7)태묘(6)태극(10)태묘(8)태극(8)태초(7)태묘(5)태비(4)태초(3)태극(2)태묘태비태초 자등명이라 하고 전체를 하나의 한 덩어리로 보았을 때 자태비(太秘:8)태묘(8)태극(6)태초(5)태묘(3)태비(2)태초 태묘(8)태비(8)태초(8)태묘(6)태비(6)태초(6)태묘(4)태비(4)태초(3)태극(3)태묘태비태초 자등명 세계라 하고

큰 8(Ⅰ~Ⅱ)번째 세계를 밝혀 드러내 그려 내놓고, 큰 9번째 하나를 밝혀 드러내 그려 내놓으며 큰 9번째 하나가 큰 1-9번째 세계를 모두 다 총괄하는 듯싶다고 말하며 큰 9번째 하나의 이름을 자태묘(太妙:10)태비(10)태초(10)묘비태

극태초 태묘(10)태비(10)태극(9)태묘(8)태비(5)태초(5)묘비태초 자등명이라 하고 큰 1-9번째 세계 전체를 하나의 한 덩어리로 보았을 때 자태비(太秘:7)태묘(5)태극(4)태초(4)묘비태초 태묘(10)태비(10)태극(10)태묘(10)태비(5)묘비태초 자등명 세계라 이름 지어 말하다.

2013. 09 30 10만출 2번째 위, 2(큰1-6)번째 자등명 태초(3)태비(2)태묘(3)태극(5)초묘초비태초 자묘등명 세계를 밝혀 드러내 그리고 내놓다.

큰 1(Ⅰ~Ⅳ)번째 세계를 밝혀 드러내 그려 내놓고, Ⅳ번째 세계 하나의 이름을 자초태묘비명 태초(4)묘태(3)묘비근본태초 자등명이라 하고 전체를 하나의 한 덩어리로 보았을 때 자태초태묘태비명 태묘(2)태초(4)태비(2)태극태묘태비근본 자등명 세계라 하고

큰 2(Ⅰ~Ⅶ)번째 세계를 밝혀 드러내 그려 내놓고, Ⅶ번째 세계 하나의 이름을 자태묘태비태극명 태묘(2)태비(4)태극(5)태묘비근본 자등명이라 하고 전체를 하나의 한 덩어리로 보았을 때 자태초태묘태비명 태초(5)태묘(2)태비태초근본 자등명 세계라 하고

큰 3(Ⅰ~Ⅵ)번째 세계를 밝혀 드러내 그려 내놓고, Ⅵ번째 세계 하나의 이름을 자태묘태비초명 태묘(2)태비(5)태초(3)근본 자등명이라 하고 전체를 하나의 한 덩어리로 보았을 때 자태묘태극태초명 초묘태묘(4)태비(2)초태극(太極:3)묘비태초 자등명 세계라 하고

큰 4(Ⅰ~Ⅶ)번째 세계를 밝혀 드러내 그려 내놓고, Ⅶ번째 세계 하나의 이름을 자태묘태비근본명 근본태초태묘(太妙:5)태비(3)초묘극초태묘태초 자등명이라 하고 전체를 하나의 한 덩어리로 보았을 때 자태극태묘비태초명 초태묘초태비초태초근본 자등명 세계라 하고

큰 5(Ⅰ~Ⅲ)번째 세계를 밝혀 드러내 그려 내놓고, Ⅲ번째 세계 하나의 이름을 자태묘태초태비태묘비명 태묘(2)태초(6)태비(2)태초(5)태비(3)태묘태비태초 자등명 전체를 하나의 한 덩어리로 보았을 때 자태묘비초묘태근본명 초비초묘초태묘비초태비태초 자등명 세계라 하고

큰 6번째 하나를 밝혀 드러내 그려 내놓고, 큰 6번째 하

나가 큰1-6번째 세계를 모두 다 총괄하는 듯싶고 말하며 큰 6번째 하나의 이름을 자태초태묘태비묘묘비명 태묘(2)태초(5)태비(4)태극(5)근본(2)초묘비태초 자등명하고 큰 1-6번째 세계 전체를 하나의 한 덩어리로 보았을 때 자등명 태초(3)태비(2)태묘(3)태극(5)초묘초비태초 자묘등명 세계라 이름 지어 말하다

2013. 09. 30 10만출 2번째 위, 3(큰1-4)번째 자태초태비초명 태묘(3)태비(2)태근본초태비초 자등비초묘비명 세계를 밝혀 드러내 그리고 내놓다.

큰 1(Ⅰ~Ⅷ)번째 세계를 밝혀 드러내 그리고 내놓고, Ⅷ번째 세계 하나의 이름을 자초묘초비태극명 태비(3)태묘(2)초묘비태묘태비태묘비초태초묘비 자비초묘등명이라 하고 전체를 하나의 한 덩어리로 보았을 때 자태묘초태묘근본태초명 태극(5)태초(4)태비(3)비묘태초 자묘등비명 세계라 하고

큰 2(Ⅰ~Ⅳ)번째 세계를 밝혀 드러내 그리고 내놓고, Ⅳ번째 세계 하나의 이름을 자태묘초태초묘비명 태초(5)태묘(3)초태초태비태묘태초묘비초근본 근본자초묘비등명이라 하고 전체를 하나의 한 덩어리로 보았을 때 자태묘태비초태명 태비(3)태묘(3)초태초 자태비등명 세계라 하고

큰 3(Ⅰ~Ⅱ)번째 세계를 밝혀 드러내 그리고 내놓고, 큰 4번째 하나를 밝혀 드러내 그리고 내놓으며 큰 4번째 하나가 큰1-4번째 세계를 모두 다 총괄하는 듯싶다고 말하며 큰 4번째 하나의 이름을 자태초초묘비초비명 태비(5)태묘(2)태초(6)비묘초초묘비태초 자묘비초비등명이라 하고 큰 1-4번째 세계 전체를 하나의 한 덩어리로 보았을 때 자태초태비초명 태묘(3)태비(2)태근본초태비초 자등비초묘비명 세계라 이름 지어 말하다

2013. 10. 01 10만출 2번째 위, 4(큰1-8)번째 세계를 밝혀 드러내 그리고 내놓고, 큰 8번째 하나가 큰1-8번째 세계를 모두 다 총괄하는 듯싶다고 말하며 큰 8번째 하나의 이름을 자태초태묘태비태초근본명 태묘(4)태초(4)태비(4)태극(8)초(5)태비(4)태초묘비태묘 자비초태초등명이라고 하고, 큰 1-8번째 전체를 하나의 한 덩어리로 보았을 때 자태묘태비묘초태초근본명 태초(2)태묘(5)태비(4)묘비

(2)태묘태초 자비초태초초등명 세계라 이름 지어 말하다
2013. 10. 01 10만출 2번째 위, 5(큰1-7)번째 세계를 밝혀 드러내 그리고 내놓고, 큰 7번째 하나가 큰1-7번째 세계를 모두 다 총괄하는 듯싶다고 말하며 큰 7번째 하나의 이름을 자태묘태비태초극초근본명 태묘(2)태비(4)태초(10)묘비(4)초(8)묘(5)비(2)태초 자태초태비태묘초등명이라 하고 큰 1-7번째 전체를 하나의 한 덩어리로 보았을 때 자태초태묘태비태묘초묘명 태초(4)태묘(3)태비(3)태초(5)태비(2)태묘(5)묘비(3)태초비초묘초 자태초태묘태비초태초등명 세계라 이름 지어 말하다
2013. 10. 01 10만출 2번째 위, 6(큰1-6)번째 세계를 밝혀 드러내 그리고 내놓고, 큰 6번째 하나가 큰1-6번째 세계를 모두 다 총괄하는 듯싶다고 말하며 큰 6번째 하나의 이름을 자태초태묘태초초비명 태비(3)태초(3)태묘(2)태비(4)초(5)태묘(2)태비(5)비초태초초묘비초 자태초태묘태극묘비초등명이라 하고 큰 1-6번째 전체를 하나의 한 덩어리로 보았을 때 자태묘태초태비태묘초명 태묘(4)태비(3)태초(10)태비태묘비초(秘初:3)태초(3)태묘태비묘비초 자초태초태비초태비등명 세계라 이름 지어 말하다
2013. 10. 01 10만출 2번째 위, 7(큰1-7)번째 세계를 밝혀 드러내 그리고 내놓고, 큰 7번째 하나가 큰1-7번째 세계를 모두 다 총괄하는 듯싶다고 말하며 큰 7번째 하나의 이름을 자태비태묘태비초태명 태초(5)태비(4)태묘(2)태초(4)태비태초묘비초(超:5)태초(3)초(2)태(2)태초(5)태비(2)태묘(3)태초(2)태묘묘비초태초 자묘비초태비묘비초등명이라 하고 큰 1-7번째 전체를 하나의 한 덩어리로 보았을 때 자태초태비초묘초묘태명 태초(5)태비(4)태묘(4)태초(4)묘비(3)초태(2)태초(5)초(5)태(5)비묘(2)초비초묘태초비초극초 자태초태비태묘초태비초등명 세계라 이름 지어 말하다.
2013. 10. 01 10만출 2번째 위, 8(큰1-7)번째 세계를 밝혀 드러내 그리고 내놓고, 큰 7번째 하나가 큰1-7번째 세계를 모두 다 총괄하는 듯싶다고 말하며 큰 7번째 하나의 이름을 자태초태묘태비묘초태초명 태초(5)태비(5)태묘(4)태비(4)초(4)태(4)초(2)태비(4)태묘(2)초태태비(太秘:4)태초(4)묘비(2)태초(8)태비(2)태묘비초묘비초태초 자태초태비묘비초태초비명이라 하고 큰 1-7번째 전체를 하나의

한 덩어리로 보았을 때 자태초비묘초태초태비묘명 태초(10)태비(6)태초(4)태비(4)묘비(2)초태(5)태비(4)태묘(3)초(5)태비(2)태초비초태초비초 자묘비초태비묘비초초비묘초등명 세계라 이름 지어 말하며, 10만출 2번째 위, 9번째 하나를 밝혀 드러내 그리고 내놓고, 이 하나가 1-9번째 세계를 모두 다 총괄하는 듯싶다고 말하며 9번째 하나의 이름을 자묘비초태비초초태비명 자태초자태비자묘비자태초자태비자태묘자초태초태등명 초(5)비(2)태초(5)태묘(4)초비초묘태묘비(秘:5)초(4)태초(2)묘비(2)비초태초비묘초 자태비자초자등명이라 하고 9번째 하나는 자등명 초태초묘초태비묘초 태초자등명의 최종지이라고 이름 지어 말하다

2013. 10. 02 잘 될 거야 이 모든 것은 지나갈 거야란 짧은 글을 쓰다

2013, 10. 02 15~20단계와 15단계의 반야바라밀다행의 길을 9월 24일 밝혀 드러내 그려 내놓고 석가모니부처님과 본인의 수행은 15단계 반야바라밀다행의 길에서 이와 같이 갈렸다고 말하다.

2013. 10. 02 15단계에서 시작된 석가모니 부처님께서 가셨던 반야바라밀다행 길의 끝을 살펴 밝혀 보고 반야바라밀다행의 길이 막혀 있는 끝 18단계를 밝혀 드러내 그려 내놓고, 막혀 있는 끝에는 많은 신(神)들이 있고 신들이 모여 있는 이곳을 지태신(智太神)이라 하고, 반야바라밀다행의 길의 끝이라고 할 수 있는 부분을 초근본지(初根本智)라 하고 이곳에 태신(太神)이 있고, 태신 중 가장 최고의 태신(太神)은 초비태신(初秘太神)이라 하고 이름은 비초태묘신(秘初太妙神)이라 하며 이곳에서 태신들을 관리한다고 말하며 비초태묘신을 부르는 주문은 이러하다며 // 초태묘신 초비태신 초묘비신 // 비비비비초초초초태태태태초초태태 // 초초태태초초묘묘비비초초묘비초신// 이라고 주문을 찾아 지어 내놓고 태신들이 하는 4가지 일에 대해서 이름 지어 밝혀 드러내놓다.

2013. 10. 03 자등명 초태초묘초태비묘초 태초자등명의 최종지 자묘비초태비초초태비명 자태초자태비자묘비자태초자태비자태묘자초태초태등명 초(5)비(2)태초(5)태묘(4)초비초묘태묘비(秘:5)초(4)태초(2)묘비(2)비초태초비묘초 자태비자초자등명 에너지를 100% 받을 수 있는 진언을 찾아 내놓다

2013. 10. 03 10만출 3번째 위, 1(큰1-7)번째 세계, 10만출 3번째 위,

2(큰1-8번째)번째 세계, 10만출 3번째 위, 3(큰1-5번째)번째 세계, 10만출 3번째 위, 4(큰1-8번째)번째 세계, 10만출 3번째 위, 5(큰1-7번째)번째 세계, 10만출 3번째 위, 6(큰1-7번째)번째 세계, 10만출 3번째 위, 7(큰1-7번째)번째 세계, 10만출 3번째 위, 8(큰1-8번째)번째 세계, 10만출 3번째 위, 9번째 하나 이 하나가 1~9번째 세계를 모두 다 총괄하는 듯싶다고 말하며 9번째 하나의 이름을 자초비자묘태자명 초태묘비묘자등명이라 하고 10만출 위 3번째, 1- 9번째 전체를 하나의 한 덩어리로 보았을 때 자묘비자초묘태묘명 비초극초비태초묘비초 자등태초묘명 세계라 이름 지어 말하다

2013. 10. 04 수행 정진하여 올라오고 올라가면서 열리는 청정안(眼: 눈)에 대하여 살펴보고 이름 지어 내놓다

2013. 10. 04 10만출 4(1-7)번째 위, 1(큰1-6)번째 세계, 2(큰1-7)번째 세계, 3(큰1-5)번째 세계, 4(큰1-6번째)세계, 5(큰1-9)번째 세계, 6(큰1-8)번째 세계, 7번째 하나의 세계를 밝혀 드러내 그려 내놓고, 10만출 위 4번째, 1-7번째 전체를 하나의 한 덩어리로 보았을 때 자묘비태초비묘명 비비초초태태비묘초비묘초태태초초비비초초태태묘비초 자초비초묘등명 세계라고 이름 지어 말하다

2013. 10. 04 10만출 5(1-4)번째 위, 1(큰1-8)번째)세계, 2(큰1-6)번째 세계, 3(큰1-7)번째 세계, 4번째 하나의 세계를 밝혀 드러내 그려 내놓고, 4번째 하나의 이름을 태초자등명 초묘비초태묘초묘초묘태초묘비초 자묘초비초묘등명이라 하고 10만출 위 5번째, 1- 4번째 전체를 하나의 한 덩어리로 보았을 때 자묘비초태초묘비묘명 비비묘묘초초태태묘비비초초묘묘초초태(5)비초 자태비묘등명 세계라 이름 지어 말하다

2013. 10. 04 10만출 6(1-2)번째 위, 1(큰1-9)번째 세계, 2(큰1-100)번째 세계를 밝혀 드러내 그려 내놓고, 큰 100번째 하나, 이 하나가 1-2번째 세계를 전체를 총괄하는 듯싶다고 말하고 2번째 큰 100번째 하나를 빠져나와 거대하고 엄청나게 큰 10만출 위 7번째 세계의 자등명으로 들어갔다고 말하며, 2번째 큰 100번째 하나가 1-2번째를 총괄하고 10만출 3-6번째 위, 세계 모두 다 총괄하는 듯싶고 말하며 2번째 큰 100번째 하나의 이름을 자초태

비태묘초명 태초묘비초극태극초묘태묘비초태초 자비등묘명이라 하고 10만출 위 6번째, 1- 2번째 전체를 하나의 한 덩어리로 보았을 때 자묘비초태비묘묘묘명 태초(4)묘비(2)비초자등명 세계라 하며 2번째 큰 100번째 하나는 자묘비초비묘명 태초태비묘초태태초비초 자묘비등묘명 최종지라고 하고 자묘비초근본명 태초(2)비묘자등명 본성이라고 이름 지어 말하다.

2013. 10. 04 자묘비초비묘명 태초태비묘초태태초비초 자묘비등묘명의 최종지 자초태비태묘초명 태초묘비초극태극초묘태묘비초태초 자비등묘명 에너지를 !00% 다 받을 수 있는 진언을 찾아 내놓다.

2013. 10. 05 최근에는 공덕 쌓일 틈이 없는 것 같다며 공덕이 쌓이면 나누어 가져 가고 흘러가는 것에 대하여 밝혀 드러내다.

2013. 10. 05 10만출 7번째 위, 1(큰1-6)번째 세계, 2(큰1-6)번째 세계, 3(큰1-7)번째 세계, 4(큰1-100)번째 세계, 5(큰1-9)번째 세계, 6(큰1-10)번째 세계, 7(큰1-20)번째 세계, 8(큰1-15)번째 세계, 9(큰1-15)번째 세계, 10(큰1-100)번째 세계, 11번째 하나의 세계를 밝혀 드러내 그리고 내놓고, 11번째 하나가 1-11번째 세계를 모두 다 총괄하는 듯싶다고 말하며, 11번째 하나의 이름을 자태묘비초묘묘묘묘명 묘비(5)초태(4)묘비(2)초묘(2)극초근본자등명이라 하고 10만출 위 7번째, 1- 11번째 전체를 하나의 한 덩어리로 보았을 때 자비초묘초태초비초묘묘묘명 초(5)태초(10)비묘(4)묘비(2)비초자등명 세계라 하며, 11번째 하나는 자묘비초비묘묘명 초(2)태초비초묘비초자등명의 최종지이고 자묘비초묘태묘명 비초태초태초자등명의 본성이라고 이름 지어 말하다.

2013. 10. 05 자묘비초비묘묘명 초(2)태초비초묘비초자등명의 최종지 자태묘비초묘묘묘묘명 묘비(5)초태(4)묘비(2)초묘(2)극초근본자등명 에너지를 100% 받을 수 있는 진언을 찾아 내놓다

2013. 10. 07 10만출 8번째 위, 1(큰1-8)번째 세계, 2(큰1-7)번째 세계, 3(큰1-3)번째 세계, 4(큰1-3)번째 세계, 5(큰1-8)번째 세계, 6(큰1-9)번째 세계, 7(큰1-9)번째 세계, 8번째 하나를 밝혀 드러내 그려 내놓고, 8번째 하나가 1-8번째 세계를 모두 다 총괄하는 듯싶다고 말하며 8번째 하나의 이름을 자근본초태비태초묘명 태초(5)묘비(4)

비(4)묘(3)초태(2)초비자등명이라 하고 10만출 8번째 위, 1-8번째 전체를 하나의 한 덩어리로 보았을 때 자묘태초근본묘명 태초(5)묘비(2)비(4)초(4)태초(2)묘(4)비(2)초자등명 세계라 이름 지어 말하다

2013. 10. 07 10만출 9번째 위, 1(큰1-4)번째 세계, 2(큰1-6)번째 세계, 3(큰1-7)번째 세계, 4(큰1-8)번째 세계, 5(큰1-8)번째 세계, 6(큰1-8)번째 세계, 7번째 하나를 밝혀 드러내 그려 내놓고, 7번째 하나가 1-7번째 세계를 모두 다 총괄하는 듯싶다고 말하며, 7번째 하나의 이름을 자근본태초초비태비명 태초(4)비(4)초자등명이라 하고 10만출 위 9번째, 1- 7번째 전체를 하나의 한 덩어리로 보았을 때 자근본초태묘비묘명 태초(3)비묘초자등명 세계라 이름 지어 말하다.

2013. 10. 07 10만출 10번째 위, 1(큰1-7)번째 세계, 2(큰1-5)번째 세계, 3(큰1-7)번째 세계, 4번째 하나를 밝혀 드러내 그려 내놓고, 4번째 하나가 1-4번째 세계를 모두 다 총괄하는 듯싶다고 말하며 4번째 하나의 이름을 자묘근본비초태비묘명 초(4)태초(2)묘(4)비(2)초자등명이라 하고 10만출 위 10번째, 1- 4번째 전체를 하나의 한 덩어리로 보았을 때 자묘근본비초태묘비명 초(3)비(2)태초자등명 세계라 이름 지어 말하다

2013. 10. 07 10만출 11번째 위, 1(큰1-5)번째 세계, 2(큰1-8)번째 세계, 3(큰1-6)번째 세계, 4(큰1-7)번째 세계, 5(큰1-5)번째 세계, 6(큰1-6)번째 세계, 7번째 하나를 밝혀 드러내 그려 내놓고, 7번째 하나가 1-7번째 세계를 모두 다 총괄하는 듯싶다고 말하며, 7번째 하나의 이름을 자극묘비초비묘명 태(2)비묘태초자등명이라 하고 10만출 위 11번째, 1- 7번째 전체를 하나의 한 덩어리로 보았을 때 자초비묘비초묘명 초비비태초자등명 세계라 이름 지어 말하다

2010. 10. 03 10만출 12번째 위, 1(큰1-10)번째 세계, 2(큰1-10)번째 세계, 3(큰1-6)번째 세계, 4(큰1-9)번째 세계, 5(큰1-7)번째 세계, 6(큰1-8)번째 세계, 7(큰1-10)번째 세계, 8(큰1-14)번째 세계, 9(큰1-15)번째 세계, 10번째 하나를 밝혀 드러내 그려 내놓고, 10번째 하나가 1-10번째 세계를 모두 다 총괄하는 듯싶다고 말하며, 10번째

하나의 이름을 자묘초자태초묘명 자묘태초초비묘초자등명이라 하고 10만출 위 12번째, 1- 10번째 전체를 하나의 한 덩어리로 보았을 때 자비초묘초태초묘명 초(2)태초(4)태묘(2)초(5)태초자등명 세계라 이름 지어 말하다

2013. 10. 08 10만출 13번째 위, 1(큰1-5)번째 세계, 2(큰1-11)번째 세계, 3(큰1-4)번째 세계, 4(큰1-6)번째 세계, 5번째 하나를 밝혀 드러내 그려 내놓고, 5번째 하나가 1-5번째 세계를 모두 다 총괄하는 듯싶다고 말하며, 5번째 하나의 이름을 자초초자묘비태묘명 초(4)묘비(3)초(4)태초(5)비(3)초자등명이라 하고 10만출 위 13번째, 1- 5번째 전체를 하나의 한 덩어리로 보았을 때 자초초자묘비묘명 비초태초묘비태초자등명 세계라 이름 지어 말하다

2013. 10. 08 10만출 위 14번째, 1(큰1-4)번째 세계, 2번째 하나를 밝혀 드러내 그려 내놓고, 2번째 하나가 1-2번째 세계를 모두 다 총괄하는 듯싶다고 말하며, 2번째 하나의 이름을 자초초초자태초묘명 태초(4)묘(4)초(8)비(2)묘(3)초자등명이라 하고 10만출 위 14번째, 1- 2번째 전체를 하나의 한 덩어리로 보았을 때 자초초자묘비묘명 극초초비태초묘초자등명 세계라 이름 지어 말하다.

2013. 10. 08 10만출 위 15번째, 하나를 밝혀 드러내 그려 내놓고, 15번째 하나의 이름을 **자초초초초자태초묘명 태초(4)비초태초자등명**이라 하고 10만출 위 1-15번째 전체를 하나의 한 덩어리로 보았을 때 자태초묘명 세계라 하며, 15번째 하나는 자초초묘묘명 태초(2)초(8)비(4)태초자등명의 **최종지**이고 자초묘비묘명 태초(4)묘(7)비(4)초(3)태초자등명의 본성이라고 이름 지어 말하다

2013. 10. 08 자초초묘묘명 태초(2)초(8)비(4)태초자등명의 최종지 자초초초초자태초묘명 태초(4)비초태초자등명 에너지를 100% 받을 수 있는 진언을 찾아 내놓다.

2013. 10. 08 10만출 위 15번째 하나, 자초초초초자태초묘명 태초(4)비초태초자등명을 빠져나와 **2013. 10. 08일 08시 35분에 또다시 출(出)을 하다**. 출하여 자초초초초자태초묘명 태초(4)비초태초자등명 최종지에서 234나유타의 거리만큼 떨어져 있는 다음 세계에 올라가는 첫 번째 자등명을 만날 때까지 1640번의 출을 하여 올라와서, 1번째 세계 올라와서 19번 출, 2번째 45번 출, 3번째 7번 출, 4번째 18번 출, 5번째 30번 출, 6번째 9번 출, 7번째 13번 출, 8

번째 13번 출, 9번째 23번 출, 10번째 27번 출, 11번째 19번 출, 12번째 13번 출, 13번째 8번 출, 14번째 2번 출, 15번째 8번 출, 16번째 5번 출, 17번째 4번 출, 18번째 2번 출, 19번째 6번 출, 20번째 2번 출, 21번째 1번 출, 22번째 3번 출, 23번째 3번 출, 24번째 5번 출, 25번째 세계에서 1번 출하여 **총 1926번 출**하고 35개 더 올라와서는 에너지체가 형성되어 2013. 10. 08 09시 23분 몸통으로 내려오기 시작하여 형성된 에너지체가 빨리 몸통으로 내려오도록 하기위해서 몸통 안으로 돌아올 때까지 26, 27, 28....52번째, 53번째 하나까지 큰1번째 세계 모두 다 밝혀 드러내며 올라왔으나 에너지체는 몸통으로 들어오지 않아, 큰1번째 1-52번째를 밝혀 드러내고 또 큰2번째 세계를 밝혀 드러내기 시작했고 큰 2-9번째 1하나를 빠져나와서도 아직 몸통 안으로 에너지체가 들어오지 않아서 또 밝혀 드러내기 시작, 2(큰1-7)번째 세계, 큰 7번째 1 하나를 빠져나와서도 아직 몸통 안으로 에너지체가 들어오지 않아서 또 밝혀 드러내기 시작, 3(큰1-6)번째 세계 큰 6번째 1 하나를 빠져나와서도 아직 몸통 안으로 에너지체가 들어오지 않아서 또 밝혀 드러내기 시작, 4(큰1-10)번째 세계 큰10번째 1 하나를 빠져나와서도 아직 몸통 안으로 에너지체가 들어오지 않아서 또 밝혀 드러내기 시작, 5(큰1-3)번째 세계를 밝혀 드러내는 중, 큰3번째 ①번째 10개를 빠져나오면서 ②번째 세계로 들어가기 전, 2013. 10. 08 10시07분에 몸통 안으로 에너지체가 들어오다.

5(큰4-11)번째 세계 큰11번째 1 하나를 빠져나오고 천돌 바로 아래쪽에 들어와 있는 것 같았으나 이 세계는 끝까지 다 밝혀 드러내자는 생각을 갖고 밝혀 드러내기 시작, 6(큰1-10)번째 세계, 7번째 하나까지 밝혀 드러내고 빠져나와, 7번째 하나의 이름을 자근본자초초묘비초명이라 하고, 1-7번째 전체를 하나의 한 덩어리로 보았을 때 자근본자초태초명 자등명 세계라 이름지다.

2013. 10. 09 **1926번 출**하여 올라온, 2(큰1-10)번째 세계를 밝혀 드러내고 빠져나와 큰 10번째 하나의 이름을 태묘비묘명 자등명하고 2(큰 1-10)번째 전체를 하나의 한 덩어리로 보았을 때 태비태묘명 자등명 세계라 이름지고,

3(큰1-6)번째 세계를 밝혀 드러내고 빠져나와 큰 6번째 하나의 이름을 태초태비묘명 자등명이라 하고 3(큰 1-6)번째 전체를 하나의 한 덩어리로 보았을 때 태극초태비비묘명 자등명 세계라 이름지고,

4(큰1-16)번째 세계를 밝혀 드러내고 빠져나와 큰 16번째 1 하나의 이름을 초비묘비초묘명 자등명이라 하고 4(큰1-16)번째 전체를 하나의 한 덩어리로 보았을 때 태극초태비비태묘명 자등명 세계라 이름지고

5(큰1-25)번째 세계를 밝혀 드러내고 빠져나와 큰 25번째 1 하나의 이름을 초극초태비초묘명 자등명이라 하고, 5(큰1-25)번째 전체를 하나의 한 덩어리로 보았을 때 초극초태묘비초묘명 자등명 세계라 이름지고

6(큰1-14)번째 세계를 밝혀 드러내고 빠져나와 큰 14번째 하나의 이름을 극초묘비묘초묘명 자등명이라 하고 6(큰1-14)번째 전체를 하나의 한 덩어리로 보았을 때 극초비묘초묘명 자등명 세계라 이름지고

7번째 하나 이 하나가 1- 7번째 전체를 총괄하는 듯싶다고 말하며 7번째 하나의 이름을 태묘비묘명 자등명이라 하고 1-7번째 전체를 하나의 한 덩어리로 보았을 때 태비초묘명 자등명 세계라 하며 2-7번째 전체를 하나의 한 덩어리로 보았을 때 태비초묘명 자등명 세계라 이름지다.

2013. 10. 10 아침에 출근하며 1926번출하여 올라가고 있는 최종지를 보고, 내자 딸 아들 가까운 이 누님, 매형, 조카...그리고 자등명 인간계에서 올라오는 분들과 조상님들에게 최종지를 쏴주고 넣어주다.

2013. 10. 10 **1926번출** Ⅱ 태묘초초묘묘비비초초자등명 **(1-4번째)**세계,

1번째 (큰1-15번째)세계를 밝혀 드러내고 빠져나와, 큰 15번째 1 하나의 이름을 초초묘묘비초묘초태묘초자등명, 큰1-15번째 세계 전체를 하나의 한 덩어리로 보았을 때 근본초초묘묘비초자등명 세계라 이름지고,

2번째 (큰1-13번째) 세계를 밝혀 드러내고 빠져나와, 큰 13번째 하나의 이름을 태초근본초초묘묘자등명이라 하고 큰1-13번째 세계 전체를 하나의 한 덩어리로 보았을 때 태묘초초태비묘묘자등명 세계라 이름지고,

3번째 (큰1-19번째)세계를 밝혀 드러내고 빠져나와, 큰19번째 1 하나의 이름을 초초묘비초태자등명이라 하고, 큰1-19번째 세계 전체를 하나의 한 덩어리로 보았을 때 초묘비초비묘자등명 세계라 이름지고,

4번째 세계 하나, 이 하나가 1-4번째 세계를 전체를 총괄하는 듯싶다고 말하며 4번째 하나의 이름은 초초묘묘비비초자등명 1-4번째 세계 전체를 하나의 한 덩어리로 보았을 때 태묘초초묘묘비비초초자등명 세계라 이름지다.

2013. 10. 10 **1926번출 Ⅲ** 초초비묘비비초초비비초자등명 **(1-4번째)** 세계,

1번째 (큰1-16번째)세계를 밝혀 드러내고 빠져나와, 큰16번째 1 하나의 이름을 초초묘묘초태초비초자등명이라 하고, 큰1-16번째 세계 전체를 하나의 한 덩어리로 보았을 때 초태태초묘묘비비비초자등명 세계라 이름 짓고

2번째 (큰1-13번째)세계를 밝혀 드러내고 빠져나와, 큰13번째 1 하나의 이름을 초초비묘묘초자등명이라 하고, 큰1-13번째 세계 전체를 하나의 한 덩어리로 보았을 때 태초초묘비초자등명 세계라 이름 짓고,

3번째 (큰1-12번째)세계를 밝혀 드러내고 빠져나와, 큰12번째 1 하나의 이름을 초초비묘비초태초자등명이라 하고, 큰1-12번째 세계 전체를 하나의 한 덩어리로 보았을 때 초초묘비초태초비초자등명 세계라 이름 짓고

4번째 세계 하나, 이 하나가 1-4번째 세계를 전체를 총괄하는 듯싶다고 말하며 4번째 하나의 이름을 초초초비묘묘초자등명이라 하고, 1-4번째 세계 전체를 하나의 한 덩어리로 보았을 때 초초비묘비비초초비비초자등명 세계라 이름지다.

2013. 10. 10 **1926번출 Ⅳ** 초초초묘묘묘자등명 (1-4번째)세계,

1번째 (큰1-16번째)세계를 밝혀 드러내고 빠져나와, 큰16번째 1 하나의 이름을 초초묘비비태초자등명이라 하고, 큰1-16번째 세계 전체를 하나의 한 덩어리로 보았을 때 초초묘묘비초태초비비초자등명 세계라 이름지고, **2번째** (큰1-11번째)세계를 밝혀 드러내고 빠져나와, 큰 11번째 1 하나의 이름을 초초비비초자등명이라 하고, 큰1-13번째 세계 전체를 하나의 한 덩어리로 보았을 때 초초초비

묘초태태초비초자등명 세계라 이름지고, **3번째** (큰1-13번째)세계를 밝혀 드러내고 빠져나와, 큰 13번째 1 하나의 이름을 초묘초비초초묘묘비비초자등명이라 하고, 큰 1-13번째 세계 전체를 하나의 한 덩어리로 보았을 때 태비태묘초초초묘묘비비초자등명 세계라 이름지고, **4번째** 세계 하나, 이 하나가 1-4번째 세계를 전체를 총괄하는 듯싶다고 말하며 4번째 하나의 이름을 초초초초묘묘묘묘자등명이라 하고 1-4번째 세계 전체를 하나의 한 덩어리로 보았을 때 초초초묘묘묘자등명 세계라 이름 짓고는 4번째 하나는 자태묘묘비초묘명 태초비초자등명의 최종지이고 근본초묘비자등명의 본성이며, 1926번출 하여 올라온 Ⅰ-Ⅳ 전체를 Ⅳ번째 4번째 하나 최종지가 총괄하는 듯싶다고 말하며, 1926번출 하여 올라온 Ⅰ-Ⅳ 전체를 하나의 한 덩어리 보았을 때 자근본초근본태초근본(自根本 初根本 太初根本)자등명 세계라 이름지어 말하다

2013. 10. 10 자태묘묘비초묘명 태초비초자등명의 최종지 초초초초묘묘묘묘자등명 에너지를 100% 받을 수 있는 진언을 찾아 내놓다

2013. 10. 11 **1926번출 2-Ⅰ**초(4)태묘초자등명 (1-5번째)세계 ~Ⅲ 초(8)비초비초자등초명(1-4번째)세계를 밝혀 드러내놓고 이름지다

2013. 10. 11 1926번출 2-Ⅰ초(4)태묘초자등명 (1-5번째)세계, **1번째** (큰1-4번째)세계, **2번째** (큰1-5번째)세계, **3번째** (큰1-5번째)세계는 밝혀 드러냈으나 이름을 짓지 않고, **4번째** (큰1-5번째) 세계를 밝혀 드러내고 빠져나와 큰 5번째 하나의 이름을 초(4)태(2)초자등명이라 하고, 큰 1-5번째 세계 전체를 하나의 한 덩어리로 보았을 때 초(4)태묘초자등명 세계라 이름지고, **5번째** 1 하나가 1-5번째 세계를 전체를 총괄하는 듯싶다고 말하며 5번째 1 하나의 이름을 초(4)태(2)초자등명, 1-5번째 세계 전체를 하나의 한 덩어리로 보았을 때 초(4)태묘초자등명 세계라 이름지다

2013. 10. 11 **926번출 2-Ⅱ** 초(5)묘(3)비초자등명 (1-5번째)세계, **1번째** (큰1-13번째)세계, **2번째** (큰1-9번째)세계를 밝혀 드러냈으나 이름을 짓지 않고, **3번째** 초(4)묘(2)비(2)초자등명 세계(큰1-30번째)를 밝혀 드러내고 빠져나와, 큰 30번째 1 하나의 이름을 초(5)비(2)초자등명이라 하

고, 큰1-30번째 세계 전체를 하나의 한 덩어리로 보았을 때 초(4)묘(2)비(2)초자등명 세계라 이름 짓고, **4번째** 초(5)묘(2)비초자등명 세계(큰1-9번째)를 밝혀 드러내고 빠져나와, 큰 9번째 1 하나의 이름을 초(6)비(3)묘(2)초자등명이라 하고 큰1-9번째 세계 전체를 하나의 한 덩어리로 보았을 때 초(5)묘(2)비초자등명 세계라 이름 짓고, **5번째 세계 하나,** 이 하나가 1-5번째 세계를 전체를 총괄하는 듯싶다고 말하며 5번째 하나의 이름을 초(7)비(4)묘(3)비초자등명, 1-5번째 세계 전체를 하나의 한 덩어리로 보았을 때 초(5)묘(3)비초자등명 세계라 이름지다

2013. 10. 11 **1926번출 2-Ⅲ** 초(8)비초비초자등초명(1-4번째)세계,

1번째 초(6)묘(3)비(2)초자등명 세계(큰1-15번째)를 밝혀 드러내고 빠져나와, 큰 15번째 1 하나의 이름을 초(7)묘(4)비(3)초자등명, 큰1-13번째 세계 전체를 하나의 한 덩어리로 보았을 때 초(6)묘(3)비(2)초자등명 세계라 이름 짓고,

2번째 초(7)묘(5)비(5)초자등명 세계(큰1-9번째)를 밝혀 드러내고 빠져나와, 큰 11번째 1 하나의 이름을 초(10)묘(5)비(3)초자등명, 큰1-11번째 세계 전체를 하나의 한 덩어리로 보았을 때 초(7)묘(5)비(5)초자등명 세계라 이름 짓고,

3번째 초(10)비(2)묘비초자등명 세계(큰1-17번째)를 밝혀 드러내고 빠져나와, 큰 17번째 1 하나의 이름을 초(10)비(4)묘(2)비초자등명, 큰1-17번째 세계 전체를 하나의 한 덩어리로 보았을 때 초(10)비(2)묘비초자등명 세계라 이름 짓고

4번째 하나를 밝혀 드러내고 빠져나와, 이 하나가 1-4번째 세계를 전체를 총괄하는 듯싶다고 말하며 4번째 하나의 이름을 초(14)묘(9)비(5)초자등초명, 1-4번째 세계 전체를 하나의 한 덩어리로 보았을 때 초(8)비초비초자등초명 세계라 이름지다.

2013. 10. 12 **926번출 2-Ⅳ** 초(10)비묘비초자초등묘태명 세계(1-4번째)세계,

1번째 초(4)비묘비초자비등초명(큰1-25번째)를 밝혀 드

러내고 빠져나와, 큰 25번째 1 하나의 이름을 초(4)비초묘자초등태비명, 큰1-26번째 세계 전체를 하나의 한 덩어리로 보았을 때 초(4)비묘비초자비등초명 세계라 이름 짓고,

2번째 초(4)비태묘초자초등묘비초명 세계(큰1-26번째)를 밝혀 드러내고 빠져나와, 큰 26번째 1 하나의 이름을 초(4)태비묘자초태등초비명, 큰1-26번째 세계 전체를 하나의 한 덩어리로 보았을 때 초(4)비태묘초자초등묘비초명 세계라 이름 짓고,

3번째 초(4)비묘비초자초등묘명 세계(큰1-17번째)를 밝혀 드러내고 빠져나와, 큰 17번째 1 하나의 이름을 초(5)비초묘비초자초등묘초명, 큰1-17번째 세계 전체를 하나의 한 덩어리로 보았을 때 초(4)비묘비초자초등묘명 세계라 이름 짓고,

4번째 하나를 밝혀 드러내고 빠져나와, 이 하나가 1-4번째 세계를 전체를 총괄하는 듯싶다고 말하며, 4번째 하나의 이름을 초(10)비초비묘초자초등초명, 1-4번째 세계 전체를 하나의 한 덩어리로 보았을 때 초(10)비묘비초자초등묘태명 세계라 이름지다

2013. 10. 12 **1926번출 2-Ⅴ** 초(5)비(2)초비묘초자묘비초등초태명 세계(1-3번째)세계,

1번째 초(7)비(2)초자초초등초명(큰1-37번째)를 밝혀 드러내고 빠져나와, 큰 37번째 1 하나의 이름을 초(8)비(2)묘초자초비초묘등초명, 큰1-37번째 세계 전체를 하나의 한 덩어리로 보았을 때 초(7)비(2)초자초초등초명 세계라 이름 짓고,

2번째 초(10)비(2)묘비초자묘비초등비초명 세계(큰1-28번째)를 밝혀 드러내고 빠져나와, 큰 28번째 1 하나의 이름을 초(10)묘(3)비초자묘비태묘등초명, 큰1-28번째 세계 전체를 하나의 한 덩어리로 보았을 때 초(10)비(2)묘비초자묘비초등비초명 세계라 이름 잣고,

3번째 하나를 밝혀 드러내고 빠져나와, 이 하나가 1-3번째 세계를 전체를 총괄하는 듯싶다고 말하며, 3번째 하나의 이름을 초(5)비(5)묘(3)자초비태등태초명, 1-3번째

세계 전체를 하나의 한 덩어리로 보았을 때 초(5)비(2)초비묘초자묘비초등초태명 세계라 이름지다

2013. 10. 12 **1926번출 2-Ⅵ** 초(4)태초비초자초묘비초묘비묘등묘비초묘명(1-3번째)세계, **1번째** 초(5)태등비초태비등태묘비태명 세계(큰1-15번째)를 밝혀 드러내고 빠져나와, 큰 15번째 1 하나의 이름을 초(4)태묘비초자비묘초등태묘비초명, 큰1-15번째 세계 전체를 하나의 한 덩어리로 보았을 때 초(5)태등비초태비등태묘비태명 세계라 이름 짓고,

2번째 초(5)묘(3)비태태묘초자묘태초등초비명 세계(큰1-10번째)를 밝혀 드러내고 빠져나와, 큰 10번째 1 하나의 이름을 초(5)비(3)비초자초비초등태초비명, 큰1-10번째 세계 전체를 하나의 한 덩어리로 보았을 때 초(5)묘(3)비태태묘초자묘태초등초비명 세계라 이름 짓고,

3번째 하나를 밝혀 드러내고 빠져나와, 이 하나가 1-3번째 세계를 전체를 총괄하는 듯싶다고 말하며 3번째 하나의 이름을 초(5)태초비묘초태등비태초태묘비초명, 1-3번째 세계 전체를 하나의 한 덩어리로 보았을 때 초(4)태초비초자초묘비초묘비묘등묘비초묘명 세계라 이름지다

2013. 10. 12 **1926번출 2-Ⅶ** 초(5)비묘초**자**비초태비**등**초태비묘명 세계(1-5번째)세계,

1번째 초(4)묘(2)비초비초태자비태초등태초묘명 세계(큰1-8번째)를 밝혀 드러내고 빠져나와, 큰 8번째 1 하나의 이름을 초(6)비(2)묘(3)초비초묘자비초묘태묘등비초묘명, 큰1-8번째 세계 전체를 하나의 한 덩어리로 보았을 때 초(4)묘(2)비초비초태자비태초등태초묘명 세계라 이름 짓고,

2번째 초(5)태(3)비(2)묘초묘비자태비비묘초태초등비초태묘초명 세계(큰1-23번째)를 밝혀 드러내고 빠져나와, 큰 23번째 1 하나의 이름을 초(4)비(2)초**자**묘태비묘초**등**비묘초묘태묘**명**, 큰1-23번째 세계 전체를 하나의 한 덩어리로 보았을 때 초(5)태(3)비(2)묘초묘비자태비비묘초태초등비초태묘초명 세계라 이름 짓고,

3번째 초(5)비(3)초태비묘비비초자묘초묘비묘등비태비묘명 세계(큰1-20번째)를 밝혀 드러내고 빠져나와, 큰 20번째 1 하나의 이름을 초(5)태비묘**자**비초**등**태비초묘초묘**명**, 큰1-20번째 세계 전체를 하나의 한 덩어리로 보았을 때 초

(5)비(3)초태비묘비비초자묘초묘비묘등비태비묘명 세계라 이름 짓고,

4번째 초(5)비초태초묘초자태초등태묘초묘명 세계(큰1-11번째)를 밝혀 드러내고 빠져나와, 큰 11번째 1 하나의 이름을 초(5)태묘묘비**자**초묘초태비태**등**비초태묘태묘**명**, 큰 1-11번째 세계 전체를 하나의 한 덩어리로 보았을 때 초(5)비초태초묘초자태초등태묘초묘명 세계라 이름 짓고,

5번째 하나를 밝혀 드러내고 빠져나와, 이 하나가 1-5번째 세계를 전체를 총괄하는 듯싶다고 말하며 5번째 하나의 이름을 초(10)비(3)태(3)비(3)초**자**초묘비태**등**초태묘초묘**명**, 1-5번째 세계 전체를 하나의 한 덩어리로 보았을 때 초(5)비묘초**자**비초태비**등**초태비묘명 세계라 이름 짓고, 12일날 밝혀 드러낸 것은 초묘공신 태법력으로 밝혀 드러내지지 않았나 싶다고 말하다.

2013. 10. 12 **1926번출 2-Ⅷ** 초(8)태(4)초(4)태비초자비묘초태등태묘태묘태명(1-5번째)세계, **1번째** (큰1-16번째), **2번째** (큰1-14번째), **3번째** (큰1-48번째), **4번째** (큰1-44번째), **5번째 하나**를 밝혀 드러내고 빠져나와, 이 하나가 1-5번째 세계를 전체를 총괄하는 듯싶다고 말하며, 5번째 하나의 이름을 초(10)비(4)묘(2)초(5)비(2)초자비초등초묘초묘명, 1-5번째 세계 전체를 하나의 한 덩어리로 보았을 때 초(8)태(4)초(4)태비초자비묘초태등태묘태묘태명 세계라 이름지다.

2013. 10. 12 **1926번출 2-Ⅸ** 초(10)비(2)초(2)태묘묘자초비묘등초태묘명(1-4번째)세계, **1번째** (큰1-18번째), **2번째** (큰1-22번째), **3번째** (큰1-28번째), **4번째 하나**를 밝혀 드러내고 빠져나와, 이 하나가 1-4번째 세계를 전체를 총괄하는 듯싶다고 말하며, 4번째 하나의 이름을 초(10)태(5)묘(2)초자비비묘묘태등묘묘비태초명, 1-4번째 세계 전체를 하나의 한 덩어리로 보았을 때 초(10)비(2)초(2)태묘묘자초비묘등초태묘명 세계라 이름지다.

2013. 10. 12 **1926번출 2-Ⅹ** 초(10)태(4)초(4)태(3)비(2)초자태비비초등초묘비초묘명**(1-4번째)**세계, **1번째** (큰1-21번째), **2번째** (큰1-26번째), **3번째** (큰1-18번째), **4번째 하나**를 밝혀 드러내고 빠져나와, 이 하나가 1-4번째 세계를 전체를 총괄하는 듯싶다고 말하며, 4번째 하나의 이름을

초(10)묘(4)태(4)비초자비초태묘초묘등초묘비비묘명, 1-4번째 세계 전체를 하나의 한 덩어리로 보았을 때 초(10)태(4)초(4)태(3)비(2)초자태비비초등초묘비초묘명 세계라 이름지다

2013. 10. 13 저녁에 퇴근길에 회충 같은 것이 위에서부터 몸통 안으로 들어와 이것이 무엇일까? 생각만하고 무엇인지 밝혀보지 않았다가 14일 아침 출근길에 내자에게 위 에너지를 끌어다가 넣어주는데, 몸통 안에 들어가서 돌아다니기에 인체기회로도를 돌려주었고, 딸, 아들, 가까운 이에게도 쏴주고, 출근해서 어디서 오는지 살피니 최종지에서 오는 것이었으며 최종지를 떼어내면 떼어낸 덩어리가 이것들 덩어리 같았다고 말하며, 회충 같은 빛을 태묘초태묘비태묘초 에너지라 하며, 몸통 속 체의 에너지를 강하게 하는 것 같다고 말하고, 어떤 눈으로 본 것인가? 살피니 초(10)비(10)묘(10)안(眼)으로 본 것 같다고 말하다.

2013. 10. 14 **1926번출 2-XI** 초(8)비(2)태(2)비초자묘비초태등초묘비초묘명(1-3번째)세계, **1번째** (큰1-18번째), **2번째** (큰1-22번째), **3번째 하나**를 밝혀 드러내고 빠져나와, 이 하나가 1-3번째 세계를 전체를 총괄하는 듯싶다고 말하며, 3번째 하나의 이름을 초(10)태(5)비(2)묘비초자태비묘등초묘비묘명, 1-3번째 세계 전체를 하나의 한 덩어리로 보았을 때 초(8)비(2)태(2)비초자묘비초태등초묘비초묘명 세계라 이름지다

2013. 10. 14 **1926번출 2-XII** 초(8)태초비초태태묘초자비초묘비초태등비초묘비명(1-3번째)세계, **1번째** (큰1-45번째), **2번째** (큰1-42번째), **3번째 하나**를 밝혀 드러내고 빠져나와, 이 하나가 1-3번째 세계를 전체를 총괄하는 듯싶다고 말하며, 3번째 하나의 이름을 초(10)태(2)묘(2)비초자비태묘비태묘초묘등초태초묘명, 1-3번째 세계 전체를 하나의 한 덩어리로 보았을 때 초(8)태초비초태태묘초자비초묘비초태등비초묘비명 세계라 이름지다

2013. 10. 14 **1926번출 2-XIII** 초(9)태(2)묘초자비묘초등비초비묘초태명(1-4번째)세계, **1번째** (큰1-33번째), **2번째** (큰1-39번째), **3번째** (큰1-36번째), **4번째 하나**를 밝혀 드러내고 빠져나와, 이 하나가 1-4번째 세계를 전체를 총괄하는 듯싶다고 말하며, 4번째 하나의 이름을 초(10)태(2)비(3)태(2)묘(2)비초자비묘등비초비묘묘태명, 1-4번

째 세계 전체를 하나의 한 덩어리로 보았을 때 초(9)태(2)묘초자비묘초등비초비묘초태명 세계라 이름지다.

2013. 10. 14 **1926번출 2-XIV** 초(10)묘(2)비초비초태초묘태묘자비묘태묘비태등초비묘묘묘태명 (1-101번째)세계, **1번째** (큰1-18번째), **2번째** 하나, **3번째** 하나, **4번째** 하나,...하나씩.....**101번째 하나 최종지,** 이 하나가 1-101번째 세계를 전체를 총괄하는 듯싶다고 말하며 101번째 1 하나의 이름을 초(10)묘(2)비초묘비초묘자비묘초태등태초묘묘묘비명, 1-101번째 세계 전체를 하나의 한 덩어리로 보았을 때 초(10)묘(2)비초비초태초묘태묘자비묘태묘비태등초비묘묘묘태명 세계라 이름 짓고, 101번째 하나는 초(4)태초묘비태비초비태태자묘비태등초묘비비초묘묘태명의 최종지이고 초(5)묘태비묘자비묘태묘등태묘초태명의 본성이라고 말하고, 14일 최종지까지 밝혀 드러낸 것이 무슨 법력인가? 살피니 초(5)비(2)태묘(3)초비초법력이 아닌가 싶다고 말하다

2013. 10. 15 어제 피곤하다고 육체는 재우고 의식은 깨어서 위로 올라가는 공을 해서 그런가? 오늘 아침은 출근하는데 곰뱅이 같은 것이 위에서 내려와 몸통 안으로 들어왔다. 어디 것인가? 생각하니 위 최종지 것이 아닌가 싶은 생각이 들었다. 어제 최종지를 밝혀 드러냈는데, 오늘 또 최종지라니 이 최종지는 그리 높지 않은 곳에 있는 것인지. 아니면 어제 공을 하며 올라가서 그런지 알 수는 없지만 또 최종지의 에너지를 받은 것 같다. 최종지를 떼어서 명신부분에 놓으면 곰뱅이 같은 것이 몸통 안으로 들어와 온통을 돌아다닌다고 말하며, 곰뱅이 같은 것을 태초태비비초태초초태묘초 초에너지라고 말하며, 어떤 눈으로 본 것인가? 살피니 초(10)비(10)묘(10)초안(眼)으로 본 것 같다고 말하다.

2013. 10. 15 **1926번출 3-I** 초(10)태(2)비초자태묘비태비묘등태묘묘묘묘명(1-3번째)세계, **1번째** (큰1-35번째), **2번째** (큰1-11번째), **3번째 하나**를 밝혀 드러내고 빠져나와, 이 하나가 1-3번째 세계를 전체를 총괄하는 듯싶다고 말하며, 3번째 하나의 이름을 초(10)태(5)비(2)초자태묘비태묘등비태묘묘묘묘명, 1-3번째 세계 전체를 하나의 한 덩어리로 보았을 때 초(10)태(2)비초자태묘비태비묘등태

묘묘묘묘명 세계라 이름지다

2013. 10. 15 **1926번출 3-Ⅱ** 초(10)태(4)비(2)태초묘근본자묘초묘등초비묘초묘묘묘묘명**(1-3번째)**세계, **1번째** (큰1-11번째), 큰 11번째 세계는 1그레이엄수G64 □-□-□-...5△--10△번째 이르기 가깝게까지 밝히고 마지막 하나를 밝히지 않은 채 흡하여 빠져나와, **2번째** (큰1-11번째), **3번째 하나**를 밝혀 드러내고 빠져나와, 이 하나가 1-3번째 세계를 전체를 총괄하는 듯싶다고 말하며, 3번째 하나의 이름을 초(10)태(5)묘(3)초태묘비초비자태태비묘초묘등묘비묘묘묘묘묘명, 1-3번째 세계 전체를 하나의 한 덩어리로 보았을 때 초(10)태(4)비(2)태초묘근본자묘초묘등초비묘초묘묘묘묘명 세계라 이름지다.

2013. 10. 15 **1926번출 3-Ⅲ** 초(10)태(6)비(4)초자태근본등초묘묘묘묘묘묘명**(1-6번째)**세계, **1번째** (큰1-10번째), **2번째** (큰1-11번째), **3번째** (큰1-21번째), **4번째** (큰1-37번째), **5번째** (큰1-46번째), **6번째 하나**를 밝혀 드러내고 빠져나와, 이 하나가 1-6번째 세계를 전체를 총괄하는 듯싶다고 말하며, 6번째 하나의 이름을 초(10)태(7)묘(4)비(2)초자태비초태묘등초비초묘초태묘묘묘묘묘묘묘명, 1-6번째 세계 전체를 하나의 한 덩어리로 보았을 때 초(10)태(6)비(4)초자태근본등초묘묘묘묘묘묘명 세계라 하고, 6번째 하나는 초(10)태초태비초태묘자비초등비초묘묘묘명의 최종지이고 초(10)묘(2)초자비묘초묘등태묘묘명의 본성이라 말하고, 15일 최종지까지 밝혀 드러낸 것은 무슨 법력인가? 살피니 초(7)태(3)비(2)초태묘초법초력이 아닌가 싶다고 말하다

2013. 10. 16 초(4)태초묘비태비초비태태자묘비태등초묘비비초묘묘태명의 최종지 초(10)묘(2)비초묘비초묘자비묘초태등태초묘묘묘비명 에너지를 100% 받을 수 있는 진언을 찾아내놓다.

2013. 10. 17 **1926번출 4-Ⅰ** 초(10)태(5)근본초태비자비묘태묘태묘비등태묘태묘초묘묘묘묘명**(1-4번째)**세계, **1번째** (큰1-12번째), **2번째** (큰1-10번째), **3번째** (큰1-21번째), **4번째 하나**를 밝혀 드러내고 빠져나와, 이 하나가 1-4번째 세계를 전체를 총괄하는 듯싶다고 말하며, 4번째 하나의 이름을 초(10)태(8)묘(4)태(2)비초자초묘등태극본초묘묘묘묘묘명, 1-4번째 세계 전체를 하나의 한 덩어리로 보

았을 때 초(10)태(5)근본초태비자비묘태묘태묘비등태묘태묘초묘묘묘묘명 세계라 이름지다

2013. 10. 17 **1926번출 4-Ⅱ** 초(10)태(5)비초자비묘초비초태초등비태묘태묘초묘초묘묘묘묘명**(1-4번째)**세계, **1번째** (큰1-12번째), **2번째** (큰1-12번째), **3번째** (큰1-11번째), **4번째 하나**를 밝혀 드러내고 빠져나와, 이 하나가 1-4번째 세계를 전체를 총괄하는 듯싶다고 말하며, 4번째 하나의 이름을 초(10)태(5)비(3)초자비태묘등태묘태묘비초등태묘초묘묘묘묘명, 1-4번째 세계 전체를 하나의 한 덩어리로 보았을 때 초(10)태(5)비초자비묘초비초태초등비태묘태묘초묘초묘묘묘묘명 세계라 이름지다.

2013. 10. 17 **1926번출 4-Ⅲ** 초(10)태(5)극초묘비초자비태비태비묘비초등태초비초비초비초묘묘묘묘명**(1-5번째)**세계, **1번째** (큰1-8번째), **2번째** (큰1-11번째), **3번째** (큰1-9번째), **4번째** (큰1-7번째), **5번째 하나**를 밝혀 드러내고 빠져나와, 이 하나가 1-5번째 세계를 전체를 총괄하는 듯싶다고 말하며, 5번째 하나의 이름을 초(10)태(5)극초태초비초자묘비초비등비초태초비초태초묘묘묘묘묘묘묘명, 1-5번째 세계 전체를 하나의 한 덩어리로 보았을 때 초(10)태(5)극초묘비초자비태비태비묘비초등태초비초비초비초묘묘묘묘명 세계라 이름 짓고, 17일 밝혀 드러낸 것은 무슨 법력인가? 살피니 **비초근본초비묘태초비초법초력**이 아닌가 싶다고 말하다

2013. 10. 17 초(10)태초태비초태묘자비초등비초묘묘묘명의 최종지 초(10)태(7)묘(4)비(2)초자태비초태묘등초비초묘초태묘묘묘묘묘묘묘명 에너지를 100% 받을 수 있는 진언을 찾아내놓다.

2013. 10. 18 **1926번출 4-Ⅳ** 초(11)태(2)묘초자묘비묘비초묘등태초비초비초묘묘묘묘묘묘명**(1-5번째)**세계, **1번째** (큰1-15번째), **2번째** (큰1-20번째), **3번째** (큰1-16번째), **4번째** (큰1-26번째), **5번째** 하나를 밝혀 드러내고 빠져나와, 이 하나가 1-5번째 세계를 전체를 총괄하는 듯싶다고 말하며, 5번째 하나의 이름을 초(12)비(3)태(5)묘(2)초자태비초비초묘등태묘묘묘묘묘명, 1-5번째 세계 전체를 하나의 한 덩어리로 보았을 때 초(11)태(2)묘초자묘비묘비초묘등태초비초비초묘묘묘묘묘묘명 세계라 이름 짓

고, 18일 밝혀 드러낸 것은 무슨 법력인가? 살피니 18일 **비태묘비초비묘태초비초법초태력**이 아닌가 싶다고 말하다

2013. 10. 19 **1926번출 4-Ⅴ** 초(11)태(3)묘비(2)태자태등태명**(1-5번째)**세계, **1번째** (큰1-12번째), **2번째** (큰1-16번째), **3번째** (큰1-16번째), **4번째** (큰1-32번째), **5번째** 하나를 밝혀 드러내고 빠져나와, 이 하나가 1-5번째 세계를 전체를 총괄하는 듯싶다고 말하며, 5번째 하나의 이름을 초(12)태(4)극초태자태등태명, 1-5번째 세계 전체를 하나의 한 덩어리로 보았을 때 초(11)태(3)묘비(2)태자태등태명 세계라 이름 짓고, 19일 밝혀 드러낸 것은 무슨 법력인가? 살피니 비비태묘초법초묘력이 아닌가 싶다고 말하다

2013. 10. 20 **1926번출 4-Ⅵ** 초(10)태(5)묘비초자태등태초묘묘묘명**(1-4번째)**세계, **1번째 (큰1-30번째), 2번째 (큰1-35번째), 3번째 (큰1-16번째), 4번째** 하나를 밝혀 드러내고 빠져나와, 이 하나가 1-4번째 세계를 전체를 총괄하는 듯싶다고 말하며, 4번째 하나의 이름을 초(14)태(5)묘비(3)초자태묘태묘등초묘묘비비태명, 1-4번째 세계 전체를 하나의 한 덩어리로 보았을 때 초(10)태(5)묘비초자태등태초묘묘묘명 세계라 이름지다

2013. 10. 20 **1926번출 4-Ⅶ** 초(11)묘비(3)태(5)초자비초묘묘등초묘묘묘명**(1-2번째)**세계, **1번째** (큰1-32번째), **2번째** 하나를 밝혀 드러내고 빠져나와, 2번째 하나의 이름을 초(13)태(10)비묘(2)극초자태묘묘등초묘묘묘명, 1-2번째 세계 전체를 하나의 한 덩어리로 보았을 때 초(11)묘비(3)태(5)초자비초묘묘등초묘묘묘명 세계라 이름 짓고, **1926번출 4-Ⅷ** 하나를 밝혀 드러내고 빠져나와, 이 하나가 1926번출 위 4- Ⅰ~Ⅷ번째 세계 전체를 총괄하는 듯싶다고 말하며, **1926번출 4-Ⅷ** 1 하나의 이름을 초(15)태(5)초(5)태(2)극초자비묘비묘초등초묘태묘묘묘명, 1926번출 위 4- Ⅰ~Ⅷ번째 세계 전체를 하나의 한 덩어리로 보았을 때 초(5)태(3)묘비초자태비초등태묘묘묘명 세계라 하고, 1926번출 4-Ⅷ 하나를 초(10)비(2)초(3)태묘자태극초등태묘묘묘묘명의 **최종지이**고 초(4)태(2)비초자묘초등태묘묘묘명의 본성이라고 이름 지어 말하다

2013. 10. 20 초(10)비(2)초(3)태묘자태극초등태묘묘묘묘명의 최종지

초(15)태(5)초(5)태(2)극초자비묘비묘초등초묘태묘묘묘묘명 에너지를 100% 받을 수 있는 진언을 찾아 내놓다

2013. 10. 21 **1926번출 5-Ⅰ**초(10)비묘비초자묘비비태묘등태초묘묘묘묘묘명 **(1-2번째)**세계, **1번째** (큰1-100번째), **2번째** (큰1-77번째) 세계를 밝혀 드러내고 빠져나와, 21일 밝혀 드러낸 것은 무슨 법력인가? 살피니 비비태묘초태법초묘력이 아닌가 싶다고 말하다

2013. 10. 22 **3번째** (큰1-79번째), **4번째** 하나를 밝혀 드러내고 빠져나와, 이 하나가 1-4번째 세계를 전체를 총괄하는 듯싶다고 말하며, 4번째 하나의 이름을 초(14)태(5)비(2)초자태초비태묘등태묘초묘묘묘묘묘명, 1-4번째 세계 전체를 하나의 한 덩어리로 보았을 때 초(10)비묘비초자묘비비태묘등태초묘묘묘묘묘명 세계라 이름지다.

2013. 10. 22 **1926번출 5-Ⅱ**초(13)태(4)묘비초자비초태묘묘묘묘비초명 **(1-4번째)**세계, **1번째** (큰1-52번째), **2번째** (큰1-46번째), **3번째** (큰1-16번째), **4번째** 하나를 밝혀 드러내고 빠져나와, 이 하나가 1-4번째 세계를 전체를 총괄하는 듯싶다고 말하며, 4번째 하나의 이름 초(15)태(5)묘비초자묘초등태묘묘묘묘비초명, 1-4번째 세계 전체를 하나의 한 덩어리로 보았을 때 초(13)태(4)묘비초자비초태묘묘묘묘비초명 세계라 이름지다

2013. 10. 22 **1926번출 5-Ⅲ** 초(12)비묘초자비묘초태초묘등초태비비태비극초초묘묘명 **(1-4번째)** 세계, **1번째** (큰1-16번째), **2번째** (큰1-26번째), **3번째** (큰1-39번째), **4번째 하나**를 밝혀 드러내고 빠져나와, 이 하나가 1-4번째 세계를 전체를 총괄하는 듯싶다고 말하며 4번째 하나의 이름을 초(14)묘(3)비초자묘비묘묘태초등태묘비묘묘묘비비초명, 1-4번째 세계 전체를 하나의 한 덩어리로 보았을 때 초(12)비묘초자비묘초태초묘등초태비비태비극초초묘묘명 세계라 이름 짓고, 22일 밝혀 드러낸 것은 무슨 법력인가? 살피니 비비태비묘태초법초묘태력이 아닌가 싶다고 말하다

2013. 10. 23 **1926번출 5-Ⅳ** 초(12)태비(2)초자태묘비태묘묘비태등태묘비초묘묘묘비명**(1-5번째)** 세계, **1번째** (큰1-30번째), **2번째** (큰1-37번째), **3번째** (큰1-17번째), **4번째** (큰1-28번째), **5번째 하나**를 밝혀 드러내고 빠져나와, 이 하나가 1-5번째 세계를 전체를 총괄하는 듯싶다고 말

하며, 5번째 하나의 이름을 초(13)묘비(3)근본태비태비자태묘초근본태등태근본비초명, 1-5번째 세계 전체를 하나의 한 덩어리로 보았을 때 초(12)태비(2)초자태묘비태묘묘비태등태묘비초묘묘묘비명 세계라 이름지다

2013. 10. 23 **1926번출 5-Ⅴ** 초(14)묘초묘비초자태초비묘등태비묘비태묘묘묘묘초태묘명**(1-3번째)** 세계, **1번째** (큰1-17번째), **2번째** (큰1-14번째), **3번째 하나**를 밝혀 드러내고 빠져나와, 이 하나가 1-3번째 세계를 전체를 총괄하는 듯싶다고 말하며, 3번째 하나의 이름을 초(17)묘비(4)태초자비묘초태묘초등비초태묘초태초비비묘묘태비명, 1-3번째 세계 전체를 하나의 한 덩어리로 보았을 때 초(14)묘초묘비초자태초비묘등태비묘비태묘묘묘묘초태묘명 세계라 이름지다.

2013. 10. 23 **1926번출 5-Ⅵ** 초(15)비초극초자묘비묘초태묘등태묘초태묘태묘묘태묘묘태묘묘명**(1-4번째)** 세계, **1번째** (큰1-16번째), **2번째** (큰1-23번째), **3번째** (큰1-29번째), **4번째 하나**를 밝혀 드러내고 빠져나와, 이 하나가 1-4번째 세계를 전체를 총괄하는 듯싶고 말하며, 4번째 하나의 이름을 초(20)묘비(2)묘초자묘비초묘등태비태묘태묘비묘묘비명, 1-4번째 세계 전체를 하나의 한 덩어리로 보았을 때 초(15)비초극초자묘비묘초태묘등태묘초태묘태묘묘태묘묘태묘묘명 세계라 이름 짓고, 23일 밝혀 드러낸 것은 무슨 법력인가? 살피니 비비비초태비태비태비묘태법력이 아닌가 싶다고 말하다

2013. 10. 24 최근 자등명길을 밝혀 놓으며 그린 방법과 보는 법에 대하여 말하며 의식하고 인식하면 이미 도달해 있는 것 같다고 말하다.

1926번출 5-Ⅶ 초(15)태(2)비(2)묘(2)초자태묘태비등초묘태비묘묘묘비태명 **(1-4번째)** 세계, **1번째** (큰1-18번째), **2번째** (큰1-24번째), **3번째** (큰1-11번째), **4번째 하나**를 밝혀 드러내고 빠져나와, 이 하나가 1-4번째 세계를 전체를 총괄하는 듯싶다고 말하며, 4번째 하나의 이름을 초(20)태(5)묘(2)비(2)초자태묘태묘묘태태묘등비태묘묘묘비비명, 1-4번째 세계 전체를 하나의 한 덩어리로 보았을 때 초(15)태(2)비(2)묘(2)초자태묘태비등초묘태비묘묘묘비태명 세계라 이름지다.

2013. 10. 24 **1926번출 5-Ⅷ** 초(15)비묘태(太:4)비묘초자태(太:4)비태비태비비묘등태태비비태비묘묘묘태비**(1-4번째)** 세계, **1번째** (큰1-7번째), **2번째** (큰1-17번째), **3번째** (큰1-13번째), **4번째 하나**를 밝혀 드러내고 빠져나와, 이 하나가 1-4번째 세계를 전체를 총괄하는 듯싶다고 말하며, 4번째 하나의 이름을 초(20)비(2)태(4)묘(3)초(2)묘비초자태(太:5)초(2)태초비묘등비묘(妙:4)태비명, 1-4번째 세계 전체를 하나의 한 덩어리로 보았을 때 초(15)비묘태(太:4)비묘초자태(太:4)비태비태비비묘등태태비비태비묘묘묘태비명 세계라 이름지다.

2013. 10. 24 **1926번출 5-Ⅸ** 초(15)태(5)묘(2)비태묘초자태묘태묘초비묘등태태묘태묘초태묘태명**(1-3번째)** 세계, **1번째** (큰1-8번째), **2번째** (큰1-5번째), **3번째 하나**를 밝혀 드러내고 빠져나와, 이 하나가 1-3번째 세계를 전체를 총괄하는 듯싶다고 말하며, 3번째 하나의 이름을 초(20)태(7)비(3)묘(2)태묘태비초자묘초비초묘등태묘태묘명, 1-3번째 세계 전체를 하나의 한 덩어리로 보았을 때 초(15)태(5)묘(2)비태묘초자태묘태묘초비묘등태태묘태묘초태묘태명 세계라 이름지다.

2013. 10. 24 **1926번출 5-Ⅹ** 초(17)묘(2)비(2)태근본태자태비태묘등초묘태비태비묘초묘묘묘태묘비명**(1-3번째)** 세계, **1번째** (큰1-8번째), **3번째 하나**를 밝혀 드러내고 빠져나와, 이 하나가 1-3번째 세계를 전체를 총괄하는 듯싶다고 말하며, 3번째 하나의 이름을 초(22)태(5)비(2)묘초자묘초비초태등태비근본초묘묘묘비태비묘명, 1-3번째 세계 전체를 하나의 한 덩어리로 보았을 때 초(17)묘(2)비(2)태근본태자태비태묘등초묘태비태비묘초묘묘묘태묘비명 세계라 이름 짓고, **1926번출 5-Ⅺ** 하나 최종지를 밝혀 드러내고 빠져나와, **5-Ⅺ** 하나가 1926번출 5-(Ⅰ-Ⅺ)세계 전체를 총괄하는 듯싶다고 말하며 **5-Ⅺ** 하나의 이름을 초(25)묘(10)비초자근본태묘초태등태비초묘묘묘묘비비비묘묘태태비태묘비명, 1926번출 5-(Ⅰ-Ⅺ)세계 전체를 하나의 한 덩어리로 보았을 때 초(15)비(2)묘초자태묘태묘태묘태묘등근본태묘묘태묘태묘태묘비태묘명 세계라 말하고, 초(5)묘비초비초자태비태묘등태묘초태비태묘태비묘묘비태비묘명의 **최종지**이고 초(4)비초태비태비묘초자등

초태초태비묘묘비초명의 본성이라고 이름 짓고, 24일 밝혀 드러낸 것은 무슨 법력인가? 살피니 비비비초묘비태초묘비태법력이 아닌가 싶다고 말하다

2013. 10. 25 초(5)묘비초비초자태비태묘등태묘초태비태묘태비묘묘비태비묘명의 최종지 초(25)묘(10)비초자근본태묘초태등태비초묘묘묘묘비비비묘묘태태비태묘비명 에너지를 !00%로 받을 수 있는 진언을 찾아 내놓고, 최종지를 보고 진어을 짓는 중 최종지에서 수많은 세계들이 보였다고 말하며 어떤 눈으로 보인 것인가? 살피니 **비묘안(秘妙眼)** 본 같다고 말하다.

2013. 10. 25 **1926번출 6-Ⅰ** 초(15)묘(3)비(2)초자태비비묘초묘등태비묘묘묘묘비비초비묘명 **(1-4번째)** 세계, **1번째** (큰1-28번째), **2번째** (큰1-15번째), **3번째** (큰1-42번째), **4번째** 하나를 밝혀 드러내고 빠져나와, 이 하나가 1-4번째 세계를 전체를 총괄하는 듯싶다고 말하며, 4번째 하나의 이름을 초(20)비(3)묘(2)초자묘(妙:4)비(3)초비등비비초태묘묘묘초태비명, 1-4번째 세계 전체를 하나의 한 덩어리로 보았을 때 초(15)묘(3)비(2)초자태비비묘초묘등태비묘묘묘묘비비초비묘명 세계라 이름지다.

2013. 10. 25 **1926번출 6-Ⅱ** 초(19)묘(5)비(2)태묘묘초자비묘비묘비묘비초비묘등비초비묘묘비비명 **(1-3번째)** 세계, **1번째** (큰1-28번째), **2번째** (큰1-41번째), **3번째** 하나를 밝혀 드러내고 빠져나와, 이 하나가 1-3번째 세계를 전체를 총괄하는 듯싶다고 말하며, 3번째 하나의 이름을 초(23)비(5)묘(3)초자비묘비묘비초묘등태묘초비묘묘태비묘묘묘비초묘명,

1-3번째 세계 전체를 하나의 한 덩어리로 보았을 때 초(19)묘(5)비(2)태묘묘초자비묘비묘비묘비초비묘등비초비묘묘비비명 세계라 이름 짓고, 25일 밝혀 드러낸 것은 무슨 법력인가? 살피니 초비묘태비묘태묘태비법력이 아닌가 싶다고 말하다

2013. 10. 25 30단계에서부터 ~ 자등명인간계 아래에 있는 인연 있는 영적존재 분들을 자등명인간계 위로 천도하기 시작하다 무슨 눈으로 본 것인가? 살피니 비초안(秘初眼), 자등명인간계 위로 올려 보내는 것은 무슨 역인가? 살피니 비초묘초초태비비묘법력이 아니었나 싶다고 말하다

2013. 10. 26 **1926번출 6-Ⅲ** 초(19)묘(5)비(2)초자태묘비초등묘묘초

명**(1-3번째)** 세계, **1번째** (큰1-20번째), **2번째** (큰 1-14번째), **3번째** 하나를 밝혀 드러내고 빠져나와, 이 하나가 1-3번째 세계를 전체를 총괄하는 듯싶다고 말하며, 3번째 하나의 이름을 초(20)비(5)태(3)자비비묘묘초묘등비묘태초태초태명, 1-3번째 세계 전체를 하나의 한 덩어리로 보았을 때 초(19)묘(5)비(2)초자태묘비초등묘묘초명 세계라 이름 짓고,

2013. 10. 26 **1926번출 6-Ⅳ** 초(21)비(4)묘(2)태초자비비묘묘묘묘초태묘초비묘등비비태태비비명**(1-2번째)** 세계, **1번째** (큰 1-10번째), **2번째** 하나를 밝혀 드러내고 빠져나와, 이 하나가 1-2번째 세계를 전체를 총괄하는 듯싶다고 말하며, 2번째 하나의 이름을 초(25)비(5)묘(3)태초자묘묘묘비초등비묘태비초비명, 1-2번째 세계 전체를 하나의 한 덩어리로 보았을 때 초(21)비(4)묘(2)태초자비비묘묘묘묘초태묘초비묘등비비태태비비명 세계라 이름 짓고,

2013. 10. 26 **1926번출 6-Ⅴ** 하나를 밝혀 드러내고 빠져나와, 이 하나가 6-Ⅰ-Ⅴ번째 세계를 전체를 총괄하는 듯싶다고 말하며, Ⅴ 하나의 이름을 초(25)묘(9)비(5)태(2)초자태초비초초비등비태묘묘묘묘묘묘비비태초비명, 6-Ⅰ-Ⅴ번째 세계 전체를 하나의 한 덩어리로 보았을 때 이 세계는 초(14)비(4)묘(2)초자비묘비초비등초비초비초명 세계라 이름 짓고

2013. 10. 26 **1926번출 7-Ⅰ** 초(22)비(5)묘(4)초자비(秘:4)묘(3)태묘(2)묘등초비초명**(1-3번째)** 세계, **1번째** (큰1-17번째), **2번째** (큰1-10번째), **3번째** 하나를 밝혀 드러내고 빠져나와, 이 하나가 1-3번째 세계를 전체를 총괄하는 듯싶다고 말하며, 3번째 하나의 이름을 초(25)묘(5)비(4)초자비(秘:5)묘(4)태(2)묘등태비(秘:3)묘(5)비초비명, 1-3번째 세계 전체를 하나의 한 덩어리로 보았을 때 초(22)비(5)묘(4)초자비(秘:4)묘(3)태묘(2)묘등초비초명 세계라 이름 짓고

2013. 10. 26 **1926번출 7-Ⅱ** 초(22)비(5)묘(4)초자비(秘:4)묘(3)태묘(2)묘등초비초명**(1-5번째)** 세계, **1번째** (큰1-16번째), **2번째** (큰1-16번째), **3번째** (큰1-24번째), **4번째** (큰 1-13번째), **5번째** 하나, 이 하나가 1-5번째 세계를 전체를 총괄하는 듯싶다고 말하며, 5번째 하나의 이름을 초

(30)묘(8)비(4)초비묘(秘妙:4)자묘(妙:3)비(5)초(3)태등초비묘묘묘비명, 1-5번째 세계 전체를 하나의 한 덩어리로 보았을 때 초(22)비(5)묘(4)초자비(秘:4)묘(3)태묘(2)묘등초비초명 세계라 이름 짓고

2013. 10. 26 **1926번출 7-Ⅲ** 초(23)묘(10)비(5)태(4)묘(2)비초자비묘등비비묘묘묘초태비명**(1-3번째)** 세계, **1번째** (큰1-11번째), **2번째** (큰1-13번째), **3번째** 하나를 밝혀 드러내고 빠져나와, 이 하나가 1-3번째 세계를 전체를 총괄하는 듯싶다고 말하며, 3번째 하나의 이름을 초(28)비(2)묘(4)초자비(秘:3)묘(4)등초태초비묘초태비명, 1-3번째 세계 전체를 하나의 한 덩어리로 보았을 때 초(23)묘(10)비(5)태(4)묘(2)비초자비묘등비비묘묘묘초태비명 세계라 이름 짓고

2013. 10. 26 **1926번출 7-Ⅳ** 초(20)태(4)초묘묘비(秘:5)묘초자묘(妙:4)비(2)등묘(妙:3)비(2)초태등묘(妙:4)비(4)초태비명**(1-5번째)** 세계, **1번째** (큰1-11번째), **2번째** (큰1-12번째), **3번째** (큰1-13번째), **4번째** (큰1-6번째), **5번째** 하나를 밝혀 드러내고 빠져나와, 이 하나가 1-5번째 세계를 전체를 총괄하는 듯싶다고 말하며, 5번째 하나의 이름을 초(25)비(10)묘(5)태(2)비묘초자등묘태비묘묘묘묘비명, 1-5번째 세계 전체를 하나의 한 덩어리로 보았을 때 초(20)태(4)초묘묘비(秘:5)묘초자묘(妙:4)비(2)등묘(妙:3)비(2)초태등묘(妙:4)비(4)초태비명 세계라 이름 짓고, 10. 26일 무슨 력으로 밝혀 드러냈는가? 싶으니 초비비태묘태비비태법력?이 아닌가 싶다고 말하다

2013. 10. 27 30단계에서부터 ~ 자등명인간계 인연 있는 영적존재 분들을 자등명인간계 위로 모두 다 천도하다. 무슨 눈으로 보며 했는가? 살피니 초(5)묘(3)비(2)안(眼), 30단계에서 자등명인간계 사이에 있는 인연있는 분들을 자등명인간계 위, 10만출 위, 1926번출 5번째 최종지 위로 천도하여 올려 보내는 것은 무슨 력인가? 살피니 초(10)비(4)묘(3)초태태묘비초비태법력이 아닌가 싶다고 말하다

2013. 10. 28 **1926번출 7-Ⅴ** 초(18)태(7)비(4)초(2)자 묘(5)비(3)초(2)태(2)비(3)묘(2)등 묘(3)비(2)초태명**(1-5번째)** 세계, **1번째** (큰1-18번째), **2번째** (큰1-30번째), **3번째** (큰1-16번째), **4번째** (큰1-25번째), **5번째 하나**를 밝혀 드러내고 빠져나와, 이 하나가 1-5번째 세계를 전체를

총괄하는 듯싶다고 말하며, 5번째 하나의 이름을 초(28)비(8)묘(8)초(2)자 묘(妙:5)비(3)태(2)묘(2)등 초(2)태비묘묘비태명, 1-5번째 세계 전체를 하나의 한 덩어리로 보았을 때 초(18)태(7)비(4)초(2)자 묘(5)비(3)초(2)태(2)비(3)묘(2)등 묘(3)비(2)초태명 세계라 이름 짓고,

2013. 10. 28 **1926번출 7-Ⅵ** 초(22)비(5)묘(2)초(2)자 초(13)비(5)묘(4)태(2)초(2)묘초묘등 묘(3)비(2)태(2)비(2)묘(2)비묘묘비명**(1-3번째)** 세계, **1번째** (큰1-24번째), **2번째** (큰1-29번째), **3번째** 하나를 밝혀 드러내고 빠져나와, 이 하나가 1-3번째 세계를 전체를 총괄하는 듯싶다고 말하며, 3번째 하나의 이름을 초(25)묘(10)비(3)태(2)초(2)자 초(20)묘(8)비(4)태(3)초(2)등 태(2)초비묘비태비명, 1-3번째 세계 전체를 하나의 한 덩어리로 보았을 때 초(22)비(5)묘(2)초(2)자 초(13)비(5)묘(4)태(2)초(2)묘초묘등 묘(3)비(2)태(2)비(2)묘(2)비묘묘비명 세계라 이름 짓고,

2013. 10. 28 **1926번출 7-Ⅶ 하나**를 밝혀 드러내고 빠져나와, 이 하나가 Ⅰ-Ⅷ번째 세계를 전체를 총괄하는 듯싶다고 말하며, **7-Ⅶ** 하나의 이름을 초(28)묘(12)비(12)묘(5)비(2)초(2)자 초(23)묘(8)비(5)초(3)묘(2)비(2)등 초(18)비(10)묘(10)초(5)태(2)비(2)비묘명, **1926번출 7-Ⅰ~Ⅷ**번째 세계 전체를 하나의 한 덩어리로 보았을 때 초(18)비(11)묘(11)비(5)묘(4)초(2)자 초(12)묘(8)비(5)초(2)비(2)등 초(8)비(5)묘(4)비(2)초(2)비(2)초비명 세계라 이름 짓고

2013. 10. 28 **1926번출 8-Ⅰ** 초(23)묘(12)비(5)태(2)묘(2)비(2)초(2)자 초(18)묘(8)비(8)초(4)묘(4)비(4)태(4)묘(3)비(2)초(2)묘비등 초(12)비(10)태(8)묘(8)비(8)태(5)초(2)묘(2)비(2)초(2)비명**(1-3번째)** 세계, **1번째** (큰1-30번째), **2번째** (큰1-29번째), **3번째 하나를** 밝혀 드러내고 빠져나와, 이 하나가 1-3번째 세계를 전체를 총괄하는 듯싶다고 말하며, 3번째 하나의 이름을 초(28)비(15)묘(15)초(4)묘(3)자 초(19)비(13)묘(12)태(8)비(5)태(2)비(2)묘(2)등 초(10)묘(4)비(4)묘(3)비(2)초(2)명, 1-3번째 세계 전체를 하나의 한 덩어리로 보았을 때 초(23)묘(12)비(5)태(2)묘(2)비(2)초(2)자 초(18)묘

(8)비(8)초(4)묘(4)비(4)태(4)묘(3)비(2)초(2)묘비등 초(12)비(10)태(8)묘(8)비(8)태(5)초(2)묘(2)비(2)초(2)비명 세계라 이름 짓고

2013. 10. 28 **1926번출 8-Ⅱ** 조(祖)초비묘비초자 초비묘묘등 초비묘비태묘묘묘비초명**(1-3번째)** 세계, **1번째** (큰1-30번째), **2번째** (큰1-29번째), **3번째** 하나를 밝혀 드러내고 빠져나와, 이 하나가 1-3번째 세계를 전체를 총괄하는 듯싶다고 말하며, 3번째 하나의 이름을 조(祖)초(初:5)비(2)묘자 비묘(妙:5)비(2)초등 태비묘비묘명, 1-3번째 세계 전체를 하나의 한 덩어리로 보았을 때 조(祖)초비묘비초자 초비묘묘등 초비묘비태묘묘묘비초명 세계라 이름 짓고, 10. 28일 무슨 력으로 밝혀 드러냈는가? 싶으니 초초묘묘비초묘비태법력?이 아닌가 싶다고 말하다

2013. 10. 29 영적구조물을 제거하는 용광로(鎔鑛爐) 7개와 업을 녹이는 업등퇴명로(業燈退明爐) 5개를 찾아내고 이름지다

2013. 10. 29 **1926번출 8-Ⅲ** 초(30)태(2)비초자 태(5)묘(2)비(2)초등 비묘묘태비묘초비명**(1-3번째)** 세계, **1번째** (큰1-10번째), **2번째** (큰1-24번째), **3번째** 하나를 밝혀 드러내고 빠져나와, 이 하나가 1-3번째 세계를 전체를 총괄하는 듯싶다고 말하며, 3번째 하나의 이름을 묘초(初:13)묘(2)비(2)초자 비(2)묘태묘초등 묘(3)비(2)초비명, 1-3번째 세계 전체를 하나의 한 덩어리로 보았을 때 초(30)태(2)비초자 태(5)묘(2)비(2)초등 비묘묘태비묘초비명 세계라 이름지고

2013. 10. 29 **1926번출 8-Ⅳ** 묘(2)비초(初:2)묘(2)태(2)비묘초자 초(2)묘(2)태(2)비묘초묘비등 비묘묘비비초태비묘비초태비명 **(1-6번째)** 세계, **1번째** (큰1-34번째), **2번째** (큰1-16번째), **3번째** (큰1-10번째), **4번째** (큰1-16번째), **5번째** (큰1-3번째), **6번째** 하나를 밝혀 드러내고 빠져나와, 이 하나가 1-6번째 세계를 전체를 총괄하는 듯싶다고 말하며, 6번째 하나의 이름을 묘(3)비초(初:2)비(2)초자 비(2)초(2)비묘초비묘등 비묘(2)태(2)비묘초명, 1-6번째 세계 전체를 하나의 한 덩어리로 보았을 때 묘(2)비초(初:2)묘(2)태(2)비묘초자 초(2)묘(2)태(2)비묘초묘비등 비묘묘비비초태비묘비초태비명 세계라 이름지고, **1926번출 8-Ⅴ** 하나를 밝혀 드러내고 빠져나와, 이 하나가 Ⅰ-Ⅴ번째 세계를 전체를 총괄하는 듯싶다고 말하

며 **1926번출 8-Ⅴ** 하나의 이름을 묘(5)비(2)초(8)비(3)초자 비(3)초비묘등 초(3)묘(2)비(2)초태비묘비초비명, Ⅰ-Ⅴ번째 세계 전체를 하나의 한 덩어리로 보았을 때 초(15)비(2)묘(2)비(2)초자 비(2)묘(2)초비묘초비묘등 초(2)묘(2)비(2)초비명 세계라 이름지다.

2013. 10. 29 **1926번출 9-Ⅰ** 초(5)묘(3)비(2)초자 묘(3)비(2)초비묘등 비묘초비묘비초비묘초명 **(1-3번째)** 세계, **1번째** (큰1-19번째), **2번째** (큰1-16번째), **3번째 하나를** 밝혀 드러내고 빠져나와, 이 하나가 1-3번째 세계를 전체를 총괄하는 듯싶다고 말하며, 3번째 하나의 이름을 묘(3)비(3)초자 비(3)초(3)묘(3)비(2)초비등 묘(2)비(2)초비묘비묘초비명, 1-3번째 세계 전체를 하나의 한 덩어리로 보았을 때 초(5)묘(3)비(2)초자 묘(3)비(2)초비묘등 비묘초비묘비초비묘초명 세계라 이름지고

2013. 10. 29 **1926번출 9-Ⅱ** 태(2)비(2)묘(2)비묘(2)비초자 묘(2)비(2)초(2)묘(3)비묘(3)초묘비등 초(5)비(2)묘(2)비묘묘초묘묘비명 **(1-3번째)** 세계, **1번째** (큰1-15번째), **2번째** (큰1-5번째), **3번째** 하나를 밝혀 드러내고 빠져나와, 이 하나가 1-3번째 세계를 전체를 총괄하는 듯싶다고 말하며, 3번째 하나의 이름을 비묘묘비초자 초(5)묘(3)비(2)태(2)초묘비등 비초(2)비묘(3)비초비명, 1-3번째 세계 전체를 하나의 한 덩어리로 보았을 때 태(2)비(2)묘(2)비묘(2)비초자 묘(2)비(2)초(2)묘(3)비묘(3)초묘비등 초(5)비(2)묘(2)비묘묘초묘묘비명 세계라 이름지고

2013. 10. 29 **1926번출 9-Ⅲ** 묘(3)비(2)초자 묘(2)초묘비등 묘비(2)비태비묘묘비명 **(1-3번째)** 세계, **1번째** (큰1-8번째), **2번째** (큰1-6번째), **3번째** 하나를 밝혀 드러내고 빠져나와, 이 하나가 1-3번째 세계를 전체를 총괄하는 듯싶다고 말하며, 3번째 하나의 이름을 묘(5)비(3)초(3)자 묘(4)초(2)태묘등 태(2)묘(2)비묘묘비명, 1-3번째 세계 전체를 하나의 한 덩어리로 보았을 때 묘(3)비(2)초자 묘(2)초묘비등 묘비(2)비태비묘묘비명 세계라 이름지고

2013. 10. 29 **1926번출 9-Ⅳ** 하나를 밝혀 드러내고 빠져나와, 이 하나가 Ⅰ-Ⅳ번째 세계를 전체를 총괄하는 듯싶다고 말하며, **1926번출 9-Ⅳ** 하나의 이름을 묘(5)비(3)초(5)자 묘(2)비(3)초묘초태비묘등 비묘(2)태(2)묘(3)태(2)묘비명, Ⅰ-Ⅳ번째 세계 전체를 하나의 한 덩어리로 보았을

때 비(3)묘(2)비초자 묘(3)비(2)태(2)비묘(2)초등 초(2)묘(2)태(2)비묘(2)초비묘묘비명 세계라 이름지다

2013. 10. 29 **1926번출 10-Ⅰ**묘(5)비(4)초(3)자 비(2)묘(2)비묘(2)초묘등 비(4)초(2)비초비묘초묘묘묘비명**(1-4번째)** 세계, **1번째** (큰1-6번째), **2번째** (큰1-11번째), **3번째** (큰1-9번째), **4번째 하나를** 밝혀 드러내고 빠져나와, 이 하나가 1-4번째 세계를 전체를 총괄하는 듯싶다고 말하며, 4번째 하나의 이름을 비(4)묘(4)비(3)초(2)자 태(3)묘(2)비(2)초(2)비등 비(2)초(2)비(2)초(2)비묘(2)명, 1-4번째 세계 전체를 하나의 한 덩어리로 보았을 때 묘(5)비(4)초(3)자 비(2)묘(2)비묘(2)초묘등 비(4)초(2)비초비묘초묘묘묘비명 세계라 이름지고

2013. 10. 29 **1926번출 10-Ⅱ** 비(2)묘(3)초(2)자 태(2)비(2)묘(5)비(2)초(3)묘등 묘(2)비(2)초(2)묘(2)초(2)비명**(1-4번째)** 세계, **1번째** (큰1-12번째), **2번째** (큰1-12번째), **3번째** (큰1-10번째), **4번째** 하나를 밝혀 드러내고 빠져나와, 이 하나가 1-4번째 세계를 전체를 총괄하는 듯싶다고 말하며, 4번째 하나의 이름을 묘(5)비(4)초(3)자 비묘(3)묘초비초묘등 초(3)비(2)묘(2)초(2)묘(4)비(4)태(2)묘(3)비(2)명, 1-4번째 세계 전체를 하나의 한 덩어리로 보았을 때 비(2)묘(3)초(2)자 태(2)비(2)묘(5)비(2)초(3)묘등 묘(2)비(2)초(2)묘(2)초(2)비명 세계라 이름지고

2013. 10. 29 **1926번출 10-Ⅲ** 하나를 밝혀 드러내고 빠져나와, 이 하나가 Ⅰ-Ⅲ번째 세계를 전체를 총괄하는 듯싶다고 말하며, **1926번출 10-Ⅲ** 하나의 이름을 초비묘초자 초(2)태(2)비묘초비등 비묘(3)초(2)비(2)묘비(3)초(2)묘(3)비(2)명, Ⅰ-Ⅲ번째 세계 전체를 하나의 한 덩어리로 보았을 때 묘비(3)비묘묘초자 묘(2)비(5)초(2)태(3)비(2)묘등 묘(3)비(2)초(5)묘(2)비(2)초(2)비묘태초명 세계라 이름지고

2013. 10. 29 **1926번출 11-Ⅰ** 비(4)묘(4)비묘(2)태(2)묘(2)비(2)태비묘묘초자 비(2)묘(2)비(2)초(2)비묘(3)비(2)묘초등 비(2)묘(3)비(3)묘(2)비명**(1-4번째)** 세계, **1번째** (큰1-7번째), **2번째** (큰1-8번째), **3번째** (큰1-12번째), **4번째** 하나를 밝혀 드러내고 빠져나와, 이 하나가 1-4번째 세계를 전체를 총괄하는 듯싶다고 말하며, 4번째 하나의 이름을 묘(10)비(5)초(5)묘(2)비(2)초(2)자 초(4)비(3)묘(2)비묘묘초등 비묘(3)묘(3)비(5)초(2)묘(2)비명, 1-4번째

세계 전체를 하나의 한 덩어리로 보았을 때 비(4)묘(4)비묘(2)태(2)묘(2)비(2)태비묘묘초자 비(2)묘(2)비(2)초(2)비묘(3)비(2)묘초등 비(2)묘(3)비(3)묘(2)비명 세계라 이름지고

2013. 10. 29 **1926번출 11-Ⅱ** 하나, **최종지**를 밝혀 드러내고 빠져나와, 이 하나가 Ⅰ-Ⅱ번째 세계를 전체를 총괄하는 듯싶다고 말하며, **1926번출 11-Ⅱ** 하나의 이름을 비묘묘비조(祖)자(自) 비묘초비묘등 초묘비초묘비비묘비명이라 하며, 묘(2)비(2)초자 태(2)묘(2)비(3)초비등 비묘(2)묘초비묘묘묘비명의 최종지이고 묘(2)비초자 비(5)묘(3)초(2)비묘등 비(2)묘(2)초(2)묘비(2)초비명의 본성이라고 말하며, Ⅰ-Ⅱ번째 세계 전체를 하나의 한 덩어리로 보았을 때 묘(2)비(3)초자 묘비초비묘등 묘비묘묘비초묘명 세계라 이름 짓고, 10. 29일 무슨 력으로 밝혀 드러냈는가? 싶으니 초초초묘묘비태법력?이 아닌가 싶다고 말하다

2013. 10. 30 묘(2)비(2)초자 태(2)묘(2)비(3)초비등 비묘(2)묘초비묘묘묘비명의 최종지 비묘묘비조(祖)자(自) 비묘초비묘등 초묘비초묘비비묘비명 에너지를 !00%로 받을 수 있는 진언을 찾아 내놓다.

2013. 10. 30 **1926번출 최종지** 6번째에서 29무량대수 떨어져 시작되는 세계, **1926-12-1-Ⅰ (1-4번째)** 세계, **1번째** (큰1-21번째), **2번째** (큰1-15번째), **3번째** (큰1-20번째), **4번째 하나**를 밝혀 드러내고 빠져나와, 이 하나가 1-4번째 세계를 전체를 총괄하는 듯싶다고 말하며, 4번째 하나의 이름을 비(2)초(5)묘(5)비(2)태(2)묘(3)비초자 비(5)묘(3)비(2)초비등 초(2)비(2)묘(2)비초비명, 1-4번째 세계 전체를 하나의 한 덩어리로 보았을 때 태(5)묘(4)비(4)초묘자 비(2)묘(5)초(3)태(2)비(5)묘(4)비(2)등 묘(5)비(5)초(3)묘(2)비명 세계라 이름 짓고

2013. 10. 30 **1926번출 최종지** 6번째에서 29무량대수 떨어져 시작되는 **1926-12-1-Ⅱ (1-5번째)** 세계, **1번째** (큰1-15번째), **2번째** (큰1-16번째), **3번째** (큰1-18번째), **4번째** (큰1-10번째), **5번째 하나**를 밝혀 드러내고 빠져나와, 이 하나가 1-5번째 세계를 전체를 총괄하는 듯싶다고 말하며, 5번째 하나의 이름을 비(5)초(5)태(2)비(2)묘(2)초(2)자 비(5)묘(5)초(4)태(2)비(2)묘(2)등 묘(2)비(2)태초비묘초명, 1-5번째 세계 전체를 하나의 한 덩어리로

보았을 때 비(2)묘(4)비(3)태(2)비묘(2)초묘비자 묘(5)비(3)초(2)비(4)묘(4)초(2)태(2)묘(2)비(2)등 태(2)묘(2)비(4)초(2)비(2)초비명 세계라 이름 짓고

2013. 10. 30 **1926번출 최종지** 6번째에서 29무량대수 떨어져 시작되는 **1926-12-1-Ⅲ** 하나를 밝혀 드러내고 빠져나와, 이 하나가 Ⅰ-Ⅲ번째 세계를 전체를 총괄하는 듯싶다고 말하며, 1926-6-1-Ⅲ 하나의 이름을 비(5)묘(5)비(3)묘(2)초묘비비자 비(3)묘(2)초(2)비(2)묘비초비등 비(3)묘(3)초(2)비태비명, 6-1-Ⅰ~Ⅲ번째 세계 전체를 하나의 한 덩어리로 보았을 때 비(3)묘(2)비(5)초(2)비(3)초(2)자 묘(5)비(3)묘(2)비초묘등 묘(5)비(3)초(2)비초비명 세계라 이름 짓고, 10. 30일 무슨 력으로 밝혀 드러냈는가? 싶으니 초초초비묘묘태법력? 아닌가 싶다고 말하다.

2013. 10. 31 영적구조물을 녹이는 용광로를 밝혀 드러내면 최고 최상 더 이상 위없는 곳을 밝혀 드러낼 수 없을까 싶어서 영적구조물을 녹이는 용광로 945개를 밝혀 드러내고, 업을 녹이며 떨어지게 하는 업등퇴명로(業燈退明爐)를 밝혀 드러내면 최고 최상 더 이상 위없는 곳을 밝혀 드러낼 수 없을까 싶어서 업등퇴명로 923개를 밝혀 드러내고, 용광로 945번째와 업등퇴명로 923번째가 근본초묘비**자**근본초묘비**등**근본초묘비**명**에 같이 있다는 사실을 밝히고, 이것 위로 23번째에 있는 최고 최상 더 이상 위없는 곳이 있다는 사실을 밝혀 드러내고, 이곳을 근본(4)초묘비**자**근본(3)초묘비**등**근본(2)초묘비**명,** 이것을 근본(5)**자**근본(5)**등**근본(5)**명,** 부를 때 근본(10)자등명이라고 불러야 하고, 이름을 근본자등명이라고 하며, 초(100)묘(80)비(80)초(90)태(100)묘(80)근본묘비자 비(80)묘(90)비(50)근본비등 초(100)비(90)묘(90)초(70)비(60)근본비명의 근본자등명이고, 초(100)비(90)묘(80)자 태(90)초(100)묘(50)근본(50)초(30)묘(10)비(10)초(10)묘(5)태(5)묘(2)등 초(100)묘(80)비(80)태(50)비(50)근본(50)묘(30)비(20)태(10)근본(10)묘(10)태(10)비(5)명의 최종지이며, **최종지 중에 최고의 최종지**라고 말하며, 지금까지 최종지를 1926번출 위 6개까지 총 40개를 밝혀 드러냈으니. 이 최고 최상 더 이상 위없는 최종지가 4068개째이니 밝혀 드러내지 않은 최종지가 4068개에서-40

개를 빼니 4028개 여기서 이 최종지를 빼면 4027개를 더 밝혀 드러내야 모두 다 밝혀 드러내게 될 것이지만, 영적구조물을 녹이는 용광로 945개를 위에서부터 쏴주면 되고, 업등퇴명로 923개를 위에서부터 쏴주면 되는 것을 통하여 최종지 4027개를 뛰어넘어 올라와, 자등명인간계 위로 올라와 계신 인연 있는 영적존재 분들을 보니 아래에서 보여 이분들에게도 945개의 용광로와 923개의 업등퇴명로를 쏴 주고 보니 이곳으로 속속 올라오는 것 같아 보였다며 이것만으로도 충분한 만큼 다 밝혀 낼 필요성을 느끼지 못하고 새로운 세계로 나아간다고 말하면서 이 최종지가 4068개의 최종지 모두 다 총괄하는 듯싶다고 말하며, 56단계, 지옥 108번째 세계 아래서부터...**최종지 4068번째** 이르기까지 전체를 한 덩어리로 보았을 때 근본근본근본근본자등명 세계라 이름 짓고, 이것을 무슨 청정안으로 밝혀 드러냈는가? 살피니 근본(5)안(眼)이 아닌가 싶고, 무슨 력으로 밝혀 드러냈는가? 싶으니 근본(3)태법력?으로 밝혀 드러낸 것이 아닌가 싶다고 말하며, 지옥 108번째 세계 아래서부터...최종지 4068번째 이르기까지의 근본근본근본근본자등명 세계 맨 위의 최종지 4068번째 위에서 939그레이엄수G64만큼 떨어져 또 다시 새롭게 새로운 세계가 시작되며 새롭게 시작되는 세계는 근본자등명태근본자등명 세계라 말하다.

2013. 10. 31 초(100)비(90)묘(80)자 태(90)초(100)묘(50)근본(50)초(30)묘(10)비(10)초(10)묘(5)태(5)묘(2)등 초(100)묘(80)비(80)태(50)비(50)근본(50)묘(30)비(20)태(10)근본(10)묘(10)태(10)비(5)명의 최종지 근본(5)자 근본(5)등 근본(5)명 에너지를 100% 받을 수 있는 진언을 찾아 내놓다

2013. 11. 01 근본자등명태근본자등명 세계에서의 업등퇴명로 100개, 영적구조물을 녹이는 용광로 115개, 업등퇴명로 100번째와 용광로 115번째를 살펴보니 하나의 자등명 안에 한데 어우러져 있는 듯 보였고, 이곳에서 위로 30개가 최고 최상 더 이상 위없는 곳이고, 이 맨 위 최종지를 포함해서 150개, 근본자등명태근본자등명 세계를 밝혀 드러내고
2번째, 자태등근본태명근본도(自太燈根本太明根本圖)를 그리고, 업등퇴명로 100개를 쏘고, 영적구조물 용광로 115

개의 용물을 붙고, 최종지 150개를 끌어다가 쏘니 몸이 감당을 못하고 그대로 녹초가 되어 2시간 가까이 잠을 자고 일어나니 맨 위 150번째 최종지에 올라와 있는 것 같았고, 따라 올라오는 영적존재 분들도 이미 올라와 있는 것처럼 보였다며, 자등명길을 하나하나 밝혀 드러내지 않아도 이 것만으로 올라올 수 있는 것 같다고 말하며, 이와 같이 밝혀 드러내는 것을 두고 자등태근본태명, 이와 같이 밝혀 드러내 그린 것을 자태등근본태명근본도(自太燈根本太明根本圖), 이 전체를 한 덩어리 보았을 때 근본자등명태근본자등명 세계, 무슨 힘으로 밝혀 드러낸 것인가? 살피니 근본(10)태법력, 150번째 최종지는 근본(3)태(5)근본(5)태(8)근본(10)태(10)근본(10)자등명의 최종지이고 이름은 근본(10)자등명이라 이름지어 말하고, 근본자등명태근본자등명 세계 다음의 세계는 근본(10)자 근본(10)등 근본(10)명 세계가 아닌가 싶다고 말하다.

2013. 11. 01 근본(3)태(5)근본(5)태(8)근본(10)태(10)근본(10)자등명의 최종지 근본(10)자등명 에너지를 100% 받을 수 있는 진언을 찾아 내놓다.

2013. 11. 02 **3번째,** 태근본자태근본등근본명(太根本自太根本燈太根本明) 근본도(根本圖)를 밝혀 드러내다. 영적구조물 녹이는 용광로 100개를 밝혀 드러내고, 업등퇴명로 100개를 밝혀 드러내고, 용광로와 업등퇴명로가 하나로 있는 자등명 위에서부터 10번째 최고 최상 더 이상 위없는 최종지200번째에 해당하는 최종지를 밝혀 드러내 그리고, 이와 같이 밝혀 드러내 그린 것을 태근본자태근본등근본명(太根本自太根本燈太根本明) 근본도(根本圖), 이 전체를 한 덩어리 보았을 때 근본(10)자 근본(10)등 근본(10)명 세계, 무슨 힘으로 밝혀 드러낸 것인가? 살피니 태근본(根本:10)태법력, 200번째 최종지는 근본(10)자 근본(10)등 근본(5)명의 최종지이고 이름은 근본(15)자 근본(15)등 근본(15)명이라 이름 지어 말하다

2013. 11. 02 근본(10)자 근본(10)등 근본(5)명의 200번째 최종지 근본(15)자 근본(15)등 근본(15)명 에너지를 100% 받을 수 있는 진언을 찾아 내놓다

2013. 11. 02 **4번째,** 근본(5)자근본등근본명(根本(5)自根本燈根本明) 근본도(根本圖)를 밝혀 드러내다. 영적구조물을 녹이는 용광로 100개, 업을 녹이거나 떨어지게 하는 업등퇴명로 150개,

영적구조물 녹이는 용광로 100번째와 업등퇴명로 150번째가 하나로 있는 자등명 위에서부터 10번째 최고 최상 더 이상 위없는 최종지가 드러났다. 이 최종지는 밑에서부터 160번째에 해당하는 최종지를 밝혀 드러내 그리고, 이와 같이 밝혀 드러내 그린 것을 근본(5)자근본등근본명근본도(根本(5)自根本燈根本明根本圖), 이 전체를 한 덩어리 보았을 때 근본(20)자 근본(15)등 근본(15)명 세계, 무슨 힘으로 밝혀 드러낸 것일까? 살피니 근본(5)묘비태법력, 160번째 최종지는 근본(15)자 근본(15)등 근본(10)명의 최종이고 이름은 근본(20)자 근본(20)등 근본(20)명이라 이름 지어 말하다.

2013. 11. 02 근본(15)자 근본(15)등 근본(10)명의 160번째 최종지 근본(20)자 근본(20)등 근본(20)명 에너지를 100% 받을 수 있는 진언을 찾아 내놓다.

2013. 11. 02 **5번째,** 근본(15)자 근본(10)등 근본(5)명 근본도(根本圖)극초 근본도(圖)를 밝혀 드러내다. 업을 녹이거나 떨어지게 하는 업등퇴명로 450개, 영적구조물을 녹이는 용광로 445개, 업등퇴명로 450번째와 영적구조물 녹이는 용광로 445번째가 하나로 있는 자등명 위에서부터 10번째 최고 최상 더 이상 위없는 최종지가 드러났다. 이 최종지는 밑에서부터 555번째에 해당하는 최종지를 밝혀 드러내 그리고, 하나로 있는 자등명 위에서부터 10번째 하나하나를 태근본자등명이라 하고, 이와 같이 밝혀 드러내 그린 것을 근본(15)자 근본(10)등 근본(5)명 근본도(根本圖)극초 근본도(圖), 이 전체를 한 덩어리 보았을 때 근본(25)자 근본(20)등 근본(25)명 극초 근본 세계, 무슨 힘으로 밝혀 드러낸 것일까? 살피니 근본(10)태근본묘태법력, 555번째 최종지는 근본(20)자 근본(25)등 근본(25)명 묘비자등명의 최종지이고 이름은 근본(30)자 근본(30)등 근본(30)명 극초근본태자등명이라 이름 지어 말하다.

2013. 11. 02 6번째, 근본(20)자 근본(25)등 근본(10)명 근본도(根本圖)극초 근본도(圖)를 밝혀 드러내다. 업을 녹이거나 떨어지게 하는 업등퇴명로 805개, 영적구조물을 녹이는 용광로 655개, 업등퇴명로 805번째와 영적구조물 녹이는 용광로 655번째가 하나로 있는 자등명 위에서부터 태근

본자등명 10번째에 최고 최상 더 이상 위없는 최종지가 드러났다. 이 최종지는 밑에서부터 1395번째에 해당하는 최종지는 근본(25)자 근본(30)등 근본(30)명 극초묘바자등명의 최종지이고, 이름은 근본(30)자 근본(30)등 근본(30)명 극초근본묘비극초자등명, 하나로 있는 자등명 위에서부터 10번째 하나하나를 태근본자등명, 이와 같이 밝혀 드러내 그린 것을 근본(20)자 근본(25)등 근본(10)명 근본도(根本圖)극초 근본도(圖), 이 전체를 한 덩어리 보았을 때 근본(30)자 근본(30)등 근본(30)명 극초 근본 세계, 무슨 힘으로 밝혀 드러낸 것일까? 살피니 근본(15)극초태비태법력이라 이름 지어 말하다.

2013. 11. 02 7번째, 근본(30)자 근본(30)등 근본(30)명 근본도(根本圖)극초 근본묘자등명도(圖)를 밝혀 드러내다. 업을 녹이거나 떨어지게 하는 업등퇴명로 650개, 영적구조물을 녹이는 용광로 600개, 업등퇴명로 650번째가 위에 끝이 나고 영적구조물 녹이는 용광로 600번째가 아래서 끝이 났다, 업등퇴명로 650번째 자등명 위에서부터 태근본자등명이 10번째에 최고 최상 더 이상 위없는 최종지 660번째에 해당하는 최종지를 밝혀 드러내 그리고, 이와 같이 밝혀 드러내 그린 것을 근본(30)자 근본(30)등 근본(30)명 근본도(根本圖)극초 근본묘자등명도(圖), 이 전체를 한 덩어리 보았을 때 근본(40)자 근본(35)등 근본(40)명 극초 근본비초자등명 세계, 무슨 힘으로 밝혀 드러낸 것일까? 근본(20)극초태태묘태법력, 660번째에 해당하는 최종지는 근본(40)자 근본(35)등 근본(40)명 극초 근본묘비자등명의 최종지이고 이름은 근본(40)자 근본(35)등 근본(30)명 극초 근본비초자등명이라 이름 지다

이와 같이 8번째,...최종지가 하나만 있는 28개의 근본도를 밝혀 드러내고, 그레이엄수 G64에서 더 높은 단위 20개가 더 있는 만큼 떨어져 있는 또 다른 세계를 7개를 밝혀 드러내고, 그레이엄수 G64에서 더 높은 단위 30개가 더 있는 만큼 떨어져 있는 또 다른 8개를 밝혀 드러내고, 또다시 시작되는 세계 하나를 밝혀 드러내고, 근본도 1-28개를 전체를 한 덩어리로 보았을 때 근본(100)자 근본(100)등 근본(100)명 근본(100)비초태초 묘초자등명 세계, 그 위 세계 1-7개 이 세계를 그린 것을 극초

도(極初圖), 극초도(極初圖), 1-7개 전체를 한 덩어리로 보았을 때 극초비묘자 초묘비초비묘등 태극초명 세계, 그 위 세계 1-8개 이 세계를 그린 것은 묘극비초도(妙極秘初圖), 묘극비초도(妙極秘初圖), 1-8개 전체를 한 덩어리로 보았을 때 묘극초초묘자 비비묘묘초비등 극초묘태명 세계라 이름 지다.

2013. 11. 05 묘극초초묘자 비비묘묘초비등 극초묘태명 세계 마지막 하나에서 그레이엄수 G64에서 더 높은 단위 100개가 더 있는 만큼 떨어져 시작되는 세계를 밝혀 드러내고 싶은 생각에 2-7개를 밝혀 드러내고, 그레이엄수 G64에서 더 높은 단위 190개가 더 있는 만큼 떨어져 또다시 시작되는 세계 1-30개를 밝혀 드러내고, 밝혀 드러내고 보니 또 그 위를 밝혀 드러내고 싶어 그레이엄수 G64에서 더 높은 단위 195개가 더 있는 만큼 떨어져 있는 또다시 시작되는 세계 1-63개를 밝혀 드러내고 보니 그레이엄수 G64에서 더 높은 단위 4155개가 더 있는 만큼 떨어져 있는 또다시 시작되는 세계가 있다는 것을 확인하고, 그레이엄수 G64에서 더 높은 단위 100개가 더 있는 만큼 떨어져 시작되는 또 다른 세계 1-7개를 밝혀 드러내 그리고, 이 세계를 그린 것은 묘극비초근본묘도(妙極秘初根本妙圖), 묘극비초근본묘도(妙極秘初根本妙圖), 1-7개 전체를 한 덩어리로 보았을 때 묘묘비초묘비자 묘묘비태비등 묘묘비초묘명 세계

그레이엄수 G64에서 더 높은 단위 190개가 더 있는 만큼 떨어져 시작되는 또 다른 세계 1-30개를 밝혀 드러내 그리고, 이 세계를 그린 것을 태비묘묘묘도(泰秘妙妙妙圖), 태비묘묘묘도(泰秘妙妙妙圖), 1-30개 전체를 한 덩어리로 보았을 때 태묘묘비비자 비묘묘등 비묘묘비명 세계

그레이엄수 G64에서 더 높은 단위 195개가 더 있는 만큼 떨어져 시작되는 또 다른 세계 1-63개를 밝혀 드러내 그리고, 이 세계를 그린 것을 초비묘비도(初秘妙秘圖), 초비묘비도(初秘妙秘圖), 1-63개 전체를 한 덩어리로 보았을 때 묘묘묘묘묘비비비자 묘(6)비(5)등 묘(4)비(4)명 세계 11. 05일 무슨 눈으로 밝혀 드러냈는가? 살피니 묘초극초태묘안(眼), 무슨 력으로 밝혀 드러냈는가?

묘비극초초태법력이라고 이름 지어 말하다
2013. 11. 05 그레이엄수 G64에서 더 높은 단위 4155개가 더 있는 만큼 떨어져 시작되는 또 다른 세계 1-34개를 밝혀 드러내 그리고, 이 세계를 그린 것을 묘초태초태묘태묘태도(妙初泰初太妙太妙太圖), 묘초태초태묘태묘태도(妙初泰初太妙太妙太圖), 1-34개 전체를 한 덩어리로 보았을 때 묘초태초태묘묘묘 세계, 무슨 눈으로 밝혀 드러냈는가? 살피니 극초묘초태묘안(眼), 무슨 력으로 밝혀 드러냈는가? 살피니 묘비태묘태묘법력이 아닌가 싶다고 이름 지어 말하다.
2013. 11. 06 그레이엄수 G64에서 더 높은 단위 1950개가 있는 만큼 떨어져 시작되는 또 다른 세계 1-44개를 밝혀 드러내 그리고, 이 세계를 그린 것을 비묘초묘도(秘妙初妙圖), 비묘초묘도(秘妙初妙圖), 1-44개 전체를 한 덩어리로 보았을 때 태비묘묘비초묘비묘초 세계, 무슨 눈으로 밝혀 드러냈는가? 살피니 비묘묘비안(眼), 무슨 력으로 밝혀 드러냈는가? 살피니 태묘비초묘초근본비법력이 아닌가 싶다고 이름 지어 말하다
2013. 11. 06 그레이엄수 G64에서 더 높은 단위 1645개가 있는 만큼 떨어져 시작되는 또 다른 세계 1-20개를 밝혀 드러내 그리고, 이 세계를 그린 것을 비초태묘비초도(秘初太妙秘初圖), 비초태묘비초도(秘初太妙秘初圖), 1-20개 전체를 한 덩어리로 보았을 때 비초태초묘초태묘비초 세계, 무슨 눈으로 밝혀 드러냈는가? 살피니 태비묘비묘안(眼), 무슨 력으로 밝혀 드러냈는가? 비묘초비묘초법력이 아닌가 싶다고 이름 지어 말하다
2013. 11. 07 그레이엄수 G64에서 더 높은 단위 3050개가 있는 만큼 떨어져 시작되는 또 다른 세계 1-58개를 밝혀 드러내 그리고, 이 세계를 그린 것을 초비태묘비태비도(初秘太妙秘太秘圖), 초비태묘비태비도(初秘太妙秘太秘圖), 1-58개 전체를 한 덩어리로 보았을 때 태태초비초초묘비초묘비비초 세계, 무슨 눈으로 밝혀 드러냈는가? 살피니 묘비태묘초안(眼), 무슨 력으로 밝혀 드러냈는가? 살피니 초비태비초비묘법력이 아닌가 싶다고 이름 지어 말하다
2013. 11. 07 그레이엄수 G64에서 더 높은 단위 4225개가 있는 만큼 떨어져 시작되는 또 다른 세계 1-39개를 밝혀 드러내 그리고, 이 세계를 그린 것을 비묘태묘초초묘비태도(秘妙太妙初初妙秘太圖), 비묘태묘초초묘비태도(秘妙太妙初初妙

秘太圖), 1-39개 전체를 한 덩어리로 보았을 때 묘비초비묘초묘태묘묘묘비초 세계, 무슨 눈으로 밝혀 드러냈는가? 살피니 묘비태초초비묘안(眼), 무슨 력으로 밝혀 드러냈는가? 살피니 비묘초묘초묘태법력이 아닌가 싶다고 이름 지어 말하다

2013. 11. 08 근본도 12번째, 그레이엄수 G64에서 더 높은 단위 7425개 있는 만큼 떨어져 시작되는 또 다른 세계 1-79개를 밝혀 드러내 그리고, 이 세계를 그린 것을 초묘비초비태묘도(初妙秘初秘太妙圖)라 하고, 초묘비초비태묘도(初妙秘初秘太妙圖), 1-79개 전체를 한 덩어리로 보았을 때 비묘비초비묘비비초 세계, 무슨 눈으로 밝혀 드러냈는가? 살피니 비초묘비태묘비안(眼), 무슨 력으로 밝혀 드러냈는가? 살피니 비묘초비초묘비태법력이 아닌가 싶다고 이름 지어 말하다

2013. 11. 08 근본도 13번째, 그레이엄수 G64에서 더 높은 단위 24.205개 있는 만큼 떨어져 시작되는 또 다른 세계 1-50개를 밝혀 드러내 그리고, 이 세계를 그린 것을 비초묘비묘비도(秘初妙秘妙秘圖), 비초묘비묘비도(秘初妙秘妙秘圖), 1-50개 전체를 한 덩어리로 보았을 때 비묘태비묘초비태묘비초 세계, 무슨 눈으로 밝혀 드러냈는가? 살피니 초묘비묘초태초안(眼), 무슨 력으로 밝혀 드러냈는가? 살피니 비근본태묘비묘법력이 아닌가 싶다고 이름 지어 말하다

2013. 11. 09 근본도 14번째, 그레이엄수 G64에서 더 높은 단위 8344개 있는 만큼 떨어져 시작되는 또 다른 세계 1-85개를 밝혀 드러내 그리고, 이 세계를 그린 것은 태근본태묘근본묘도(太根本太妙根本妙圖), 태근본태묘근본묘도(太根本太妙根本妙圖), 1-85개 전체를 한 덩어리로 보았을 때 근본근본비초비묘초 세계, 무슨 눈으로 밝혀 드러냈는가? 살피니 근본초묘비안(眼), 무슨 력으로 밝혀 드러냈는가? 살피니 초묘비태묘비묘묘태법력이 아닌가 싶다고 이름 지어 말하다

2013. 11. 09 근본도 15번째, 그레이엄수 G64에서 더 높은 단위 12.354개 있는 만큼 떨어져 시작되는 또 다른 세계 1-33개를 밝혀 드러내 그리고, 이 세계를 그린 것을 근본근본근본초비초초초도(根本根本根本初秘初初初圖), 근

본근본근본초비초초초도, 1-33개 전체를 한 덩어리로 보았을 때 근본(5)초(2)묘(2)비초 세계, 무슨 눈으로 밝혀 드러냈는가? 살피니 근본(3)비묘안(眼), 무슨 력으로 밝혀 드러냈는가? 살피니 묘근본비초묘태법력이 아닌가 싶다고 이름 지어 말하다

2013. 11. 09 근본도 16번째, 그레이엄수 G64에서 더 높은 단위 5449개 있는 만큼 떨어져 시작되는 또 다른 세계 1-48개를 밝혀 드러내 그리고, 이 세계를 그린 것을 태묘(3)비근본근본초도(太妙(3)秘根本根本初圖), 태묘(3)비근본근본초도(太妙(3)秘根本根本初圖), 1-48개 전체를 한 덩어리로 보았을 때 근본(5)묘비초극초 세계, 무슨 눈으로 밝혀 드러냈는가? 살피니 묘근본근본묘안(眼), 무슨 력으로 밝혀 드러냈는가? 살피니 근본태묘비태극초태법력이 아닌가 싶다고 이름 지어 말하다

2013. 11. 09 근본도 17번째, 그레이엄수 G64에서 더 높은 단위 5445개 있는 만큼 떨어져 시작되는 또 다른 세계 1-59개를 밝혀 드러내 그리고, 이 세계를 그린 것을 묘근본근본비극초도(妙根本根本秘極初圖), 묘근본근본비극초도(妙根本根本秘極初圖), 1-59개 전체를 한 덩어리로 보았을 때 극초근본극초근본비초근본비근본 세계, 무슨 눈으로 밝혀 드러냈는가? 살피니 묘극초근본초근본안(眼), 무슨 력으로 밝혀 드러냈는가? 살피니 근본묘태묘극초극초태법력이 아닌가 싶다고 이름 지어 말하다

2013. 11. 09 근본도 18번째, 그레이엄수 G64에서 더 높은 단위 9434개 있는 만큼 떨어져 시작되는 또 다른 세계 1-100개를 밝혀 드러내 그리고, 이 세계를 그린 것을 태극초비태묘비비초도(太極初秘太妙秘秘初圖), 태극초비태묘비비초도(太極初秘太妙秘秘初圖), 1-100개 전체를 한 덩어리로 보았을 때 극초비묘초묘근본태비묘비태묘초 세계, 무슨 눈으로 밝혀 드러냈는가? 살피니 극초비묘안(眼), 무슨 력으로 밝혀 드러냈는가? 살피니 극초묘비초태법력이 아닌가 싶다고 이름 지어 말하다

2013. 11. 10 근본도 19번째, 그레이엄수 G64에서 더 높은 단위 33.125개 있는 만큼 떨어져 시작되는 또 다른 세계 1-43개를 밝혀 드러내 그리고, 이 세계를 그린 것을 극초비묘초비묘초도(極初秘妙初秘妙初圖), 극초비묘초비묘초도(極初秘妙初秘妙初圖), 1-43개 전체를 한 덩어리로

보았을 때 묘비초묘비초 세계, 무슨 눈으로 밝혀 드러냈는가? 살피니 초묘비초태묘안(眼), 무슨 력으로 밝혀 드러냈는가? 살피니 묘초극초태법력이 아닌가 싶다고 이름 지어 말하다

2013. 11. 10 근본도 20번째, 그레이엄수 G64에서 더 높은 단위 23.545개 있는 만큼 떨어져 시작되는 또 다른 세계 1-73개를 밝혀 드러내 그리고, 이 세계를 그린 것을 극초비태묘태묘비비도(極初秘太妙太妙秘秘圖), 극초비태묘태묘비비도(極初秘太妙太妙秘秘圖), 1-73개 전체를 한 덩어리로 보았을 때 비극초태묘비비초묘 세계, 무슨 눈으로 밝혀 드러냈는가? 살피니 묘비초초묘태묘안(眼), 무슨 력으로 밝혀 드러냈는가? 살피니 비초태비묘비태법력이 아닌가 싶다고 이름 지어 말하다

2013. 11. 10 근본도 21번째, 그레이엄수 G64에서 더 높은 단위 44.546개 있는 만큼 떨어져 시작되는 또 다른 세계 1-166개를 밝혀 드러내 그리고, 이 세계를 그린 것을 극초묘묘비비태묘묘비도(極初妙妙秘秘太妙妙秘圖), 극초묘묘비비태묘묘비도(極初妙妙秘秘太妙妙秘圖), 1-166개 전체를 한 덩어리로 보았을 때 묘극초비묘초묘묘비초태묘 세계, 무슨 눈으로 밝혀 드러냈는가? 살피니 묘묘극초태묘안(眼), 무슨 력으로 밝혀 드러냈는가? 살피니 묘비초극초태법력이 아닌가 싶다고 이름 지어 말하다

2013. 11. 10 근본도 22번째, 그레이엄수 G64에서 더 높은 단위 84.449개 있는 만큼 떨어져 시작되는 또 다른 세계 1-61개를 밝혀 드러내 그리고, 이 세계를 그린 것을 묘묘극초비초태묘근본도(妙妙極初秘初太妙根本圖), 묘묘극초비초태묘근본도(妙妙極初秘初太妙根本圖), 1-61개 전체를 한 덩어리로 보았을 때 극초극초묘비초묘비초 세계, 무슨 눈으로 밝혀 드러냈는가? 살피니 극초묘비초묘초안(眼) 무슨 력으로 밝혀 드러냈는가? 살피니 극초극초묘비초묘태법력이 아닌가 싶다고 이름 지어 말하다

2013. 11. 10 근본도 23번째, 그레이엄수 G64에서 더 높은 단위 144.484개 있는 만큼 떨어져 시작되는 또 다른 세계 1-38개를 밝혀 드러내 그리고, 이 세계를 그린 것을 근본(3)초묘태묘도(根本(3)初妙太妙圖), 근본(3)초묘태묘도(根本(3)初妙太妙圖), 1-38개 전체를 한 덩어리로 보았을 때 극초근본태근본극초 세계, 무슨 눈으로 밝혀 드

러냈는가? 살피니 극초근본극초안(眼), 무슨 력으로 밝혀 드러냈는가? 살피니 극초근본극초근본태법력이 아닌가 싶다고 이름 지어 말하다

2013. 11. 11 근본도 24번째, 그레이엄수 G64에서 더 높은 단위 465.483개 있는 만큼 떨어져 시작되는 또 다른 세계 1-51개를 밝혀 드러내 그리고, 이 세계를 그린 것을 근본(3)극초근본도(根本(3)極初根本圖), 근본(3)극초근본도(根本(3)極初根本圖), 1-51개 전체를 한 덩어리로 보았을 때 극근본태극초근본 세계, 무슨 눈으로 밝혀 드러냈는가? 살피니 극초근본(2)초묘안(眼), 무슨 력으로 밝혀 드러냈는가? 살피니 극초태묘태법력이 아닌가 싶다고 이름 지어 말하다

2013. 11. 11 자등명 최종지부터 1926번출 최종지 6개까지 총 40개의 최종지와 1-4번째 근본도까지 있는 그대로 100% 에너지를 받을 수 있는 기회로도를 그리다

2013. 11. 12 2013. 11. 12 영신영 세계, 2번째 출 이후의 1-162번째 세계, 3번째출 위 1-807번째 세계, 4번째 출 위 1-540번째 세계, 5번째 출 위 1-712번째 세계, 6번째 출 위 1-1000번째 세계. 7번째 출 위 1-200번째 세계, 8번째 출 위 1-526번째 세계, 9번째 출 위 1-716번째 세계, 10번째 출 위 1-920번째 세계, 11번째 출 위 1-994번째 세계, 12번째 출 위 1-9240번째 세계, 13번째 출 위 1-9325번째 세계, 14번째 출 위 1-9365번째 세계, 41번째 출 위 1-2번째 세계, 42번째 출 위 1개의 세계를 있는 그대로 100% 에너지를 받으며 자등명 최종지로 올라오는데 충분한 에너지를 받도록 하는 기회로도를 그리다.

2013. 11. 12 근본도 25번째, 그레이엄수 G64에서 더 높은 단위 465.448개 있는 만큼 떨어져 시작되는 또 다른 세계 1-73개를 밝혀 드러내 그리고, 이 세계를 그린 것을 초극근본비초묘비초도(初極根本秘初妙秘初圖), 초극근본비초묘비초도(初極根本秘初妙秘初圖), 1-73개 전체를 한 덩어리로 보았을 때 초비근본묘비태비태묘 세계, 무슨 눈으로 밝혀 드러냈는가? 살피니 초묘비묘극초안(眼), 무슨 력으로 밝혀 드러냈는가? 살피니 비묘초묘근본초태법력이 아닌가 싶다고 이름 지어 말하다

2013. 11. 12 근본도 26번째, 그레이엄수 G64에서 더 높은 단위

498.344.454개 있는 만큼 떨어져 시작되는 또 다른 세계 1-43개를 밝혀 드러내 그리고, 이 세계를 그린 것을 초묘비초묘묘비초도(初妙秘初 妙妙秘初圖), 초묘비초묘묘비초도(初妙秘初 妙妙秘初圖), 1-43개 전체를 한 덩어리로 보았을 때 초극초근본비태묘비초 세계, 무슨 눈으로 밝혀 드러냈는가? 살피니 초묘비태묘안(眼), 무슨 력으로 밝혀 드러냈는가? 살피니 초묘비태법력이 아닌가 싶다고 이름 지어 말하다

2013. 11. 12 근본도 27번째, 그레이엄수 G64에서 더 높은 단위 10.495.493개 있는 만큼 떨어져 시작되는 또 다른 세계 1-187개를 밝혀 드러내 그리고, 이 세계를 그린 것을 초극초근본비묘도(初極初根本 秘妙圖), 초극초근본비묘도(初極初根本 秘妙圖), 1-187개 전체를 한 덩어리로 보았을 때 초극초근본태묘비초 세계, 무슨 눈으로 밝혀 드러냈는가? 살피니 초극초태묘안(眼), 무슨 력으로 밝혀 드러냈는가? 살피니 태초초비묘비초태법력이 아닌가 싶다고 이름 지어 말하다

2013. 11. 13 근본도 28번째, 그레이엄수 G64에서 더 높은 단위 44.007.674.444.547.032개 있는 만큼 떨어져 시작되는 또 다른 세계 1-43개를 밝혀 드러내 그리고, 이 세계를 그린 것을 초묘근본 태극초 태근본도(初妙根本 太極初 太根本圖), 초묘근본태극초태근본도(初妙根本 太極初 太根本圖), 1-43개 전체를 한 덩어리로 보았을 때 극근본초묘비초묘태근본 세계, 무슨 눈으로 밝혀 드러냈는가? 살피니 초묘태묘비초묘안(眼), 무슨 력으로 밝혀 드러냈는가? 살피니 초묘비태묘태법력이 아닌가 싶다고 이름 지어 말하다

2013. 11. 13 근본도 29번째, 그레이엄수 G64에서 더 높은 단위 464.047.414.541개 있는 만큼 떨어져 시작되는 또 다른 세계 1-59개를 밝혀 드러내 그리고, 이 세계를 그린 것을 묘극근본초묘비초태근본도(妙極根本 初妙秘初 太根本圖), 묘극근본초묘비초태근본도(妙極根本 初妙秘初 太根本圖), 1-59개 전체를 한 덩어리로 보았을 때 극근본 비초묘태묘비초비초 세계, 무슨 눈으로 밝혀 드러냈는가? 살피니 묘근본비묘안(眼), 무슨 력으로 밝혀 드러냈는가? 살피니 극근본태법력이 아닌가 싶다고 이름 지어 말하다

2013. 11. 13 근본도 30번째, 그레이엄수 G64에서 더 높은 단위

40.478.145.613.163.281개 있는 만큼 떨어져 시작되는 또 다른 세계 1-30개를 밝혀 드러내 그리고, 이 세계를 그린 것을 묘근본초극도(妙根本初極圖), 묘근본초극도(妙根本初極圖), 1-30개 전체를 한 덩어리로 보았을 때 묘극근본 초극태묘비태 묘비태비근본 세계, 무슨 눈으로 밝혀 드러냈는가? 살피니 묘비태묘비태묘안(眼), 무슨 력으로 밝혀 드러냈는가? 살피니 초극태근본초법력이 아닌가 싶다고 이름 지어 말하다

2013. 11. 13 그레이엄수 G64에서 더 높은 단위 468.140.451.321.126.414.631개 있는 만큼 떨어져 시작되는 또 다른 세계 1-10개를 밝혀 드러내 그리고, 이 세계를 그린 것을 묘극근본도(妙極根本圖), 묘극근본도(妙極根本圖), 1-10개 전체를 한 덩어리로 보았을 때 묘극근본 태묘비초묘초 세계, 무슨 눈으로 밝혀 드러냈는가? 살피니 비비극근본묘안(眼), 무슨 력으로 밝혀 드러냈는가? 살피니 묘비극근본초태법력이 아닌가 싶다고 이름 지어 말하다

2013. 11. 13 그레이엄수 G64에서 더 높은 단위 8.320.421.415.341.461.417.410개 있는 만큼 떨어져 시작되는 또 다른 세계 1-5개를 밝혀 드러내 그리고, 이 세계를 그린 것을 비묘극근본도(秘妙極根本圖), 비묘극근본도(秘妙極根本圖), 1-5개 전체를 한 덩어리로 보았을 때 비묘극근본초비묘 세계, 무슨 눈으로 밝혀 드러냈는가? 살피니 비묘극근본묘안(眼), 무슨 력으로 밝혀 드러냈는가? 살피니 비묘극근본태법력이 아닌가 싶다고 이름 지어 말하다

2013. 11. 13 근본도 33번째, 그레이엄수 G64에서 더 높은 단위 4.471.001.224.124.013.515.801.414.444.044.148.104.713개 있는 만큼 떨어져 시작되는 또 다른 세계 1개를 밝혀 드러내 그리고, 이 하나는 최종지 중의 최종지이고 올라온 세계의 최고중의 최고이며 더 이상 최고가 없고 더 이상 최상이 없다고 말하며 끝인가 싶으니 끝은 아니라며 또다시 시작되는 세계는 근본(280)묘비초 세계라 말하며, 이 하나는 극초 극근본 묘극초 태근본이고 이 하나의 이름은 묘극근본 극근본근본근본근본근본(根本:5)으로 이 하나가 지금까지 밝혀 드러낸 모든 세계를 모두 다 총괄

하는 듯싶다고 말하다
이 하나에서 맨 아래까지 전부 다 하나로 보았을 때 근본(100)태근본묘비초 세계라 하고, 근본도 1-33번째 전체를 한 덩어리로 보았을 때 근본태 근본초 본성근본 세계라 하며, 이곳에 있는 이들을 나초나태조나(那初那太祖那)라고 불러야 하며 최종지 하나가 있는 이 세계의 이름은 근본(100)묘(100)비(100)태(30)근본(70)묘(20)근본(10)비(5)묘(4)초(2)근본 세계라 이름지다.

2013. 11. 14 **근본도 여러 개가 한 덩어리, 한 덩어리로 33개 끝나고 또 다른 세계의 근본도가 시작되다.** 또다시 새롭게 새로운 세계가 시작되다 근본 극근본 초 세계를 2013. 11. 13. 18:59 들어가기 시작, 줄줄이 10개씩 185개가 있는 근본 극근본 초근본 세계를 빠져나오고 2번째 100개씩 줄줄이 225개가 있는 근본 극근본 태근본 세계를 빠져나와서는 이와 같이 밝혀 드러내고 보니 '어느 세월에 밝혀 드러낼까?' '업등퇴명로 영적구조물 녹이는 용광로, 최종지만을 그리며 올라가도 되지 않을까?' 싶은 생각이 들어 근본도(根本圖)를 그리기 시작, 근본 극근본 초 세계로 시작하여 1번째 근본 극근본 초근본 세계를 올라와 2번째 근본 극근본 태근본 세계로 시작된 첫 번째 근본도를 시작으로 해서 42개의 근본도를 밝혀 드러내 그리고, 이 세계를 그린 것을 근본(10)초극태묘도(根本(10)初極太妙圖), 근본(10)초극태묘도(根本(10)初極太妙圖), 1-42개 전체를 한 덩어리로 보았을 때 근본(20)초극태묘(太妙태:3) 세계, 무슨 눈으로 밝혀 드러냈는가? 살피니 묘근본비태태묘안(眼), 무슨 력으로 밝혀 드러냈는가? 살피니 태묘극초태법력이 아닌가 싶다고 이름 지어 말하다

2013. 11. 14 **2번째,** 그레이엄수 G64에서 더 높은 단위 10에 100승개 있는 만큼 떨어져 시작되는 또 다른 세계 1-46개를 밝혀 드러내 그리고, 이 세계를 그린 것을 극비태묘묘묘도(秘妙極根本圖), 극비태묘묘묘도(秘妙極根本圖), 1-46개 전체를 한 덩어리로 보았을 때 극비초묘비비초묘비비초묘 세계, 무슨 눈으로 밝혀 드러냈는가? 살피니 태극묘묘비초묘안(眼), 무슨 력으로 밝혀 드러냈는가? 살피니 태묘묘묘비비비비초태법력이 아닌가 싶다고 이름 지어 말하다

2013. 11. 14 **3번째,** 그레이엄수 G64에서 더 높은 단위 10에 100승개

있는 만큼 떨어져 시작되는 또 다른 세계 1-38개를 밝혀 드러내 그리고, 이 세계를 그린 것을 태근본초근본초묘도(太根本初根本初妙圖), 태근본초근본초묘도(太根本初根本初妙圖), 1-38개 전체를 한 덩어리로 보았을 때 초근본태묘근본 세계, 무슨 눈으로 밝혀 드러냈는가? 살피니 극초비초묘안(眼), 무슨 력으로 밝혀 드러냈는가? 살피니 근본초근본태법력이 아닌가 싶다고 이름 지어 말하다

2013. 11. 14 **4번째,** 그레이엄수 G64에서 더 높은 단위 10에 20승개 있는 만큼 떨어져 시작되는 또 다른 세계 1-23개를 밝혀 드러내 그리고, 이 세계를 그린 것을 묘비근본 초근본도(妙秘根本初根本圖), 묘비근본초근본도(妙秘根本初根本圖), 1-23개 전체를 한 덩어리로 보았을 때 비묘근본 묘비근본 세계, 무슨 눈으로 밝혀 드러냈는가? 살피니 비묘태묘초안(眼), 무슨 력으로 밝혀 드러냈는가? 살피니 초묘비초묘태법력이 아닌가 싶다고 이름 지어 말하다

2013. 11. 14 **5번째,** 그레이엄수 G64에서 더 높은 단위 4.434.561개 있는 만큼 떨어져 시작되는 또 다른 세계 1-44개를 밝혀 드러내 그리고, 이 세계를 그린 것을 묘비초묘묘비근본도(妙秘初妙妙秘根本圖), 묘비초묘묘비근본도(妙秘初妙妙秘根本圖), 1-44개 전체를 한 덩어리로 보았을 때 극초묘비태묘비근본 세계, 무슨 눈으로 밝혀 드러냈는가? 살피니 초비묘비초비묘안(眼), 무슨 력으로 밝혀 드러냈는가? 살피니 태극비근본태법력이 아닌가 싶다고 이름 지어 말하다

2013. 11. 15 **6번째,** 그레이엄수 G64에서 더 높은 단위 410.161개 있는 만큼 떨어져 시작되는 또 다른 세계 1-23개를 밝혀 드러내 그리고, 이 세계를 그린 것을 초묘근본태묘초도(初妙根本太妙初圖), 초묘근본태묘초도(初妙根本太妙初圖), 1-23개 전체를 한 덩어리로 보았을 때 초묘비태묘묘비근본 세계, 무슨 눈으로 밝혀 드러냈는가? 살피니 비초비묘비안(眼), 무슨 력으로 밝혀 드러냈는가? 살피니 묘비근본비태법력이 아닌가 싶다고 이름 지어 말하다

2013. 11. 15 **7번째,** 그레이엄수 G64에서 더 높은 단위 44.140개 있는 만큼 떨어져 시작되는 또 다른 세계 1-14개를 밝혀 드러내 그리고, 이 세계를 그린 것을 묘비태비비초묘근본도(妙秘太秘秘初妙根本圖), 묘비태비비초묘근본도(妙秘太秘

秘初妙根本圖), 1-14개 전체를 한 덩어리로 보았을 때 비초묘비근본 세계, 무슨 눈으로 밝혀 드러냈는가? 살피니 묘비비초태비묘안(眼), 무슨 력으로 밝혀 드러냈는가? 살피니 초비묘비초태법력이 아닌가 싶다고 이름 지어 말하다

2013. 11. 15 **8번째,** 그레이엄수 G64에서 더 높은 단위 481개 있는 만큼 떨어져 시작되는 또 다른 세계 1-26개를 밝혀 드러내 그리고, 이 세계를 그린 것을 묘비초태비묘비초묘근본도(妙秘初太秘妙秘初妙根本圖), 묘비초태비묘비초묘근본도(妙秘初太秘妙秘初妙根本圖), 1-26개 전체를 한 덩어리로 보았을 때 묘비비태묘비초태묘비초근본 세계, 무슨 눈으로 밝혀 드러냈는가? 살피니 묘묘비묘초묘안(眼), 무슨 력으로 밝혀 드러냈는가? 살피니 묘비초태비비초태법력이 아닌가 싶다고 이름 지어 말하다

2013. 11. 15 **9번째,** 그레이엄수 G64에서 더 높은 단위 441개 있는 만큼 떨어져 시작되는 또 다른 세계 1-41개를 밝혀 드러내 그리고, 이 세계를 그린 것을 묘비초근본도(妙秘初根本圖), 묘비초근본도(妙秘初根本圖), 1-41개 전체를 한 덩어리로 보았을 때 비묘비태근본 세계, 무슨 눈으로 밝혀 드러냈는가? 살피니 묘비태묘초근본안(眼), 무슨 력으로 밝혀 드러냈는가? 살피니 태묘비태법력이 아닌가 싶다고 이름 지어 말하다

2013. 11. 15 **10번째,** 그레이엄수 G64에서 더 높은 단위 4.481개 있는 만큼 떨어져 시작되는 또 다른 세계 1-93개를 밝혀 드러내 그리고, 이 세계를 그린 것을 묘비비비초묘근본도(妙秘秘秘初妙根本圖), 묘비비비초묘근본도(妙秘秘秘初妙根本圖), 1-93개 전체를 한 덩어리로 보았을 때 비묘초묘근본 세계, 무슨 눈으로 밝혀 드러냈는가? 살피니 비묘비초묘안(眼), 무슨 력으로 밝혀 드러냈는가? 살피니 묘비비초비묘태법력이 아닌가 싶다고 이름 지어 말하다

2013. 11. 15 **11번째,** 묘비초묘비초근본도(妙秘初妙秘初根本圖), 1-100개의 본성근본묘비 초본성 세계, 그레이엄수 G64에서 더 높은 단위 481.014개 있는 만큼 떨어져 시작되는 또 다른 세계 1번째 근본도와 2번째 근본도를 밝혀 드러내는데 "본성이다. 본성이다"란 메아리가 들렸다. 어느 때부터인가 본인이 밝혀 드러내는 대로 본인을 따라 올라오던 분

들이 밝힘과 함께 올라가고 있다. 아마도 이분들이 소리치는 것을 들은 것이 아닌가 싶다. 본인을 따라 올라오던 분들이 1번째와 2번째 근본도를 밝혀 드러내 그리자. 너나없이 **"본성이다. 본성이다..."**라고 소리치는 메아리를 들은 것 아닌가 싶다. 이분들이 "본성이다"라고 한 본성은 어디의 본성이란 말인가? 살피니 근본, 무엇의 본성인가? 살피니 자등명인간계가 아닌가 싶다. 3번째, 4번째... 100개를 밝혀 드러내 그리고, 이 세계를 그린 것을 묘비초묘비초근본도(妙秘初妙秘初根本圖), 묘비초묘비초근본도(妙秘初妙秘初根本圖), 1-100개 전체를 한 덩어리로 보았을 때 본성근본 묘비초 본성 세계, 이곳은 어디로부터의 본성인가? **근본본성**, 이곳은 무엇의 본성인가? **자등명 인간계**, 무슨 눈으로 밝혀 드러냈는가? 살피니 묘비본성 묘비태묘안(眼), 무슨 력으로 밝혀 드러냈는가? 살피니 본성태법력이 아닌가 싶다고 이름 지어 말하다

2013. 11. 15 **12번째** 그레이엄수 G64에서 더 높은 단위 4.181.402개 있는 만큼 떨어져 시작되는 또 다른 세계 1-84개를 밝혀 드러내 그리고, 이 세계를 그린 것을 근본본성근본도(根本本性根本圖), 근본본성근본도(根本本性 根本圖), 1-84개 전체를 한 덩어리로 보았을 때 본성근본 태근본 세계, 무슨 눈으로 밝혀 드러냈는가? 살피니 본성근본 초묘비초안(眼), 무슨 력으로 밝혀 드러냈는가? 살피니 묘본성태법력이 아닌가 싶다고 이름 지어 말하다

2013. 11. 15 **13번째,** 그레이엄수 G64에서 더 높은 단위 5.571.441개 있는 만큼 떨어져 시작되는 또 다른 세계 1-48개를 밝혀 드러내 그리고, 이 세계를 그린 것을 본성근본 태초근본도(本性根本 太初 根本圖), 본성근본 태초 근본도(本性根本 太初 根本圖) , 1-48개 전체를 한 덩어리로 보았을 때 본성근본초묘태근본묘 세계, 무슨 눈으로 밝혀 드러냈는가? 살피니 초본성근본묘안(眼), 무슨 력으로 밝혀 드러냈는가? 살피니 본성초태법력이 아닌가 싶다고 이름 지어 말하다

2013. 11. 15 **14번째,** 그레이엄수 G64에서 더 높은 단위 4.481.481개 있는 만큼 떨어져 시작되는 또 다른 세계 1-78개를 밝혀 드러내 그리고, 이 세계를 그린 것을 본성근본초태근본도(本性根本 初太 根本圖), 본성근본초태근본도(本性根

本 初太 根本圖), 1-78개 전체를 한 덩어리로 보았을 때 본성근본 태묘초 근본묘비초 세계, 무슨 눈으로 밝혀 드러냈는가? 살피니 본성근본 묘비초묘안(眼), 무슨 력으로 밝혀 드러냈는가? 살피니 본성근본 초비묘태법력이 아닌가 싶다고 이름 지어 말하다

2013. 11. 15 **15번째,** 그레이엄수 G64에서 더 높은 단위 4.401.455개 있는 만큼 떨어져 시작되는 또 다른 세계 1-130개를 밝혀 드러내 그리고, 이 세계를 그린 것을 본성근본 초비묘 근본도(本性根本 初秘妙 根本圖), 본성근본 초비묘 근본도(本性根本 初秘妙 根本圖), 1-130개 전체를 한 덩어리로 보았을 때 본성근본 초비묘비 태초 근본묘 세계, 무슨 눈으로 밝혀 드러냈는가? 살피니 본성근본 초비묘태초 묘안(眼), 무슨 력으로 밝혀 드러냈는가? 살피니 본성근본 비초태초비초 태법력이 아닌가 싶다고 이름 지어 말하다

2013. 11. 15 **16번째,** 그레이엄수 G64에서 더 높은 단위 44.182.410.140.132개 있는 만큼 떨어져 시작되는 또 다른 세계 1-60개를 밝혀 드러내 그리고, 이 세계를 그린 것을 근본초근본 본성본도(根本超根本 本性本圖), 근본초근본 본성본도(根本超根本 本性本圖), 1-60개 전체를 한 덩어리로 보았을 때 본성근본 초근본 태본성 세계, 무슨 눈으로 밝혀 드러냈는가? 살피니 본성근본 초태묘안(眼), 무슨 력으로 밝혀 드러냈는가? 살피니 본성근본초근본 태법력이 아닌가 싶다고 이름 지어 말하다

2013. 11. 16 **17번째,** 그레이엄수 G64에서 더 높은 단위 434.148.142.161개 있는 만큼 떨어져 시작되는 또 다른 세계 1-66개를 밝혀 드러내 그리고, 이 세계를 그린 것을 본성근본초 근본초 근본도(本性根本超 根本超 根本圖), 본성근본초 근본초 근본도(本性根本超 根本超 根本圖) , 1-66개 전체를 한 덩어리로 보았을 때 본성근본초 본성초 초근본 세계, 무슨 눈으로 밝혀 드러냈는가? 살피니 본성근본초 본성초묘안(眼), 무슨 력으로 밝혀 드러냈는가? 살피니 본성근본초 본성태묘초 태초법력이 아닌가 싶다고 이름 지어 말하다

2013. 11. 16 **18번째,** 그레이엄수 G64에서 더 높은 단위 413.154개 있는 만큼 떨어져 시작되는 또 다른 세계 1-33개를 밝혀 드러내 그리고, 이 세계를 그린 것을 본성근본초 본성묘비초 근본도(本性根本超 本性妙秘初 根本圖), 본성근본

초 본성묘비초 근본도(本性根本超 本性妙秘初 根本圖), 1-33개 전체를 한 덩어리로 보았을 때 본성근본초 본성비초근본 세계, 무슨 눈으로 밝혀 드러냈는가? 살피니 본성태근본초 묘안(眼), 무슨 력으로 밝혀 드러냈는가? 살피니 본성태근본 태법력이 아닌가 싶다고 이름 지어 말하다

2013. 11. 16 **19번째,** 그레이엄수 G64에서 더 높은 단위 43.813.141개 있는 만큼 떨어져 시작되는 또 다른 세계 1-6개를 밝혀 드러내 그리고, 이 세계를 그린 것을 본성근본초 근본묘비초 태근본도(本性根本超 本性妙秘初 太根本圖), 본성근본초 근본묘비초 태근본도(本性根本超 本性妙秘初 太根本圖), 1-6개 전체를 한 덩어리로 보았을 때 본성근본초 근본비묘초 태근본묘초 세계, 무슨 눈으로 밝혀 드러냈는가? 살피니 본성근본초 묘비초태초안(眼), 무슨 력으로 밝혀 드러냈는가? 살피니 본성근본태묘비태법력이 아닌가 싶다고 이름 지어 말하다

2013. 11. 16 **20번째,** 그레이엄수 G64에서 더 높은 단위 41개 있는 만큼 떨어져 시작되는 또 다른 세계 하나, 이 하나는 최종지 중의 최종지이고 올라온 세계의 최고중의 최고이며 더 이상 최고가 없고 더 이상 최상이 없으며 끝인가 싶으니 끝은 아니라 하며, 이 하나 최종지는 본성근본초묘 근본본성초 묘비초근본 근본본성이고, 이 하나의 이름은 본성근본초묘비 근본본성초묘비 비초태초이고, 새롭게 시작한 새로운 세계 큰 1-20번째 전체를 한 덩어리로 보았을 때 본성초 태근본초 본성근본 세계라 하고 이곳에 있는 이들을 나본성나초나라 불러야 한다고 말하다

2013. 11. 16 1번째, 근본도 큰 1-33번째 전체를 한 덩어리로 보았을 때 근본태 근본초 본성근본 세계, 2번째, 본성도 큰 1-20번째 전체를 한 덩어리로 보았을 때 본성초 태근본초 본성근본 세계, 3번째, **또다시 새롭게 새로운 세계가 시작되다.** 그레이엄수 G64에서 더 높은 단위 416.181.421개 있는 만큼 떨어져 새롭게 시작되기 시작한 세계 들어서 맨 처음으로 마주하게 되는 세계를 본성근본 본성초 초본성 세계라며 이 세계를 2013. 11. 16. 18:44 들어가기 시작하다. 새롭게 시작된 또 다른 세계 1번째 1-45개 이 세계를 그린 것을 본성근본 본성초 태

본성 근본도(本性根本 本性超 太本性 根本圖), 본성근본 본성초 태본성 근본도(本性根本 本性超 太本性 根本圖), 1-45개 전체를 한 덩어리로 보았을 때 본성근본초 본성 근본 근본본성초 세계, 무슨 눈으로 밝혀 드러냈는가? 살피니 본성근본초 태묘비태묘안(眼), 무슨 력으로 밝혀 드러냈는가? 살피니 본성근본초 태묘초태묘초법력이 아닌가 싶다고 이름 지어 말하다

2013. 11. 17 **2번째,** 그레이엄수 G64에서 더 높은 단위 41개 있는 만큼 떨어져 시작되는 또 다른 세계 1-30개를 밝혀 드러내 그리고, 이 세계를 그린 것을 본성근본초 본성태근본 태근본도(本性根本超 本性太根本 太根本圖), 본성근본초 본성태근본 태근본도(本性根本超 本性太根本 太根本圖), 1-30개 전체를 한 덩어리로 보았을 때 본성근본초 본성태근본 본성초묘비근본 세계, 무슨 눈으로 밝혀 드러냈는가? 살피니 본성근본초 근본본성초 묘비안(眼), 무슨 력으로 밝혀 드러냈는가? 살피니 본성근본초 근본본성초 묘비태묘태비태비태묘초법력이 아닌가 싶다고 이름 지어 말하다

2013. 11. 17 **3번째,** 그레이엄수 G64에서 더 높은 단위 443개 있는 만큼 떨어져 시작되는 또 다른 세계 1-54개를 밝혀 드러내 그리고, 이 세계를 그린 것을 본성근본초 근본본성초 본성묘비근본 태근본도(本性根本超 根本本性超 本性妙秘根本 太根本圖), 본성근본초 근본본성초 본성묘비근본 태근본도(本性根本超 根本本性超 本性妙秘根本 太根本圖), 1-54개 전체를 한 덩어리로 보았을 때 본성근본초 근본본성초 태본성초 묘본성초 근본본성 세계, 무슨 눈으로 밝혀 드러냈는가? 살피니 초본성 태본성 본성묘비초 근본묘안(眼), 무슨 력으로 밝혀 드러냈는가? 살피니 본성근본초 근본본성초 태묘비초 태묘비초 초법력이 아닌가 싶다고 이름 지어 말하다

2013. 11. 17 **4번째,** 그레이엄수 G64에서 더 높은 단위 65.141개 있는 만큼 떨어져 시작되는 또 다른 세계 1-32개를 밝혀 드러내 그리고, 이 세계를 그린 것을 본성근본초 근본본성초 본성초 근본도(本性根本超 根本本性超 本性初 根本圖), 본성근본초 근본본성초 본성초 근본도(本性根本超 根本本性超 本性初 根本圖), 1-32개 전체를 한 덩어리로 보았을 때 본성근본초 근본본성초 본성초근본 본성근본비

묘초 근본초묘비초 본성 세계, 무슨 눈으로 밝혀 드러냈는가? 살피니 본성근본초 근본본성초 본성초근본초 본성초비초 근본묘비초안(眼), 무슨 력으로 밝혀 드러냈는가? 살피니 본성근본초 근본본성초 본성초근본초 본성초비초 태묘본성초 묘본성초법력이 아닌가 싶다고 이름 지어 말하다

2013. 11. 17 **5번째,** 그레이엄수 G64에서 더 높은 단위 481.551개 있는 만큼 떨어져 시작되는 또 다른 세계 1-59개를 밝혀 드러내 그리고, 이 세계를 그린 것을 본성근본초 근본본성초 본성초근본 본성근본초 묘근본본성 근본도(本性根本超 根本本性超 本性初根本 本性根本初 妙根本本性 根本圖), 본성근본초 근본본성초 본성초근본 본성근본초 묘근본본성 근본도(本性根本超 根本本性超 本性初根本 本性根本初 妙根本本性 根本圖), 1-59개 전체를 한 덩어리로 보았을 때 본성근본초 근본본성초 본성초본성초 태본성태본성 본성초근본 세계, 무슨 눈으로 밝혀 드러냈는가? 살피니 본성근본초 근본본성초 본성초태근본 묘초묘안(眼), 무슨 력으로 밝혀 드러냈는가? 살피니 본성근본초 근본본성초 본성초본성초 근본초근본초 초묘본성초 태묘법력이 아닌가 싶다고 이름 지어 말하다

2013. 11. 17 **6번째,** 그레이엄수 G64에서 더 높은 단위 416.142개 있는 만큼 떨어져 시작되는 또 다른 세계 1-102개를 밝혀 드러내 그리고, 이 세계를 그린 것을 본성근본초 근본본성초 본성초본성초 태본성초근본초 태묘근본도(本性根本超 根本本性超 本性初本性初 太本性初根本初 太妙根本圖), 본성근본초 근본본성초 본성초본성초 태본성초근본초 태묘근본도(本性根本超 根本本性超 本性初本性初 太本性初根本初 太妙根本圖), 1-102개 전체를 한 덩어리로 보았을 때 본성근본초 근본본성초 본성초본성초 본성초근본태근본초 근본본성 세계, 무슨 눈으로 밝혀 드러냈는가? 살피니 본성근본초 근본본성초 본성초본성태묘안(眼), 무슨력으로 밝혀 드러냈는가? 살피니 본성근본초 근본본성초 본성초본성묘초묘법력이 아닌가 싶다고 이름 지어 말하다

2013. 11. 17 **7번째,** 그레이엄수 G64에서 더 높은 단위 4.314.401개 있는 만큼 떨어져 시작되는 또 다른 세계 1-291개를 밝

혀 드러내 그리고, 이 세계를 그린 것을 본성근본초 근본본성초 본성초본성초 태근본초근본초 본성태근본초 태본성초태근본초 본성도(本性根本超 根本本性超 本性初本性初 太本性初根本初 本性太根本初 太本性初太根本初 本性圖), 본성근본초 근본본성초 본성초본성초 태근본초근본초 본성태근본초 태본성초태근본초 본성도(本性根本超 根本本性超 本性初本性初 太本性初根本初 本性太根本初 太本性初太根本初 本性圖), 1-291개 전체를 한 덩어리로 보았을 때 본성근본초 근본본성초 본성초본성초 태근본초근본초 태본성태근본초 초본성태근본 본성 세계, 무슨 눈으로 밝혀 드러냈는가? 살피니 본성근본초 근본본성초 본성초본성초 태근본초태근본초 태묘비태묘비 초묘안(眼), 무슨 력으로 밝혀 드러냈는가? 살피니 본성근본초 근본본성초 본성초본성초 태근본태본성초 초태묘초법력이 아닌가 싶다고 이름 지어 말하다

2013. 11. 17 **8번째**그레이엄수 G64에서 더 높은 단위 64.812.414.416개 있는 만큼 떨어져 시작되는 또 다른 세계 1-100개를 밝혀 드러내 그리고, 이 세계를 그린 것을 본성근본초 근본본성초 본성초본성초 본성태근본초 근본초본성초 본성도(本性根本超 根本本性超 本性初本性初 本性太根本初 根本初本性初 本性圖), 본성근본초 근본본성초 본성초본성초 본성태근본초 근본초본성초 본성도, 1-100개 전체를 한 덩어리로 보았을 때 본성근본초 근본본성초 본성초본성초 본성태본성초 근본초근본초 본성초본성초 근본본성 세계, 무슨 눈으로 밝혀 드러냈는가? 살피니 본성근본초 근본본성초 본성묘초묘비안(眼), 무슨 력으로 밝혀 드러냈는가? 살피니 본성근본초 근본본성초 본성초근본초 본성태묘태묘초 본성태법력이 아닌가 싶다고 이름 지어 말하다

2013. 11. 17 **9번째,** 그레이엄수 G64에서 더 높은 단위 441.461개 있는 만큼 떨어져 시작되는 또 다른 세계 1-36개를 밝혀 드러내 그리고, 이 세계를 그린 것을 본성근본초 근본본성초 본성초본성초본성초본성초 태본성태본성태본성초 근본초근본초 본성초본성초 태본성태본성도(圖), 본성근본초 근본본성초 본성초(4) 태본성(3)초 근본초(2) 본성초(2) 태본성(2)도(圖), 1-36개 전체를 한 덩어리로 보

았을 때 본성근본초 근본본성초 본성초(4) 근본초(4) 태본성(3)초 태근본(2)초 세계, 무슨 눈으로 밝혀 드러냈는가? 살피니 본성근본초 근본본성초 본성초(2) 근본초 태본성초 태근본초안(眼), 무슨 력으로 밝혀 드러냈는가? 살피니 본성근본초 근본본성초 본성초근본초 태본성초태법력이 아닌가 싶다고 이름 지어 말하다

2013. 11. 17 **10번째,** 그레이엄수 G64에서 더 높은 단위 6.481.441개 있는 만큼 떨어져 시작되는 또 다른 세계 1-10개를 밝혀 드러내 그리고, 이 세계를 그린 것을 본성근본초 근본본성초 본성초(4) 태본성(4)초 근본초(4) 본성초(3) 태본성(3)도(圖), 본성근본초 근본본성초 본성초(4) 태본성(4)초 근본초(4) 본성초(3) 태본성(3)도(圖), 1-10개 전체를 한 덩어리로 보았을 때 본성근본초 근본본성초 본성초(5) 태본성(5)초 근본초(7) 본성초(5) 태본성(6) 근본본성 세계, 무슨 눈으로 밝혀 드러냈는가? 살피니 본성근본초 근본본성초 본성태근본초안(眼), 무슨 력으로 밝혀 드러냈는가? 살피니 본성근본초 근본본성초 본성초묘태법력이 아닌가 싶다고 이름 지어 말하다

2013. 11. 17 **11번째**, 그레이엄수 G64에서 더 높은 단위 44.191개 있는 만큼 떨어져 시작되는 또 다른 세계 하나, 이 하나는 최종지 중의 최종지이고 올라온 세계의 최고 중의 최고이며 더 이상 최고가 없고 더 이상 최상이 없다. 끝인가 싶으니 끝은 아니다. 이 하나 최종지는 본성근본초 근본본성초 본성초(8) 태본성(8)초 근본초(10) 본성초(10) 태본성(10) 근본(10)본성(10) 근본(4)본성(4) 근본(2)본성(2) 근본본성초 , 이 하나의 이름은 본성근본초 근본본성초 본성초(4) 태본성(4) 태근본(4) 근본(4)본성(4) 본성(2)근본(2) 태근본본성묘비초 근본본성태초 근본초본성초 근본본성초 본성태근본묘초, 이곳에 있는 이들을 "나태본성 태근본나"라고 불러야 하고, 큰 1-11번째 전체를 한 덩어리로 보았을 때 본성근본초 근본본성초 근본본성태근본초 근본본성초 근본본성태근본본성초 세계라 말하며, 그레이엄수 G64에서 더 높은 단위 54.181.464.446.440.446.124.144.461개 있는 만큼 떨어져 또 다른 큰 세계가 시작되는 듯싶다고 말하다.

2013. 11. 18 **4번째, 또다시 새롭게 새로운 세계가 시작되다.**

4-1번째, 그레이엄수 G64에서 더 높은 단위 54.181.464.446.440.446.124.144.461개 있는 만큼 떨어져 새롭게 시작되기 시작한 본성근본초 근본본성초 초근본본성태본성초 본성(4)근본초 근본(3)본성초 세계를 2013. 11. 17. 19:23 들어가기 시작하여 또 다른 세계 1-57개를 밝혀 드러내 그리고 빠져나와, 이 세계를 그린 것을 본성근본태본성초 비태초태본성도(本性根本太本性初 秘太初太本性圖), 1-57개 전체를 한 덩어리로 보았을 때 본성근본태본성 본성근본초본성 본성초근본 세계, 무슨 눈으로 밝혀 드러냈는가? 살피니 본성근본태본성 본성근본초본성 초묘태묘안(眼), 무슨 력으로 밝혀 드러냈는가? 살피니 본성근본태본성 본성근본초본성 초태근본초태법력이 아닌가 싶다고 이름 지어 말하다

2013. 11. 18 **4-2번째,** 그레이엄수 G64에서 더 높은 단위 46.144.161.714개 있는 만큼 떨어져 시작되는 또 다른 세계 1-28개를 밝혀 드러내 그리고, 이 세계를 그린 것을 본성근본태본성초 비초태본성도(本性根本太本性初 秘初太本性圖), 1-28개 전체를 한 덩어리로 보았을 때 본성근본태본성 본성근본초 태본성태근본 태본성비초근본 본성초근본초 초근본본성 세계, 무슨 눈으로 밝혀 드러냈는가? 살피니 본성근본태본성 본성근본초 본성초태본성 초비초묘안(眼), 무슨 력으로 밝혀 드러냈는가? 살피니 본성근본태본성 본성근본초 본성초본성초 태초비초태법력이 아닌가 싶다고 이름 지어 말하다

2013. 11. 18 **4-3번째,** 그레이엄수 G64에서 더 높은 단위 4.418.101.414.461개 있는 만큼 떨어져 시작되는 또 다른 세계 1-32개를 밝혀 드러내 그리고 빠져나와, 이 세계를 그린 것을 본성근본태본성초 비초비초본성 본성초본성초 태본성도(本性根本太本性初 秘初秘初本性 本性初本性初 太本性圖), 1-32개 전체를 한 덩어리로 보았을 때 본성근본태본성묘초 비초묘초태본성 본성근본초 본성초본성초 본성초태태극초 세계, 무슨 눈으로 밝혀 드러냈는가? 살피니 본성근본태본성묘초 비초묘초태본성 본성초묘안(眼), 무슨 력으로 밝혀 드러냈는가? 살피니 본성근본태본성묘초 비초묘초태태묘법력이 아닌가 싶다고 이름 지어 말하다

2013. 11. 18 **4-4번째**, 그레이엄수 G64에서 더 높은 단위 46.281.802.461.842개 있는 만큼 떨어져 시작되는 또 다른 세계 1-28개를 밝혀 드러내 그리고 빠져나와, 이 세계를 그린 것을 본성근본태본성초 비초비초본성초 본성초본성태본성초 본성태본성도(本性根本太本性初 秘初秘初本性初 本性初本性太本性初 本性太本性圖), 1-28개 전체를 한 덩어리로 보았을 때 본성근본태본성초 비초비초본성초 본성초본성초본성초 본성태근본초 세계, 무슨 눈으로 밝혀 드러냈는가? 살피니 본성근본태본성초 비초비초본성초본성초 태본성태태묘초안(眼), 무슨 력으로 밝혀 드러냈는가? 살피니 본성근본태본성초 비초비초본성초본성초 본성초태묘태태태묘초태법력이 아닌가 싶다고 이름 지어 말하다

2013. 11. 19 **4-5번째**, 그레이엄수 G64에서 더 높은 단위 48.242.480.144.424.626.441개 있는 만큼 떨어져 시작되는 또 다른 세계 1-17개를 밝혀 드러내 그리고 빠져나와, 이 세계를 그린 것을 본성근본태본성초 비초비초비초본성초 본성초본성초근본초 본성초본성초본성초 초태태본성도(本性根本太本性初 秘初秘初秘初本性初 本性初本性初本性初 本性初本性初本性初 初太太本性圖), 1-17개 전체를 한 덩어리로 보았을 때 본성근본태본성초 비초(3)본성초 본성초본성초태비태비태비 세계, 무슨 눈으로 밝혀 드러냈는가? 살피니 본성근본태본성초 비초(3)본성초 본성초태묘초안(眼), 무슨 력으로 밝혀 드러냈는가? 살피니 본성근본태본성초 비초(3)본성초 본성초본성초태묘본성초 묘법력이 아닌가 싶다고 이름 지어 말하다

2013. 11. 19 더 이상 위없는 최대 최고 최상 위에 있는 것을 끌어다가 쏴주니 마치 바나나 껍질이 벗겨지듯 허물을 벗었다고 말하다.

2013. 11. 19 **4-6번째**, 그레이엄수 G64에서 더 높은 단위 461.441개 있는 만큼 떨어져 시작되는 또 다른 세계 1-19개를 밝혀 드러내 그리고 빠져나와, 이 세계를 그린 것을 본성근본태본성초 비초비초비초비초본성초 본성초본성초근본초 본성초본성초본성초 초태태극초본성도(本性根本太本性初 秘初秘初秘初秘初本性初 本性初本性初本性初 本性初本性初本性初 初太太極初本性圖), 1-19개 전체를 한 덩어리로

보았을 때 본성근본태본성초 비초(4)본성초 본성초(2)근본초 본성초(3) 초태태극극초본성초 근본초본성초본성초본성초 태본성 세계, 무슨 눈으로 밝혀 드러냈는가? 살피니 본성근본태본성초 비초(4)본성초 본성초(2)근본초 본성태묘초태태묘안(眼), 무슨 력으로 밝혀 드러냈는가? 살피니 본성근본태본성초 비초(4)본성초 본성초(2)근본초 본성묘비묘비묘초 묘법력이 아닌가 싶다고 이름 지어 말하다

2013. 11. 19 **4-7번째,** 그레이엄수 G64에서 더 높은 단위 48.514.682개 있는 만큼 떨어져 시작되는 또 다른 세계 1-16개를 밝혀 드러내 그리고 빠져나와, 이 세계를 그린 것을 본성근본태본성초 비초비초비초비초본성초 본성초본성초근본초 본성초비태비태초 태묘초묘초묘초묘초태초 본성초본성초근본도(本性根本太本性初 秘初秘初秘初秘初本性初本性初本性初根本初 本性初秘太秘太初 太妙初妙初妙抄妙初太初 本性初本性初根本圖), 1-16개 전체를 한 덩어리로 보았을 때 본성근본태본성초 비초(4)본성초 본성초(2)근본초 본성초비태비태초 본성초본성초초태초 본성초(5) 초본성 세계, 무슨 눈으로 밝혀 드러냈는가? 살피니 본성근본태본성초 본성초묘비초묘안(眼), 무슨 력으로 밝혀 드러냈는가? 살피니 본성근본태본성초 비초(4)본성초 본성초(3) 태묘초태비초 초태묘태법력이 아닌가 싶다고 이름 지어 말하다

2013. 11. 19 **4-8번째,** 그레이엄수 G64에서 더 높은 단위 45.024.282.424개 있는 만큼 떨어져 시작되는 또 다른 세계 1-11개를 밝혀 드러내 그리고 빠져나와, 이 세계를 그린 것을 본성근본태본성초 비초비초비초비초본성초 본성초본성초근본초 본성초본성초본성초 초본성도(本性根本太本性初 秘初秘初秘初秘初本性初 本性初本性初根本初本性初本性初本性初 超本性圖), 1-11개 전체를 한 덩어리로 보았을 때 본성근본태본성초 비초(4)본성초 본성초(2)근본초 본성초(3) 초본성(2) 태본성 세계, 무슨 눈으로 밝혀 드러냈는가? 살피니 본성근본태본성초 본성초(3) 초본성묘비초 묘비초묘안(眼), 무슨 력으로 밝혀 드러냈는가? 살피니 본성근본태본성초 본성초묘비초 본성초초묘태초태법력이 아닌가 싶다고 이름 지어 말하다

2013. 11. 19 **4-9번째,** 그레이엄수 G64에서 더 높은 단위 4.921.813.144개 있는 만큼 떨어져 시작되는 또 다른 세계 1-8개를 밝혀 드러내 그리고 빠져나와, 이 세계를 그린 것을 본성근본태본성초 비초비초비초비초본성초 본성초초본성초 초본성본성도(本性根本太本性初 秘初秘初秘初秘初本性初 本性初超本性初 超本性本性圖), 1-8개 전체를 한 덩어리로 보았을 때 본성근본태본성초 초본성본성본성초태초태초태초 세계, 무슨 눈으로 밝혀 드러냈는가? 살피니 초본성(本性:4)초태초(太初:4)초묘비초묘안(眼), 무슨 력으로 밝혀 드러냈는가? 살피니 초본성(本性:4)초태초(太初:4)초묘태묘본성 묘비초묘비초법력이 아닌가 싶다고 이름 지어 말하다

2013. 11. 19 **4-10번째,** 그레이엄수 G64에서 더 높은 단위 4.613.214.242.224개 있는 만큼 떨어져 시작되는 또 다른 세계 1-5개를 밝혀 드러내 그리고 빠져나와, 이 세계를 그린 것을 본성근본태본성초 초본성본성본성본성태본성 본성초본성초본성초본성초태도(本性根本太本性初 超本性本性本性本性太本性 本性初本性初本性初本性初太圖), 1-5개 전체를 한 덩어리로 보았을 때 본성근본태본성초 초본성(本性:4)태본성초 태본성초태본성초본성 세계, 무슨 눈으로 밝혀 드러냈는가? 살피니 본성근본태본성초 초본성본성본성초본성본성본성 초묘본성묘안(眼), 무슨 력으로 밝혀 드러냈는가? 살피니 본성근본태본성초 초본성(本性:6)초비초묘법력

2013. 11. 19 **4-11번째,** 그레이엄수 G64에서 더 높은 단위 64.161.421개 있는 만큼 떨어져 시작되는 또 다른 세계 하나, 이 하나는 최종지 중의 최종지이고 올라온 세계의 최고중의 최고이며 더 이상 최고가 없고 더 이상 최상이 없으며 끝인가 싶으니 새로운 시작인 듯싶다고 말하고, 이 하나 최종지는 본성(15)초본성(3)초(8)태(5)본성(3)태(2)본성초본성, 이 하나의 이름은 본성(20)초본성(5)태본성(3)초본성(3)태본성본성초, 이곳에 있는 이들을 나초태본성 초본성나 라고 불러야 한다고 말하며, 이 최종지를 떼어서 인간에게 넣어주면 비초(5)초본성(3)태본성(2)본성(4)태본성의 체가 되는 효과가 있는 것 같다고 말하다. 이 하나에서 그레이엄수 G64에서 더 높은 단위

64.481.443.442.842.044.424.144.830개 있는 만큼 떨어져 또 다른 큰 세계가 시작되는 듯싶다고 말하며, 4-큰 1-11번째 전체를 한 덩어리로 보았을 때 본성초(4) 초본성(本性:7) 태본성(3) 초본성(2) 태본성 세계라 말하다.

2013. 11. 19 1번째, 근본도 큰 1-33번째 전체를 한 덩어리로 보았을 때 근본태 근본초 본성근본 세계, 2번째, 본성도 큰 1-20번째 전체를 한 덩어리로 보았을 때 본성초 태근본초 본성근본 세계, 3번째, 본성도 큰 1-11번째 전체를 한 덩어리로 보았을 때, 본성근본초 근본본성초 근본본성태근본초 근본본성초 근본본성태근본본성초 세계, 4번째, 본성도 큰 1-11번째 전체를 한 덩어리로 보았을 때 본성초(4) 초본성(本性:7) 태본성(3) 초본성(2) 태본성 세계, 5번째, **또다시 새롭게 새로운 세계가 시작되다.** 5-1번째 그레이엄수 G64에서 더 높은 단위 814.168.044.610.414.151.601.241개 있는 만큼 떨어져 새롭게 시작되기 시작한 초본성태본성 태본성초태초 초본성(3)태본성(5)묘비초 세계를 2013. 11. 19. 09:26 들어가기 시작하여 또 다른 세계 1-12개를 밝혀 드러내 그리고 빠져나와, 이 세계를 그린 것을 본성초태본성태본성 초본성(4) 태본성(4)본성(4) 초본성(2)본성(2) 본성초(4)초본성태본성도(圖), 1-12개 전체를 한 덩어리로 보았을 때 초본성(3) 태본성(2) 본성초(2) 태본성(2) 초본성태본성본성 초본성 세계, 무슨 눈으로 밝혀 드러냈는가? 살피니 초본성태본성초본성태본성 초묘안(眼), 무슨 력으로 밝혀 드러냈는가? 살피니 초본성태본성초본성태본성 태묘본성태법력이 아닌가 싶다고 말하다

2013. 11. 19 **5-2번째,** 그레이엄수 G64에서 더 높은 단위 67.141.616.214.131개 있는 만큼 떨어져 시작되는 또 다른 세계 1-9개를 밝혀 드러내 그리고 빠져나와, 이 세계를 그린 것을 초본성태본성초본성태본성 초본성본성도(圖), 1-9개 전체를 한 덩어리로 보았을 때 태초본성태초본성 초본성태본성초본성태본성 본성초태초본성 태본성태초본성 본성태초본성 세계, 무슨 눈으로 밝혀 드러냈는가? 살피니 태초본성태초본성 태본성본성 초본성태본성 본성태묘초안(眼), 무슨 력으로 밝혀 드러냈는가? 살피니 태초본성태초본성 태본성본성 초본성태본성 초본성

태본성 초묘본성태법력이 아닌가 싶다고 말하다

2013. 11. 19 **5-3번째,** 그레이엄수 G64에서 더 높은 단위 630.461.961.025개 있는 만큼 떨어져 시작되는 또 다른 세계 하나, 이 하나는 최종지 중의 최종지이고 올라온 세계의 최고중의 최고이며 더 이상 최고가 없고 더 이상 최상이 없으며 끝인가 싶으니 새로운 시작이라고 말하며 이 하나의 최종지는 초본성태본성 태본성초본성 초본성태본성 태본성초본성 초본성(4) 태본성(4) 태본성초본성 태본성초본성 본성초본성 태본성(3) 본성초태본성 태본성초본성 태본성(2) 초본성태본성이고 이 하나의 이름은 초본성태본성 태본성초본성 초본성초태본성 태본성초본성 초본성(5) 태본성(4) 태본성초본성 태본성초본성 본성초본성본성 태본성(3) 본성초태본성태본성 태본성초본성 태초본성 태초본성 태초본성이고. 이곳에 있는 이들을 나초묘비초태비초 나비초태묘초 초태묘비초라고 불러야 한다고 말하다. 이 최종지를 떼어서 인간에게 넣어주면 초본성태본성 초본성태본성 태본성초본성 태본성초본성 초본성태본성이 되는 효과가 있는 듯싶다고 말하고 큰 1-3번째 전체를 한 덩어리로 보았을 때 초본성(4) 태본성초본성 초본성태본성 태본성초본성 초본성 세계라 말하며 이 하나에서 그레이엄수 G64에서 더 높은 단위 644.414.182.364.410.244.612개 있는 만큼 떨어져 또 다른 큰 세계가 시작되는 듯싶다고 말하다.

2013. 11. 19 **5번째,** 큰 1-3번째 전체를 한 덩어리로 보았을 때 초본성(4) 태본성초본성 초본성태본성 태본성초본성 초본성 세계, **6번째 또다시 새롭게 새로운 세계 하나** 그레이엄수 G64에서 더 높은 단위 644.414.182.364.410.244.612개 있는 만큼 떨어져 또 다른 큰 세계 하나를 2013. 11. 19. 09:44 빠져나와 6번째 하나를 초본성태초본성 태본성태초본성 초근본태본성 초태초본성 본성태초본성 초태초본성 초초본성 세계, 이 하나는 최초최종지, 종결지, 태초본성초본성, 최대본성태초태초본성, 최초본성태초,, 태본성태초태초, 최상본성, 나최초본성, 최초종결지, 최대태초최종지, 초태초본성초본성, 태태초초본성, 최대본성, 최초태초본성, 나초본성, 이 하나의 이름은 태초(10)본성(10) 태본성(10) 초본성(10) 태초(10)초본성(10) 태(10)본성초 태초본성 초본성, 하나 이것을 무엇이라고 해야 하는

가? 살피니 초본성태초본성 태본성태초본성 초근본태본성 초태초본성, 하나 이것은 최초 최고 최상 초태초 초태본성근본태초본성, 이곳에 있는 이들을 무엇이라고 불러야 하는가? 살피니 나초묘비비초 태묘태묘태묘 초나, 이 최종지를 떼어서 인간에게 넣어주면 어떤 효과가 있는가? 살피니 초본성태초본성 태본성태초본성 초본성태초본성 초태본성태초본성 초묘, 알아듣고 이해하기 쉽게 말한다면 체본성 : 육체 안에 본성을 태초본성에 이르기 하는 것이 아닌가 싶다고 말하다.

2013. 11. 19 1번째, 근본도 큰 1-33번째 전체를 한 덩어리로 보았을 때 근본태 근본초 본성근본 세계, 2번째, 본성도 큰 1-20번째 전체를 한 덩어리로 보았을 때 본성초 태근본초 본성근본 세계, 3번째, 본성도 큰 1-11번째 전체를 한 덩어리로 보았을 때 본성근본초 근본본성초 근본본성태근본초 근본본성초 근본본성태근본본성초 세계, 4번째, 본성도 큰 1-11번째 전체를 한 덩어리로 보았을 때 본성초(4) 초본성(本性:7) 태본성(3) 초본성(2) 태본성 세계, 5번째, 큰 1-3번째 전체를 한 덩어리로 보았을 때 초본성(4) 태본성초본성 초본성태본성 태본성초본성 초본성 세계, 6번째 하나가 이루고 있는 세계는 초본성태초본성 태본성태초본성 초근본태본성 초태초본성 본성태초본성 초태초본성 초초본성 세계, 1-6번째 전체를 한 덩어리로 보았을 때 근본본성 본성초태초본성 초본성초태초본성 초태초본성 태초태본성 초태극본성 초초태극본성 초태태극극본성 초본성초태초근본본성 태극초태극초극본성 초극본성초초본성 근본본성 초극초태초본성 초극본성초극본성 초초초본성 초초초초본성 초초초초초본성 초초초초초초본성 초초초초초초초초본성 초초초초초초초초초초본성 세계라 이름지다.

2013. 11. 19 6번째를 빠져나와 11월 19일 17시 20분경에 6번째 마지막 하나를 보는데, 하나가 작아지면서 테두리가 보이고, 마지막 하나를 벗어나는 듯 위로 오르는 듯싶어서 19시 40분 멀리 본다고 보니 멀리 올라가야 할 곳이 보였다.

2013. 11. 20 아침에 출근하며 위에 에너지를 끌어다가 쏴주는데, 너무 작게 보이고 까마득하게 보여서 얼마를 올라왔기에 까마득하게 보이는 것인가? 싶어 살피니 11월 20일 06시 05

분경 또 다른 세계 가까이 와 있는 것처럼 보여서 본인을 따라 올라오는 분들은 어느 정도 되는지 살펴보니 올라온 세계에서부터 올라오기 전부에 이르기까지 줄줄이 따라 올라오는 듯 보였다고 말하고, 위 세계로 올라와 첫 번째를 들어와서 줄줄이 100개 있는 161개를 빠져나와 업등퇴명로와 영적구조물을 녹이는 용광로, 최종지만을 밝혀 드러내기 시작했다.

2013. 11. 20 또 다시 시작 된 큰 세계, **Ⅰ-1번째,** 또 다른 세계 1-3개 이 세계를 밝혀 드러내 그리고 빠져나와, 이 세계를 그린 것을 초본성태초본성도(超本性太初本性圖), 1-3개 전체를 한 덩어리로 보았을 때 태본성초태본성초태본성초본성초 세계, 무슨 눈으로 밝혀 드러냈는가? 살피니 태본성본성초묘안(眼), 무슨 력으로 밝혀 드러냈는가? 살피니 태본성본성초묘비초묘초법력이 아닌가 싶다고 말하다.

2013. 11. 20 **Ⅰ-2번째,** 또 다른 세계 1-6개 이 세계를 밝혀 드러내 그리고 빠져나와, 이 세계를 그린 것을 초본성태초본성태본성초본성도(超本性太初本性太本性超本性圖), 1-6개 전체를 한 덩어리로 보았을 때 태본성초태본성초태본성 초본성초본성태초본성 세계, 무슨 눈으로 밝혀 드러냈는가? 살피니 태본성태초본성태본성 본성초묘안(眼), 무슨 력으로 밝혀 드러냈는가? 살피니 태본성본성태초본성 초묘비초법력이 아닌가 싶다고 말하다

2013. 11. 20 **Ⅰ-3번째,** 또 다른 세계 1-3개 이 세계를 밝혀 드러내 그리고 빠져나와, 이 세계를 그린 것을 초본성태초본성태본성초본성 초본성태본성초본성본성도(超本性太初本性太本性超本性 超本性太本性超本性本性圖), 1-3개 전체를 한 덩어리로 보았을 때 태본성초태본성초태본성 초본성초본성태초본성 초본성태본성태초본성 초본성 세계, 무슨 눈으로 밝혀 드러냈는가? 살피니 태본성태초본성태본성 본성초 태본성묘안(眼), 무슨 력으로 밝혀 드러냈는가? 살피니 태본성초본성본성 태초본성묘비초묘법력이 아닌가 싶다고 말하다

2013. 11. 20 **Ⅰ-4번째,** 또 다른 세계 1-4개 이 세계를 밝혀 드러내 그리고 빠져나와, 이 세계를 그린 것을 초본성태초본성태본성초본성 초본성태본성초본성초본성태초본성도(超本性太初本性太本性超本性 超本性太本性超本性超本性太初本性圖), 1-4개 전체를 한 덩어리로 보았을 때 태본성초태

본성초태본성 초본성초본성태초본성 초본성태본성태초본성 초본성태초본성초본성 초본성태초본성초본성 세계, 무슨 눈으로 밝혀 드러냈는가? 살피니 태본성태초본성태본성초본성 초본성태초본성초본성 묘비안(眼), 무슨 력으로 밝혀 드러냈는가? 살피니 태본성초본성태초본성초본성 초본성태본성초본성태본성 초태묘비초법력이 아닌가 싶다고 말하다.

2013. 11. 20 Ⅰ-**5번째,** 하나 이 세계는 태본성초태본성초태본성 초본성초본성태초본성 초본성태본성태초본성 초본성태초본성초본성 초본성태초본성초본성 본성초본성태초본성 세계, 이 하나의 이름은 태본성초태본성초태본성 초본성초본성태초본성 태초본성초본성초본성태본성 태본성본성본성초본성초본성 초본성태초본성초본성 초본성태초본성초본성태본성, Ⅰ-(1-5)번째 전체를 하나의 한 덩어리로 보았을 때 태본성초태본성초태본성 초본성초본성태초본성 태초본성초본성초본성태본성 태본성본성본성초본성초본성 초본성태초본성태본성초본성태초본성 세계

2013. 11. 21 행해지던 공을 본성초 태초본성초(本性初 太初本性初) 공(功)이라 하고 내놓다

2013. 11. 21 **Ⅱ-큰 2번째,** 1번째 1-6개 초본성도, 2번째 1-10개 초본성도, 3번째 1-5개 초본성도, 4번째 1개 초본성도를 밝혀 드러내 그리고 빠져나와, 1-4번째 전체를 하나의 한 덩어리로 보았을 때 태초본성(8)본성(10)초본성(10)태본성(8)초본성(4)본성초(2)본성 세계라 이름지다.

2013. 11. 21 **Ⅱ-큰 3번째,** 1번째 1-3개 초본성도, 2번째 1-7개 초본성도, 3번째 1-4개 초본성도, 4번째 1-7개 초본성도, 5번째 1개 초본성도를 밝혀 드러내 그리고 빠져나와, 1-5번째 전체를 하나의 한 덩어리로 보았을 때 태초본성(8)본성(10)초본성(10)태본성(8)초본성(4)본성초(2)본성태초본성 세계라 이름지다

2013. 11. 21 **Ⅱ-큰 4번째,** 1번째 1-4개 초본성도, 2번째 1-5개 초본성도, 3번째 1개 초본성도를 밝혀 드러내 그리고 빠져나와, 1-3번째 전체를 하나의 한 덩어리로 보았을 때 태초본성(8)본성(10)초본성(10)태본성(8)초본성(4)본성초(2)본성태초본성초본성 세계라 이름지다

2013. 11. 21 **Ⅱ-큰 5번째,** 1번째 1-5개 초본성도, 2번째 1-3개 초본성도, 3번째 1개 초본성도를 밝혀 드러내 그리고 빠져

나와, 1-3번째 전체를 하나의 한 덩어리로 보았을 때 태초본성(8)본성(10)초본성(10)태본성(8)초본성(4)본성초(2)본성태초 본성초(2)태본성(2) 세계라 이름지다

2013. 11. 21 **Ⅱ-큰 6번째,** 1번째 1-7개 초본성도, 2번째 1-5개 초본성도, 3번째 1개 초본성도를 밝혀 드러내 그리고 빠져나와, 1-3번째 전체를 하나의 한 덩어리로 보았을 때 태초본성(8)본성(10)초본성(10)태본성(8)초본성(4)본성초(2)본성태초 본성초(2)태본성(4)본성(5) 세계라 이름지다

2013. 11. 21 **Ⅱ-큰 7번째,** 1번째 1-6개 초본성도, 2번째 1-5개 초본성도, 3번째 1-5개 초본성도, 4번째 1개 초본성도를 밝혀 드러내 그리고 빠져나와, 1-4번째 전체를 하나의 한 덩어리로 보았을 때 태초본성(8)본성(10)초본성(10)태본성(8)초본성(4)본성초(2)본성태초 본성초(2)태본성(4)본성(5) 태본성초본성태초본성 세계라 이름지다.

2013. 11. 21 **Ⅱ-큰 8번째,** 1번째 1-6개 초본성도, 2번째 1-6개 초본성도, 3번째 1-8개 초본성도, 4번째 1개 초본성도를 밝혀 드러내 그리고 빠져나와, 1-4번째 전체를 하나의 한 덩어리로 보았을 때 태초본성(8)본성(10)초본성(10)태본성(8)초본성(4)본성초(2)본성태초 본성초(2)태본성(4)본성(5) 태본성(2)초본성(2)태초본성(2)초본성본성 세계라 이름지다

2013. 11. 21 **Ⅱ-큰9번째,** 1번째 1-5개 초본성도, 2번째 1-5개 초본성도, 3번째 1-3개 초본성도, 4번째 1개 초본성도를 밝혀 드러내 그리고 빠져나와, 1-4번째 전체를 하나의 한 덩어리로 보았을 때 태초본성(8)본성(10)초본성(10)태본성(8)초본성(4)본성초(2)본성태초 본성초(2)태본성(4)본성(5) 태본성(2)초본성(2)태초본성(2)초본성(2)태초본성초태본성 세계라 이름지다

2013. 11. 21 **Ⅱ-큰 10번째 1 하나**를 빠져나와, 이 하나의 세계는 태초본성(8)본성(10)초본성(10)태본성(8)초본성(4)본성초(2)본성태초 본성초(2)태본성(4)본성(5) 태본성(2)초본성(2)태초본성(2)초본성(2)태초본성초태본성 태본성초본성태본성태본성초본성 세계, 이 하나의 이름은 테(5)초(5)본성(5) 초본성(5)태초본성(5) 본성(10)태초(10)초(10)태초본성(3) 초본성, 이곳에 있는 이들을 무엇이라고 불러야 하는가? 살피니 나나초나초나초나라고 불러야

한다고 말하며, Ⅱ-큰1-10번째 전체를 하나의 한 덩어리로 보았을 이 세계는 태(2)초(3)본성(2) 초본성(2)태초본성 초본성태본성태본성초본성태본성태초본성 세계라 이름지다

2013. 11. 22 본성태초 본성초(本性太初 本性初) 공(功),
태초태초 초본성 태본성(太初太初 超本性 太本性) 공(功),
초본성 태초본성초 태초본성초 태본성초(礎本性 太初本性初 太初本性初 太本性初) 공(功),
초태초본성 태초본성 초태초본성(超太初本性 太初本性 超太初本性) 공(功)을 해보고 내놓다.

2013. 11. 22 근본도 본성도 초본성도를 보며 수행하는 방법을 말하다

2013. 11. 22 **Ⅲ-큰1번째,** 1번째 1-6개 태초본성 초본성도, 2번째 1-7개 태초본성 초본성도, 3번째 1-6개 태초본성 초본성도, 4번째 1-4개 태초본성 초본성도, 5번째 1개 태초본성 초본성도를 밝혀 드러내 그리고 빠져나와, 1-5번째 전체를 하나의 한 덩어리로 보았을 때 태초본성태본성 초(超:10)태본성(5) 초(5)태(5)초본성 초(3)태(2)본성(5)태초본성 초본성(2)태본성 세계라 이름지다

2013. 11. 22 **Ⅲ-큰2번째,** 1번째 1-3개 태초본성 초본성도, 2번째 1-4개 태초본성 초본성도, 3번째 1-4개 태초본성 초본성도, 4번째 1개 태초본성 초본성도를 밝혀 드러내 그리고 빠져나와, 1-4번째 전체를 하나의 한 덩어리로 보았을 때 태초본성태본성 초(超:10)태본성(5) 초(5)태(5)초본성 초(3)태(2)본성(5)태초본성 초본성(2)태본성(2)태초본성초본성 세계라 이름지다

2013. 11. 22 **Ⅲ-큰3번째,** 1번째 1-5개 태초본성 초본성도, 2번째 1-5개 태초본성 초본성도, 3번째 1-4개 태초본성 초본성도, 4번째 1-5개 태초본성 초본성도, 5번째 1개 태초본성 초본성도를 밝혀 드러내 그리고 빠져나와, 1-5번째 전체를 하나의 한 덩어리로 보았을 때 태초본성태본성 초(超:10)태본성(5) 초(5)태(5)초본성 초(3)태(2)본성(5)태초본성 초본성(2)태본성(2)태초본성(2)초본성(3) 태본성초태본성초본성 세계라 이름지다

2013. 11. 22 **Ⅲ-큰4번째,** 1번째 1-9개 태초본성 초본성도, 2번째 1-10개 태초본성 초본성도, 3번째 1개 태초본성 초본성도를 밝혀 드러내 그리고 빠져나와, 1-3번째 전체를 하나의

한 덩어리로 보았을 때 태초본성태본성 초(超:10)태본성(5) 초(5)태(5)초본성 초(3)태(2)본성(5)태초본성 초본성(2)태본성(2)태초본성(2)초본성(3) 태본성초태본성초본성 태초본성 초본성 태초본성 본성 초본성 세계라 이름지다

2013. 11. 22 **Ⅲ-큰5번째,** 1번째 1-10개 태초본성 초본성도, 2번째 1-5개 태초본성 초본성도, 3번째 1개 태초본성 초본성도를 밝혀 드러내 그리고 빠져나와, 1-3번째 전체를 하나의 한 덩어리로 보았을 때 태초본성태본성 초(超:10)태본성(5) 초(5)태(5)초본성 초(3)태(2)본성(5)태초본성 초본성(2)태본성(2)태초본성(2)초본성(3) 태본성초태본성 초본성 태초본성 초본성 태초본성 본성 초본성 초본성태초본성 본성 세계라 이름지다

2013. 11. 22 **Ⅲ-큰6번째,** 1번째 1-5개 태초본성 초본성도, 2번째 1개 태초본성 초본성도를 밝혀 드러내 그리고 빠져나와, 1-2번째 전체를 하나의 한 덩어리로 보았을 때 태초본성태본성 초(超:10)태본성(5) 초(5)태(5)초본성 초(3)태(2)본성(5)태초본성 초본성(2)태본성(2)태초본성(2)초본성(3) 태본성초태본성초본성 태초본성 초본성 태초본성 본성 초본성 초본성태초본성 본성초본성본성 초본성(3) 본성 세계라 이름지다

2013. 11. 22 **Ⅲ-큰7번째** 1 하나를 빠져나와, 이 하나의 세계는 태초본성태본성 초(超:10)태본성(5) 초(5)태(5)초본성 초(3)태(2)본성(5)태초본성 초본성(2)태본성(2)태초본성(2)초본성(3) 태본성초태본성초본성 태초본성 초본성 태초본성 본성 초본성 초본성태초본성 본성초본성본성 초본성(3) 본성초본성 세계, 이 하나의 이름은 초본성초태본성본성(5)초본성(5)초태본성(5)본성, 이곳에 있는 이들을 나초나초나초나라고 불러야 한다고 말하며, Ⅲ-큰1-7번째 전체를 하나의 한 덩어리로 보았을 초본성태초본성 태본성(4)초대본성(5)태초본성(2)본성 세계라 이름지다.

2013. 11. 22 **Ⅳ-큰1번째**, 1번째 1-5개 초본성태초본성도, 2번째 1-7개 초본성태초본성도, 3번째 1-8개 초본성태초본성도, 4번째 1-3개 초본성태초본성도, 5번째 1개 초본성태초본성도를 밝혀 드러내 그리고 빠져나와, 1-5번째 전체를 하나의 한 덩어리로 보았을 때 초본성태초본성 태본성초태본성 초태초본성 세계라 이름지다.

2013. 11. 22 **Ⅳ-큰2번째**, 1번째 1-4개 초본성태초본성도, 2번째

1-4개 초본성태초본성도, 3번째 1개 초본성태초본성도를 밝혀 드러내 그리고 빠져나와, 1-3번째 전체를 하나의 한 덩어리로 보았을 때 초본성태초본성 태본성초태본성 초태초초본성초본성 초본성태초초본성 세계라 이름지다

2013. 11. 22 **Ⅳ-큰3번째,** 1번째 1-10개 초본성태초본성도, 2번째 1-9개 초본성태초본성도, 3번째 1-10개 초본성태초본성도, 4번째 1-5개 초본성태초본성도, 5번째 1개 초본성태초본성도를 밝혀 드러내 그리고 빠져나와, 1-5번째 전체를 하나의 한 덩어리로 보았을 때 초본성태초본성 태본성초태본성 초태초초본성초본성 초본성태초초본성 태초초본성 세계라 이름지다

2013. 11. 22 **Ⅳ-큰4번째,** 1번째 1-5개 초본성태초본성도, 2번째 1-4개 초본성태초본성도를 밝혀 드러내 그리고 빠져나와, 1-2번째 전체를 하나의 한 덩어리로 보았을 때 초본성태초본성 태본성초태본성 초태초초본성초본성 초본성태초초본성 태초초본성극초본성 초극본성 세계라 이름지다

2013. 11. 22 **Ⅳ-큰5번째 1 하나**를 빠져나와, 이 하나의 세계는 초본성태초본성 태본성초태본성 초태초초본성초본성 초본성태초초본성 태초초본성극초본성 초극본성 태초극본성 세계, 이 하나의 이름은 초극본성태극초본성 초극본성태초극본성, 이곳에 있는 이들을 나초태극나라고 불러야 한다고 말하며 Ⅳ-큰1-5번째 전체를 하나의 한 덩어리로 보았을 태극초본성 태초극본성 초극본성 태초본성 세계라 이름지다.

2013. 11. 23 **Ⅴ-큰1번째,** 1번째 1-6개 태초본성태초본성초본성도(圖), 2번째 1-7개 태초본성태초본성초본성도(圖), 3번째 1-8개 태초본성태초본성초본성도(圖), 4번째 1-7개 태초본성태초본성초본성도(圖), 5번째 1개 태초본성태초본성초본성도(圖)를 밝혀 드러내 그리고 빠져나와, 1-5번째 전체를 하나의 한 덩어리로 보았을 때 초극태극본성 초극태본성 초극초본성 세계라 이름지다

2013. 11. 23 **Ⅴ-큰2번째,** 1번째 1-6개 태초본성태초본성초본성도(圖), 2번째 1-8개 태초본성태초본성초본성도(圖), 3번째 1-7개 태초본성태초본성초본성도(圖), 4번째 1-6개 태초본성태초본성초본성도(圖), 5번째 1개 태초본성태초본성초본성도(圖)를 밝혀 드러내 그리고 빠져나와, 1-5번째 전

체를 하나의 한 덩어리로 보았을 때 초극태극본성초극태본성 초극초본성태초본성 본성초극태본성초 세계라 이름지다

2013. 11. 23 **Ⅴ-큰3번째,** 1번째 1-5개 태초본성태초본성초본성도(圖), 2번째 1-5개 태초본성태초본성초본성도(圖), 3번째 1-6개 태초본성태초본성초본성도(圖), 4번째 1개 태초본성태초본성초본성도(圖)를 밝혀 드러내 그리고 빠져나와, 1-4번째 전체를 하나의 한 덩어리로 보았을 때 초극태극본성초극태본성 초극초본성태초본성 본성초극태극본성 초극본성 세계라 이름지다

2013. 11. 23 **Ⅴ-큰4번째,** 1번째 1-8개 태초본성태초본성초본성도(圖), 2번째 1-8개 태초본성태초본성초본성도(圖), 3번째 1-9개 태초본성태초본성초본성도(圖), 4번째 1개 태초본성태초본성초본성도(圖)를 밝혀 드러내 그리고 빠져나와, 1-4번째 전체를 하나의 한 덩어리로 보았을 때 초극태극본성초극태본성 초극초본성태초본성 본성초극태극본성 초극태극본성초 세계라 이름지다.

2013. 11. 23 **Ⅴ-큰5번째 1 하나**를 빠져나와, 이 하나의 세계는 초극태극본성초극태본성 초극초태본성 세계, 이 하나의 이름은 초극초태극본성, 이곳에 있는 이들을 나초극초극나고 불러야 한다고 말하며, Ⅴ-큰1-5번째 전체를 하나의 한 덩어리로 보았을 초극초태극본성 초본성 세계라 이름지다.

2013. 11. 23 **Ⅵ-큰1번째,** 1번째 1-12개 태초태초본성태초본성도(圖), 2번째 1-11개 태초태초본성태초본성도(圖), 3번째 1-4개 태초태초본성태초본성도(圖), 4번째 1개 태초태초본성태초본성도(圖)를 밝혀 드러내 그리고 빠져나와, 1-4번째 전체를 하나의 한 덩어리로 보았을 때 이 초극초태극태극본성 초극본성 초극태극본성 세계라 이름지다.

2013. 11. 23 **Ⅵ-큰2번째,** 1번째 1-5개 태초태초본성태초본성도(圖), 2번째 1-4개 태초태초본성태초본성도(圖), 3번째 1-4개 태초태초본성태초본성도(圖), 4번째 1-5개 태초태초본성태초본성도(圖), 5번째 1-10개 태초태초본성태초본성도(圖), 6번째 1개 태초태초본성태초본성도(圖)를 밝혀 드러내 그리고 빠져나와, 1-6번째 전체를 하나의 한 덩어리로 보았을 때 초극초태극본성 초극초본성초 초본성초극초본성 초극본성태극초 세계라 이름지다

2013. 11. 23 **Ⅵ-큰3번째,** 1번째 1-5개 태초태초본성태초본성도

(圖), 2번째 1-8개 태초태초본성태초본성도(圖), 3번째 1-5개 태초태초본성태초본성도(圖), 4번째 1개 태초태초본성태초본성도(圖)를 밝혀 드러내 그리고 빠져나와, 1-4번째 전체를 하나의 한 덩어리로 보았을 때 초극초극초태극본성 초극초태극본성 초극본성초태극본성 초극초태극초본성초태극본성초극본성 세계라 이름지다

2013. 11. 23 **Ⅵ-큰4번째** 1 하나를 빠져나와, 이 하나의 세계는 초극초극초태극본성 초극초태극본성 초극본성초태극본성 태극초극본성 초극본성 세계, 이 하나의 이름은 초극태극초극초태극본성 초태극본성, 이곳에 있는 이들을 나초태극초태극나라고 불러야 한다고 말하며, Ⅵ-큰1-5번째 전체를 하나의 한 덩어리로 보았을 때 초극태극초극초극본성 초태극본성 세계라 이름지다.

2013. 11. 23 **Ⅶ번째** 1 하나를 빠져나와, 이 하나의 세계는 초극초극초극초극초극본성본성본성본성본성 초태극본성초극초극초극본성 세계 초극(5)본성(5) 초태극본성초극(超極 :3)본성 세계, 이 하나의 이름은 본성초극초극초극초극초극초극태극태극태극태극태극본성 초태극초태극초태극초태극초태극본성 초극초극초극초극본성 초태극초태극초태극본성 초초초초본성 태극초극본성, 본성초극(超極:6)태극(5)본성 초태극(5)본성 초극(4)본성 초태극(3)본성 초(4)본성 태극초극본성, 이곳에 있는 이들을 나태초초극태극태극초극나라고 불러야 한다고 말하며, 이 하나는 초(10)태극(10)초극(10)본성(5), 이 하나는 무엇인가? 초(10)초극(10)태극(10)본성(10), 하나 이것은 태최고, 태최상, 태최대, 태최태, 태태초, 초최초, 초최대, 초최태, 초최상, 초최고, 태초극초극본성초극태초극초초본성초극본성초태극본성, 이 최종지를 떼어서 인간에게 넣어주면 어떤 효과가 있는가? 살피니 초본성 초극본성 태극본성 초극본성 초태극본성 초태극본성 초극태극본성 초극초태극본성 태극초극본성 태극초극본성 초태초태극본성 초태극초태극본성 초태극초본성 초초초초태초태극본성 초태초태초태초태극본성 초초초초초본성, 알아듣고 이해하기 쉽게 말한다면 태최초태초태본성: 육체 안에 본성을 초태극본성에 이르게 하는 것 아닌가 싶다고 말하다.

2013. 11. 24 크고 큰 **하나의 근본도 세계가 끝나고 2번째 새로운 근**

본도가 시작되다. 아 하나에서 다음세계는 그레이엄수 G64 위 단위가 10에 1740승 있는 만큼 떨어져 시작된 세계,

2013. 11. 24 **Ⅰ-큰1번째**, 1번째 1-9개 초초태극태극본성도(圖), 2번째 1-8개 초초태극태극본성도(圖), 3번째 1-5개 초초태극태극본성도(圖), 4번째 1-7개 초초태극태극본성도(圖), 5번째 1개 태극초태극초태초본성초를 밝혀 드러내 그리고 빠져나와, 1-5번째 전체를 하나의 한 덩어리로 보았을 때 초초태극초본성초초태극본성 세계라 이름지다

2013. 11. 24 **Ⅰ-큰2번째,** 1번째 1-6개 초초태극태초본성도(圖), 2번째 1-7개 초초태극태초본성도(圖), 3번째 1-8개 초초태극태초본성도(圖), 4번째 1개 초초태극초태극본성초를 밝혀 드러내 그리고 빠져나와, 1-4번째 전체를 하나의 한 덩어리로 보았을 때 초초태극태극태초본성초 세계라 이름지다

2013. 11. 24 **Ⅰ-큰3번째,** 1번째 1-7개 초초태극초태극본성초도(圖), 2번째 1-5개 초초태극초태극본성초도(圖), 3번째 1-6개 초초태극초태극본성초도(圖), 4번째 1개 초초태극태극태초본성초태극초를 밝혀 드러내 그리고 빠져나와, 1-4번째 전체를 하나의 한 덩어리로 보았을 때 초초태태극초본성초태초 세계라 이름지다.

2013. 11. 24 **Ⅰ-큰4번째**, 1번째 1-8개 태극본성초본성초초태극본성도(圖), 2번째 1-8개 태극본성초본성초초태극본성도(圖), 3번째 1-6개 태극본성초본성초초태극본성도(圖), 4번째 1개 태극초본성태초초본성초를 밝혀 드러내 그리고 빠져나와, 1-4번째 전체를 하나의 한 덩어리로 보았을 때 초태초초태초본성 세계라 이름지다.

2013. 11. 24 **Ⅰ-큰5번째,** 1번째 1-7개 초초본성초초태초본성도(圖), 2번째 1-5개 초초본성초초태초본성도(圖), 3번째 1-4개 초초본성초초태초본성도(圖), 4번째 1개 초태초초태초태극본성초를 밝혀 드러내 그리고 빠져나와, 1-4번째 전체를 하나의 한 덩어리로 보았을 때 초초태초초초태초본성
초태극본성 초본성 세계라 이름지다.

2013. 11. 24 **Ⅰ-큰6번째**, 1번째 1-5개 초초초태극본성초태극본성도(圖), 2번째 1-4개 초초초태극본성초태극본성도(圖), 3

번째 1-4개 초초초태극본성초태극본성도(圖), 4번째 1개 초초초초태극초태극본성초를 밝혀 드러내 그리고 빠져나와, 1-4번째 전체를 하나의 한 덩어리로 보았을 때 초초태극초초태극본성 초태극본성초 세계라 이름지다

2013. 11. 24 **Ⅰ-큰7번째**, 1번째 1-4개 초초태극초태극본성초초태극본성도(圖), 2번째 1-5개 초초태극초태극본성초초태극본성도(圖), 3번째 1-4개 초초태극초태극본성초초태극본성도(圖), 4번째 1개 초초초태극초태극본성초초태극본성초를 밝혀 드러내 그리고 빠져나와, 1-4번째 전체를 하나의 한 덩어리로 보았을 때 초초초태극초태극본성 초초태극본성초본성태극초본성초 세계라 이름지다.

2013. 11. 24 **Ⅰ-큰8번째 하나**를 빠져나와, 이 하나의 세계를 초초초태극초태극본성 초초태극초태극본성 태극초초본성 초본성 세계, 이 하나의 이름은 초초초태극초태극본성 초초태극초초태극태극본성 초초태극초태극본성 본성초, 이곳에 있는 이들을 나초초태극초초태극초초태극나라고 불러야 한다고 말하며, 이 하나는 초초초본성태극초태극초본성 초태극초태극본성, 하나 이것은 초초초본성태극초태극초본성 초태극초태극본성이라 하고, Ⅰ-큰1-8번째 전체를 하나의 한 덩어리로 보았을 때 초초극태극초태극초태극본성 초태극본성초태극본성 초태극본성태극본성 세계라 이름지다.

2013. 11. 24 **Ⅱ-큰1번째,** 그레이엄수 G64 위 단위가 10에 940승 있는 만큼 떨어져 시작된 세계 1번째 1-4개 초초본성초태극본성초태극본성도(圖), 2번째 1-4개 초초본성초태극본성초태극본성도(圖), 3번째 1개 초초본성초태극본성초초태극본성초를 밝혀 드러내 그리고 빠져나와, 1-3번째 전체를 하나의 한 덩어리로 보았을 때 초초본성초태극본성 초초태극본성초태극본성 초태극본성 세계라 이름지다

2013. 11. 24 **Ⅱ-큰2번째,** 1번째 1-4개 초초본성초태극본성초태극본성초본성도(圖), 2번째 1-5개 초초본성초태극본성초태극본성초본성도(圖), 3번째 1개 초초본성초태극본성 초태극본성초본성초 초태극본성초를 밝혀 드러내 그리고 빠져나와, 1-3번째 전체를 하나의 한 덩어리로 보았을 때 초초본성초태극본성 초태극본성초태극본성 초태극초본성초 초태극본성초 초본성 세계라 이름지다

2013. 11. 24 **Ⅱ-큰3번째,** 1번째 1-4개 초초본성초태극본성초태극본성태초본성초태극본성도(圖), 2번째 1-5개 초초본성초태극본성초태극본성태초본성초태극본성도(圖), 3번째 1개 초초본성 초태극본성 초태극본성 태초본성 초본성초를 밝혀 드러내 그리고 빠져나와, 1-3번째 전체를 하나의 한 덩어리로 보았을 때 초초본성 초태극본성 초태극본성 태초본성 초태극본성 세계라 이름지다

2013. 11. 24 **Ⅱ-큰4번째,** 1번째 1-4개 초초본성 초태극본성 초태극본성 태초본성초도(圖), 2번째 1-5개 초초본성 초태극본성 초태극본성 태초본성초도(圖), 3번째 1-4개 초초본성 초태극본성 초태극본성 태초본성초도(圖), 4번째 1-4개 초초본성 초태극본성 초태극본성 태초본성초도(圖), 5번째 1-3개 초초본성 초태극본성 초태극본성 태초본성초도(圖), 6번째 1개 초초본성 초태극본성 초태극본성 태초본성 초태극본성 초태극초태극본성을 밝혀 드러내 그리고 빠져나와, 1-6번째 전체를 하나의 한 덩어리로 보았을 때 초초본성 초태극본성 초태극본성 초본성 세계라 이름지다

2013. 11. 24 **Ⅱ-큰5번째 하나**를 빠져나와, 이 하나의 세계를 초초본성 초태극본성 초태극본성 태초본성 초태극본성 초본성 세계, 이 하나의 이름은 초초본성 초태극본성 초태극본성 초본성초태극초태극본성 초태극초본성, 이곳에 있는 이들을 나초초초태극초초태극초태극나라고 불러야 한다고 말하며, 이 하나는 초초본성 초태극본성 초태극본성 초태극초태극본성, 1-5번째 전체를 하나의 한 덩어리로 보았을 때 초극초극초초초태극초극초극초태극본성 초초극초극초태극초태극본성 초극본성 세계라 이름지다.

2013. 11. 24 **Ⅲ-큰1번째,** 그레이엄수 G64 위 단위가 10에 1280승 있는 만큼 떨어져 시작된 세계 1번째 1-4개 조(祖)초본성도(圖), 2번째 1-5개 조(祖)초본성도(圖), 3번째 1-4개 조(祖)초본성도(圖), 4번째 1개 조초본성 초태극본성 태초본성초를 밝혀 드러내 그리고 빠져나와, 1-4번째 전체를 하나의 한 덩어리로 보았을 때 조초본성 초태극본성 초태극초본성초 세계라 이름지다.

2013. 11. 24 **Ⅲ-큰2번째,** 1번째 1-4개 조(祖)초본성 초태극본성도(圖), 2번째 1-3개 조(祖)초본성 초태극본성도(圖), 3번

째 1개 조(祖)초본성 초태극태극본성초를 밝혀 드러내 그리고 빠져나와, 1-3번째 전체를 하나의 한 덩어리로 보았을 때 조(祖)초본성 초태극초본성 초본성초 세계라 이름지다

2013. 11. 24 **Ⅲ-큰3번째,** 1번째 1-10개 조(祖)초본성 초태극본성도(圖), 2번째 1-9개 조(祖)초본성 초태극본성도(圖), 3번째 1-5개 조(祖)초본성 초태극본성도(圖), 4번째 1개 조(祖)초본성 초태극초본성초를 밝혀 드러내 그리고 빠져나와, 1-4번째 전체를 하나의 한 덩어리로 보았을 때 조(祖)초본성 초태극태극본성초 초본성 세계라 이름지다

2013. 11. 24 **Ⅲ-큰4번째,** 1번째 1-6개 조(祖)초본성 초태극태극본성 초본성도(圖), 2번째 1-4개 조(祖)초본성 초태극태극본성 초본성도(圖), 3번째 1-4개 조(祖)초본성 초태극태극본성 초본성도(圖), 4번째 1개 조(祖)초본성 초태극태극본성 초태극본성초를 밝혀 드러내 그리고 빠져나와, 1-4번째 전체를 하나의 한 덩어리로 보았을 때 조(祖)초본성 초태극태극본성 초태극초본성 세계라 이름지다.

2013. 11. 24 **Ⅲ-큰5번째,** 1번째 1-4개 조(祖)초본성 초초태극본성 초태극초본성도(圖), 2번째 1-4개 조(祖)초본성 초초태극본성 초태극초본성도(圖), 3번째 1-3개 조(祖)초본성 초초태극본성 초태극초본성도(圖), 4번째 1개 조(祖)초본성 초초태극본성 초태극본성 초본성초를 밝혀 드러내 그리고 빠져나와, 1-4번째 전체를 하나의 한 덩어리로 보았을 때 조(祖)초본성 초초태극본성 초태극본성 초본성 초본성 세계라 이름지다

2013. 11. 24 **Ⅲ-큰6번째,** 1번째 1-5개 조(祖)초본성 초초태극본성 초태극본성 초태극초태극본성도(圖), 2번째 1-5개 조(祖)초본성 초초태극본성 초태극본성 초태극초태극본성도(圖), 3번째 1개 조(祖)초본성 초초태극본성 초태극초태극본성초를 밝혀 드러내 그리고 빠져나와, 1-3번째 전체를 하나의 한 덩어리로 보았을 때 조(祖)초본성 초초태극본성 초초본성 세계라 이름지다

2013. 11. 24 **Ⅲ-큰7번째,** 1번째 1-3개 조(祖)초본성 초초태극본성 초태극태초본성도(圖), 2번째 1-4개 조(祖)초본성 초초태극본성 초태극태초본성도(圖), 3번째 1-4개 조(祖)초본성 초초태극본성 초태극태초본성도(圖), 4번째 1개 조

(祖)초본성 초초태극태극초초본성 태초본성초를 밝혀 드러내 그리고 빠져나와, 1-4번째 전체를 하나의 한 덩어리로 보았을 때 조(祖)초본성 초초태극본성 초본성초태초본성 세계라 이름지다

2013. 11. 24 **Ⅲ-큰8번째 하나**를 빠져나와, 이 하나의 세계를 조(祖)초본성 초초태극본성 초태초본성 초본성조(祖)본성 세계, 이 하나의 이름은 조(祖)초본성 초초태극본성 초태초본성 초본성초본성 초태초본성, 이곳에 있는 이들을 나조(祖)초태극초태초나라고 불러야 한다고 말하며, 큰1-8번째 전체를 하나의 한 덩어리로 보았을 때 초초초초극본성 초초초극초태극본성 초초극초태극본성 초극초태극본성 초극본성 세계라 이름지다.

2013. 11. 25 **Ⅳ-큰1번째,** 이 하나에서 다음 세계는 그레이엄수 G64위 단위가 10에 1530승 있는 만큼 떨어져 새롭게 시작된 세계, 1번째 1-3개 조(祖)초본성 조(祖)본성도(圖), 2번째 1-4개 조(祖)초본성 조(祖)본성도(圖), 3번째 1개 조(祖)초본성 조(祖)태초본성초를 밝혀 드러내 그리고 빠져나와, 1-3번째 전체를 하나의 한 덩어리로 보았을 때 조(祖)초본성 조(祖)태초본성 태극본성 세계라 이름지다

2013. 11. 25 **Ⅳ-큰2번째**, 1번째 1-4개 조(祖)초본성 조(祖)태초본성 초태극본성 초본성도(圖), 2번째 1-5개 조(祖)초본성 조(祖)태초본성 초태극본성 초본성도(圖), 3번째 1-5개 조(祖)초본성 조(祖)태초본성 초태극본성 초본성도(圖), 4번째 1개 조(祖)초본성 조(祖)태초본성 초초태극초를 밝혀 드러내 그리고 빠져나와, 1-4번째 전체를 하나의 한 덩어리로 보았을 때 조(祖)초본성 조(祖)본성 초태극본성 초태초본성 세계라 이름지다

2013. 11. 25 **Ⅳ-큰3번째,** 1번째 1-5개 조(祖)초본성 조(祖)본성 초태극본성 조(祖)태극본성도(圖), 2번째 1-6개 조(祖)초본성 조(祖)본성 초태극본성 조(祖)태극본성도(圖), 3번째 1개 조(祖)초본성 조(祖)본성 초태초태극본성 조(祖)태극초본성초를 밝혀 드러내 그리고 빠져나와, 1-3번째 전체를 하나의 한 덩어리로 보았을 때 조(祖)초본성 조(祖)본성 초태극본성 초태극본성 초본성 세계라 이름지다.

2013. 11. 25 **Ⅳ-큰4번째,** 1번째 1-5개 조(祖)초본성 조(祖)본성 초

태초태극조(祖)본성 초본성도(圖), 2번째 1-3개 조(祖) 초본성 조(祖)본성 초태초태극조(祖)본성 초본성도(圖), 3번째 1-3개 조(祖)초본성 조(祖)본성 초태초태극조(祖)본성 초본성도(圖), 4번째 1개 조(祖)초본성 조(祖)본성 초초태초태극조(祖)본성초를 밝혀 드러내 그리고 빠져나와, 1-4번째 전체를 하나의 한 덩어리로 보았을 때 조(祖)초본성 조(祖)본성 초초조(祖)본성 초태초본성 세계라 이름지다

2013. 11. 25 **Ⅳ-큰5번째 하나**를 빠져나와, 이 하나의 세계를 조(祖)초본성 조(祖)본성 조(祖)본성 초초태초태극본성 세계, 이 하나의 이름을 조(祖)초본성 조(祖)본성 조(祖)본성 초초태초조(祖)본성, 이곳에 있는 이들을 조(祖)나초초초태초초나라고 불러야 한다고 말하다

2013. 11. 25 이 하나에서 다음 세계는 그레이엄수 G64 위 단위가 10에 1540승 있는 만큼 떨어져 있는 **Ⅴ번째 1** 하나를 빠져나와, 이 하나의 세계를 조(祖)초태극본성 조(祖)본성 세계, 이 하나의 이름을 조(祖)초태극본성 초태초본성 초태극본성, 이곳에 있는 이들을 조(祖)나초초초태극초태초나라고 불러야 한다고 말하며, 이 하나는 조(祖)초태극본성 초태초조(祖)태극본성 초태초본성, 이 최종지를 떼어서 인간에게 넣어주면 태태초본성초초본성에 이르는 효과가 있는 것 아닌가 싶다고 말하고, **Ⅰ-Ⅴ번째** 전체를 하나의 한 덩어리로 보았을 때 초본성 태초본성 초본성 조(祖)본성 세계라 이름지다

2013. 11. 25 그레이엄수 G64 위 단위가 10에 1740승 있는 만큼 떨어져 **새로운 세계가 또다시 시작된 세계, Ⅰ-큰1번째,** 1번째 1-5개 초초초본성조태본성도(圖), 2번째 1-4개 초초본성조태본성도(圖), 3번째 1개 초초초본성조태초본성초를 밝혀 드러내 그리고 빠져나와, 1-3번째 전체를 하나의 한 덩어리로 보았을 때 초초초본성조태조초본성 초태초본성 세계라 이름지다

2013. 11. 25 **Ⅰ-큰2번째,** 1번째 1-3개 초초초본성태조본성도(圖), 2번째 1-3개 초초초본성태조본성도(圖), 3번째 1-4개 초초초본성태조본성도(圖), 4번째 1개 초초초본성태조태초 초태조본성을 밝혀 드러내 그리고 빠져나와, 1-4번째 전체를 하나의 한 덩어리로 보았을 때 초초초본성태조태

초 초태조본성 초조태조본성 세계라 이름지다.

2013. 11. 25 **Ⅰ-큰3번째,** 1번째 1-4개 초초초본성 조태조본성도(圖), 2번째 1-4개 초초초본성 조태조본성도(圖), 3번째 1개 초초초태조본성 초조본성초 초초본성을 밝혀 드러내 그리고 빠져나와, 1-3번째 전체를 하나의 한 덩어리로 보았을 때 조초초본성 초초본성 태조본성 세계라 이름지다

2013. 11. 25 **Ⅰ-큰4번째,** 1번째 1-4개 조초초본성 초초본성 초태조본성도(圖), 2번째 1-6개 조초초본성 초초본성 초태조본성도(圖), 3번째 1개 조초초본성 초초본성 초조태조본성을 밝혀 드러내 그리고 빠져나와, 1-3번째 전체를 하나의 한 덩어리로 보았을 때 초초태조본성 초초본성 태조본성 세계라 이름지다

2013. 11. 25 **Ⅰ-큰5번째 하나**를 빠져나와, 이 하나의 세계를 조초조본성 조초초본성 세계, 이 하나의 이름을 조초조본성 조초초본성 태조본성, 이곳에 있는 이들을 조나조초태초태조나라고 불러야 한다고 말하며, 이 하나는 조태조태초본성 초초초본성 초태조본성이라 이름지다

2013. 11. 25 **Ⅱ-큰1번째,** 1번째 1-4개 조초본성태조본성도(圖), 2번째 1-3개 조초본성태조본성도(圖), 3번째 1개 조초태조본성 태조본성을 밝혀 드러내 그리고 빠져나와, 1-3번째 전체를 하나의 한 덩어리로 보았을 때 조초태조본성 초극본성 세계라 이름지다

2013. 11. 25 **Ⅱ-큰2번째**, 1번째 1-5개 조초태조본성 태조본성초도(圖), 2번째 1-5개 조초태조본성 태조본성초도(圖), 3번째 1개 조초초태조본성 태초본성초를 밝혀 드러내 그리고 빠져나와, 1-3번째 전체를 하나의 한 덩어리로 보았을 때 조초본성 태조본성 세계라 이름지다

2013. 11. 25 **Ⅱ-큰3번째,** 1번째 1-3개 조초태조본성 태조본성도(圖), 2번째 1-4개 조초태조본성 태조본성도(圖), 3번째 1개 조초태조본성 태조초본성초를 밝혀 드러내 그리고 빠져나와, 1-3번째 전체를 하나의 한 덩어리로 보았을 때 조초초본성 태조태초본성 태조본성 세계라 이름지다

2013. 11. 25 **Ⅱ-큰4번째 하나**를 빠져나와, 이 하나의 세계를 초태조본성 태조조초본성 초초본성 초본성 세계, 이 하나의 이름을 조초태조본성 태조태초본성 초조본성, 이곳에 있는 이들을 나조태조초초태조나라고 불러야 한다고 말하며

이 하나는 조초태조초초본성 초초태초본성라 이름지다

2013. 11. 25 **Ⅲ-큰1번째,** 1번째 1-4개 조초초초태조본성도(圖), 2번째 1-5개 조초초초태조본성도(圖), 3번째 1-4개 조초초초태조본성도(圖), 4번째 1개 조태조본성 초초태조본성을 밝혀 드러내 그리고 빠져나와, 1-4번째 전체를 하나의 한 덩어리로 보았을 때 조초초태조본성 초초태조본성 초초초태조태조본성 세계라 이름지다

2013. 11. 25 **Ⅲ-큰2번째,** 1번째 1-5개 조극본성도(圖), 2번째 1-4개 조극본성도(圖), 3번째 1개 조극본성 태조본성을 밝혀 드러내 그리고 빠져나와, 1-3번째 전체를 하나의 한 덩어리로 보았을 때 조태조본성 조초초태조본성 세계라 이름지다

2013. 11. 25 **Ⅲ-큰3번째,** 1번째 1-3개 조초태초태본성도(圖), 2번째 1-5개 조초태초태본성도(圖), 3번째 1개 조태조태초본성 초초초태조초본성을 밝혀 드러내 그리고 빠져나와, 1-3번째 전체를 하나의 한 덩어리로 보았을 때 조태조태초초본성 태초초초태조초본성 세계라 이름지다

2013. 11. 25 **Ⅲ-큰4번째,** 1번째 1-4개 조태조본성도(圖), 2번째 1-4개 조태조본성도(圖), 3번째 1개 조극태조본성 초태조본성을 밝혀 드러내 그리고 빠져나와, 1-3번째 전체를 하나의 한 덩어리로 보았을 때 조극태초본성 초극본성 세계라 이름지다

2013. 11. 25 **Ⅲ-큰5번째 하나**를 빠져나와, 이 하나의 세계를 조극태조본성 초본성 세계, 이 하나의 이름을 조극태조본성 초초본성, 이곳에 있는 이들을 초나초초나초초초나초초초초나라고 불러야 한다고 말하며, 이 하나는 조극태조본성 초극본성이라 이름지다

2013. 11. 25 **Ⅳ번째 1** 하나를 빠져나와, 이 하나의 세계는 조태조태초본성 조초초초본성 세계, 이 하나의 이름은 조태조조태조본성 조초초초본성 초본성, 이곳에 있는 이들을 나조초조초태조조초나라고 불러야 한다고 말하며, 이 하나는 조태조본성 태조태조태조본성, 이 하나는 무엇인가? 살피니 조태조초본성, 이 최종지를 떼어서 인간에게 넣어주면 초조본성에 이르게 하는 효과가 있는 것 아닌가 싶다고 말하고, Ⅰ-**Ⅳ번째 전체**를 하나의 한 덩어리로 보았을 때 태조태조태극태극태극본성 세계라 이름지다

2013. 11. 25 그레이엄수 G64 위 단위가 10에 1640승 있는 만큼 떨어져 **새로운 세계가 또다시 시작되다.**

Ⅰ－큰1번째, 1번째 1-4개 비태조본성 초본성도(圖), 2번째 1-6개 비태조본성 초본성도(圖), 3번째 1-4개 비태조본성 초본성도(圖), 4번째 1개 비태조초태조본성을 밝혀 드러내 그리고 빠져나와, 1-4번째 전체를 하나의 한 덩어리로 보았을 때 비태조본성 초본성 초본성 태초본성 세계라 이름지다

2013. 11. 25 **Ⅰ－큰2번째,** 1번째 1-5개 비조태조태초본성도(圖), 2번째 1-5개 비조태조태초본성도(圖), 3번째 1-4개 비조태조태초본성도(圖), 4번째 1개 비조비태조본성 초본성을 밝혀 드러내 그리고 빠져나와, 1-4번째 전체를 하나의 한 덩어리로 보았을 때 비조태조태초본성 세계라 이름지다

2013. 11. 25 **Ⅰ－큰3번째,** 1번째 1-5개 비미초본성도(圖), 2번째 1-4개 비미초본성도(圖), 3번째 1-6개 비미초본성도(圖), 4번째 1개 비미초본성 초비본성을 밝혀 드러내 그리고 빠져나와, 1-4번째 전체를 하나의 한 덩어리로 보았을 때 비미초본성 초미본성 세계라 이름지다

2013. 11. 25 **Ⅰ－큰4번째,** 1번째 1-5개 비미초본성 초미본성 초미본성도(圖), 2번째 1-7개 비미초본성 초미본성 초미본성도(圖), 3번째 1-8개 비미초본성 초미본성 초미본성도(圖), 4번째 1-8개 비미초본성 초미본성 초미본성도(圖), 5번째 1개 비미초태초본성 초미본성 초비본성을 밝혀 드러내 그리고 빠져나와, 1-5번째 전체를 하나의 한 덩어리로 보았을 때 비미초본성 초미비본성 본성 세계라 이름지다

2013. 11. 25 **Ⅰ－큰5번째 하나**를 빠져나와, 이 하나의 세계는 비미초본성 비미본성 비초본성 세계, 이 하나의 이름은 비미본성 초조본성, 이곳에 있는 이들을 나비미비미비미비미나라고 불러야 한다고 말하며, 이 하나는 비미초본성 비초본성, 이 하나는 무엇인가? 살피니 비미초본성 초미본성, 이 최종지를 떼어서 인간에게 넣어주면 비미초본성 미비본성에 이르게 하는 효과가 있는 것 아닌가 싶다고 말하다

2013. 11. 25 **Ⅱ－큰1번째,** 1번째 1-10개 비미초묘초본성도(圖), 2번째 1-10개 비미초묘초본성도(圖), 3번째 1-10개 비미초묘초본성도(圖), 4번째 1개 비묘조초태초본성을 밝혀 드러내 그리고 빠져나와, 1-4번째 전체를 하나의 한 덩

어리로 보았을 때 비묘조초태초본성 비태조본성 비본성 세계라 이름지다

2013. 11. 25 **Ⅱ-큰2번째,** 1번째 1-8개 비묘초태조본성도(圖), 2번째 1-7개 비묘초태조본성도(圖), 3번째 1개 비묘초태조초본성 비묘초태조본성을 밝혀 드러내 그리고 빠져나와, 1-3번째 전체를 하나의 한 덩어리로 보았을 때 비묘태조본성 조태조태조본성 초본성 세계라 이름지다

2013. 11. 25 **Ⅱ-큰3번째,** 1번째 1-8개 비비초본성도(圖), 2번째 1-4개 비비초본성도(圖), 3번째 1-6개 비비초본성도(圖), 4번째 1개 비비초본성 초본성을 밝혀 드러내 그리고 빠져나와, 1-4번째 전체를 하나의 한 덩어리로 보았을 때 비비초본성 태본성 태조본성 세계라 이름지다

2013. 11. 25 **Ⅱ-큰4번째 하나**를 빠져나와, 이 하나의 세계는 비비초본성 조초본성 세계, 이 하나의 이름은 비비초본성 초조본성, 이곳에 있는 이들을 나초조초조초조초조나라고 불러야 한다고 말하며, 이 하나는 비비태조태초본성 비조초본성, 이 하나는 무엇인가? 살피니 비비조태조태초본성, 1-4번째 전체를 하나의 한 덩어리로 보았을 때 비비태조태초본성 세계라 이름지다

2013. 11. 26 **Ⅲ-큰1번째,** 1번째 1-11개 비비본성도(圖), 2번째 1-6개 비비본성도(圖), 3번째 1-9개 비비본성도(圖), 4번째 1개 비비본성 최초태조본성을 밝혀 드러내 그리고 빠져나와, 1-4번째 전체를 하나의 한 덩어리로 보았을 때 비비본성 최초태초본성 세계라 이름지다

2013. 11. 26 **Ⅲ-큰2번째,** 1번째 1-11개 비비비본비성도(圖), 2번째 1-30개 비비비본비성도(圖), 3번째 1-17개 비비비본비성도(圖), 4번째 1-10개 비비비본비성도(圖), 5번째 1개 비비비본비성본성 최초비비본비성을 밝혀 드러내 그리고 빠져나와, 1-5번째 전체를 하나의 한 덩어리로 보았을 때 비비비비본비성비본성 비비최초비비본성 세계라 이름지다

2013. 11. 26 **Ⅲ-큰3번째,** 1번째 1-10개 비비비본성비비본성도(圖), 2번째 1-9개 비비비본성비비본성도(圖), 3번째 1-9개 비비비본성비비본성도(圖), 4번째 1개 비비비비본비성 비비본비성 최초태조태초본성을 밝혀 드러내 그리고 빠져나와, 1-4번째 전체를 하나의 한 덩어리로 보았을 때 비비비본비성 비본비성 최초태초초본성 세계라 이름지다

2013. 11. 26 **Ⅲ-큰4번째 하나**를 빠져나와, 이 하나의 세계는 비비비비최초초비초태본비성 최초본성 세계, 이 하나의 이름은 비비비최초본성 초본성, 이곳에 있는 이들을 나최초최초나라고 불러야 한다고 말하며, 이 하나는 비비최초최초본성 이 하나는 무엇인가? 살피니 비최초비비최초본성이 아닌가 싶다고 말하다.

2013. 11. 27 **Ⅳ-큰1번째,** 1번째 1-9개 비비비비비최초태조본성도(圖), 2번째 1-5개 비비비비비최초태조태초본성도(圖), 3번째 1-3개 비비비비비최초태조태초본성도(圖), 4번째 1개 비비비비비최초본성 최초본성 태조본성을 밝혀 드러내 그리고 빠져나와, 1-4번째 전체를 하나의 한 덩어리로 보았을 때 비비비비최초본성 최초본성 세계라 이름지다

2013. 11. 27 **Ⅳ-큰2번째,** 1번째 1-10개 비비비비비최초태조태초본성도(圖), 2번째 1-6개 비비비비비최초태조태초본성도(圖), 3번째 1-4개 비비비비비최초태조태최초본성도(圖), 4번째 1개 비비비비비최초태조본성 최초태조본성을 밝혀 드러내 그리고 빠져나와, 1-4번째 전체를 하나의 한 덩어리로 보았을 때 비비비비최초태조본성 태최초초본성 세계라 이름지다

2013. 11. 27 **Ⅳ-큰3번째 하나**를 빠져나와, 이 하나의 세계는 비비비비최초최초태조본성 최초본성 최초본성 세계, 이 하나의 이름은 비비비비최초최초태초본성, 이곳에 있는 이들을 나최초최초최초나라고 불러야 한다고 말하며, 이 하나는 비비비최초최초태조태초본성, 이 하나는 무엇인가? 살피니 비비비최초비비비비비초비태조본성이 아닌가 싶다고 말하다

2013. 11. 27 **Ⅴ 하나**를 빠져나와, 이 하나의 세계는 비최초초초본성 태초본성 최초비본성 세계, 이 하나의 이름은 비최초초초본성 최초비비본성, 이곳에 있는 이들을 나비비최초비비최초나라고 불러야 한다고 말하며, 이 하나는 비최초초초본성 태조비비최초본성, 이 하나는 무엇인가? 살피니 비최초초초비본성 비본성최초가 아닌가 싶다고 말하다

2013. 11. 27 **Ⅵ 최초초최종지, Ⅵ 하나**를 빠져나와, 이 하나의 세계는 비비비비태조최초초최초본성 세계, 이 하나의 이름은 최초초비비최초초본성, 이곳에 있는 이들을 나비비비최초

초초초초나라고 불러야 한다고 말하며, 이 하나는 최초초최종지, 이 하나는 무엇인가? 살피니 최초비비비본성, 이 최종지를 떼어서 인간에게 넣어주면 육체 안의 체가 최초초초비비비본성에 오르는 효과가 있는 것 아닌가 싶다고 말하다

2013. 11. 27 **Ⅶ 태조최초태초최종지, Ⅶ 하나**를 빠져나와, 이 하나의 세계는 비비최초초초초초초초본성 세계, 이 하나의 이름은 최초초초초초비비최초초본성, 이곳에 있는 이들을 나비비비비비최초초초초초초나라고 불러야 한다고 말하며, 이 하나는 태조최초태초최종지, 이 하나는 무엇인가? 살피니 최초비비비비본성, 이 최종지를 떼어서 인간에게 넣어주면 육체 안의 체가 최초초초초초비비비비본성에 오르는 효과가 있는 것 아닌가 싶다고 말하다

2013. 11. 27 **Ⅷ 태조태초최초최종지, Ⅷ 하나**를 빠져나와, 이 하나의 세계는 비비비최초초초초초초초초초본성 세계, 이 하나의 이름은 최초초초초초초비비최초초초본성, 이곳에 있는 이들을 나비비비비비비최초초초초초초초나라고 불러야 한다고 말하며, 이 하나는 태조태초최초최종지, 이 하나는 무엇인가? 살피니 최초초초초비비비비본성, 이 최종지를 떼어서 인간에게 넣어주면 육체 안의 체가 최초초초초초초초비비비비비비비본성에 오르는 효과가 있는 것 아닌가 싶다고 말하다

2013. 11. 27 **Ⅸ 태조태조최초최종지, Ⅸ 하나**를 빠져나와, 이 하나의 세계는 비비비비비최초초초초초초초초본성 세계, 이 하나의 이름은 최초초초초초초초비비비비비최초초본성, 이곳에 있는 이들을 나비비비비비비비최초초초초초초나라고 불러야 한다고 말하며, 이 하나는 태조태조최초최종지, 이 하나는 무엇인가? 살피니 최초초초초초비비비비비비본성, 이 최종지를 떼어서 인간에게 넣어주면 육체 안의 체가 최초초초초초초초초비비비비비비비본성에 오르는 효과가 있는 것 아닌가 싶다고 말하다

2013. 11. 27 **Ⅹ 태최초태조최종지, Ⅹ 하나**를 빠져나와 이 하나의 세계는 비비비비비비비최초초초초초초초초초본성 세계, 이 하나의 이름은 최초초초초초초초초초비비비비비최초초초본성, 이곳에 있는 이들을 나비비비비비비비비최초초초초초초초나라고 불러야 한다고 말하며, 이 하나는 태최초태

조최종지, 이 하나는 무엇인가? 살피니 최초초초초초초비비비비비비비본성, 이 최종지를 떼어서 인간에게 넣어주면 육체 안의 체가 최초초초초초초초초초비비비비비비비비본성에 오르는 효과가 있는 것 아닌가 싶다고 말하다

2013. 11. 27 태최초태조최종지에서 그레이엄 수 G64 위 단위가 10에 1840승 있는 만큼 떨어져 새롭게 시작된 세계, **Ⅰ-큰1번째,** 1번째 1-5개 신신신(神)본성도(圖), 2번째 1-5개 신신신(神)본성도(圖), 3번째 1-5개 신신신(神)본성도(圖), 4번째 1개 신신신최초초본성을 밝혀 드러내 그리고 빠져나와, 1-4번째 전체를 하나의 한 덩어리로 보았을 때 신신신최초본성 세계라 이름지다

2013. 11. 27 **Ⅰ-큰2번째,** 1번째 1-10개 신(神)신신신본성도(圖), 2번째 1-8개 신(神)신신신본성도(圖), 3번째 1-5개 신신신신본성도(圖), 4번째 1개 신(神)신신신본성 신(神)최초초본성을 밝혀 드러내 그리고 빠져나와, 1-4번째 전체를 하나의 한 덩어리로 보았을 때 신(神)신신본성 최초신(神)본성 세계라 이름지다

2013. 11. 27 **Ⅰ-큰3번째 하나**를 빠져나와 이 하나의 세계는 신(神)신신본성 최초초신(神)본성 세계, 이 하나의 이름은 신(神)신신본성 최초신(神)초(超)본성, 이곳에 있는 이들을 나신(神)신신최초나라고 불러야 한다고 말하며, 이 하나는 신(神)신신본성 최초신(神)신본성, 이 하나는 무엇인가? 신(神)신신신신본성이라 이름지다

2013. 11. 28 현재까지 밝혀 드러낸 근본도, 본성도, 신본성도 도표를 만들다.

2013. 11. 28 **Ⅱ-큰1번째,** 그레이엄 수 G64 위 단위가 10에 1340승 있는 만큼 떨어져 시작된 1번째 1-11개 태신신초본성도(圖), 2번째 1-7개 태신신태초본성도(圖), 3번째 1-3개 태신신신태초본성도(圖), 4번째 1개 태신신최초본성을 밝혀 드러내 그리고 빠져나와, 1-4번째 전체를 하나의 한 덩어리로 보았을 때 태신초본성 태초본성 최초본성 세계라 이름지다

2013. 11. 28 **Ⅱ-큰2번째,** 1번째 1-7개 태신신태조본성도(圖), 2번째 1-5개 태신신신태조초본성도(圖), 3번째 1-4개 태신신신태조초초본성도(圖), 4번째 1개 태대신신태조태초초본성을 밝혀 드러내 그리고 빠져나와, 1-4번째 전체를

하나의 한 덩어리로 보았을 때 태초신초본성 최초초태초본성 세계라 이름지다

2013. 11. 28 **Ⅱ-큰3번째,** 1번째 1-7개 태태조신본성도(圖), 2번째 1-4개 태태조신본성도(圖), 3번째 1개 태조최초신신본성을 밝혀 드러내 그리고 빠져나와, 1-3번째 전체를 하나의 한 덩어리로 보았을 때 태조신신신본성 세계라 이름지다

2013. 11. 28 **Ⅱ-큰4번째**, 번째 1-4개 태태조신신신본성도(圖), 2번째 1-5개 태태태조신신신본성도(圖), 3번째 1개 태태태신신신태조신최초본성을 밝혀 드러내 그리고 빠져나와, 1-3번째 전체를 하나의 한 덩어리로 보았을 때 태태조최초본성 세계라 이름지다

2013. 11. 28 **Ⅱ-큰5번째** 하나를 빠져나와, 이 하나의 세계는 태태태신태초신태초신태초신최초본성 세계, 이 하나의 이름은 태태태신신신신신신신조(祖)본성, 이곳에 있는 이들을 나태태태태태신신신신신태초신신신신나라고 불러야 한다고 말하며, 이 하나는 태태신신신최초태조본성, 이 하나는 무엇인가? 최초신최초신이라 이름지다

2013. 11. 28 **Ⅲ-큰1번째**, 1번째 1-4개 태(5)신(3)최초신본성도(圖), 2번째 1-4개 태(5)신(4)최초신최초본성도(圖), 3번째 1개 태(6)신(5)최초태신최초본성을 밝혀 드러내 그리고 빠져나와, 1-3번째 전체를 하나의 한 덩어리로 보았을 때 태(6)신(5)최초최초신본성이라 이름지다

2013. 11. 28 **Ⅲ-큰2번째,** 1번째 1-4개 태(5)신(5)최초신최초본성도(圖), 2번째 1-7개 태(5)신(6)최초신최초신태초본성도(圖), 3번째 1개 태(5)신(6)최초신최초신태초신본성을 밝혀 드러내 그리고 빠져나와, 1-3번째 전체를 하나의 한 덩어리로 보았을 때 태(4)신(5)최초최초태신본성 세계라 이름지다

2013. 11. 28 **Ⅲ-큰3번째 하나**를 빠져나와, 이 하나의 세계는 태(6)신(6)최초태조최초태초신본성 세계, 이 하나의 이름은 최초초초초초초초초초초초초신, 이곳에 있는 이들을 나최초초초초초초초나라고 불러야 한다고 말하며, 이 하나는 태(6)신(8)최초본성, 이 하나는 무엇인가? 태(5)신(5)태(8)신(10)최초본성이라 이름지다

2013. 11. 28 **Ⅳ-큰1번째,** 1번째 1-3개 태(3)신(2)태(8)신(10)최초초초

초초본성도(圖), 2번째 1-5개 태(3)신(2)태(8)신(10)최초초초초초초초본성도(圖), 3번째 1-4개 태(3)신(2)태(8)신(10)최초초초초초초초초초초본성도(圖), 4번째 1개 태(3)신(2)태(9)신(10)최초초초초초초초초본성을 밝혀 드러내 그리고 빠져나와, 1-4번째 전체를 하나의 한 덩어리로 보았을 때 태(3)신(2)태(9)신(9)최초초초초초본성 세계라 이름지다

2013. 11. 28 **Ⅳ-큰2번째,** 1번째 1-7개 태(3)신(4)태(8)신(12)최초초초초초본성도(圖), 2번째 1-8개 태(3)신(4)태(8)신(13)최초초초초초초초초본성도(圖), 3번째 1-4개 태(3)신(4)태(9)신(13)최초초초초초초초초초초본성도(圖), 4번째 1개 태(3)신(5)태(8)신(14)최초초초초초초초초초초초본성을 밝혀 드러내 그리고 빠져나와, 1-4번째 전체를 하나의 한 덩어리로 보았을 때 태(3)신(4)태(8)신(12)최초초초초초초본성이라 이름지다

2013. 11. 28 **Ⅳ-큰3번째 하나**를 빠져나와, 이 하나의 세계는 태(3)신(4)태(8)신(15)최초초초초초초초초초본성 세계, 이 하나의 이름은 최초초초초초초초초초초초초초초초초신, 이곳에 있는 이들을 나최초초초초초초초초초초초나라고 불러야 한다고 말하며, 이 하나는 태(8)신(10)최초초초본성, 이 하나는 무엇인가? 태(8)신(8)태(9)신(12)최초최초본성이라 이름지다

2013. 11. 28 **Ⅴ-큰1번째,** 1번째 1-9개 태(3)신(5)태(8)신(14)최초초초초초초본성도(圖), 2번째 1-8개 태(3)신(5)태(8)신(15)최초초초초초초초초본성도(圖), 3번째 1-10개 태(3)신(5)태(8)신(16)최초초초초초초초초초본성도(圖), 4번째 1-10개 태(3)신(5)태(8)신(17)최초초초초초초초초초초본성도(圖), 5번째 1개 태(3)신(6)태(8)신(20)최초초초초초본성을 밝혀 드러내 그리고 빠져나와, 1-5번째 전체를 하나의 한 덩어리로 보았을 때 태(3)신(6)태(5)신(14)최초초초초초초본성 세계라 이름지다

2013. 11. 28 **Ⅴ-큰2번째,**

1번째 1-10개 태(3)신(6)태(8)신(20)최초(初:11)본성도(圖),

2번째 1-11개 태(3)신(6)태(8)신(24)최초(初:15)본성도(圖),

3번째 1-10개 태(3)신(6)태(8)신(25)최초(初:17)본성도

(圖),
4번째 1-17개 태(3)신(7)태(9)신(25)최초(初:13)본성도(圖),
5번째 1-4개 태(3)신(7)태(10)신(25)최초(初:15)본성도(圖),
6번째 1-3개 태(3)신(7)태(11)신(26)최초(初:14)본성도(圖),
7번째 1-3개 태(3)신(7)태(11)신(26)최초(初:14)본성도(圖),
8번째 1개 태(3)신(8)태(12)신(27)최초(初:10)태조본성을 밝혀 드러내 그리고 빠져나와, 1-8번째 전체를 하나의 한 덩어리로 보았을 때 태(3)신(6)태(10)신(19)최초(初:10)태초본성 세계라 이름지다

2013. 11. 28 **Ⅴ-큰3번째,** 1번째 1-4개 태(4)신(7)태(12)신(10)최초(初:10)태조(2)본성도(圖), 2번째 1-9개 태(4)신(7)태(13)신(11)최초(初:15)태조(2)본성도(圖), 3번째 1개 태(4)신(7)태(13)신(12)최초(初:16)태조(3)본성을 밝혀 드러내 그리고 빠져나와, 1-3번째 전체를 하나의 한 덩어리로 보았을 때 태(4)신(7)태(12)신(11)최초(初:10)태조(2)본성 세계라 이름지다

2013. 11. 28 **Ⅴ-큰4번째 하나**를 빠져나와 이 하나의 세계는 태(4)신(7)태(15)신(13)최초(初:14)태조(3)본성 세계, 이 하나의 이름은 최초(初:16)태조(4)최초본성, 이곳에 있는 이들을 나태(5)초(10)태(6)초(7)신(8)나라고 불러야 한다고 말하며, 이 하나는 태조(7)태초(3)신(15), 이 하나는 무엇인가? 태(10)조(5)태(5)초(3)태조태초본성이라 이름지다

2013. 11. 28 **Ⅵ번째 하나**를 빠져나와 이 하나의 세계는 태(10)초(5)태(10)조(10)신(10) 세계, 이 하나의 이름은 태(5)초(2)태(10)조(10)신(20), 이곳에 있는 이들을 나태(4)초(12)태(10)조(10)신(16)나라고 불러야 한다고 말하며, 이 하나는 태초(5)태조(5)신(15), 이 하나는 무엇인가? 태(10)조(8)태(5)초(5)태조(3)본성이라 이름지다

2013. 11. 29 (엔돌핀, 행복호르몬, 옥시토신), (도파민, 케이시시, 다이올핀), (세라토민, 멜라토민) 기회로도를 그리다.

2013. 11. 29 **Ⅺ(Ⅱ)-큰1번째,** 그레이엄 수 G64 위 단위가 10에

1380승 있는 만큼 떨어져 새로운 세계가 또 시작된 세계, 1번째 1-4개 비(5)태(4)조(祖)비(秘:3)조(祖)본성도(圖), 2번째 1-3개 비(5)태(5)조(祖:2)비(秘:3)조(祖)본성도(圖), 3번째 1개 비(5)태(6)조(祖:5)비(秘:3)조(祖)본성을 밝혀 드러내 그리고 빠져나와, 1-3번째 전체를 하나의 한 덩어리로 보았을 때 비(5)태(5)비(秘:3)조(祖)본성 세계, 비(5)태(8)비(5)태조본성 세계라 이름지다

2013. 11. 29 **XI(Ⅱ)-큰2번째,** 1번째 1-8개 비(6)태(5)조(祖:2)본성도(圖), 2번째 1-7개 비(6)태(5)조(祖:3)본성도(圖), 3번째 1개 비(6)태(6)조(祖:3)본성을 밝혀 드러내 그리고 빠져나와, 1-3번째 전체를 하나의 한 덩어리로 보았을 때 비(6)태(5)조(祖:2)태조본성 세계라 이름지다

2013. 11. 29 **XI(Ⅱ)-큰3번째,** 1번째 1-5개 비(7)태(7)조(祖:4)초(2)태조본성도(圖), 2번째 1-6개 비(8)태(7)조(祖:5)초(2)태조본성도(圖), 3번째 1-3개 비(9)태(8)조(祖:6)초(3)태조본성도(圖), 4번째 1개 비(10)태(10)조(祖:8)초(4)태조(2)본성을 밝혀 드러내 그리고 빠져나와, 1-4번째 전체를 하나의 한 덩어리로 보았을 때 비(7)태(7)조(祖:4)초(2)태조본성 세계라 이름지다

2013. 11. 29 **XI(Ⅱ)-큰4번째,** 1번째 1-7개 비(10)태(10)조(祖:8)초(4)태조(2)본성도(圖), 2번째 1-9개 비(11)태(11)조(祖:9)초(4)태조(2)본성도(圖), 3번째 1-7개 비(12)태(12)조(祖:10)초(4)태조(2)본성도(圖), 4번째 1-11개 비(12)태(12)조(祖:10)초(4)태조(2)본성도(圖), 5번째 1-7개 비(13)태(13)조(祖:11)초(5)태조(3)본성도(圖), 6번째 1개 비(13)태(13)조(祖:12)초(6)태조(3)본성을 밝혀 드러내 그리고 빠져나와, 1-6번째 전체를 하나의 한 덩어리로 보았을 때 비(11)태(10)조(祖:9)초(3)태조(3)본성도(圖) 세계라 이름지다

2013. 11. 29 **XI(Ⅱ)-큰5번째 하나**를 빠져나와 이 하나의 세계는 비(14)태(14)조(祖:13)초(7)태조(4)본성 세계, 이 하나의 이름은 태조(4)본성, 이곳에 있는 이들을 나비(秘:10)태(10)조(10)신(20)태(5)비(5)조(3)나라고 불러야 한다고 말하며, 이 하나는 비(5)초(2)태(4)조(6)태조본성, 이 하나는 무엇인가? 초(5)비(3)초태조초본성이라 이름지다

2013. 11. 29 **XI(III)-큰1번째,** 1번째 1-5개 태(5)조(3)태(3)초태조신(神:4)본성도(圖), 2번째 1-10개 태(5)조(4)태(4)초태조신(神:5)본성도(圖), 3번째 1-5개 태(5)조(4)태(4)초태조신(神:6)본성도(圖), 4번째 1-4개 태(5)조(5)태(5)초태조신(神:7)본성도(圖), 5번째 1개 태(5)조(5)태(5)초태조신(神:8)본성을 밝혀 드러내 그리고 빠져나와, 1-5번째 전체를 하나의 한 덩어리로 보았을 때 태(5)조(3)태(4)초태조신(神:5)본성 세계라 이름지다

2013. 11. 29 **XI(III)-큰2번째,** 1번째 1-5개 태(5)조(5)태(5)초태조신(神:9)본성도(圖), 2번째 1-7개 태(5)조(5)태(6)초태조신(神:10)본성도(圖), 3번째 1-10개 태(5)조(5)태(7)초태조신(神:11)본성도(圖), 4번째 1-10개 태(5)조(6)태(8)초태조신(神:12)본성도(圖), 5번째 1개 태(5)조(7)태(9)초태조신(神:14)본성을 밝혀 드러내 그리고 빠져나와, 1-5번째 전체를 하나의 한 덩어리로 보았을 때 태(5)조(5)태(7)초태조신(神:10)본성 세계라 이름지다

2013. 11. 29 **XI(III)-큰3번째,** 1번째 1-20개 태(5)조(10)태(10)초태조신(神:15)본성도(圖), 2번째 1-16개 태(5)조(11)태(11)초태조신(神:16)본성도(圖), 3번째 1-6개 태(5)조(12)태(12)초태조신(神:17)본성도(圖), 4번째 1-7개 태(5)조(13)태(13)초태조신(神:18)본성도(圖), 5번째 1-8개 태(5)조(13)태(14)초태조신(神:19)본성도(圖), 6번째 1개 태(5)조(14)태(15)초태조신(神:20)본성을 밝혀 드러내 그리고 빠져나와, 1-6번째 전체를 하나의 한 덩어리로 보았을 때 태(5)조(11)태(12)초태조신(神:16)본성 세계라 이름지다

2013. 11. 29 **XI(III)-큰4번째,** 1번째 1-11개 태(5)조(15)태(15)초태조신(神:21)본성도(圖), 2번째 1-8개 태(5)조(16)태(16)초태조신(神:22)본성도(圖), 3번째 1-10개 태(5)조(17)태(17)초태조신(神:22)본성도(圖), 4번째 1-10개 태(5)조(18)태(18)초태조신(神:23)본성도(圖), 5번째 1-12개 태(5)조(18)태(19)초태조신(神:24)본성도(圖), 6번째 1개 태(5)조(19)태(20)초태조신(神:25)본성을 밝혀 드러내 그리고 빠져나와, 1-6번째 전체를 하나의 한 덩어리로 보았을 때 태(5)조(17)태(17)초태조신(神:23)본성 세계라 이름지다

2013. 11. 29 **XI(III)-큰5번째 하나**를 빠져나와 이 하나의 세계는 태(5)조(19)태(20)초태조신(神:26)본성 세계, 이 하나의 이름은 태조신(神:5)본성 태조신(神:2)본성 태초신본성, 이곳에 있는 이들을 나태(泰:3)조(祖:5)태조(泰祖2)신(神:5)나라고 불러야 한다고 말하며, 이 하나는 초태조초태조신(神:3)본성, 이 하나는 무엇인가? 초(超:3)태(泰:3)신(神:2)본성이라 이름지다

2013. 11. 30 **XI(IV)-큰1번째,** 1번째 1-11개 태(6)조(19)태(20)초태조신(神:25)본성도(圖), 2번째 1-13개 태(6)조(20)태(20)초태조신(神:26)본성도(圖), 3번째 1-7개 태(6)조(21)태(21)초태조신(神:27)본성도(圖), 4번째 1개 태(6)조(21)태(22)초태조신(神:28)본성을 밝혀 드러내 그리고 빠져나와, 1-4번째 전체를 하나의 한 덩어리로 보았을 때 태(6)조(20)태(20)초태조신(神:26)본성 세계라 이름지다

2013. 11. 30 **XI(IV)-큰2번째,** 1번째 1-4개 태(7)조(22)태(23)초태조신(神:29)본성도(圖), 2번째 1-5개 태(7)조(23)태(24)초태조신(神:30)본성도(圖), 3번째 1-7개 태(7)조(24)태(25)초태조신(神:31)본성도(圖), 4번째 1개 태(7)조(25)태(26)초태조신(神:32)본성을 밝혀 드러내 그리고 빠져나와, 1-4번째 전체를 하나의 한 덩어리로 보았을 때 태(7)조(22)태(23)초태조신(神:30)본성 세계라 이름지다

2013. 11. 30 **XI(IV)-큰3번째,** 1번째 1-7개 태(7)조(26)태(27)초태조신(神:33)본성도(圖), 2번째 1-7개 태(7)조(27)태(28)초태조신(神:34)본성도(圖), 3번째 1-6개 태(7)조(28)태(29)초태조신(神:35)본성도(圖), 4번째 1개 태(7)조(29)태(30)초태조신(神:36)본성을 밝혀 드러내 그리고 빠져나와, 1-4번째 전체를 하나의 한 덩어리로 보았을 때 태(7)조(27)태(28)초태조신(神:33)본성 세계라 이름지다

2013. 11. 30 **XI(IV)-큰4번째 하나**를 빠져나와 이 하나의 세계는 태(7)조(30)태(31)초태조신(神:37)본성 세계, 이 하나의 이름은 태조(3)초(3)신(8)본성, 이곳에 있는 이들을 나초(超:6)태(4)조(3)초(2)신(2)초(2)나라고 불러야 한다고 말하며, 이 하나는 태조(3)초(5)태조(2)시시태초신, 이 하나

는 무엇인가? 태조(4)신(10)초(10)태조(2)신(3)초조본성 이라 이름지다

2013. 11. 30 **XI(V)번째 하나**를 빠져나와 이 하나의 세계는 태(10)조(10)초(10)태(8)조(3)초(5)태(3)신(10)초(2)본성 세계, 이 하나의 이름은 태(10)조(5)태(2)조(2)초신(神:10)태(5)조(3)태조신본성, 이곳에 있는 이들을 나태(泰:5)조(4)초(3)태조신(神:5)초신(神:10)나라고 불러야 한다고 말하며, 이 하나는 태(5)조(3)초(3)신(3)태조(2)신(5)본성, 이 하나는 무엇인가? 태(5)조(3)초(3)신(3)태조(2)신(10)본성이라 이름지다

2013. 11. 30 자등명최종지를 넘어 36.008번 출 최종지 4개를 넘어 극(極)을 뚫고 올라온 사람들에게 일어나는 부작용, 배가 불러오고, 살이 찐 듯 온몸이 부풀어 오르고, 가슴이 애엄마처럼 부풀어 올라온 경우에 대하여 말하다.

* 2013. 12. 01~ 책이 출간되는 날까지 하루도 거르지 않고 올라온 많은 세계들과 이름들을 상재하지 못한 것이 아쉽다. 나의 참자아는 빛 자등명이라고 했던 자등명 세계가 끝나고, (자등명 세계가 끝나고 보니 본성인지 알았던 자등명이 본성이 아니라 본성의 속성이고 지금 올라와 올라가고 있는 묘명묘태등명이 본성이었다. 이것도 또 바뀌겠지만...) 그 위의 새로운 세계 묘명묘태등명 세계를 새롭게 열고 밝혀 드러낸 묘명묘태등명 세계, 최초묘명묘태등명 세계, 묘최초묘명묘태등명 세계, 묘묘최초묘명묘태등명 세계들 속 많은 세계들이 있다. 12월, 1월, 2월 수행하며 밝혀 드러낸 세계들을 또 정리하자면 2013. 10월, 11월 밝혀 드러낸 것 이상이면 이상이지 그보다 적지는 않다. [수인법과 공법] 1, 2권에 올리지 못한 연보는 어쩔 수 없더라도 상재한 연보만이라도 수행에 많은 도움이 되었으면 좋겠다.